KB010069

NCS
필 수 교 재

NCS 필요이론
+
10초 풀이법

초급문제
▼
중급문제
▼
고급문제

이론부터 문제까지, 응용수리의 끝을 보다

응용
수리
끝.

박성현 저

본 교재는 다양한 유형의 문제로 구성이 되어 있는 응용수리 교재입니다. 본 교재를 완벽하게 이해하고 모든 문제를 스스로 풀이할 수 있다면, 아무리 어려운 적성 시험이나 NCS 시험도 쉽게 대비할 수 있도록 제작했습니다.

응용수리는 NCS 및 적성 시험을 준비하는 취업준비생이 가장 어려워하는 파트입니다. 응용수리는 정확한 해답을 찾는 것도 중요하지만 사고력과 응용력을 활용해서 최대한 빨리 정답을 찾는 것을 목적으로 하고 있습니다. 특히 일반적인 풀이법을 통해 정석으로 풀이하는 것도 필요하지만, 빠른 풀이법을 익혀서 다양한 문제의 정답을 찾는 능력이 필요합니다. 이에 대비하여 수험생이 꼭 알아야 할 저울법(가중평균법), 밀기법, 비율 계산, 정수법 등을 활용한 문제 풀이법을 많은 예제와 해설을 통해 심도 있게 다루었습니다.

본 교재의 특징은 다음과 같습니다.

첫째, 가장 기본적인 NCS 필요이론을 제시하였습니다. 자연수, 정수, 최소공배수, 최대공약수, 경우의 수, 확률 등의 기본이론을 수록하여 문제를 풀기 전에 이론에 완벽하게 대비할 수 있도록 하였습니다.

둘째, 응용수리의 핵심 10초 풀이법 15가지를 제공하였습니다. 특히 저울법(가중평균법)의 원리를 정확하게 알고 문제에 적용할 수 있도록 심도 있게 다루었습니다. 또한 정수법, 선지대입법, 끝자리 및 앞자리 풀이법, 몰기법, 밀기법, 비율 계산, 나이 계산, 이익률, 할인율, 증가율(복리계산 등) 등 15가지의 빠른 풀이법을 기술하였습니다.

셋째, 문제를 빠르고 다양하게 푸는 방법을 제시하였습니다. 다양한 유형의 문제들이 가지고 있는 특징을 분석하여 문제를 빠르게 해석하고 풀이하는 방법과 다른 방식으로 풀이하는 방법을 기술하였습니다.

넷째, 연습문제에서는 총 11개의 파트로 나누어서 영역별로 초급문제, 중급문제, 고급문제로 구성을 하였습니다. 초급문제는 가장 기본적인 문제로 중학교 1, 2학년 수준이면 풀이를 할 수 있는 정도의 문제입니다. 중급문제는 적성시험이나 NCS응용수리 파트에서 쉬운 문제유형으로 출제될 가능성이 있는 문제입니다. 고급문제는 대기업 적성시험, NCS응용수리 파트에서의 최상 난도 문제입니다. 이렇게 3가지의 영역으로 구분하여 문제를 제작하였습니다. 최근 적성시험 등이 온라인 시험으로 대체되면서 문제 난이도가 낮아지는 경향이 있어, 적성시험을 대비하는 분들은 중급문제 난이도를 빠르게 풀이하는 능력을 길러야 합니다.

응용수리
끝.

문제를 만드는 출제위원은 방패이고 수험생과 강사가 창이라고 가정했을 때, 창이 날카로워지는 만큼 방패도 더 커지고 두꺼워지게 마련입니다. 따라서 수험생의 수준이 올라가는 만큼 시험은 더 어려워집니다. 본 교재는 이러한 문제를 극복하기 위해 어려운 기출문제를 기준으로 타 교재와는 다른 풀이법을 제공하고 있습니다.

시험을 준비하는 학생들이 목표로 하는 점수를 받을 수 있도록 최선을 다하였습니다. 본 교재를 통해 여러분들이 원하는 것을 반드시 이루시길 바랍니다.

저자 박성현

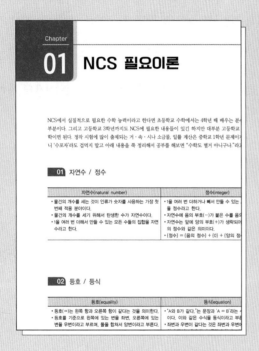

1

기본이론과
연습문제로 구성

파트 1은 이론, 파트 2는 문제로 구성하였습니다. 수리의 가장 기초인 기본이론과 응용수리의 핵심인 '10초 풀이법'으로 이론을 익힌 뒤 초급, 중급, 고급 문제로 풀이를 할 수 있도록 구성하였습니다.

2

유형에 따른
10초 풀이법

15가지의 풀이법을 수록하였고, 각 유형별 문제 풀이법에 해당하는 다양한 예제 문제를 수록하였습니다. 다양한 유형의 문제마다 가지고 있는 특징을 분석하여 문제를 빠르게 해석하는 방법을 제시하였습니다.

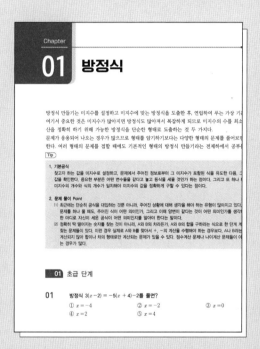

3

초급문제, 중급문제, 고급문제
수록

중학교 1학년과 2학년 수준의 기초적인 부분을
모르는 학생들을 위한 초급문제, 일반적으로 시
험에서 많이 출제되는 중급문제, 대기업 적성시
험 중 어려운 적성시험 문제유형, 응용수리 비
중이 상대적으로 높거나 어렵게 출제되는 공기
업 NCS 문제유형 등을 대비할 수 있는 고급문
제를 선별하여 수록하였습니다.

4

상세한
정답 및 풀이

각 문제의 유형에 맞는 문제 풀이법을 적용하여
상세하게 기술하였습니다. 빠른 접근방법 및 문
제를 빠르게 해석하고 풀이하는 방법을 제시하
였습니다.

NCS
필수교재

이 책의
차례
CONTENTS

응용수리 끝.

Part 01 응용수리 기본이론

Chapter 01 NCS 필요이론   10
Chapter 02 10초 풀이법   37

Part 02 응용수리 연습문제

Chapter 01 방정식   106
Chapter 02 비율, 이율   132
Chapter 03 거리, 속력, 시간   144
Chapter 04 농도   158
Chapter 05 일   168
Chapter 06 최소공배수, 최대공약수   178
Chapter 07 경우의 수   186
Chapter 08 확률   206
Chapter 09 부등식   220
Chapter 10 간격   228
Chapter 11 나이   232
Chapter 12 시계 및 시간   234
Chapter 13 날짜   236

NCS
필 수 교 재

이론부터 문제까지, 응용수리의 끝을 보다

응용
수리
끝.
필 수 교 재

응용수리
기본이론

Chapter 01 NCS 필요이론

Chapter 02 10초 풀이법

01 NCS 필요이론

NCS에서 실질적으로 필요한 수학 능력이라고 한다면 초등학교 수학에서는 4학년 때 배우는 분수의 덧셈과 뺄셈 부분이다. 그리고 고등학교 3학년까지도 NCS에 필요한 내용들이 있긴 하지만 대부분 고등학교 1학년 정도의 수학이면 된다. 정작 시험에 많이 출제되는 거·속·시나 소금물, 일률 계산은 중학교 1학년 문제이기 때문이다. 그러니 '수포자'라도 겁먹지 말고 아래 내용을 쭉 정리해서 공부를 해보면 "수학도 별거 아니구나."라고 생각할 것이다.

01 자연수 / 정수

자연수(natural number)	정수(integer)
• 물건의 개수를 세는 것이 인류가 숫자를 사용하는 가장 첫 번째 적용 분야이다. • 물건의 개수를 세기 위해서 탄생한 수가 자연수이다. • 1을 여러 번 더해서 만들 수 있는 모든 수들의 집합을 자연수라고 한다.	• 1을 여러 번 더하거나 빼서 만들 수 있는 모든 수들의 집합을 정수라고 한다. • 자연수에 음의 부호(−)가 붙은 수를 음의 정수라고 한다. • 자연수는 앞에 양의 부호(+)가 생략되어 있기 때문에 양의 정수와 같은 의미이다. • {정수} = {음의 정수} + {0} + {양의 정수 = 자연수}

02 등호 / 등식

등호(equality)	등식(equation)
• 등호(=)는 왼쪽 항과 오른쪽 항이 같다는 것을 의미한다. • 등호를 기준으로 왼쪽에 있는 변을 좌변, 오른쪽에 있는 변을 우변이라고 부르며, 둘을 합쳐서 양변이라고 부른다.	• "A와 B가 같다."는 문장과 'A = B'라는 수식은 같은 의미이다. 이와 같은 수식을 등식이라고 부른다. • 좌변과 우변이 같다는 것은 좌변과 우변에 똑같은 값을 더하거나(+), 빼거나(−), 곱하거나(×), 나누어도(÷) 여전히 등식이 성립함을 의미한다. • A = B일 때, A + C = B + C, A − C = B − C, A × C = B × C, A ÷ C = B ÷ C (단, C≠0. 0으로는 나눌 수 없음)

03 부등호 / 부등식

부등호(inequality)	부등식(inequation)
부등호(> 또는 <)는 왼쪽 항과 오른쪽 항이 같지 않고, 한쪽이 다른 쪽보다 크거나 작다는 것을 의미한다.	• A<B : A가 B보다 작다. B가 A보다 크다. • A>B : B가 A보다 작다. A가 B보다 크다. • 좌변과 우변에 똑같은 자연수를 더하거나(+), 빼거나(−), 곱하거나(×), 나누어도(÷) 여전히 부등식은 성립한다.

04 수의 분해 ①

$8 + 7 = 15$가 되는 이유를 수의 분해를 이용해 알아보자. 8은 10보다 2가 작다. 즉, 8은 10이 되기에는 2가 모자란 수이다. 8이 10이 되려면 7에서 2를 가져오면 된다. 따라서 7을 2와 5로 분해하고 여기에서 나온 2를 8에게 주어 10을 만들면 5가 남기 때문에 결과는 15가 된다.

∴ $8 + 7 = 8 + (2 + 5) = 8 + 2 + 5 = (8 + 2) + 5 = 10 + 5 = 15$

예 $9 + 8 = 9 + (1 + 7) = 9 + 1 + 7 = (9 + 1) + 7 = 10 + 7 = 17$ (9는 1이 모자라기 때문에 8에서 1을 뺀 7이 결과 수의 일의 자릿수)

$7 + 9 = 7 + (3 + 6) = 7 + 3 + 6 = (7 + 3) + 6 = 10 + 6 = 16$ (7은 3이 모자라기 때문에 9에서 3을 뺀 6이 결과 수의 일의 자릿수)

05 수직선을 이용한 "빼기"의 개념("더하기"로 바꿔서 풀기)

$14 - 6 = 4 + 4 = 8$: (10에서 오른쪽으로 4칸) − (10에서 왼쪽으로 4칸) = 14와 6은 8칸만큼 떨어져 있다.
$15 - 9 = 5 + 1 = 6$: (10에서 오른쪽으로 5칸) − (10에서 왼쪽으로 1칸) = 15와 9는 6칸만큼 떨어져 있다.
$16 - 7 = 6 + 3 = 9$: (10에서 오른쪽으로 6칸) − (10에서 왼쪽으로 3칸) = 16과 7은 9칸만큼 떨어져 있다.

06 수의 분해 ②

3자리 자연수 ACB $= A \times 100 + C \times 10 + B \times 1$으로 표현할 수 있다. 이렇게 수를 분리하여 생각하면 보다 편리하게 계산을 할 수 있다.

예 $315 + 374 = (300 + 10 + 5) + (300 + 70 + 4) = (300 + 300) + (10 + 70) + (5 + 4) = 600 + 80 + 9 = 689$

07 약수 / 공약수 / 최대공약수

1. 약수

어떤 정수의 약수는 그 수를 나눌 수 있는 정수들

2. 공약수와 최대공약수

(1) **공약수**: 두 개 이상의 자연수들의 공통인 자연수

(2) **최대공약수**: 공약수 중에서 가장 큰 수

(3) **최대공약수의 성질**: 두 개 이상의 자연수의 공약수는 그들의 최대공약수의 약수이다.

(4) **서로소**: 최대공약수가 1인 두 자연수

(5) **소인수분해를 이용하여 최대공약수 구하기**: 공통인 소인수 중 거듭제곱의 지수가 같거나 작은 것을 택하여 모두 곱한다.

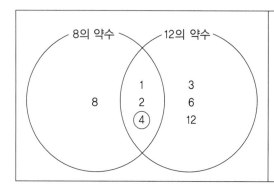

8의 약수	1, 2, 4, 8, ······
12의 약수	1, 2, 3, 4, 6, 12, ······
8과 12의 약수	1, 2, 4, ······
8과 12의 최대공약수	4 → 공약수 중에서 가장 큰 수

08 배수 / 공배수 / 최소공배수

1. 배수

어떤 정수의 배수는 그 수에 정수를 곱한 정수들

2. 공배수와 최대공배수

(1) **공배수**: 두 개 이상의 자연수들의 공통인 배수

(2) **최대공배수**: 공배수 중에서 가장 작은 수

(3) **최소공배수의 성질**: 두 개 이상의 자연수의 공배수는 그들의 최소공배수의 배수이다.

(4) **소인수분해를 이용하여 최소공배수 구하기**: 공통인 소인수는 거듭제곱의 지수가 같거나 큰 쪽을 택하고, 공통이 아닌 소인수는 모두 택하여 이들을 곱한다.

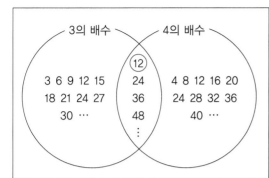

12의 배수	12, 24, 36, 48, 60, 72, 84, 96, 108, 120, ……
30의 배수	30, 60, 90, 120, 150, 180, 210, ……
12와 30의 배수	60, 120, 180, ……
12와 30의 최소공배수	60 → 공배수 중에서 가장 작은 수

Tip 최대공약수와 최소공배수를 구하는 방법

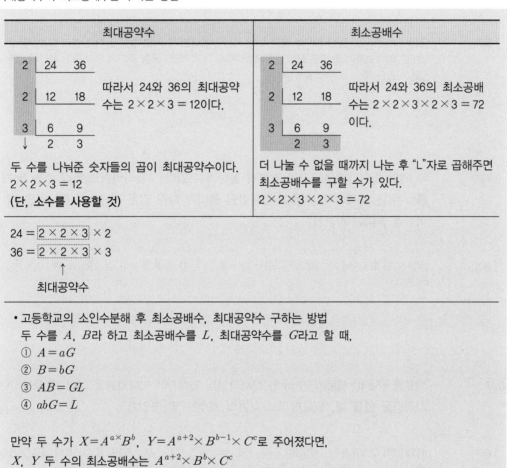

최대공약수	최소공배수

$24 = 2 \times 2 \times 3 \times 2$
$36 = 2 \times 2 \times 3 \times 3$
↑
최대공약수

- 고등학교의 소인수분해 후 최소공배수, 최대공약수 구하는 방법
  두 수를 A, B라 하고 최소공배수를 L, 최대공약수를 G라고 할 때,
  ① $A = aG$
  ② $B = bG$
  ③ $AB = GL$
  ④ $abG = L$

만약 두 수가 $X = A^a \times B^b$, $Y = A^{a+2} \times B^{b-1} \times C^c$로 주어졌다면,
X, Y 두 수의 최소공배수는 $A^{a+2} \times B^b \times C^c$
X, Y 두 수의 최대공약수는 $A^a \times B^{b-1}$

(예제 1-1) 두 등대가 깜빡이고 있다. A등대는 4초 동안 켜지고 2초 동안 꺼지기를 반복하고, B등대는 5초 동안 켜지고 3초 동안 꺼지기를 반복한다. 두 등대가 동시에 켜진 뒤 다음에 다시 동시에 켜지는 것은 몇 초 뒤인가?

| 풀이 | A등대의 한 주기는 4 + 2 = 6이고 B등대의 한 주기는 5 + 3 = 8이다. 이때, 6과 8의 최소공배수는 24이므로 두 등대가 동시에 켜지는 것은 24초 뒤이다.

(예제 1-2) 이때, 10분 동안 동시에 켜져 있는 시간은 총 몇 초인가?

| 풀이 | 공통 주기인 24초 동안 동시에 켜져 있는 시간을 알아본다. 24초 동안 동시에 켜져 있는 시간은 10초이다. 그런데 10분은 600(초)이므로 10분 동안 총 25번(600 ÷ 24 = 25)의 공통 주기가 반복된다. 따라서 10분 동안 동시에 켜져 있는 시간은 10 × 25 = 250(초)이다.

(예제 2) 두 개의 톱니바퀴 A와 B가 맞물려 돌아가고 있다. A톱니바퀴의 톱니 수는 24개, B톱니바퀴의 톱니 수는 36개이다. 처음에 맞물렸던 톱니가 다시 같은 자리에서 만나려면 각 톱니바퀴는 몇 바퀴씩 돌아야 하는가?

| 풀이 | 24과 36의 최소공배수는 72이다. 따라서 72 = 24 × 3, 72 = 36 × 2이므로 A톱니바퀴는 3번, B톱니바퀴는 2번 돌아야 한다.

(예제 3-1) 가로가 45cm, 세로가 27cm인 직사각형이 있다. 이 직사각형을 여러 개 사용하여 가장 작은 정사각형을 만들 때, 필요한 직사각형의 개수는 몇 개인가?

| 풀이 | 45와 27의 최소공배수는 135이다. 이때, 135 = 45 × 3, 135 = 27 × 5이므로 가로축에 필요한 개수는 3개, 세로축에 필요한 개수는 5개이다. 따라서 총 필요한 개수는 3 × 5 = 15(개)이다.

(예제 3-2) 가로가 45cm, 세로가 27cm인 직사각형이 있다. 이 직사각형 안을 가장 큰 정사각형으로 채울 때, 총 몇 개의 정사각형을 만들 수 있을까?

| 풀이 | 45와 27의 최대공약수는 9이다. 이때, 45 = 9 × 5, 27 = 9 × 3이므로 가로축에 5개, 세로축에 3개의 정사각형이 들어갈 수 있다. 따라서 총 5 × 3 = 15(개)의 정사각형을 만들 수 있다.

09 정수 / 절댓값 / 소수

1. 정수

양의 정수, 0, 음의 정수를 통틀어 정수라고 한다.

2. 절댓값

(1) **절댓값** : 수직선 위에서 어떤 수에 대응하는 점과 원점 사이의 거리를 말한다.

(2) **절댓값의 성질** : 0의 절댓값은 0이고, 절댓값이 $a(a>0)$인 수는 $+a$, $-a$의 2개이다.

3. 정수의 대소 관계

(1) (음의 정수)<0<(양의 정수)

(2) 두 양의 정수에서는 절댓값이 큰 수가 크다.

(3) 두 음의 정수에서는 절댓값이 큰 수가 작다.

4. 소수

(1) 0보다 큰 약수가 1과 자기 자신만 있는 자연수를 소수라고 한다. (단, 1은 제외)
즉, A가 소수이면 A를 표현할 수 있는 곱셈은 1 × A(또는 A × 1)가 유일하다. 100보다 작은 소수를 열거하면 다음과 같다.

> 2, 3, 5, 7, 11, 13, 17, 19, 23, 29, 31, 37, 41, 43, 47, 53, 59, 61, 67, 71, 73, 79, 83, 89, 97

(2) 구구단의 A단은 A의 배수들이기 때문에 소수는 구구단에서 나타나지 않는다. (단, A단에서 A × 1은 제외)
따라서 주어진 수가 소수인지 아닌지를 찾는 빠른 방법 중 하나는 구구단에서 봤던 수인지 아닌지를 판별하는 것이다.

(3) 두 소수끼리의 최소공배수는 두 수를 곱한 수가 된다.
예 매미는 산란 후 13년 또는 17년 후에 성충이 되는데, 13과 17은 모두 소수이다. 따라서 주기가 다른 두 매미 종은 221(= 13 × 17)년 만에 한 번씩 만나게 된다.

5. 소인수분해

(1) **인수** : 자연수 a, b, c에 대하여 $a=b\times c$일 때, b, c를 a의 인수라고 한다.

(2) **소인수** : 인수들 중에서 소수인 인수

(3) **소인수분해** : 자연수를 소수들만의 곱으로 나타내는 것

10 분수

분수란 일정한 양을 고르게 몇으로 나눌 때 발생하는 수이다.

$$\frac{분자}{분모} = \frac{조각의\ 개수}{등분한\ 개수}$$

분모 : 몇 조각으로 나누었는가?
분자 : 그중에서 몇 조각인가?

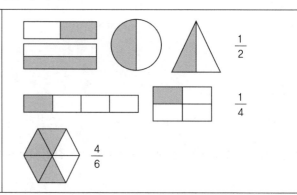

11 분수의 종류

1. 진분수

(분자) < (분모)인 분수 예 $\dfrac{1}{2}$, $\dfrac{2}{3}$, $\dfrac{3}{4}$, $\dfrac{2}{7}$, $\cdots$

2. 가분수

(분자) > (분모)인 분수 예 $\dfrac{3}{2}$, $\dfrac{5}{4}$, $\dfrac{7}{2}$, $\cdots$

3. 대분수

가분수를 자연수 + 진분수 꼴로 나타낸 분수 예 $\dfrac{3}{2} = 1\dfrac{1}{2}$

4. 기약분수

(분모)와 (분자)의 공약수가 1밖에 없는 분수로 더 이상 약분이 불가능한 분수

예 $\dfrac{1}{2}$, $\dfrac{2}{3}$, $\dfrac{2}{5}$, $\dfrac{5}{7}$, $\cdots$

5. 단위분수

(분자) = 1인 분수로 전체를 똑같이 나눈 것 중의 하나를 나타내는 분수 예 $\dfrac{1}{2}$, $\dfrac{1}{3}$, $\dfrac{1}{4}$, $\dfrac{1}{5}$, $\cdots$

6. 역분수

(분자)와 (분모)를 서로 바꾼 분수

7. 분수의 크기 비교

(1) 분모가 같은 진분수는 분자가 클수록 크다. 예 $\dfrac{1}{3} < \dfrac{2}{3}$

(2) 분자가 같은 진분수는 분모가 작을수록 크다. 예 $\dfrac{1}{2} > \dfrac{1}{3}$

12 크기가 같은 분수

분모와 분자에 똑같은 수를 곱하여 얻어지는 분수의 크기는 원래 분수와 같다.

예 $\dfrac{3}{4} = \dfrac{6}{8} = \dfrac{9}{12} = \dfrac{12}{16} = \dfrac{15}{20} = \dfrac{18}{24} = \dfrac{21}{28} = \dfrac{24}{32} = \dfrac{27}{36} \cdots$

$\dfrac{5}{6} = \dfrac{10}{12} = \dfrac{15}{18} = \dfrac{20}{24} = \dfrac{25}{30} = \dfrac{30}{36} = \dfrac{35}{42} = \dfrac{40}{48} = \dfrac{45}{54} \cdots$

예제 1   A에 알맞은 자연수를 모두 구하면? ($\dfrac{1}{4} < \dfrac{A}{10} < \dfrac{2}{3}$)

| 풀이   분자를 모르기 때문에 분모를 통일시키면 $\dfrac{15}{60} < \dfrac{(6 \times A)}{60} < \dfrac{40}{60}$이 된다. (4, 10, 3의 최소공배수 : 60)

따라서 $15 < 6 \times A < 40$인 관계식을 얻을 수 있고, 1부터 차례대로 대입해보면 A = 3, 4, 5, 6이 가능하다.

예제 2   A에 알맞은 자연수를 모두 구하면? ($\dfrac{4}{9} < \dfrac{2}{A} < \dfrac{3}{4}$)

| 풀이   분모를 모르기 때문에 분자를 통일시키면 $\dfrac{12}{27} < \dfrac{12}{6 \times A} < \dfrac{12}{16}$이 된다. (4, 2, 3의 최소공배수 : 12)

따라서 $27 > 6 \times A > 16$인 관계식을 얻을 수 있고, 1부터 차례대로 대입해보면 A = 3, 4가 가능하다.

13 분수의 통분 ①

분모와 분자에 똑같은 값을 곱하거나(×), 나누어도(÷) 동일한 분수가 된다.

분모와 분자에 똑같은 값을 곱한다(×)는 것은 각 칸을 곱하는 수만큼 등분한다는 것을 의미한다.

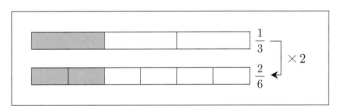

분모가 서로 다른 두 개의 분수를 더하거나(+), 빼려면(−) 분모를 같은 수로 만들어주는 과정이 필요하며 이를 통분이라고 한다.

14 분수의 통분 ②

방법 1 분모의 곱을 공통분모로 하여 통분하기 : $(\frac{1}{6}, \frac{2}{9}) \rightarrow (\frac{1\times9}{6\times9}, \frac{2\times6}{9\times6}) \rightarrow (\frac{9}{54}, \frac{12}{54})$

방법 2 분모의 최소공배수를 공통분모로 하여 통분하기 : $(\frac{1}{6}, \frac{2}{9}) \rightarrow (\frac{1\times3}{6\times3}, \frac{2\times2}{9\times2}) \rightarrow (\frac{3}{18}, \frac{4}{18})$

• 공통분모를 두 분모의 곱으로 하는 방법 $\frac{1}{4} + \frac{1}{6} = \frac{1\times6}{4\times6} + \frac{1\times4}{6\times4} = \frac{6}{24} + \frac{4}{24} = \frac{10}{24} = \frac{5}{12}$ • 공통분모를 두 분모의 최소공배수로 하는 방법 $\frac{1}{4} + \frac{1}{6} = \frac{1\times3}{4\times3} + \frac{1\times2}{6\times2} = \frac{3}{12} + \frac{2}{12} = \frac{5}{12}$

• 분모의 최소공배수를 공통분모로 하여 통분할 때의 장단점
장점 : 분모와 분자가 작아서 계산이 좀 간단해진다.
단점 : 두 수의 최소공배수를 먼저 구해야 하는 번거로움이 있다.

15 분수식의 정리

$$\frac{2}{3} \div \frac{5}{7} = \frac{2}{3} \times \frac{7}{5} = \frac{14}{15}$$

16 분수와 소수

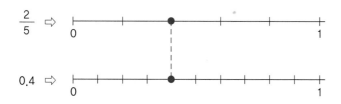

소수는 분모가 10의 배수인 분수를 나타내는 방법이다.

$$\frac{1}{10} = 0.1, \quad \frac{1}{100} = 0.01, \quad \frac{1}{1,000} = 0.001, \quad \frac{1}{10,000} = 0.0001, \cdots$$

표기의 편의성 때문에 분수보다는 소수로 수식을 표현하는 경우가 많다.

예제 1 한 시간에 70.5km의 빠르기로 달리는 자동차가 있다. 이 자동차로 1km를 달리는 데 0.1L의 휘발유가 든다면, 3시간 15분 동안 달리는 데 드는 휘발유의 양은 몇 L인가?

|풀이| 3시간 15분 $= 3 + \frac{1}{4} = \frac{13}{4} = 3.25$(시간)

3시간 15분 동안 자동차가 달린 거리 : 70.5km/시간 × 3.25시간 = 229.125(km)
소모되는 휘발유의 양 : 229.125km × 0.1L/km = 22.9125(L)

예제 2 두 시간에 90.1km의 빠르기로 달리는 자동차가 있다. 이 자동차로 10km를 달리는 데 1.2L의 휘발유가 든다면, 4시간 45분 동안 달리는 데 드는 휘발유의 양은 몇 L인가?

| 풀이 | 4시간 45분 $= 4 + \dfrac{3}{4} = \dfrac{19}{4} = 4.75$(시간)

자동차의 속력은 2시간 동안 90.1km를 달리므로 1시간 동안에는 45.05km를 달린다.
4시간 45분 동안 자동차가 달린 거리 : 45.05km/시간 × 4.75시간 = 213.9875(km)
자동차의 연비는 10km를 달리는 데 1.2L가 소모되므로 1km를 달리는 데 0.12L가 소모된다.
소모되는 휘발유의 양 : 213.9875km × 0.12L/km = 25.6785(L)

예제 3 나영이는 용돈으로 6천 원을 받았다. 이 용돈의 0.25만큼 아이스크림을 사 먹고 남은 용돈의 0.37만큼 초콜릿을 사 먹었다. 그런데, 집에 오는 길에 남은 용돈의 0.42만큼에 해당하는 돈을 주웠다. 남은 용돈은 얼마인가?

| 풀이 | $6,000 \times (1 - 0.25) \times (1 - 0.37) \times (1 + 0.42) = 6,000 \times 0.75 \times 0.63 \times 1.42 = 4,025.7$(원)

17 비례식

1. 비례식이란?

비에서 ':' 앞에 있는 항을 전항, ':' 뒤에 있는 항을 후항이라고 한다. A : B에서는 ':' 앞에 있는 A가 전항, ':' 뒤에 있는 B가 후항이다.

비를 $a : b \rightarrow \dfrac{a}{b}$ 처럼 분수식으로 바꿀 수 있다. 전항에 해당하는 게 분자, 후항에 해당하는 게 분모이다.

A : B = C : D처럼 두 개 이상의 비가 등호(=)로 연결된 것을 비례식이라고 하는데, 안쪽에 있는 두 항을 내항이라고 하고, 바깥쪽에 있는 두 항을 외항이라고 한다. 비례식에선 (외항의 곱) = (내항의 곱)이다.

외항의 곱
$$A : B = C : D \quad \Leftrightarrow \quad AD = BC$$
내항의 곱

위 내용은 비례식의 기본적인 성질이다.

A : B = C : D를 분수로 고치면 $\dfrac{A}{B} = \dfrac{C}{D}$ 로 고칠 수도 있지만 $\dfrac{A}{C} = \dfrac{B}{D}$ 로도 고칠 수 있다.

$$A : B = C : D$$

$$\frac{A}{B} = \frac{C}{D}$$

$$\frac{A}{C} = \frac{B}{D} \quad (AD = BC의 \ 양변을 \ CD로 \ 나눠보면 \ 된다.)$$

$$\frac{A+B}{B} = \frac{C+D}{D} \rightarrow \frac{A}{B} + 1 = \frac{C}{D} + 1 \rightarrow \text{양변을 정리하면 } \frac{A}{B} = \frac{C}{D} \text{ 가 된다.}$$

$$\frac{A-B}{B} = \frac{C-D}{D} \rightarrow \frac{A}{B} - 1 = \frac{C}{D} - 1 \rightarrow \text{양변을 정리하면 } \frac{A}{B} = \frac{C}{D} \text{ 가 된다.}$$

$$\frac{A+B}{A-B} = \frac{C+D}{C-D} \rightarrow \frac{A+B}{B} = \frac{C+D}{D} \text{을 } \frac{A-B}{B} = \frac{C-D}{D} \text{로 나누게 되면}$$

$$\frac{\dfrac{A+B}{B}}{\dfrac{A-B}{B}} = \frac{\dfrac{C+D}{D}}{\dfrac{C-D}{D}} \rightarrow \text{약분이 되어서 } \frac{A+B}{A-B} = \frac{C+D}{C-D} \text{ 가 된다.}$$

2. 비례식을 비례상수로 풀이하기

실제 비례식 문제는 아래의 순서로 푼다. 이 방법은 거·속·시나 일 계산 등 1차 방정식을 풀이하는 중요한 풀이법이기 때문에 반드시 숙지를 해야 한다.

비례를 분수로 고치고 비의 값을 k에 관한 식으로 놓고, 문제에 k에 관한 식을 대입하여 풀이한다.

(예제) $x : y : z = 2 : 3 : 4$일 때, $\dfrac{x^3 + y^3 + z^3}{xyz}$ 의 값을 구하면? (단, $xyz \neq 0$)

| 풀이 | 비례식을 분수로 바꾸고 k라고 놓는다.

$\dfrac{x}{2} = \dfrac{y}{3} = \dfrac{z}{4} = k$라고 하면 $x = 2k,\ y = 3k,\ z = 4k$

$x,\ y,\ z$를 문제에 대입하면

$$\frac{x^3 + y^3 + z^3}{xyz} = \frac{(2k)^3 + (3k)^3 + (4k)^3}{2k3k4k}$$

$$= \frac{8k^3 + 27k^3 + 64k^3}{24k^3}$$

$$= \frac{99k^3}{24k^3}$$

$$= \frac{33}{8}$$

18 비례배분

1. 비례배분이란?

전체를 주어진 비로 배분하는 것으로 비례배분을 할 때에는 주어진 비의 전항과 후항의 합을 분모로 하는 분수의 비로 고쳐 계산한다.

예시 1 90,000원을 갑, 을, 병 세 사람에게 $4:3:2$의 비로 비례배분하려고 할 때 갑, 을, 병 세 사람은 얼마씩 가져가야 하는가?

|풀이| 이 경우 일단 갑, 을, 병의 $4:3:2$에다가 k를 넣어서 $4k$, $3k$, $2k$가 되도록 한다. 그렇다면 갑, 을, 병 전체는 $4k + 3k + 2k = 9k$가 될 것이다. 이때, 전체가 90,000원이므로 k는 10,000원이 된다. 따라서 갑은 40,000원, 을은 30,000원, 병은 20,000원이 된다.

이것을 비례배분을 해보면 갑은 전체 $9k$에서 $4k$만큼 가져가게 되고 을은 $3k$, 병은 $2k$만큼 가져가게 된다.

구분	비율	비례상수	비례배분
갑	4	$4k$	$\dfrac{4k}{9k} = \dfrac{4}{9}$
을	3	$3k$	$\dfrac{3k}{9k} = \dfrac{3}{9}$
병	2	$2k$	$\dfrac{2k}{9k} = \dfrac{2}{9}$
전체	9	$9k$	1

예제 1 농장에서 재영, 석곤, 예슬이가 캔 감자는 모두 10kg이다. 이중 재영이와 석곤이가 캔 감자 무게의 비는 $2:3$ 이고 재영이와 예슬이가 캔 감자 무게의 비는 $5:7$일 때, ① <u>재영, 석곤, 예슬이가 캔 감자 무게의 연비와</u> ② <u>재영이가 캔 감자 무게를 구하면?</u> (단, 소수점 첫째 자리까지 계산한다.)

|정답| ① $10:15:14$, ② 약 2.5kg

|풀이| $10 \times \dfrac{10}{10+15+14} ≒ 2.5(kg)$

예제 2 진호, 정호, 민호 세 사람이 400만 원, 300만 원, 200만 원을 투자하여 99만 원의 이익금을 얻었다. 이익금을 투자한 금액에 따라 비례배분하려고 한다. ① <u>진호, 정호, 민호 세 사람이 투자한 금액의 비를 간단한 자연수의 비로 나타내고</u>, 이때 ② <u>진호, 정호, 민호는 이익금을 각각 전체의 몇 분의 몇으로 나누어 가져야 하고</u> ③ <u>각각 가지는 이익금은 얼마인가?</u>

|정답| ① 진호 : 정호 : 민호 = $4:3:2$, ② 진호 : $\dfrac{4}{9}$, 정호 : $\dfrac{3}{9}$, 민호 : $\dfrac{2}{9}$,

③ 진호 : 44만 원, 정호 : 33만 원, 민호 : 22만 원

19 가중평균

1. 가중평균(Weighted Average)

개별치에 각각의 중요도, 영향도(빈도) 등에 따라 가중치를 곱하여 구해지는 평균을 말한다.

2. 가중평균 특징

⑴ 제한

가중평균은 집단의 변량에 부(負)의 값이 나타나지 않을 경우에 한해서 이용되며, 다소 계산이 복잡하다.

⑵ 장점

① 변량의 극단적인 값에 영향을 덜 받게 된다.
② 가중평균은 결국 비율의 평균법으로서 산술평균보다 훨씬 합리적이다.

3. 가중 평균 예제

예제   100원짜리 배 2개와 200원짜리 배 3개를 샀을 경우, 단순평균과 가중평균을 구하면?

|풀이| • 단순평균 $= \dfrac{100 + 200}{2} = 150$(원) → (단지 2종류 가격으로만 평균함)

• 가중평균 $= \dfrac{(100 \times 2) + (200 \times 3)}{2 + 3} = 160$(원) → (가격 및 개수 모두를 고려하여 평균함)

4. 점수계산

가중치를 정수가 아니라 소수(또는 분수)로 주어도 되는데, 어차피 분모를 1로 만들면 편하므로 전체에서 각각의 값이 가지는 중요도를 소수로 주는 것이다. 예를 들어, 국어, 수학, 영어를 각각 0.2, 0.5, 0.3의 가중치를 고려해서 점수를 반영할 경우 수학의 가중치가 높기 때문에 국어에서 10점 올리는 것과 수학에서 4점 올리는 것, 영어에서 약 7점 올리는 것이 같은 셈이 되는 것이다.

20 시간

1. 시간이란?

시각과 시각 사이의 간격을 수치적(정량적)으로 나타낸 것을 시간이라고 한다.

2. 단위(초, 분, 시)

1분은 60초, 1시간은 60분이다. 따라서 1시간은 $60 \times 60 = 3,600$(초)이다.

일, 년, 세기 또한 시간의 단위이다.

1일 $= 24$시간 $= 1,440$분$(= 24 \times 60) = 86,400$초$(= 1,440 \times 60)$

1년 $= 365$일 $= 8,760$시간$(= 365 \times 24$시간$) = 31,536,000$초$(= 8,760 \times 3,600$초$)$

3. 시계

작은 바늘은 시(한 바퀴 12시간 = 반나절), 큰 바늘은 분(한 바퀴 60분 = 1시간), 가는 바늘은 초(한 바퀴 60초 = 1분)이다.

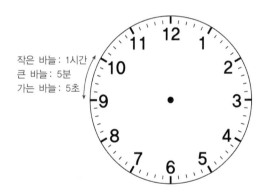

작은 바늘: 1시간
큰 바늘: 5분
가는 바늘: 5초

21 길이 또는 거리

얼마나 길고 짧은지(또는 멀고 가까운지)를 수치적(정량적)으로 나타내는 것(1차원 물리량)이다. 단위로는 mm, cm, m, km가 있다.

$1cm = 10mm, \ 1mm = 0.1cm$

$1m = 100cm, \ 1cm = 0.01m$

$1km = 1,000m, \ 1m = 0.001km$

$1m = 100cm = 100 \times 10mm = 1,000mm$

$1km = 1,000m = 1,000 \times 100cm = 100,000cm$

22 넓이, 면적

얼마나 넓고 좁은지를 수치적(정량적)으로 나타내는 것(2차원 물리량)이다. 단위로는 mm^2, cm^2, m^2, km^2가 있다.

$1cm^2 \equiv$ 가로 $1cm \times$ 세로 $1cm$(가로 방향 1cm인 선분이 세로 방향으로 1cm만큼 있다는 의미)

$1m^2 = 1m \times 1m = 100cm \times 100cm = 10,000cm^2$

$1km^2 = 1km \times 1km = 1,000m \times 1,000m = 1,000,000m^2$

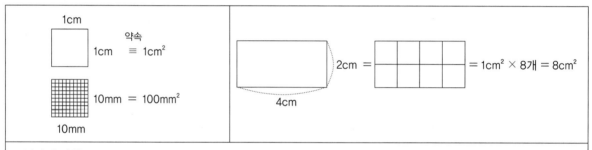

- 넓이의 단위

한 변이 10m인 정사각형의 넓이를 1a라 하고, 일 아르라고 읽는다.

$1a = 10m \times 10m = 100m^2$

또 한 변이 100m인 정사각형의 넓이를 1ha라 하고, 일 헥타르라고 읽는다.

$1ha = 100m \times 100m = 10,000m^2 = 100a$

$1ha = 100a = 10,000m^2$

한 변이 1km인 정사각형의 넓이를 $1km^2$라 하고, 일 제곱킬로미터라고 읽는다.

$1km^2 = 1,000m \times 1,000m = 1,000,000m^2$

$1km^2 = 100ha = 10,000a$

- 무게의 단위

1,000kg의 무게를 1t이라 쓰고, 일 톤이라고 읽는다.

$1t = 1,000kg$

23 부피, 체적

얼마나 많은지 적은지를 수치적(정량적)으로 나타내는 것(3차원 물리량)이다. 단위로는 mm^3, cm^3, m^3, km^3가 있다.

$1cm^3 \equiv$ 가로 $1cm \times$ 세로 $1cm \times$ 깊이 $1cm$(수평 방향 $1cm^2$인 면이 높이 방향으로 $1cm$만큼 있다는 의미)

$1m^3 = 1m \times 1m \times 1m = 100cm \times 100cm \times 100cm = 1,000,000cm^3$

$1L$(리터) $= 10cm \times 10cm \times 10cm$

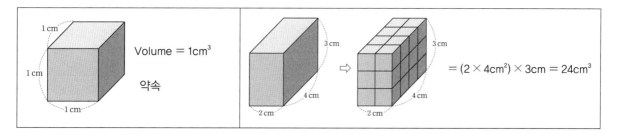

24 질량과 무게

얼마나 무겁고 가벼운지를 수치적(정량적)으로 나타내는 것이다. 단위로는 g, kg, ton이 있다.

$1g \equiv 1cm^3$의 정육면체를 가득 채운 $4℃$ 증류수의 질량

무게는 어느 별에서 측정하는지에 따라서 달라지지만, 질량은 불변이다. (무게는 중력이 잡아당기는 정도)

예 달에 가면 몸무게가 $\frac{1}{6}$ 정도 가벼워진다. 그러나 질량은 변하지 않는다.

$1kg = 1,000g$ ($10cm \times 10cm \times 10cm$인 정육면체를 가득 채운 $4℃$ 증류수의 질량)

$1ton = 1,000kg$ ($10m \times 10m \times 10m$인 정육면체를 가득 채운 $4℃$ 증류수의 질량)

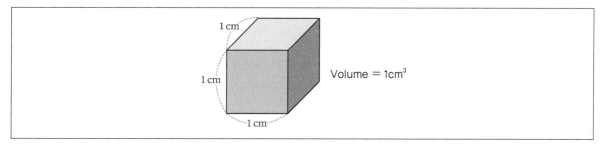

25 도수분포표

1. 도수분포표

(1) **변량** : 점수와 같이 자료를 수량으로 나타낸 것

(2) **계급** : 변량을 일정한 간격으로 나눈 구간

(3) **계급의 크기** : 구간의 너비 또는 계급의 양 끝값의 차

(4) **도수** : 각 계급의 자료의 수

(5) **계급값** : 계급을 대표하는 값으로서 계급의 중앙값 → (계급값) $= \dfrac{\text{계급의 양 끝값의 합}}{2}$

(6) **계급의 개수** : 구간의 수

(7) **도수분포표** : 전체의 자료를 몇 개의 계급으로 나누고, 각 계급에 속하는 도수를 조사하여 나타낸 표

2. 도수분포표 예제

예제 1 다음 표는 1학년 20명 학생의 일주일의 도서관 사용 시간에 대한 도수분포표이다. 학생 수가 가장 많은 계급은?

계급(시간)	도수(명)
2 이상~6 미만	5
6 이상~10 미만	8
10 이상~14 미만	4
14 이상~18 미만	2
18 이상~22 미만	1
합 계	20

① 2 이상~6 미만 ② 6 이상~10 미만
③ 10 이상~14 미만 ④ 14 이상~18 미만
⑤ 18 이상~22 미만

|정답| ②

예제 2 아래는 하정이네 반 학생들의 수학 성적을 조사하여 나타낸 도수분포표이다. 다음 설명 중 옳지 않은 것은?

수학 성적(점)	학생 수(명)
50 이상~60 미만	7
60 이상~70 미만	A
70 이상~80 미만	20
80 이상~90 미만	9
90 이상~100 미만	2
합계	50

① 계급의 크기는 10점이다.
② A에 들어갈 수는 12이다.
③ 도수가 가장 낮은 계급의 계급값은 95점이다.
④ 수학 성적이 80점 이상인 학생은 11명이다.
⑤ 수학 성적이 15번째로 낮은 학생이 속하는 계급은 70점 이상 80점 미만이다.

|정답| ⑤

|풀이| 수학 성적이 15번째로 낮은 학생이 속하는 계급은 60점 이상 70점 미만이다.

예제 3 다음은 현우네 반 학생 20명의 한 달 동안의 도서관 이용 횟수를 조사하여 나타낸 도수분포표이다. 이때, 도서관 이용 횟수의 평균을 구하면?

이용 횟수(회)	학생 수(명)
3 이상~5 미만	3
5 이상~7 미만	4
7 이상~9 미만	6
9 이상~11 미만	5
11 이상~13 미만	2
합계	20

|정답| 7.9회

|풀이| $(\text{평균}) = \dfrac{4 \times 3 + 6 \times 4 + 8 \times 6 + 10 \times 5 + 12 \times 2}{20} = \dfrac{158}{20} = 7.9(\text{회})$

26 미지수가 2개인 연립일차방정식

1. 연립방정식이란?

(1) **연립방정식(연립일차방정식)** : 미지수가 2개인 일차방정식 두 개 이상을 하나로 묶어 놓은 것

(2) **연립방정식의 해** : 두 일차방정식을 동시에 만족시키는 x, y의 값 또는 그 순서쌍 (x, y)

(3) **연립방정식을 푼다** : 연립방정식의 해를 구하는 것

2. 연립방정식의 풀이

(1) **소거** : 미지수가 2개인 연립방정식에서 두 미지수 중 하나를 없애는 것

(2) **가감법** : 연립방정식의 두 방정식을 변끼리 더하거나 빼서 한 미지수를 소거하여 연립방정식의 해를 구하는 방법

(3) **대입법** : 연립방정식의 한 방정식을 다른 방정식에 대입하여 한 미지수를 소거하여 연립방정식의 해를 구하는 방법

3. 여러 가지 연립방정식의 풀이

(1) **괄호가 있는 연립방정식** : 분배법칙을 이용하여 괄호를 풀고 동류항끼리 모아서 간단히 한 후 푼다.

(2) **계수가 소수인 연립방성식** : 양변에 10의 거듭제곱을 곱하여 계수를 정수로 고친 후 푼다.

(3) **계수가 분수인 연립방정식** : 양변에 분모의 최소공배수를 곱하여 계수를 정수로 고친 후 푼다.

(4) **A=B=C 꼴의 연립방정식** : 다음 중 어느 하나로 고쳐서 푼다.

4. 연립방정식의 풀이 순서

(1) 무엇을 미지수 x, y로 나타낼 것인가를 정한다.

(2) 문제의 뜻에 맞게 연립방정식을 세운다.

(3) 연립방정식을 풀어 x, y의 값을 구한다.

(4) 구한 해가 문제의 뜻에 맞는지 확인한다.

5. 연립방정식의 활용

(1) 일 계산에 관한 문제

(2) 거리, 속력, 시간에 관한 문제

(3) 소금물의 농도에 관한 문제

27 제곱근

1. 제곱근

제곱하여 a가 되는 수를 a의 제곱근이라 한다. $(a \geq 0)$

x가 a의 제곱근 $\leftrightarrow x^2 = a \leftrightarrow x = \pm\sqrt{a}$

2. 제곱수의 성질

(1) **제곱수**: $1(=1^2),\ 4(=2^2),\ 9(=3^2),\ 16(=4^2),\ 25(=5^2),\ 36(=6^2)$ ······ $\rightarrow$ 자연수의 제곱인 수

(2) $\sqrt{}$ **안의 수가 제곱수**

근호를 없애고 자연수로 나타낼 수 있다.

예 $\sqrt{9} = \sqrt{3^2} = 3,\ \sqrt{121} = \sqrt{11^2} = 11,\ \sqrt{625} = \sqrt{25^2} = 25$

(3) $\sqrt{a}$ **가 자연수가 되려면?**

a가 제곱수, 즉 a를 소인수분해했을 때, 소인수의 지수가 모두 짝수여야 한다.

3. 제곱근의 기본 성질

(1) a의 제곱근 중 양수인 것 $\rightarrow \sqrt{a}$ (a의 양의 제곱근)

(2) a의 제곱근 중 음수인 것 $\rightarrow -\sqrt{a}$ (a의 음의 제곱근)

(3) 양수 a의 제곱근: $\sqrt{a},\ -\sqrt{a} \rightarrow 2$개

0의 제곱근: $0 \rightarrow 1$개

음수의 제곱근: 없다

(4) a의 제곱근 $\rightarrow \pm\sqrt{a}$, 제곱근 $a \rightarrow \sqrt{a}$

4. 무리수와 실수

(1) **무리수**: 유리수가 아닌 수

예 $\sqrt{2},\ \sqrt{3},\ \sqrt{5},\ \pi$

소수	유한소수(유리수)	
	무한소수	순환소수(유리수)
		순환하지 않는 무한 소수(무리수)

무리수를 소수로 나타내면 순환하지 않는 무한소수가 된다.

(2) **실수** : 유리수와 무리수를 통틀어 실수라고 한다.

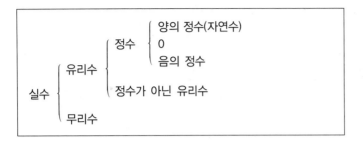

5. 제곱근의 성질

$a > 0$일 때,

(1) $\left(\sqrt{a} \right)^2 = a$

(2) $\left(- \sqrt{a} \right)^2 = a$

(3) $\sqrt{a^2} = a$

(4) $\sqrt{(-a)^2} = a$

(5) $- \left(\sqrt{a} \right)^2 = - a$

(6) $- \sqrt{a^2} = - a$

6. 실수의 대소 비교

a, b가 실수일 때,

(1) $a - b > 0$이면 $a > b$

(2) $a - b = 0$이면 $a = b$

(3) $a - b < 0$이면 $a < b$

예 $\sqrt{6} - 1$과 $\sqrt{7} - 1$의 대소 관계를 비교하면 $\left(\sqrt{6} - 1 \right) - \left(\sqrt{7} - 1 \right) = \sqrt{6} - \sqrt{7} < 0$
∴ $\sqrt{6} - 1 < \sqrt{7} - 1$

7. 제곱근의 대소 관계

$a > 0$, $b > 0$일 때,
$a < b$이면 $\sqrt{a} < \sqrt{b}$
$\sqrt{a} < \sqrt{b}$이면 $a < b$

8. 제곱근의 곱셈

m, n이 유리수이고 $a > 0$, $b > 0$일 때,

(1) $\sqrt{a} \times \sqrt{b} = \sqrt{ab}$

(2) $m\sqrt{a} \times n = mn\sqrt{a}$

(3) $m\sqrt{a} \times n\sqrt{b} = mn\sqrt{ab}$

9. 제곱근의 나눗셈

m, n이 유리수이고 $a > 0$, $b > 0$, $c > 0$, $d > 0$일 때,

(1) $\sqrt{a} \div \sqrt{b} = \dfrac{\sqrt{a}}{\sqrt{b}} = \sqrt{\dfrac{a}{b}}$

(2) $m\sqrt{a} \div n\sqrt{b} = m\sqrt{a} \times \dfrac{1}{n\sqrt{b}} = \dfrac{m}{n}\sqrt{\dfrac{a}{b}}$ (단, $n \neq 0$)

(3) $\dfrac{\sqrt{a}}{\sqrt{b}} \div \dfrac{\sqrt{c}}{\sqrt{d}} = \dfrac{\sqrt{a}}{\sqrt{b}} \times \dfrac{\sqrt{d}}{\sqrt{c}} = \sqrt{\dfrac{a}{b} \times \dfrac{d}{c}} = \sqrt{\dfrac{ad}{bc}}$

10. 근호가 있는 식의 변형

$a > 0$, $b > 0$일 때,

(1) $\sqrt{a^2 b} = \sqrt{a^2} \times \sqrt{b} = a\sqrt{b}$

> 예 $\sqrt{27} = \sqrt{3^3} = \sqrt{3^2 \times 3} = \sqrt{3^2} \times \sqrt{3} = 3\sqrt{3}$
>
> $2\sqrt{6} \times 3\sqrt{2} = 2 \times 3 \times \sqrt{6 \times 2} = 6 \times \sqrt{2^2 \times 3} = 6 \times 2 \times \sqrt{3} = 12\sqrt{3}$
>
> ※ 근호 밖의 양수는 제곱해서 근호 안으로 들어갈 수 있다.
>
> $a\sqrt{b} = \sqrt{a^2 b}$ $(a > 0, b > 0)$ 예 $3\sqrt{2} = \sqrt{3^2 \times 2} = \sqrt{18}$

(2) $\sqrt{\dfrac{b}{a^2}} = \dfrac{\sqrt{b}}{\sqrt{a^2}} = \dfrac{\sqrt{b}}{a}$

> 예 $\sqrt{\dfrac{3}{25}} = \sqrt{\dfrac{3}{5^2}} = \dfrac{\sqrt{3}}{5}$

11. 분모의 유리화

분모에 무리수가 있을 때 분모, 분자에 같은 수를 곱하여 분모를 유리수로 고치는 것 → 분모의 유리화

$a > 0$, $b > 0$, $c > 0$일 때,

(1) $\dfrac{a}{\sqrt{b}} = \dfrac{a \times \sqrt{b}}{\sqrt{b} \times \sqrt{b}} = \dfrac{a\sqrt{b}}{(\sqrt{b})^2} = \dfrac{a\sqrt{b}}{b}$ 예 $\dfrac{3}{\sqrt{5}} = \dfrac{3 \times \sqrt{5}}{\sqrt{5} \times \sqrt{5}} = \dfrac{3\sqrt{5}}{5}$

(2) $\dfrac{\sqrt{a}}{\sqrt{b}} = \dfrac{\sqrt{a} \times \sqrt{b}}{\sqrt{b} \times \sqrt{b}} = \dfrac{\sqrt{ab}}{b}$ **예** $\dfrac{\sqrt{2}}{\sqrt{3}} = \dfrac{\sqrt{2} \times \sqrt{3}}{\sqrt{3} \times \sqrt{3}} = \dfrac{\sqrt{6}}{3}$

(3) $\dfrac{a}{b\sqrt{c}} = \dfrac{a \times \sqrt{c}}{b \times \sqrt{c} \times \sqrt{c}} = \dfrac{a\sqrt{c}}{bc}$ **예** $\dfrac{2}{3\sqrt{5}} = \dfrac{2 \times \sqrt{5}}{3\sqrt{5} \times \sqrt{5}} = \dfrac{2\sqrt{5}}{15}$

(4) $\dfrac{1}{\sqrt{a}+\sqrt{b}} = \dfrac{\sqrt{a}-\sqrt{b}}{(\sqrt{a}+\sqrt{b})(\sqrt{a}-\sqrt{b})} = \dfrac{\sqrt{a}-\sqrt{b}}{a-b}$

   예 $\dfrac{1}{\sqrt{3}+\sqrt{2}} = \dfrac{\sqrt{3}-\sqrt{2}}{(\sqrt{3}+\sqrt{2})(\sqrt{3}-\sqrt{2})} = \dfrac{\sqrt{3}-\sqrt{2}}{3-2} = \sqrt{3}-\sqrt{2}$

28 지수의 법칙

1. 지수의 법칙

실수 a를 n번 거듭하여 곱한 것을 a의 n제곱이라 하고, a^n으로 나타낸다. 또, a, a^2, a^3, $\cdots$을 통틀어 a의 거듭제곱이라 하고, a^n에서 a를 거듭제곱의 밑, n을 거듭제곱의 지수라고 한다. 밑이 실수이고 지수가 양의 정수일 때, 다음과 같은 지수법칙이 성립한다.

2. 지수가 양의 정수일 때의 지수법칙

a, b가 실수이고 m, n이 양의 정수일 때,

(1) $a^m a^n = a^{m+n}$

(2) $(a^m)^n = a^{mn}$

(3) $(ab)^n = a^n b^n$

(4) $\left(\dfrac{a}{b}\right)^n = \dfrac{a^n}{b^n}$ (단, $b \neq 0$)

(5) $a^m \div a^n = \begin{cases} a^{m-n} & (m > n) \\ 1 & (m = n) \\ \dfrac{1}{a^{n-m}} & (m < n) \end{cases}$ (단, $a \neq 0$)

예 $a^3 a^4 = a^7$

$(a^3)^4 = a^{12}$

$a^5 \div a^3 = a^2$ (단, $a \neq 0$)

$a^3 \div a^5 = \dfrac{1}{a^2}$ (단, $a \neq 0$)

3. 지수가 정수일 때의 지수법칙

$a \neq 0$, $b \neq 0$이고 m, n이 정수일 때,

(1) $a^m a^n = a^{m+n}$

(2) $a^m \div a^n = a^{m-n}$

(3) $(a^m)^n = a^{mn}$

(4) $(ab)^n = a^n b^n$

4. 유리수인 지수

$a > 0$이고 m, $n(n \geq 2)$이 정수일 때,

(1) $a^{\frac{m}{n}} = \sqrt[n]{a^m}$

(2) $a^{\frac{1}{n}} = \sqrt[n]{a}$

5. 지수가 유리수일 때의 지수법칙

$a > 0$, $b > 0$이고 r, s가 유리수일 때,

(1) $a^r a^s = a^{r+s}$

(2) $a^r \div a^s = a^{r-s}$

(3) $(a^r)^s = a^{rs}$

(4) $(ab)^r = a^r b^r$

6. 지수가 실수일 때의 지수법칙

$a > 0$, $b > 0$이고 x, y가 실수일 때,

(1) $a^x a^y = a^{x+y}$

(2) $a^x \div a^y = a^{x-y}$

(3) $(a^x)^y = a^{xy}$

(4) $(ab)^x = a^x b^x$

29 수열

1. 등차수열

어떤 수에 차례로 일정한 수를 더하여 얻어지는 수열을 등차수열이라 하고, 그 일정한 수를 공차라고 한다.

(1) 첫째항이 a, 공차가 d인 등차수열의 일반항 a_n은 $a_n = a + (n-1)d$

(2) **등차중항**: a, x, b가 등차수열 $\leftrightarrow$ $x = \dfrac{a+b}{2}$

2. 등차수열의 합

(1) 첫째항이 a, 공차가 d, 제n항이 l인 등차수열의 첫째항부터 제n항까지의 합 S_n은

$$S_n = \frac{n(a+l)}{2} = \frac{n(2a + (n-1)d)}{2}$$

(2) **a_n과 S_n의 관계**

수열 $\{a_n\}$에서 첫째항부터 제n항까지의 합을 S_n이라 하면 합 S_n이 주어지고 일반항 a_n을 구할 때는

$$a_1 = S_1, \quad a_n = S_n - S_{n-1} \ (n \geq 2)$$

3. 등비수열

어떤 수에 차례로 일정한 수를 곱하여 얻어지는 수열을 등비수열이라 하고, 그 일정한 수를 공비라고 한다.

(1) 첫째항이 a, 공비가 r인 등비수열의 일반항 a_n은 $a_n = ar^{n-1}$

(2) **등비중항**: a, x, b가 등비수열 $\leftrightarrow$ $x^2 = ab$

(3) **등비수열의 합**

첫째항이 a, 공비가 r인 등비수열의 첫째항부터 제n항까지의 합 S_n은

① $r \neq 1$, $S_n = \dfrac{a(r^n - 1)}{r - 1} = \dfrac{a(1 - r^n)}{1 - r}$

② $r = 1$, $S_n = na$

4. 여러 가지 수열

(1) **계차수열**: 수열 $\{a_n\}$에 대하여 $b_n = a_{n+1} - a_n$으로 정해지는 수열 $\{b_n\}$을 $\{a_n\}$의 계차수열이라 한다.

이때, 수열 $\{a_n\}$의 일반항 a_n은 $a_n = a_1 + \sum\limits_{k=1}^{n-1} b_k$이다.

(2) **군수열**: 수열 $\{a_n\}$에서 일정한 규칙성을 찾아 몇 항씩 묶어서 나눈 수열

30 경우의 수

1. 경우의 수

(1) **사건 A 또는 사건 B가 일어나는 경우의 수(합의 법칙)**: 두 사건 A, B가 동시에 일어나지 않을 때, 사건 A가 일어나는 경우의 수가 m가지이고, 사건 B가 일어나는 경우의 수가 n가지이면
(사건 A 또는 사건 B가 일어나는 경우의 수) $= m + n$

(2) **두 사건 A, B가 동시에 일어나는 경우의 수(곱의 법칙)**: 사건 A가 일어나는 경우의 수가 m가지이고, 그 각각에 대하여 사건 B가 일어나는 경우의 수가 n가지이면
(두 사건 A, B가 동시에 일어나는 경우의 수) $= m \times n$

2. 여러 가지 경우의 수

(1) 동전 m개, 주사위 n개를 동시에 던질 때 일어나는 경우의 수: $2^m \times 6^n$

(2) n명을 한 줄로 세우는 경우의 수: $n \times (n-1) \times \cdots \times 2 \times 1 = n!$

(3) n명 중 회장 1명, 부회장 1명을 뽑는 경우의 수: $n \times (n-1)$

(4) n명 중 대표 2명을 뽑는 경우의 수: $_n C_2$

3. 순열

(1) **순열**: 서로 다른 n개에서 중복을 허락하지 않고 $r(n \geq r)$개를 택하여 순서 있게 일렬로 배열하는 순열의 수는 $_n P_r = \dfrac{n!}{(n-r)!}$

(2) **중복순열**: 서로 다른 n개에서 중복을 허락하여 r개를 뽑는 중복순열의 수는 $_n \Pi_r = n^r$

(3) **원순열**: 원형으로 배열하는 원순열의 수는 $(n-1)!$

(4) **같은 것이 n개 있는 순열**: n개 중에 같은 것이 각각 p개, q개, $\cdots$ r개 있을 때, 이들 n개를 모두 사용하여 일렬로 배열하는 순열의 수는 $\dfrac{n!}{p!q!r!\cdots}$ (단, $p+q+r+\cdots=n$)

4. 조합

(1) **조합**: 서로 다른 n개에서 순서를 생각하지 않고 r개를 택하는 조합의 수는 $_n C_r$

(2) $_n C_r = \dfrac{_n P_r}{r!} = \dfrac{n!}{r!(n-r)!}$ (단, $0 \leq r \leq n$)

(3) $_n C_0 = 1, \ _n C_n = 1$

(4) $_n C_{n-r} = {_n C_r} \ (n \geq r)$

(5) $_nC_r = {}_{n-1}C_{r-1} + {}_{n-1}C_r \ (1 \leq r \leq n-1)$

(6) **중복조합**: 서로 다른 n개에서 중복을 허락하여 r개를 택하는 조합의 수는 $_nH_r = {}_{n+r-1}C_r$

5. 다항정리

$(a+b+c)^n$의 전개식에서 $a^p b^q c^r$의 계수는 $_nC_r \times {}_{n-r}C_q = \dfrac{n!}{p!q!r!}$ (단, $p+q+r=n$)

31 확률

1. 독립사건

사건 A와 B가 독립

$\leftrightarrow P(B \mid A) = P(B \mid A^c) = P(B)$

$\leftrightarrow A^c$와 B가 독립

$\leftrightarrow P(A \cap B) = P(A)P(B)$

2. 확률의 기본성질

(1) **수학적 확률**: 임의의 사건 A에 대하여 $P(A) = \dfrac{n(A)}{n(B)} = \dfrac{\text{사건 } A \text{가 일어나는 경우의 수}}{\text{일어날 수 있는 모든 경우의 수}}$

(2) $0 \leq P(A) \leq 1, \ P(U) = 1, \ P(\varnothing) = 0$

(3) **확률의 덧셈정리**: 두 사건 A, B에 대하여 $P(A \cup B) = P(A) + P(B) - P(A \cap B)$

(4) 사건 A의 여사건을 A^c이라 하면 $P(A^c) = 1 - P(A)$

3. 조건부확률과 곱셈정리

(1) **조건부확률**

사건 A가 일어났다는 가정 아래 사건 B가 일어날 확률을 사건 A가 일어났을 때의 사건 B의 조건부확률이라 하고, $P(B|A)$로 나타낸다.

$$P(B|A) = \frac{P(A \cap B)}{P(A)} \ (\text{단, } P(A) \neq 0)$$

(2) **곱셈정리**

두 사건 A, B에 대하여 $P(A \cap B) = P(A) \times P(B|A) = P(B) \times P(A|B)$

특히 A, B가 독립이면 $P(A \cap B) = P(A) \times P(B)$

02 10초 풀이법

01 가중평균법(저울법)

1. 가중평균법

가중평균법은 상대적인 중요도를 감안하여 투자나 점수를 수학적으로 환산할 때 더 정확히 계산하는 방법이다. 이 방법은 투자 포트폴리오나, 성적 환산, 통계학 등에 자주 쓰인다. NCS나 적성시험에서는 소금물, 거·속·시, 일 계산, 자료해석 등 다양한 분야에서 활용된다. 아래의 '고찰 Tip'을 이해하는 것은 어렵기 때문에 일단 가중치, 관찰값, 거리비의 개념은 무시하고 주어진 예제를 먼저 풀어 본다.

고찰 Tip

가중평균법은 중요도나 영향도에 해당하는 각각의 가중치를 곱하여 구한 평균값을 말한다.

가중치 (거리비의 반대)	A값	:	B값

관찰값	작은 값	평균	큰 값

※ 관찰값과 평균값은 비율이거나 평균과 같은 개념이라고 생각한다.
※ 관찰값은 항상 작은 값을 왼쪽에 놓고 계산한다.

거리비 (가중치의 반대)	B값	:	A값

소주와 맥주를 섞어 소맥을 만드는 과정을 통해 가중평균법을 쉽게 설명해 보도록 하겠다. 기초를 이해하지 못하면 고난도 문제에 가중평균법을 사용할 수 없다.

> **예** 5% 맥주와 10% 소주를 섞어서 소맥을 만든다고 해보자.
> ① 소맥의 알코올 농도는 5%와 10% 어느 중간에서 결정이 된다.
> ② 5%인 맥주를 많이 섞으면 5%에 근접한다. 10% 소주를 많이 섞으면 10%에 근접한다.
> ③ 5%를 100% 넣으면 5%의 농도가, 10% 농도를 100% 넣으면 10%가 된다.
>
> **가중평균 계산 순서**
> ① 소주와 맥주를 섞었을 때의 농도의 평균값과 소주와 맥주와의 차이를 계산한다.
> ② 각각의 차이의 비를 계산한다.
> ③ 평균과 농도 차이의 비율은 물질(가중치)을 섞을 때의 비율이 역으로 계산된다.

예제 1 5% 맥주와 10% 소주를 섞어서 농도가 8%가 되었다면 어느 것을 더 많이 넣었는가?

|정답| 소주를 더 많이 넣었다.
|풀이|
① 10%와 5%를 섞었을 때 농도는 8%이다. 각 물질의 농도와 평균의 농도차이를 계산한다.
② 이때, 5% − 8% − 10% 농도는 관찰값이므로 작은 수치를 왼쪽에 기록한다. 평균과의 농도 차이는 8 − 5 = 3(%p), 10 − 8 = 2(%p)가 된다. (★ 여기서 중요한 개념이 바로 거리차이다.)
③ 각각의 농도 차의 비율은 3 : 2가 된다.
④ 물질은 농도 차이의 비율에 역으로 계산된다. 따라서 5%와 10%의 물질의 비율은 2 : 3이 된다. 즉, 10% 소주를 더 많이 넣었다.

📧 **다른 풀이**

아래와 같이 표를 만들어서 표현할 수 있다.

맥주				소주
5%	−	8%	−	10%
거리 차이	+3		+2	
물질의 비율	2	:	3	

예제 2 5% 맥주와 10% 소주를 섞었더니 알코올 농도 8%의 소맥이 100ml가 생겼다. 이때, 소주와 맥주를 얼마나 넣었는가?

|정답| 소주 60ml, 맥주 40ml
|풀이|

맥주				소주		
5%	−	8%	−	10%		
거리 차이	+3%		+2%		3 : 2	알코올 농도
	2	:	3			※ 거리차의 비율은 소주, 맥주 양의 비율에 역으로 들어간다.
40ml	전체 $100 \times \frac{2}{5} = 40$ 전체 $100 \times \frac{3}{5} = 60$			60ml		

예제 3 5% 맥주 100ml와 10% 소주 Aml를 넣었더니 6%의 소맥이 되었다면 소주는 얼마를 넣었는가?

|정답| 25ml
|풀이|

맥주				소주		
5%	−	6%	−	10%		
거리 차이	+1%		+4%		1 : 2	알코올 농도
100ml	4	:	1	Aml		
	물질의 비율이 4 : 1이므로 다음과 같이 계산한다. 4 : 1 = 100 : A 100 = 4A ∴ A = 25ml			25ml		

예제 4   A% 맥주 100ml와 20% 소주 400ml를 섞어서 18%의 소맥이 되었다면 맥주의 알코올 농도는 얼마인가?

|정답| 10%

|풀이|

맥주				소주	
100ml				400ml	
	1	:	4		소주, 맥주 양의 비율
	4	:	1		※ 알코올 농도 거리비의 비중은 소주, 맥주 물질 비율의 역으로 계산한다.
A%	—	18%	—	20%	
	18−A%		+2%		

4 : 1이 농도 차의 비율이므로 다음과 같이 계산을 할 수 있다.

$$18 - A : 2 = 4 : 1$$
$$8 = 18 - A$$
$$\therefore A = 10$$

따라서 맥주의 알코올 농도는 10%이다.

예제 5   5% 맥주 100ml와 10% 소주 400ml를 섞으면 몇 %의 소맥이 되겠는가?

|정답| 9%

|풀이|

맥주				소주	
100ml				400ml	
	1	:	4		소주, 맥주 양의 비율
	4	:	1		※ 알코올 농도 거리비의 비중은 소주, 맥주 양 비율의 역으로 계산한다.
5%	—	9%	—	10%	
거리 차이	+4%		+1%		

10 − 5 = 5(%p)의 거리비를 4 : 1로 나눈다는 것이다.

따라서 $5 \times \dfrac{4}{5} = 4(\%p)$, $5 \times \dfrac{1}{5} = 1(\%p)$이다.

즉, 5%에서 4%p를 더한 9%이거나 10%에서 1%p을 차감한 9%가 섞은 소맥의 농도가 된다.

고찰 Tip

가중평균법은 중요도나 영향도에 해당하는 각각의 가중치를 곱하여 구한 평균값을 말한다.

가중치 (거리비의 반대)	A값		B값
관찰값	작은 값	평균	큰 값
거리비 (가중치의 반대)	B값	:	A값

※ 관찰값과 평균값은 비율이거나 평균과 같은 개념이라고 생각한다.
※ 관찰값은 항상 작은 값을 왼쪽에 놓고 계산한다.

다시 '고찰 Tip'의 내용을 상기시켜 다음 예제의 가중치와 관찰값, 거리비가 어떤 값인지 판단해 본다. 예제 2에서는 "5% 맥주와 10% 소주를 섞었더니 소맥이 100ml가 생겼다. 이때, 소주와 맥주를 얼마나 섞었을까?"에서 가중치의 전체가 100ml인 것이고, 관찰값은 농도가 된다. 농도의 거리비를 이용해서 관찰값을 계산한 것이다.

예제 4에서는 "A% 맥주 100ml와 20% 소주 400ml를 섞어서 18%의 소맥이 되었다면 맥주의 알코올 농도는 얼마인가?"라는 문제에서는 맥주, 소주 양이 가중치이고 농도가 관찰값, 농도 18%가 평균이 되고, 맥주의 알코올 농도를 계산하는 것은 거리비를 이용해서 계산했다.

가중평균은 다양한 풀이에 이용되지만 모든 풀이가 가능한 것은 아니다. 일단 물질 전체를 섞는 경우에는 유효하지만, 일부를 섞는 경우에는 원칙 풀이 방법이 빠를 수도 있다. 또한 3중 가중평균은 2중 가중평균을 두 번 해주는 방식으로 풀이를 한다. 그럼 가중평균을 통해 아래와 같은 값을 계산을 할 수 있다.

	문제에서 주어진 값		도출 가능한 값
유형 1	가중치, 관찰값	→	평균
유형 2	관찰값, 평균	(거리비를 통해)	가중치
유형 3	평균, 가중치		관찰값

그런데 여기서 유형 3의 경우는 가중평균을 이용하면 시간이 더 걸리는 경우도 발생하기 때문에 원칙적인 풀이법도 알고 있어야 한다. 아래의 예제 6을 통해 가중치, 관찰값, 평균을 어떤 수치로 계산을 해야 하는지 알아보자.

예제 6 A와 B 사이는 200km이고 이 두 점을 차로 왕복한다고 하자. A에서 B까지 갈 때는 시속 100km/h로 이동을 했고, 반대로 B에서 A로 올 때는 200km/h로 이동을 했다. 평균 속력은 얼마인가?

|정답| 133.33km/h

|풀이| 이런 경우 평균 속력을 계산하라고 했으니 평균 속력이 관찰값이고, 거리가 가중치가 되어서 계산을 하면 될까?

갈 때			올 때	
200km			200km	
	1	:	1	왕복 거리의 비
	1	:	1	평균 속력의 비
100km/h	−	150km/h	−	200km/h
	+50km/h		+50km/h	
$(200 - 100) \times \frac{1}{2} = 50(km/h)$				평균 속력 150km/h

그렇다면 평균 속력이 150km/h이다. 정답일까? 아니다.

여기서 우리가 계산하는 평균 속력은 $\frac{거리}{시간}$ = 속력으로 계산되기 때문에 이렇게 계산하면 정답이 아니다. 그럼 정상적으로 계산을 해보면 갈 때 시간은 $\frac{200km}{100km/h} = 2$(시간), 올 때 시간은 $\frac{200km}{200km/h} = 1$(시간)으로 총 3시간이 걸리고 왕복한 거리는 400km이므로 $\frac{400}{3} ≒ 133.33$(km/h)가 된다.

그럼 왜 가중평균법을 사용하기 위해 가중치와 관찰값을 설정했는데 정답이 다를까? 그것은 가중치로 사용할 수 있는 것은 분모 값만이 가능하기 때문이다. 예를 들어 $\frac{거리}{시간}$ = 속력의 공식을 보면 분모가 시간, 분자가 거리이다. 앞서 잘못 사용한 식에서는 거리를 가중치(분자)로 두었기 때문에 계산이 틀린 것이고, 분모인 시간을 가중치로 둔 아래 풀이법이 정답이 되는 것이다. 결론적으로 가중치는 분모 값만이 가능하다. 따라서 아래와 같이 풀이를 하면 정확하게 나온다.

갈 때				올 때	
2시간				1시간	
	2	:	1		왕복 시간의 비
	1	:	2		평균 속력과의 거리차 비
100km/h	−	133.33km/h	−	200km/h	
	+33.33km/h		+66.67km/h		
$(200 - 100) \times \dfrac{1}{3} = 33.33$(km/h) $(200 - 100) \times \dfrac{2}{3} = 66.67$(km/h)				평균 속력 133.33km/h	

이렇게 계산을 하는 것이다.

지금까지 풀어 온 소금물 문제에서 "소금물의 양을 가중치로 두는 것이 맞는가?"라는 의문을 제기해 보면, 농도 = $\dfrac{소금}{소금물}$이라는 공식이 나오기 때문에 소금물(가중치)이 분모인 계산 방식은 옳은 방식이다.

(예제 7) S생명 신입사원 채용시험 응시자가 100명이다. 시험점수 전체 평균은 60점, 합격자 평균은 80점, 불합격자는 40점이다. 이때, '합격한 사람은 몇 명일까?'의 문제에서 가중치는 무엇이고, 관찰값은 무엇일까?

|정답| 가중치는 응시자이고, 시험점수가 관찰값이다.

|풀이| 평균 = $\dfrac{총\ 점수}{사람\ 수}$로 나누게 되고 사람 수(응시자 수)를 가중치로 풀이를 해도 된다.

(예제 8) 5% 소금물과 17% 소금물을 섞어 10%의 소금물 600g이 만들어졌다면, 5% 소금물과 17% 소금물을 각각의 얼마나 넣었을까?

① 350g, 250g ② 250g, 350g ③ 200g, 400g
④ 100g, 500g ⑤ 50g, 550g

|정답| ①

|풀이| 소금물 농도 계산은 $\dfrac{소금}{소금물}$ = 농도이다. 이 공식을 이용하면 5% 소금물의 양을 Ag이라고 놓으면 17% 소금물의 양은 (600 − A)g이다. 그러면 5%의 소금의 양은 0.05 × A이고 17%의 소금의 양은 0.17 × (600 − A)이다.

그럼 전체 소금의 양은 0.05A + 0.17(600 − A)이고 이것이 10%의 소금물이 되었다면

$\dfrac{0.05A + 0.17(600 - A)}{600} = 0.1$이 된다.

이 공식을 풀면

0.05A + 102 − 0.17A = 60

−0.12A = −42

따라서 A는 350g이다. 즉 5% 소금물은 350g이고 17% 소금물은 250g이다.

이렇게 원칙대로 계산을 하면 시간이 많이 걸리므로 가중평균법을 이용한다.

  5% − 10% − 17%
   +5   +7   → 7 : 5 비율로 반영

$600 \times \dfrac{7}{12} = 350$(g)

$600 \times \dfrac{5}{12} = 250$(g)

예제 9 10% 소금물과 20% 소금물을 섞어 15%의 소금물 1,000g이 만들어졌다면, 10% 소금물과 20% 소금물을 각각의 얼마나 넣었을까?

① 700g, 300g   ② 500g, 500g   ③ 350g, 650g

④ 650g, 350g   ⑤ 400g, 600g

|정답| ②

|풀이|

가중치 (거리비의 반대)	A값	1	: 1,000g	1	B값
관찰값	10%		15%		20%
거리비 (가중치의 반대)		15 − 10 = 5 1	: :	20 − 10 = 5 1	A값

A값(10% 소금물) : $1,000 \times \dfrac{1}{2} = 500(g)$

B값(20% 소금물) : $1,000 \times \dfrac{1}{2} = 500(g)$

예제 10 3% 소금물과 10% 소금물을 섞어 7%의 소금물 700g이 만들어졌다면, 3% 소금물과 10% 소금물을 각각의 얼마나 넣었을까?

① 100g, 600g   ② 200g, 500g   ③ 300g, 400g

④ 350g, 350g   ⑤ 600g, 100g

|정답| ③

|풀이|

가중치 (거리비의 반대)	A값	3	: 700g	4	B값
관찰값	3%		7%		10%
거리비 (가중치의 반대)		7 − 3 = 4 4	: :	10 − 7 = 3 3	A값

A값(3% 소금물) : $700 \times \dfrac{3}{7} = 300(g)$

B값(10% 소금물) : $700 \times \dfrac{4}{7} = 400(g)$

예제 11

S전자의 상반기 매출액이 200억 원이고, 매출총이익률은 12%이다. 하반기 매출총이익률은 9%이고, 연 매출총이익률은 10%라고 할 때, 하반기 매출액은 얼마였을까?

① 400억 원   ② 300억 원   ③ 200억 원

④ 100억 원   ⑤ 500억 원

|정답| ①

|풀이| 상반기 매출이익은 매출액 × 매출총이익 = 200 × 0.12 = 24(억 원)이다. 하반기 매출액을 A라고 하면 하반기 매출이익은 A × 0.09이다. 연간 매출총이익률이 10%이므로 (200억 + A) × 0.1 = 24 + 0.09A가 될 것이다. 따라서 20 + 0.1A = 24 + 0.09A이고, A는 400억 원이다.

즉, 하반기 매출액은 400억 원이 된다. 검산을 해보면 하반기 매출이익은 400 × 0.09 = 36(억 원)이 된다. 전체 매출액은 600억 원이고, 전체 매출이익은 24 + 36 = 60(억 원)이므로 전체 매출총이익률은 10%가 되는 것이다.

📩 **다른 풀이**

가중평균법으로 계산하면 다음과 같다.

관찰값	하반기 매출액이익률	9%	:	12%	상반기 매출액이익률
평균과 관찰값 차이		1%	10%	2%	
거리비		1	:	2	
가중치(거리비의 역)		2	:	1	

즉, 하반기와 상반기의 매출액의 비는 2 : 1이다. 상반기 매출액이 200억 원이고 하반기 매출액을 x라고 하면

$2 : 1 = x : 200$

$\therefore x = 400$

따라서 하반기 매출액은 400억 원이다.

예제 12

S전자의 상반기 매출액이 360억 원이고, 매출총이익률은 15%이다. 하반기 매출총이익률은 20%이고, 연 매출총이익률은 18%라고 할 때, 하반기 매출액은 얼마였을까?

① 250억 원   ② 300억 원   ③ 400억 원

④ 520억 원   ⑤ 540억 원

|정답| ⑤

|풀이| 가중평균법을 이용해서 풀이를 해보면 매출총이익률을 관찰값으로 놓고 가중평균법을 사용한다. '15% − 18% − 20%'로 식을 놓고 보면, 평균의 차이는 3 : 2이므로 매출액의 비율은 2 : 3이다. 따라서 상반기 : 하반기 매출액의 비가 2 : 3이라는 뜻이다.

$360 : A = 2 : 3$

$2A = 3 × 360$

$\therefore A = 540$

따라서 하반기 매출액은 540억 원이다.

예제 13 S생명 신입사원 채용시험 응시자가 300명이다. 시험점수 전체 평균은 40점, 합격자 평균은 70점, 불합격자는 30점이다. 합격한 사람은 몇 명일까?

① 55명　　　　　　　② 65명　　　　　　　③ 75명
④ 105명　　　　　　⑤ 155명

| 정답 | ③

| 풀이 | 가중평균법으로 풀이를 하면

불합격자 평균				합격자 평균
30점	–	40점	–	70점
거리 차이	10		30	
사람 수 비율	3	:	1	

불합격자 : $300 \times \dfrac{3}{4} = 225$(명)

합격자 : $300 \times \dfrac{1}{4} = 75$(명)

따라서 시험 합격한 사람은 75명, 불합격한 사람은 225명이다.

예제 14 응시인원은 50명이고 합격 인원은 30명인 시험이 있다. 이 시험의 최저 합격 점수는 응시생 50명의 성적의 평균보다 1점 높고, 합격한 응시생의 성적 평균보다 5점이 낮았다. 또 불합격한 응시생 성적 평균의 4배는 합격한 응시생 성적 평균의 3배보다 35점이 높았다. 이때, 최저 합격 점수는 얼마인가?

① 87점　　　　　　　② 88점　　　　　　　③ 89점
④ 90점　　　　　　⑤ 91점

| 정답 | ④

| 풀이 | 합격한 평균점수 A, 불합격한 평균점수 B, 최저 합격점수 C, 평균값 e라고 하면 합격한 인원 30명, 불합격한 인원 20명이므로

$$\dfrac{(30 \times A) + (20 \times B)}{50} = e \ \cdots\cdots \ \text{⊙}$$

최저 합격점수는 "최저 합격점수는 응시생 50명의 성적의 평균보다 1점 높고, 합격한 응시생의 성적 평균보다 5점이 낮았다" 이 힌트를 이용해서 아래 식을 만든다.
$C = e + 1 \ \cdots\cdots \ \text{©}$
$C = A - 5 \ \cdots\cdots \ \text{©}$
"불합격한 응시생 성적 평균의 4배는 합격한 응시생 성적 평균의 3배보다 35점이 높았다"라는 식으로 아래 식을 만든다.
$4B = 3A + 35 \ \cdots\cdots \ \text{㉣}$
이렇게 미지수 4개인 방정식 4개가 나온다.

$$\dfrac{(30 \times A) + (20 \times B)}{50} = e$$

$50e = 30A + 20B, \ 5e = 3A + 2B \ \cdots\cdots \ \text{㉤}$
$C = e + 1 \to C = A - 5$ 이 두 식에서 $e = A - 6$이 된다. 이를 ㉤에 대입하면
$5A - 30 = 3A + 2B, \ 2A - 2B = 30 \ \cdots\cdots \ \text{㉥}$
㉣과 ㉥ $\times 2$를 연립하여 풀면 다음과 같이 미지수 4개의 값을 구할 수 있다.
A(합격자 평균) = 95점
B(불합격자 평균) = 80점
C(합격자 최저점수) = 90점
e(전체평균) = 89점

🖥 다른 풀이

본 문제를 가중평균법으로 계산해 본다.

불합격자 인원				합격자 인원
20명				30명
인원수 비율	2	:	3	
평균점수 비율	3 B	:	2 A	
B점	+9	e	+6	A점

$(e - B):(A - e) = 3:2$

평균		합격자 최저점		합격자 평균
e		C		A
점수 차이	+1점	:	+5점	

여기에서 $A - e = 6$임을 알 수 있다. $(e - B):(A - e) = 3:2$이므로 $e - B = 9$가 된다.
$A - 6 = B + 9$
$A - B = 15$
$A = 15 + B$ ‧‧‧‧‧‧ ㉠
$4B = 3A + 35$에 ㉠을 대입한다.
$4B = 3(15 + B) + 35$
따라서 B는 80점, A는 95점, C는 90점, e는 89점이 된다.

2. 가중평균법을 활용한 농도계산 빨리 풀기

예제 15 5% 소금물 300g에 추가로 순수한 물을 넣어서 4% 소금물을 만들려고 한다. 얼마의 순수한 물을 추가해야 하는가?

① 50g ② 60g ③ 75g
④ 100g ⑤ 150g

|정답| ③

|풀이| 가중평균법으로 풀이를 해보면 순수한 물은 농도가 0%이므로

A				300g
0%	−	4%	−	5%
농도 거리비	4	:	1	
물질의 비	1	:	4	

$1:4 = A:300$이다. 따라서 5%의 물이 300g이므로 순수한 물은 $A = \dfrac{300}{4} = 75(g)$이다.

🖥 다른 풀이

문제 내에서 물만 추가했으므로 소금의 양은 변하지 않는다.
$0.05 \times 300 = 0.04 \times M$
방정식을 만족할 때, $M = 375g$
따라서 추가한 물의 양은 $375 - 300 = 75(g)$이다.

예제 16 12% 소금물 300g을 가열했더니 15%의 소금물이 되었다고 한다. 증발한 물의 양은?

① 20g ② 30g ③ 50g

④ 60g ⑤ 100g

|정답| ④

|풀이| 가중평균법으로 풀이를 해보면 증발한 물은 소금이 없는 0%의 물일 것이다. 그렇다면 0%의 증발한 물과 15%의 소금물을 섞었더니 12%의 소금물이 되었다고 본 문제를 다시 해석할 수 있다.

따라서 아래의 가중평균법처럼 계산이 가능하다.

A		300g		B	
0%	—	12%	—	15%	
농도 거리비	12	:	3		
물질의 비	1	:	4		전체 300g

12%의 물이 300g이므로 $\dfrac{300}{5} = 60(g)$이 0%의 물이 된다. 따라서 증발한 양은 60g이 된다.

📑 **다른 풀이**

소금물 300g에서 12%를 소금이 차지하고 있으므로 소금은 $300 \times 0.12 = 36(g)$이다. 소금물 Mg에서 소금 36g이 15%만큼 차지하기 위해서 $15 : 36 = 100 : M$이라는 비례식을 풀어야 한다. 즉, M은 240g이라는 것을 알 수 있고 증발한 물은 60g이다.

예제 17 7% 소금물 300g에 xg의 소금을 넣었더니 10% 소금물이 되었다고 한다. 이때, 소금 xg은 얼마인가?

① 10g ② 15g ③ 20g

④ 21g ⑤ 35g

|정답| ①

|풀이| 가중평균법으로 풀이를 해보면 소금은 농도가 100%이다.

300g					A
7%	—	10%	—		100%
농도 거리비	3	:	90		
물질의 비	30	:	1		

$30 : 1 = 300 : A$

$30A = 300$

따라서 7%의 물이 300g이므로 A는 $\dfrac{300}{30} = 10$g이 된다.

예제 18 20%의 소금물 Ag과 30%의 소금물 Bg을 섞어서 28%의 소금물을 얻었고, 30%의 소금물 Bg과 40%의 소금물 Cg을 섞어서 36%의 소금물을 얻었다. A+B+C의 합이 440g일 때, A의 소금물의 양은 얼마인가?

① 40g ② 55g ③ 160g

④ 240g ⑤ 350g

|정답| ①

|풀이|

구분	A	B	C	
소금물	a	b	c	440
농도	20%	30%	40%	
소금	0.2a	0.3b	0.4c	

$a + b + c = 440$

$0.2a + 0.3b = 0.28(a+b)$

$0.3b + 0.4c = 0.36(b+c)$

라는 3개의 미지수와 3개의 방정식을 가지고 풀이하면 된다. 그러나 아래의 가중평균법을 활용하면 시간을 더 단축시킬 수 있다.

다른 풀이

A				B
20%	—	28%	—	30%
농도 거리비	8	:	2	
물질의 비	1	:	4	

B				C
30%	—	36%	—	40%
농도 거리비	6	:	4	
물질의 비	2	:	3	

A : B = 1 : 4

B : C = 2 : 3

이것을 연비로 나타내면 A : B : C = 1 : 4 : 6이 된다.

따라서 A $= \dfrac{440 \times 1}{11} = 40(g)$, B $= \dfrac{440 \times 4}{11} = 160(g)$, C $= \dfrac{440 \times 6}{11} = 240(g)$이 된다.

예제 19 5%, 8%, 2%의 소금물의 총량이 1,000g이다. 이들을 모두 섞으면 4.4%의 소금물이 되고, 8%, 2%의 소금물을 섞으면 4.25%의 소금물이 된다고 할 때, 각각의 소금물의 양을 구하면?

	5%	8%	2%
①	100g	400g	500g
②	100g	500g	400g
③	200g	200g	600g
④	200g	300g	500g
⑤	200g	500g	300g

|정답| ④

|풀이| 모든 소금물을 섞었을 때, 소금과 농도를 표시하면 다음과 같다.

구분	A	B	C	전체
소금	$5a$	$8b$	$2c$	44
염수	$100a$	$100b$	$100c$	1,000
농도	5	8	2	4.4

$5a+8b+2c=44$ ······ ㉠

$100a+100b+100c=1,000$ ······ ㉡

8%, 2%의 소금물을 섞었을 때, 소금과 농도를 표시하면 다음과 같다.

구분	B	C	전체
소금	$8b$	$2c$	$4.25b+4.25c$
염수	$100b$	$100c$	$100b+100c$
농도	8	5	4.25

$8b+2c=4.25b+4.25c$ ······ ㉢

㉠, ㉡, ㉢의 식을 연립하여 풀면

∴ $a=2$, $b=3$, $c=5$

따라서 5%, 8%, 2%의 소금물의 양을 구하면 200g, 300g, 500g이 된다.

다른 풀이

가중평균법으로 풀이를 해보자.

2% 소금물				8% 소금물
2%	—	4.25	—	8%
농도 거리비	2.25	:	3.75	75로 나누어진다. 3 : 5
물질의 비	5	:	3	
2% + 8% 소금물				5% 소금물
4.25%	—	4.4	—	5%
농도 거리비	0.15	:	0.6	15로 나누어진다. 1 : 4
물질의 비	4	:	1	

5%의 소금물: $1{,}000\text{g} \times \dfrac{1}{5}=200(\text{g})$

2% + 8% 소금물: $1{,}000\text{g} \times \dfrac{4}{5}=800(\text{g})$

800g의 소금물: 다시 5 : 3이 된다.

2% 소금물: $800 \times \dfrac{5}{8}=500(\text{g})$

8% 소금물: $800 \times \dfrac{3}{8}=300(\text{g})$

예제 20 농도가 다른 A, B 두 종류의 소금물이 있다. 소금물 A를 200g, 소금물 B를 300g 섞으면 8%의 소금물이 되고, 소금물 A를 300g, 소금물 B를 200g 섞으면 10%의 소금물이 된다. 두 소금물 A, B의 농도 차는?

① 4%p   ② 6%p   ③ 8%p
④ 10%p   ⑤ 12%p

| 정답 | ④

| 풀이 | 소금물 A, B의 농도를 각각 a, b라 하자.
$200a + 300b = 8 \times 500$ …… ㉠
$300a + 200b = 10 \times 500$ …… ㉡
연립방정식으로 풀이를 하면 $a = 14$, $b = 4$가 된다. 따라서 두 소금물 A, B의 농도 차는 10%p가 된다.

다른 풀이

일단 평균값의 A, B 중 어떤 것이 더 농도가 높은가를 우선 판단한다. 왜냐하면 평균값이 낮은 것을 중심으로 왼쪽부터 작성을 해야 하기 때문이다. 이때, B보다 A를 더 섞었을 때 농도가 더 짙어지기 때문에 A가 더 농도가 짙다. 따라서 소금물 B를 왼쪽에 두어야 한다.

소금물 B				소금물 A	
300g				200g	
물질의 비	3	:	2		
농도 B	2	:	3	농도 A	
		평균 8%		이걸 공식으로 만들게 되면 8 − B : A − 8 = 2 : 3이 된다. 따라서 2A − 16 = 24 − 3B가 된다.	

소금물 B				소금물 A	
200g				300g	
물질의 비	2	:	3		
농도 B	3	:	2	농도 A	
		평균 10%		이걸 공식으로 만들게 되면 10 − B : A − 10 = 3 : 2가 된다. 따라서 3A − 30 = 20 − 2B가 된다.	

2A − 16 = 24 − 3B와 3A − 30 = 20 − 2B를 연립해서 풀어본다.
2A + 3B = 40 …… ㉠
3A + 2B = 50 …… ㉡
A = 14, B = 4가 된다. 따라서 A, B의 농도 차는 (14 − 4) = 10(%p)이다.
좀 더 빠른 풀이법으로 풀어보면 다음과 같다.

소금물 B				소금물 A	소금물 B				소금물 A
300g				200g	200g				300g
농도 B	2	:	3	농도 A	농도 B	3	:	2	농도 A
가능한 수		평균 8%			가능한 수		평균 10%		
6%	2	:	3	11%	7%	3	:	2	12%
4%	4	:	6	14%	4%	6	:	4	14%
2%	6	:	9	17%	1%	9	:	6	16%
0%	8	:	12	20%	−2%	12	:	8	18%
−2%	10	:	15	23%	−5%	15	:	10	25%

비율을 양쪽으로 써 놓고 같은 값을 찾아 나가면 된다. 위의 표는 이러한 8%와 10%가 가능한 표를 구한 것이고, 여기 표에서 4%와 14%만 일치한다. 즉, B = 4, A = 14라는 것이다. 따라서 A, B의 농도 차는 (14 − 4) = 10(%p)이다. 마지막 가장 간단한 방법으로 위의 식을 찾는 방법을 보게 되면 2 : 3의 비율로 8%를 3 : 2로 10%를 나눠 가지게 된다. 따라서 $8 - 2a = 10 - 3a$ 식으로 정리를 할 수 있고, $a = 2$가 된다. 즉, 8 − 2×2 = 4(%), 10 − 3×2 = 4(%)로 같아진다. 마찬가지로 8 + 3×2 = 14(%), 10 + 2×2 = 14(%)가 된다. 따라서 A − B = 10(%p)가 된다.

예제 21 농도가 다른 소금물 A, B가 있다. A와 B의 소금물을 3 : 2의 비율로 섞으면 17%의 소금물이 되고 1 : 4로 섞으면 11%의 소금물이 된다. A와 B의 소금물의 농도를 구하면?

① 23%, 8% ② 25%, 6% ③ 28%, 3%

④ 29%, 2% ⑤ 30%, 1%

|정답| ①

|풀이| 소금물 A, B는 소금물의 비율이 변해도 농도는 같으므로 농도를 a, b라고 놓고 아래와 같이 식을 세워본다.

	A1	B1	A1 + B1	A2	B2	A2 + B2
소금	$3ak$	$2bk$	$5k \times 0.17$	$1ta$	$4tb$	$5t \times 0.11$
염수	$3k$	$2k$	$5k$	$1t$	$4t$	$5t$
농도	a	b	17%	a	b	11%

$3ak + 2bk = 5k \times 0.17 \rightarrow 3a + 2b = 5 \times 0.17 = 0.85$

$1ta + 4tb = 5t \times 0.11 \rightarrow 1a + 4b = 5 \times 0.11 = 0.55$

이것을 정리해서 연립방정식으로 풀면 $a = 23\%$, $b = 8\%$가 된다.

🖥 다른 풀이

관찰값을 계산하는 유형 3으로 계산하면 복잡하지만 한 번 구해보도록 하자. 우선 A와 B 중 농도가 어떤 것이 높은지 보면 B를 더 섞었을 때 농도가 낮아졌으므로 A의 농도가 더 높다.

B						A
물질의 비	2	:		3		
농도 거리비	3	:		2		
B%	—		17%	—		A%

$(17 - B) : (A - 17) = 3 : 2$

$3A - 51 = 34 - 2B$

$3A + 2B = 85$ ······ ㉠

B						A
물질의 비	4	:		1		
농도 거리비	1	:		4		
B%	—		11%	—		A%

식을 세운다.

$(11 - B) : (A - 11) = 1 : 4$

$A - 11 = 44 - 4B$

$A + 4B = 55$ ······ ㉡

㉠, ㉡을 연립하여 풀면 A = 23, B = 8이다.

좀 더 바른 풀이법으로 풀어 보면

소금물 B				소금물 A	소금물 B				소금물 A
2				3	4				1
농도 B	3	:	2	농도 A	농도 B	1	:	4	농도 A
가능한 수		평균 17%			가능한 수		평균 11%		
14%	3	:	2	19%	10%	1	:	4	15%
11%	6	:	4	21%	9%	2	:	8	19%
8%	9	:	6	23%	8%	3	:	12	23%
5%	12	:	8	25%	7%	4	:	16	27%
2%	15	:	10	27%	6%	5	:	20	31%

예제 22   6%의 설탕물과 15%의 설탕물을 섞은 후 물을 더 넣어서 8%의 설탕물 600g을 만들었다. 6%의 설탕물과 더 넣은 물의 양의 비가 3 : 1일 때 더 넣은 물의 양은?

① 100g   ② 120g   ③ 150g

④ 180g   ⑤ 200g

| 정답 | ①

| 풀이 | 염수를 더 섞거나 일부만 섞는 경우는 가중평균법이 시간이 더 걸리기 때문에 일반 풀이로 풀이하는 것을 추천한다.

구분	6% 설탕물	15% 설탕물	물	섞은 설탕물	공식도출
농도	6%	15%	0%	8%	
소금물	3A	B	A	600	$3A + B + A = 600$
소금	0.18A	0.15B	0	48	$0.18A + 0.15B = 48$

$4A + B = 600$

$60A + 15B = 9,000$ ⋯⋯ ㉠

$18A + 15B = 4,800$ ⋯⋯ ㉡

㉠, ㉡을 연립하여 풀면 $A = 100$, $B = 200$이다. 따라서 더 넣은 물의 양은 100g이다.

다른 풀이

가중평균법으로 풀이를 해 보자.

6%의 설탕물과 더 넣은 물의 양의 비가 3 : 1이다.

더 넣은 물		전체		6%
1				3
물질의 비	1	:	3	
농도 거리비	3	:	1	
0%		평균 e 평균 4.5		6%

$(6 - 0) \times \dfrac{3}{4} = e - 0$, ∴ $e = 4.5$

$(6 - 0) \times \dfrac{1}{4} = 6 - e$, $1.5 = 6 - e$, ∴ $e = 4.5$

물 + 6%		전체		15%
농도 4.5		8%		15%
		600g		
농도 거리비	3.5	:	7	
물질의 비	7	:	3.5	

물 + 6% 소금물 : $600 \times \dfrac{7}{10.5} = 400(g)$

15% 소금물 : $600 \times \dfrac{3.5}{10.5} = 200(g)$

따라서 6%의 설탕물과 더 넣은 물의 양의 비가 3 : 1이므로 물의 양은 $400 \times \dfrac{1}{4} = 100(g)$이다.

예제 23 농도가 10%인 소금물 100g에서 일정량의 소금물을 퍼낸 뒤 같은 양의 물을 부었다. 그다음 25g의 소금물을 퍼낸 뒤 같은 양의 물을 부었더니 농도가 4.5%인 소금물이 되었다. 그렇다면 처음 퍼낸 소금물의 양은?

① 30g ② 40g ③ 50g

④ 70g ⑤ 80g

|정답| ②

|풀이| 소금물 가중치 농도가 평균값이 된다. 물의 양을 A라고 해보자. 농도가 10%인 소금물 100g의 소금의 양은 10g이다.

이때, 소금물을 A만큼 퍼냈을 때 소금물의 양은 100g이지만 소금의 양은 $10 - 0.1A$로 줄어들게 되고 소금물의 농도는 $\dfrac{(10 - 0.1A)}{100}$가 된다.

여기서 25g의 소금물을 퍼내고 다시 물을 부으니 물의 양은 100g 그대로이고 소금의 양은 줄었다. 따라서 소금의 양은 $10 - 0.1A - \dfrac{(10 - 0.1A)}{100} \times 25$이다.

이 값을 K라고 놓으면

$\dfrac{K}{100} = 0.045$

K = 4.5g이므로 $10 - 0.1A - \dfrac{(10 - 0.1A)}{100} \times 25 = 4.5$

양변에 4를 곱하면

$40 - 0.4A - (10 - 0.1A) = 18$

$30 - 0.3A = 18$

∴ $A = 40g$

따라서 처음 퍼낸 소금물의 양은 40g이다.

다른 풀이

이것을 가중평균으로 계산하면 일단 "25g의 소금물을 퍼낸 뒤 같은 양의 물을 부었더니 농도가 4.5%인 소금물"이라는 부분부터 풀이를 해본다.

퍼낸 물				물 넣기 전 소금물
25g				$100 - 25 = 75g$
물질의 비	25	:	75	
농도 거리비	3	:	1	
0		4.5%		e%

$4.5 - 0 : e - 4.5 = 3 : 1$

$3e - 13.5 = 4.5$

$3e = 18$

∴ $e = 6$

여기서 100g에서 Ag을 차감하면 아래와 같이 넣을 수 있다.

퍼낸 물 A				물을 퍼내기 전 소금물
Ag				$100 - A$
농도 거리비		6% (위에 있는 6%를 가져옴)		
0%	6	:	4	10%
물질의 비	2	:	3	

$2 : 3 = A : 100 - A$

$3A = 200 - 2A$

$5A = 200$

∴ $A = 40$

따라서 처음 퍼낸 소금물의 양은 40g이다.

예제 24 8%의 소금물에 12%의 소금물을 섞은 다음에 물 200g을 추가로 넣었더니 7%의 소금물 600g이 되었다. 그렇다면 12%의 소금물은 몇 g인가? (단, 가중평균법으로 계산한다.)

① 50g　　　　　　② 100g　　　　　　③ 150g
④ 250g　　　　　　⑤ 300g

|정답|　④

|풀이|　가중평균법으로 풀이하려면 가중평균법(저울법)을 2번 해야 한다. 일단 최초 8%의 소금물에 12%의 소금물을 섞으면 소금물 400g이 된다. 이렇게 섞은 소금물의 농도를 e%라고 하면 e%의 소금물과 물(농도 0%)을 섞었더니 7%가 되었으므로 다음과 같다.

0%	—	7%	—	e%
200g		:		400g
소금물의 비	1	:	2	
농도 거리비	2	:	1	

$7 - 0 : e - 7 = 2 : 1$

$\therefore e = \dfrac{21}{2}$

아래 표에 다시 넣어 본다.

8%	—	e% $= \dfrac{21}{2}$	—	12%	
$\dfrac{16}{2}$		$\dfrac{21}{2}$		$\dfrac{24}{2}$	농도 모두 분모를 2로 맞춘다.
농도차의 비	21 − 16 = 5	:	24 − 21 = 3		
소금물의 비	3	:	5		

즉, 8%의 소금물 + 12%의 소금물 = 400g을 비례 배분하면

12%의 소금물 $= 400 \times \dfrac{5}{8} = 250$(g)

8%의 소금물 $= 400 \times \dfrac{3}{8} = 150$(g)

따라서 12%의 소금물은 250g이다.

3. 가중평균법을 활용한 증가율 빨리 구하기

예제 25

어느 초등학교 작년의 전체 학생 수는 800명이다. 올해는 작년에 비하여 남학생은 5% 증가하고, 여학생은 3% 감소하여 총학생 수는 16명 증가하였다고 할 때, 작년의 남학생 수는 몇 명인가?

① 500명 ② 570명 ③ 600명

④ 630명 ⑤ 700명

|정답| ①

|풀이|

가중평균법을 활용하면 일단 남자는 작년 대비 5%가 증가했고, 여자는 3%가 감소를 했고, 둘을 합친 전체는 800명에서 16명이 증가했다. ($\frac{16}{800} \times 100 = 2\%$)

따라서 아래와 같이 표현할 수 있다.

여자				남자
−3%	−	+2% 16명	−	+5%
비중 차이의 비	5	:	3	
학생 수의 비	3	:	5	

작년 학생 수의 비가 여자 : 남자 = 3 : 5라는 것을 알 수 있다. 따라서 작년 전체 학생 수가 800명이므로 작년 남자 학생 수는 $800 \times \frac{5}{8} = 500$(명)이다.

예제 26

작년 성현이 마을 이웃은 80명이었다. 올해에 남자 이웃은 30% 증가하고, 여자 이웃은 10% 감소하여 총 4명이 증가하였다. 올해의 남자 이웃은 몇 명인가?

① 30명 ② 39명 ③ 48명

④ 52명 ⑤ 78명

|정답| ②

|풀이|

작년 남자를 x라고 하면, 작년 여자는 $80 - x$가 된다. 식을 세워보면

$84 = 1.3x + 0.9 \times (80 - x)$

$12 = 0.4x$

$\therefore x = 30$

따라서 작년 남자가 30명이므로 올해 남자 이웃은 $30 \times 1.3 = 39$(명)이다.

다른 풀이

• 가중평균법

남자는 30%가 상승했고 여자는 10%가 감소했으며, 전체는 5%가 증가했다. 따라서 아래와 같은 풀이가 가능하다.

구분	남자	여자	전체
작년			80
올해	+30%	−10%	+4명(+5%)

여자				남자
−10	−	5	−	30
비중 차이의 비	15	:	25	
숫자의 비	25(5)	:	15(3)	

작년 남자 이웃의 수는 $80 \times \dfrac{3}{8} = 30$(명)이므로 여자는 50(명)이다.

구분	남자	여자	전체
작년	30명	50명	80명
올해	+9명(+30%)	−5명(−10%)	+4명(+5%)
	39명	45명	84명

• 정수법

올해의 남자를 구해야 하므로 작년×1.3 = 올해이다. 올해가 100명이라고 하면 작년은 $\dfrac{100}{1.3}$이 되므로 정수가 안 된다. 따라서 1.3배수가 되어야 하는데 1.3배가 되는 것은 ②, ③, ⑤뿐이다. 이럴 경우는 대입을 해야 한다. 총 증가 수가 4명이기 때문에 사람 수가 중간 정도가 되어야 한다. 39를 넣어보면 작년 남자는 30명, 여자는 50명 올해 남자 39명, 여자 45명으로 총 84명이 되어 3명 증가가 맞다.

예제 27 어느 초등학교 작년의 전체 학생 수는 1,200명이다. 올해는 작년에 비하여 남학생은 5% 증가하고, 여학생은 3% 감소하여 총학생 수는 12명 증가하였다고 할 때, 작년의 남학생 수는 몇 명인가?

① 500명 ② 570명 ③ 600명
④ 630명 ⑤ 700명

|정답| ③

|풀이| 작년 남학생 수를 x라고 하면, 작년 여학생 수는 $1,200 - x$가 된다. 식을 세워보면
$1,212 = 1.05x + 0.97(1,200 - x)$
$0.08x = 48$
$\therefore x = 600$
따라서 작년 남학생 수는 600명이다.

📋 다른 풀이

가중평균법으로 풀이하면 다음과 같다.

구분	남자	여자	전체	
작년			1,200명	
올해	+5	−3%	+12명(+1%)	

여자				남자
−3%	−	1%	−	5%
비중의 비	4	:	4	
숫자의 비	1	:	1	

1,200명이 1:1로 나뉘므로 600명이다.

예제 28 어느 대학교의 작년 전체 학생 수는 2,200명이다. 올해는 작년에 비하여 남학생은 14% 증가하고, 여학생 수는 8% 감소하여 전체 학생 수가 110명 증가하였다고 할 때, 작년 남학생 수는 몇 명인가?

① 900명   ② 1,000명   ③ 1,200명
④ 1,300명   ⑤ 1,500명

|정답| ④
|풀이| 가중평균법으로 풀이하면 다음과 같다.

구분	남자	여자	전체	
작년			2,200명	
올해	+14%	−8%	+110명(+5%)	

여자				남자
−8%	−	5%	−	14%
비중의 비	13	:	9	
숫자의 비	9	:	13	

따라서 작년 전체 학생 수는 2,200명이므로 작년 남학생 수는 $2,200 \times \dfrac{13}{22} = 1,300$(명)이다.

예제 29 작년 성현 마을 이웃은 120명이었다. 올해에 남자 이웃은 20% 증가하고, 여자 이웃은 30% 감소하여 총 6명이 감소하였다. 작년의 여자 이웃은 몇 명인가?

① 30명   ② 40명   ③ 50명
④ 60명   ⑤ 80명

|정답| ④
|풀이| 가중평균법으로 풀이하면 다음과 같다.

구분	남자	여자	전체	
작년			120	
올해	+20%	−30%	−6명(−5%)	

여자				남자
−30%	−	−5%	−	20%
비중의 비	25	:	25	
숫자의 비	1	:	1	

따라서 작년 성현 마을 이웃은 120명이므로 작년 여자 이웃은 $120 \times \dfrac{1}{2} = 60$(명)이다.

예제 30 어느 대학교의 작년 전체 학생 수는 700명이다. 올해는 작년에 비하여 남학생은 20% 증가하고, 여학생 수는 15% 감소하여 전체 학생 수가 70명 증가하였다고 할 때, 올해의 남학생 수는 몇 명인가?

① 360명 　　　　　　② 450명 　　　　　　③ 480명
④ 500명 　　　　　　⑤ 600명

|정답| ⑤

|풀이| 가중평균법으로 풀이하면 다음과 같다.

구분	남자	여자	전체	
작년			700명	
올해	+20%	−15%	+70명(10%)	

여자				남자
−15%	−	10%	−	20%
비중의 비	25	:	10	
숫자의 비	2	:	5	

작년 전체 학생 수는 700명이므로 남학생은 $700 \times \dfrac{5}{7} = 500$(명)이다. 따라서 작년 남학생 수에서 20% 증가한 올해 남학생 수는 $500 \times 1.2 = 600$(명)이다.

예제 31 어느 학교의 작년의 전체 학생 수는 520명이다. 올해는 작년에 비하여 남학생 수는 4명 감소하고 여학생 수는 10% 증가하여 전체 학생 수가 5% 증가하였다고 할 때, 올해의 여학생 수는 몇 명인가?

① 300명 　　　　　　② 330명 　　　　　　③ 360명
④ 363명 　　　　　　⑤ 396명

|정답| ②

|풀이| 작년 남학생 수를 x, 작년 여학생 수를 y라고 하자.
$x + y = 520$
$(x - 4) + 1.1y = 546$
∴ $y = 300$
y는 작년 여학생 수이므로 올해 여학생 수는 $1.1 \times 300 = 330$(명)이다.

🖳 **다른 풀이**

비율이 나오지 않아서 가중평균법으로 계산할 수 없다. 따라서 아래 표를 참조해서 풀이를 해본다.

	남자	여자	전체	
작년		300명	520명	
올해	−4명	+10%	+26명	26 + 4 = 30(명) 증가
		30명 증가		

작년 전체 학생은 520명이다. 올해 증가한 학생 수는 $520 \times 0.05 = 26$(명)이 된다. 그런데 남학생이 4명이 줄었다. 따라서 여학생은 30명이 증가해야 한다. 이때, 작년 대비 올해 증가한 여학생이 30명인데 증가율이 10%였다. 따라서 30 = 작년 여학생 × 10%이므로 작년 여학생은 300명이 된다. 올해 여학생을 물었으므로 300 + 30 = 330(명)이 된다.

4. 가중평균법을 활용한 자료해석 풀이(고난도)

(예제 32) 다음 표는 서울 및 수도권 지역의 가구를 대상으로 난방방식 현황 및 난방연료 사용현황에 대해 조사한 자료이다. 이때, 경상북도의 가구 수가 경상남도의 가구 수의 2배라면 경상북도와 경상남도 지역에서 중앙난방을 사용하는 가구 수의 비율은 약 10.7%인가?

난방방식 현황

(단위 : %)

종류	대구	부산	경상북도	경상남도	전국평균
중앙난방	22.3	15.5	8.7	11.7	15.5
개별난방	64.3	78.7	26.2	60.8	58.2
지역난방	13.4	7.8	67.5	27.4	27.4

|정답| ✕

|풀이| 약 9.7% 정도가 이용한다.

경상북도 가구 수				경상남도 가구 수 비율
가구 수 비중	2	:	1	
난방방식 현황의 비	1	:	2	
8.7%	—	9.7%	—	11.7%
	+1	:	+2	
	$11.7 - 8.7 = 3$ $3 \times \dfrac{1}{3} = 1$이 된다.			

예를 들어, 경상북도 인구 100명, 경상남도 인구 50명이면

경상북도 가구 수	경상남도 가구 수 비율	
100명	50명	
8.7%	11.7%	
8.7명	5.85명	전체 14.55명

$$\frac{14.55}{150} \times 100 ≒ 9.7(\%)$$

예제 33 다음 표는 대학생 1,000명을 대상으로 성형수술에 대해 설문조사한 결과이다. 이때, 코 성형을 희망하는 남성 응답자 수가 코 성형을 희망하는 여성 응답자 수보다 많은가?

성형수술 희망 응답자의 성별 비율

(단위 : %)

남성	여성	전체
30.0	37.5	33.0

※ 설문조사 대상자 중 미응답자는 없음

희망 성형수술 유형별 비율

(단위 : %)

성형수술 유형 \ 성별	남성	여성
코 성형	40	44
눈 성형	50	62
치아교정	25	30
피부 레이저 시술	25	30
지방흡입	15	22
기타	5	10

※ 성형수술을 희망하는 사람만 희망 성형수술 유형에 대해 응답하였음(복수 응답 가능)

|정답| ○

|풀이| 남성을 A, 여성을 1,000 − A로 두고 성별 응답자 수를 계산하면 다음과 같다.

$A \times 0.3 + (1,000 - A) \times 0.375 = 330$

$0.075A = 45$

∴ $A = 600$

이 부분을 가중평균으로 계산하면 다음과 같다.

남성		전체		여성	
30.0%		33.0%		37.5%	
	+3		+4.5		
	3	:	4.5		$3 : 4.5 = 1 : 1.5 = 2 : 3$
남성과 여성의 비율	3	:	2		

$$남자 : 1,000 \times \frac{3}{5} = 600(명)$$

$$여자 : 1,000 \times \frac{2}{5} = 400(명)$$

이때, 코 성형을 희망하는 남성과 여성의 응답자 수는 다음과 같다.

코 성형을 희망하는 남성 응답자	비교	코 성형을 희망하는 여성 응답자
$600 \times 0.3 \times 0.4 = 72(명)$	>	$400 \times 0.375 \times 0.44 = 66(명)$

따라서 코 성형을 희망하는 남성 응답자 수가 여성 응답자 수보다 많다.

예제 34 다음 〈표 1〉은 창의경진대회에 참가한 팀 A, B, C의 '팀 인원수' 및 '팀 평균점수'이며, 〈표 2〉는 〈표 1〉에 기초하여 '팀 연합 인원수' 및 '팀 연합 평균점수'를 각각 산출한 자료이다. (가)와 (나)에 들어갈 값을 바르게 나열한 것은?

〈표 1〉 팀 인원수 및 팀 평균점수

(단위: 명, 점)

팀	A	B	C
인원수	( )	( )	( )
평균점수	40.0	60.0	90.0

※ 1) 각 참가자는 A, B, C 중 하나의 팀에만 속하고, 개인별로 점수를 획득함

　2) 팀 평균점수 $= \dfrac{\text{해당 팀 참가자 개인별 점수의 합}}{\text{해당 팀 참가자 인원수}}$

〈표 2〉 팀 연합 인원수 및 팀 연합 평균점수

(단위: 명, 점)

팀 연합	A + B	B + C	C + A
인원수	80	120	(가)
평균점수	52.5	77.5	(나)

※ 1) A + B는 A팀과 B팀, B + C는 B팀과 C팀, C + A는 C팀과 A팀의 인원을 합친 팀 연합임

　2) 팀 연합 평균점수 $= \dfrac{\text{해당 팀 연합 참가자 개인별 점수의 합}}{\text{해당 팀 연합 참가자 인원수}}$

	(가)	(나)			(가)	(나)
①	90명	72.5점		②	90명	75.0점
③	100명	72.5점		④	100명	75.0점
⑤	110명	72.5점				

| 정답 |　④

| 풀이 |　A, B, C의 '팀 인원수'를 A, B, C라고 놓으면 $\dfrac{40A + 60B}{80} = 52.5$, $\dfrac{60B + 90C}{120} = 77.5$, $A + B = 80$, $B + C = 120$ 이다. 그러나 가중평균법을 이용해 계산하는 것이 더 빠르다.

가중평균법으로 (가)를 계산을 해보면

A		전체		B
40		52.5		60
	+12.5		+7.5	5 : 3
인원수 비율	3	:	5	

$$A: 80 \times \frac{3}{8} = 30(명), \quad B: 80 \times \frac{5}{8} = 50(명)$$

따라서 B + C에서 C는 70명이므로 C + A = 100(명)이다.

이 정답을 가지고 가중평균법으로 (나)를 계산을 해보면

A				C
30				70
인원수 비율	3	:	7	
평균 비율	7	:	3	
40	+35	75	+15	90

$$90 - 40 = 50 \text{ 사이를 } 7:3\text{으로 나눈다.}$$

$$A: 50 \times \frac{7}{10} = 35(점), \quad C: 50 \times \frac{3}{10} = 15(점)$$

따라서 (가)는 100명, (나)는 75점이다.

예제 35 다음 표는 6세 미만 영유아 1,000명의 공공재 문화시설 유형별 이용률을 조사한 결과이다. 이때, 출생 후 현재까지 일반 가구 영유아 수는 저소득가구 영유아 수의 3배 이상인가?

영유아 소속 가구소득 수준별 영유아의 공공재 문화시설 유형별 이용률

(단위 : %)

기간 영유아 소속 가구소득 수준 시설유형	출생 후 현재까지			최근 1년 동안		
	일반 가구 영유아	저소득가구 영유아	전체	일반 가구 영유아	저소득가구 영유아	전체
일반도서관	24.0	23.0	23.8	21.0	19.5	20.7
어린이도서관	25.3	13.0	22.8	22.5	11.5	20.3
일반박물관	26.0	16.5	24.1	18.3	11.0	16.8
어린이박물관	22.0	8.0	19.2	17.0	4.5	14.5
일반미술관	8.6	7.5	8.4	6.6	3.5	6.0
어린이미술관	7.5	1.5	6.3	5.1	0.5	4.2
문예회관	15.3	10.5	14.3	11.8	7.5	10.9
어린이놀이터	95.8	93.5	95.3	95.0	92.5	94.5

※ 1) 조사대상 중 무응답은 없으며, 조사대상 기간 중 한 번이라도 이용한 적이 있으면 이용한 것으로 집계함
　 2) 일반가구란 가구소득 수준을 기준으로 저소득가구를 제외한 모든 가구를 지칭함
　 3) 소수점 아래 둘째 자리에서 반올림한 값임

| 정답 | ○

| 풀이 | 일반도서관이 아니더라도 문예회관 일반미술관 등으로 비율을 계산해도 1 : 4는 똑같은 비율이 나온다.

저소득가구 영유아		전체		일반 가구 영유아
23.0		23.8		24.0
	+0.8		+0.2	4 : 1
인원수 비율	1	:	4	

전체 인구 1,000명

저소득가구 영유아 : $1,000 \times \dfrac{1}{5} = 200$(명)

일반 가구 영유아 : $1,000 \times \dfrac{4}{5} = 800$(명)

즉, 위의 설명은 맞는 설명이다.

예제 36 다음 표는 2009년부터 2013년까지 소비자물가지수를 나타낸 자료이다. 총 지수를 계산할 때, 식료품의 가중치가 식료품 이외의 가중치보다 높게 반영되었는가?

2009년~2013년 소비자물가지수

구분	2009년	2010년	2011년	2012년	2013년
총 지수	97.8	100	104.1	106.9	110.7
식료품	99.1	100	103.5	107.7	112.4
곡류	95.8	100	100.9	98.8	101.9
육류	92.3	100	108.8	123.1	132.1
낙농품	101.7	100	103.4	103.1	103.9
어패류	99.4	100	105.5	109.8	112.4
채소·해초	93.6	100	101.7	108.4	129.7
과실	116.7	100	113.4	130.1	124.1
유지·조미료	107.5	100	106.8	105.8	111.5
빵·과자	100.0	100	105.3	106.8	107.6
차·음료	104.3	100	100.6	100.9	103.0
주류	98.4	100	98.4	99.5	104.2
외식	99.2	100	101.7	105.1	109.0
식료품 이외	97.2	100	104.3	106.7	110.1

| 정답 | × |
| 풀이 | 97.8을 만들기 위해서 99.1과 97.2를 섞어야 한다. 이때, 2009년 총지수는 97.8로 97.2와 근접하기 때문에 당연히 식료품 이외의 수치를 더 넣어줘야 총 지수가 97.2에 가까워진다. |

식료품		총지수		식료품 이외
99.1		97.8		97.2
차이	1.3		0.6	

→

가중평균 결과인 총 지수와의 차이가 식료품 쪽이 더 크기 때문에 식료품 이외의 지수를 더 섞어 주어야 함

02 정수법

예제 1   S화재 신입사원 수는 작년에 비해 남자사원이 15% 늘고 여자사원은 10% 줄었다. 올해 신입사원 수는 620명이며 작년보다 20명 늘어난 숫자라고 할 때, 올해 여자사원 수는?

① 228명   ② 244명   ③ 252명

④ 316명   ⑤ 377명

|정답| ③

|풀이| 작년 사원 수는 600명이며, 남자사원은 A, 여자사원은 600 − A이다.

작년에 비해 남자는 15%가 늘었고, 여자는 10%가 줄었다. 그럼 올해 전체 사원수는 $1.15A + 0.9(600 - A) = 620$(명) 이 될 것이다.

$0.25A + 540 = 620$

∴ $A = 320$

따라서 작년 남자사원 수는 320명, 작년 여자사원 수는 280명이다. 그렇다면 올해 남자사원 수는 $320 \times 1.15 = 368$(명), 올해 여자사원 수는 $280 \times 0.9 = 252$(명)이다.

다른 풀이

여자사원이 10% 줄었다는 소리는 90%가 남았다는 말이다.

작년 여자사원 수 $\times \dfrac{90}{100} =$ 올해 여자사원 수

작년 여자사원 수 $=$ 올해 여자사원 수 $\times \dfrac{10}{9}$

사람 수는 정수이므로 올해 여자사원 수는 9로 나누어떨어져야 한다.

따라서 답은 ③이다.

고찰 Tip

• 배수 판정법

3의 배수 판정법 : 각 자리의 숫자의 모든 합을 합치면 3의 배수다.

예 1,115 × 3 = 3,345　(3+3+4+5 = 15)
　　1,132 × 3 = 3,396　(3+3+9+6 = 21)
　　1,149 × 3 = 3,447　(3+4+4+7 = 18)
　　1,166 × 3 = 3,498　(3+4+9+8 = 24)
　　1,183 × 3 = 3,549　(3+5+4+9 = 21)
　　1,200 × 3 = 3,600　(3+6 = 9)
　　1,217 × 3 = 3,651　(3+6+5+1 = 15)

4의 배수 판정법 : 끝 두 자리가 00으로 끝나거나 4로 나누어떨어지면 그 수는 4의 배수

6의 배수 판정법 : 각 자리의 숫자의 합이 3의 배수이면서 동시에 짝수이면 6의 배수

8의 배수 판정법 : 끝 세 자리가 000으로 끝나거나 8로 나누어떨어지면 그 수는 8의 배수

9의 배수 판정법 : 각 자리의 숫자의 합이 9의 배수이면 9의 배수

예 1,115 × 9 = 10,035　(1+3+5 = 9)
　　1,164 × 9 = 10,476　(1+4+7+6 = 18)
　　1,213 × 9 = 10,917　(1+9+1+7 = 18)
　　1,262 × 9 = 11,358　(1+1+3+5+8 = 18)
　　1,311 × 9 = 11,799　(1+1+7+9+9 = 27)
　　1,360 × 9 = 12,240　(1+2+2+4 = 9)
　　1,752 × 9 = 15,768　(1+5+7+6+8 = 27)
　　1,801 × 9 = 16,209　(1+6+2+9 = 18)

7의 배수 판정법 : 1의 자리부터 세 자리씩 묶음을 만들고 홀수 번째 묶음의 합과 짝수 번째 묶음의 합의 차가 0이거나 7로 나누어떨어지면 그 수는 7의 배수

11의 배수 판정법 : 1의 자리부터 세 자리씩 묶음을 만들고 홀수 번째 묶음의 합과 짝수 번째 묶음의 합의 차가 0이거나 11로 나누어떨어지면 그 수는 11의 배수

13의 배수 판정법 : 1의 자리부터 세 자리씩 묶음을 만들고 홀수 번째 묶음의 합과 짝수 번째 묶음의 합의 차가 0이거나 13으로 나누어떨어지면 그 수는 13의 배수

그러나 7, 11, 13의 배수는 위의 방법보다 그냥 문제 내에서 나누는 것이 더 빠르다.

예제 2　S화재 신입사원 수는 작년에 비해 남자사원이 20% 늘고 여자사원은 30% 줄었다. 올해 신입사원 수는 584명이며 작년 인원은 620명일 때, 올해 여자사원 수는?

① 218명　　　　　② 224명　　　　　③ 229명
④ 251명　　　　　⑤ 316명

|정답|　②

|풀이|　정수법을 활용한다.

작년 여자사원 × 0.7 = 올해 여자사원 수이다. ①을 넣어보면 작년 여자사원 × 0.7 = 368이 되므로 작년 여자사원은 525.71명이 된다. 따라서 불가능하다.

즉, 올해 여자사원 수는 반드시 7로 나누어져야 한다. 따라서 7로 나누어지는 값은 224 ÷ 0.7 = 320(명)이 되는 ②이다.

예제 3 어떤 학원의 작년 학생 수는 200명이고 올해는 작년에 비해 남학생은 15% 증가, 여학생은 10% 감소해서 전체 5명이 증가하였다. 이때, 작년 남학생 수는 몇 명인가?

① 100명   ② 105명   ③ 110명
④ 126명   ⑤ 128명

|정답| ①
|풀이| 작년 전체 학생 수는 200명이고, 올해 학생 수는 205명이다. 작년 남학생 수는 A, 여학생 수는 200 − A라고 하면 올해 학생 수는 1.15A + 0.9(200 − A) = 205이다. 따라서 이를 계산하면 작년 남학생 수는 100명이다.

📑 **다른 풀이**

작년 남학생 수를 물었는데, 만약 ⑤가 정답이라고 가정을 하면 작년 남학생수는 128명이고 올해 남학생 수는 128×1.15 = 147.2(명)이 된다. 따라서 정수가 아니므로 정답이 아니다. 즉, 작년 남학생 수×1.15 = 정수가 되어야 한다는 것이므로 답은 ①이다.

예제 4 올해 학원의 학생 수는 496명이고 작년에 비해 4명이 감소했다. 올해는 작년에 비해 남학생은 13% 증가, 여학생은 10% 감소했다. 이때, 작년 남학생 수는 몇 명인가?

① 200   ② 211   ③ 215
④ 302   ⑤ 355

|정답| ①
|풀이| 남학생은 작년에 비해 13%가 증가했으므로 '작년 남학생 수×1.13 = 올해 남학생 수'이다. 그렇다면 작년 남학생 수×1.13이 정수가 되어야 하는데 ②, ③, ④, ⑤에 1.13을 곱하면 소수가 나온다. 즉, ①만 정답이 됨을 알 수 있다.

예제 5 어느 회사 신입사원의 전체 남녀의 비는 5 : 9, 생산직은 4 : 7, 사무직은 1 : 20이다. 신입사원 수가 140명일 때, 생산직 사원의 수는?

① 110명   ② 105명   ③ 84명
④ 79명   ⑤ 76명

|정답| ①
|풀이| 생산직 직원의 남녀 비율이 4 : 7이다. 따라서 생산직 인원은 11로 나누어져야 한다. 따라서 답은 ①이다.

예제 6 어느 회사 신입사원의 전체 남녀의 비는 5 : 7, 생산직은 3 : 4, 사무직은 1 : 2이다. 신입사원 수가 120명일 때, 생산직 사원의 수는?

① 105명   ② 95명   ③ 20명
④ 15명   ⑤ 10명

|정답| ①

|풀이| 생산직 사원을 A라고 하고 사무직을 120 − A라고 하면 전체 남자는 $120 \times \frac{5}{12} = 50$(명)이고, 전체 여자는 $120 \times \frac{7}{12} = 70$(명)이다. 이때, 생산직의 남자는 $A \times \frac{3}{7}$이 되고 사무직의 남자는 $(120 - A) \times \frac{1}{3}$이 된다.

$A \times \frac{3}{7} + (120 - A) \times \frac{1}{3} = 50$(명)

양변에 21을 곱하면
$9A - 7A + 840 = 1,050$
$2A = 210$
∴ $A = 105$
따라서 생산직 사원은 105명이다.

📧 **다른 풀이**

생산직은 3 : 4로 나누어져야 한다. 즉, 7로 나누어져야 한다는 말이다. 예를 들어, 정답이 ③이라고 가정을 하면 생산직이 20명이므로 남자와 여자를 나누어 보면 남자는 $20 \times \frac{3}{7}$, 여자는 $20 \times \frac{4}{7}$이 되어 소수가 된다. 따라서 답은 7로 나누어지는 선지인 ①이다.

예제 7 민수가 받는 용돈과 영수가 받는 소득의 비가 7 : 5이며, 지출의 비는 13 : 9이다. 월말에 두 사람이 각각 똑같이 1,000원이 남았다면, 민수가 매달 받는 용돈은 얼마인가?

① 12,000원   ② 13,000원   ③ 14,000원
④ 15,000원   ⑤ 19,000원

|정답| ③

|풀이| 민수, 영수가 받는 용돈의 비가 7 : 5이므로 각각 $7x$, $5x$로 정의한다.
지출의 비가 13 : 9이므로 각각 $13y$, $9y$로 정의한다.
용돈에서 지출을 뺀 값이 1,000이므로 $7x - 13y = 1,000 = 5x - 9y$
$7x - 13y = 1,000 \rightarrow 35x - 65y = 5,000$
$5x - 9y = 1,000 \rightarrow 35x - 63y = 7,000$
$y = 1,000$, $x = 2,000$
따라서 민수의 용돈은 $2,000 \times 7 = 14,000$(원)이다.

📧 **다른 풀이**

민수의 용돈은 7로 나누어떨어져야 하고, 용돈에서 1,000원을 차감한 금액이 13으로 나누어떨어져야 한다. 그래서 7의 배수이면서 1,000원을 뺀 값이 13으로 나누어지는 것은 14,000원밖에 없다. 따라서 답은 ③이다.

예제 8 어느 자루에 들어있는 파란 공과 빨간 공의 비율은 5 : 3이다. 이 공들에는 별 모양과 동그라미 모양이 표시되어 있다. 별 모양의 파란 공과 빨간 공의 비율은 3 : 11, 동그라미 모양의 파란 공과 빨간 공의 비율은 11 : 2이다. 전체 공의 수가 400개일 때, 동그라미 모양의 공은 총 몇 개인가?

① 240개   ② 260개   ③ 270개
④ 299개   ⑤ 310개

|정답| ②
|풀이| 공의 개수는 정수이다. 동그라미 모양의 파란 공과 빨간 공의 비율은 11 : 2이다. 따라서 동그라미 모양의 공은 13으로 나누어떨어져야 한다. 따라서 답은 ②이다.

예제 9 어느 필통에 연필이 들어있다. 파란색 볼펜과 검은색 볼펜의 비율은 3 : 2이다. 이 볼펜에는 별 모양과 동그라미 모양이 표시되어 있다. 별 모양의 파란색, 검은색 볼펜의 비율은 3 : 11, 동그라미 모양의 파란색, 검은색 볼펜의 비율은 3 : 1이다. 전체 볼펜 수가 500개일 때, 별 모양의 볼펜은 총 몇 개인가?

① 130개   ② 140개   ③ 170개
④ 180개   ⑤ 189개

|정답| ②
|풀이| 별 모양의 파란색, 검은색 볼펜의 비율은 3 : 11이다. 따라서 별 모양의 볼펜은 14로 나누어떨어져야 한다. 따라서 답은 ②이다.

예제 10 S생명 보험설계사인 철수와 민수의 5월 실적의 합은 25건이다. 6월 철수의 실적은 30% 증가했고, 민수는 40% 감소했다. 철수, 민수의 6월 실적의 합이 12% 감소했다면 6월 철수의 실적은 몇 건인가?

① 11건   ② 12건   ③ 13건
④ 14건   ⑤ 16건

|정답| ③
|풀이| 철수의 실적을 a, 민수의 실적을 b라고 하면 $a + b = 25$ ······ ㉠
6월 철수 실적은 $1.3a$, 6월 민수 실적은 $0.6b$이다.
$1.3a + 0.6b = 25 \times 0.88$ ······ ㉡
두 식을 연립해서 풀면
∴ $a = 10$, $b = 15$
따라서 6월 철수의 실적은 $10 \times 1.3 = 13$(건)이다.

📋 **다른 풀이**

철수의 실적이 5월에 비해 30% 증가했으므로 1.3배 증가했다. 5월 실적 × 1.3 = 6월 실적이다. 5월 실적이 소수가 되지 않으려면 1.3으로 나누어 정수가 나와야 한다. 따라서 답은 ③이다.

예제 11　작년 전체 지원자 수는 600명이고 올해는 대졸 지원자는 4% 감소, 고졸 지원자는 14% 증가하며 전체적으로 2% 증가하였다. 이때, 올해 고졸 지원자 수는?

① 228명　　　　　　② 218명　　　　　　③ 217명
④ 210명　　　　　　⑤ 208명

|정답|　①

|풀이|　고졸 지원자 수는 14% 증가했다. 작년 고졸 지원자 수×1.14 = 올해 고졸 지원자 수이므로 올해 고졸 지원자 수는 1.14로 나누어져야 한다. 따라서 답은 ①이다.

예제 12　올해 할머니 나이는 철수 나이의 3배이고 민수의 4배이다. 철수와 민수의 나이 차가 6살이라면 할머니의 나이는?

① 72살　　　　　　② 74살　　　　　　③ 76살
④ 78살　　　　　　⑤ 82살

|정답|　①

|풀이|　할머니의 나이를 A라고 할 경우 철수의 나이는 $\dfrac{A}{3}$이고 민수의 나이는 $\dfrac{A}{4}$가 된다.

철수 나이 − 민수 나이 $= \dfrac{A}{3} - \dfrac{A}{4} = 6$

양변에 12를 곱하면
$4A - 3A = 72$ ∴ $A = 72$
따라서 할머니 나이는 72살이다.

📧 **다른 풀이**

> 할머니 나이는 철수의 3배, 민수의 4배이기 때문에 3으로도 나누어져야 하고, 4로도 나누어져야 한다. 따라서 답은 ①이다.

예제 13　K그룹 영업 1팀은 불우이웃돕기 성금을 내기 위하여 사무실에 저금통을 비치했다. 연말 성금을 내기 위해 100원짜리 동전과 500원짜리 동전만 들어 있는 저금통을 열어 보니 정확히 20,000원이었다. 100원짜리 동전의 개수가 500원짜리 동전 개수의 3배라면 100원짜리 동전의 개수는?

① 25개　　　　　　② 50개　　　　　　③ 75개
④ 100개　　　　　　⑤ 128개

|정답|　③

|풀이|　100원짜리 동전을 A, 500원짜리 동전을 B라고 하면 100A + 500B = 20,000이고 A = 3B이다. 그러면 300B + 500B = 20,000이므로 B는 25개, A는 75개이다.

📧 **다른 풀이**

> 정수법으로 풀면 100원짜리 동전의 개수가 500원짜리 동전 개수의 3배이기 때문에 만약 100원짜리가 10개이면 500짜리 동전은 $\dfrac{10}{3}$개여야 한다. 동전은 정수이기 때문에 100원짜리 동전은 3의 배수여야 한다. 따라서 답은 ③이다.

03 선지대입법

예제 1 어떤 두 자리 수의 일의 자리와 십의 자리를 교환하면 원래 수보다 54가 작다. 이때, 원래 수가 될 수 없는 것은?

① 93 ② 82 ③ 71

④ 60 ⑤ 53

|정답| ③

|풀이| 각 자리를 A와 B라고 하면 일의 자리는 A, 십의 자리는 10B가 된다.

$A + 10B - (10A + B) = 54$

$-9A + 9B = 54$

$B - A = 6$

즉, 십의 자릿수와 일의 자릿수의 차가 6이 되어야 한다. 따라서 ⑤는 2가 되므로 안 된다.

다른 풀이

이런 문제의 경우 선지를 대입하면 된다.

① 93 − 36 = 54

② 82 − 28 = 54

③ 71 − 17 = 54

④ 60 − 06 = 54

⑤ 53 − 35 = 18

따라서 답은 ③이다.

예제 2 수영이의 나이는 7살이고, 수영이 어머니의 나이는 39살이다. 어머니의 나이가 수영이의 3배가 되는 것은 몇 년 후인가?

① 3년 후 ② 5년 후 ③ 7년 후

④ 9년 후 ⑤ 11년 후

|정답| ④

|풀이| A년이 흘러갔다고 가정하면 $(7 + A) \times 3 = 39 + A$가 된다. $21 + 3A = 39 + A$가 되어 $2A = 18$이다. 따라서 어머니의 나이가 수영이의 3배가 되는 것은 9년 후이다.

다른 풀이

나이 계산의 경우 선지 대입법을 활용하면 대부분의 문제가 다 풀리게 되는데, 그 이유는 사람의 나이가 많아야 100살 정도이고 나이는 정수이기 때문에 대입을 하면 대부분 계산이 된다.

구분	수영이 나이×3배	어머니 나이	차이
① 3년 후	$(7 + 3) \times 3 = 30$(세)	$39 + 3 = 42$(세)	12년
② 5년 후	$(7 + 5) \times 3 = 36$(세)	$39 + 5 = 44$(세)	6년
③ 7년 후	$(7 + 7) \times 3 = 42$(세)	$39 + 7 = 46$(세)	4년
④ 9년 후	$(7 + 9) \times 3 = 48$(세)	$39 + 9 = 48$(세)	0년
⑤ 11년 후	$(7 + 11) \times 3 = 54$(세)	$39 + 11 = 50$(세)	−4년

따라서 답은 ④이다.

또 다른 풀이로는 공식을 이용하는 방법이 있는데 하단의 나이계산 공식을 이용해서 풀이를 해본다.

$\dfrac{OLD - YOUNG}{n배 - 1} = YOUNG$ 달성되는 나이

$\dfrac{39 - 7}{3 - 1} = 16$(살) (딸이 엄마와 2배가 되는 나이)

16살에 딸이 엄마와 2배가 되기 때문에, 현재 딸의 나이는 7살이고 9년 후 16살이 된다.

예제 3 10년 전 A공단의 연혁은 B공사 연혁의 7배였고, 지금부터 15년 후에는 2배가 된다. B공사의 연혁은 얼마나 되었을까?

① 12년 ② 14년 ③ 15년
④ 17년 ⑤ 19년

|정답| ③

|풀이| 10년 전 A공단의 연혁은 A라고 하고 B공사의 연혁을 B라고 하면 7B = A이다. 지금부터 15년 후이므로 10년 기준으로 보면 25년 후가 된다. 즉, A + 25가 15년 후 A공사의 연혁이 된다. 이때, 2배가 되므로 (B + 25) × 2 = A + 25이다. 7B = A를 넣게 되면 2B + 50 = 7B + 25이다. 따라서 B는 5이므로 과거 B에서 10년이 흐른 현재는 5 + 10 = 15(년)이 된다.

📧 **다른 풀이**

일단 12년을 넣으면 B는 10년 전 연혁인 2년이 되고 A는 14년이다. 15년 후이면 B는 27년이 되고, A는 39년이 되므로 2배가 안 된다.

15년을 넣으면 10년 전 B는 5년이 되고, A는 35년이 된다. 10년 전으로부터 25년 후 B는 30년이 되고, A는 60년이 되어서 2배가 된다. 따라서 답은 ③이다.

10년 전 시점의 연혁을 A와 B로 놓고 공식을 이용하면

$$공식 = \frac{A - B}{2 - 1} = B + 25$$

$A - B = B + 25$ ⋯⋯ ㉠
$A = B × 7$ ⋯⋯ ㉡

㉡을 ㉠에 대입한다.

$7B - B = B + 25$
∴ B = 5

즉, B는 연혁이 5년이고, A는 35년이다. 따라서 현재 연혁을 물었으므로 B는 5 + 10 = 15(년)이 된다.

예제 4 A전력회사의 작년 신입 직원 수는 여직원 수가 남직원 수의 $\frac{4}{5}$였다. 올해는 여직원은 5% 늘고, 남직원은 2% 줄어 신입 직원 수가 182명이 되었다. 이때, 작년에 입사한 직원 수는 모두 몇 명인가?

① 173명 ② 175명 ③ 177명
④ 180명 ⑤ 181명

|정답| ④

|풀이| "작년 신입 직원 수는 여직원 수가 남직원 수의 $\frac{4}{5}$"라고 되어 있으므로 여직원이 4명이면 남자는 5명이 되고 여직원이 8명이면 남자는 10명이라는 말이다. 즉, 여자와 남자의 비율이 4 : 5가 되어야 한다. 작년에 입사한 직원 수를 물었기 때문에 작년에 입사한 직원 수는 9의 배수가 되어야 한다. 9의 배수를 찾는 법은 각 자리 수를 더해서 9가 되면 된다. 따라서 답은 ④이다.

예제 5 전체 제품에서 A기계의 생산율은 60%이고, B기계의 생산율은 40%이다. 이때, A기계의 불량률은 5%이고, B기계의 불량률은 3%라고 한다면, 생산된 불량품이 A기계의 생산품일 확률을 고르면?

① $\dfrac{2}{3}$
② $\dfrac{3}{5}$
③ $\dfrac{5}{7}$

④ $\dfrac{5}{9}$
⑤ $\dfrac{4}{13}$

|정답| ③

|풀이|

공장의 제품	개수	판정	비고
100%	A기계 60%	정상 : 0.6×0.95	
		불량 : 0.6×0.05	불량으로 판정
	B기계 40%	정상 : 0.4×0.97	
		불량 : 0.4×0.03	불량으로 판정

이런 조건부 확률 문제는 생산된 제품에 적당한 숫자를 대입해서 풀이를 하면 되는데 간단하게 하기 위해서 100개 또는 1,000개라고 대입을 하면 된다. 제품을 1,000개라고 가정해보자.

공장의 제품	개수	판정	비고
1,000개	A기계 600개	정상 : $600 \times 0.95 = 570$	
		불량 : $600 \times 0.05 = 30$	불량으로 판정 = 30개
	B기계 400개	정상 : $400 \times 0.97 = 388$	
		불량 : $400 \times 0.03 = 12$	불량으로 판정 = 12개

전체 불량품은 42개인데 그중에서 A기계에서 생산된 것은 30개이다. 따라서 구하는 확률은 $\dfrac{30}{42} = \dfrac{10}{14} = \dfrac{5}{7}$이다.

예제 6 한 사람이 우의, 모자, 그리고 장화를 사는 데 150원을 지불하였다. 우의는 모자보다 80원 비쌌으며 우의와 모자의 값을 합친 것은 두 켤레의 장화보다 120원 비쌌다. 물건의 가격은 각각 얼마인가?

① 장화 10원, 모자 40원, 우의 100원
② 장화 10원, 모자 30원, 우의 110원
③ 장화 10원, 모자 30원, 우의 120원
④ 장화 10원, 모자 50원, 우의 130원
⑤ 장화 10원, 모자 50원, 우의 150원

|정답| ②

|풀이| "우의, 모자, 그리고 장화를 사는 데 150원을 지불하였다."라고 했으므로 3개 물품의 합이 150원이고 ③, ④, ⑤가 소거가 된다. 또는 "우의는 모자보다 80원 비쌌으며"라는 정보로 우의가 모자보다 80원이 비싸지 않은 것을 삭제하면 ①, ③, ④가 소거가 된다. "우의와 모자의 값을 합친 것은 두 켤레의 장화보다 120원 비쌌다"를 통해 ⑤가 소거된다. 따라서 답은 ②이다.

04 끝자리 및 앞자리 풀이법

예제 1

S카드 연봉인상률이 10%이며 초봉이 4,000만 원일 때, 3년 후 세금은 얼마인가? (단, 세금은 연봉의 5%이다.)

① 226.8만 원   ② 232.4만 원   ③ 266.2만 원

④ 275.3만 원   ⑤ 288.4만 원

| 정답 | ③

| 풀이 | 4,000만 원이 3년간 10% 상승하므로 1.1씩 3배 상승한다.

$4,000 \times 1.1 \times 1.1 \times 1.1 = 5,324$(만 원)

따라서 3년 후 세금은 $5,324 \times 0.05 = 266.2$(만 원)이다.

다른 풀이

일단 1.1을 여러 차례 곱해도 끝자리는 1이다. 그러므로 끝자리는 $4 \times 1 = 4$가 된다. 5% 세금을 계산할 때 끝자리가 될 수 있는 수는 2 또는 7뿐이다. 따라서 답은 ③이다.

예제 2

A전자의 연봉인상률이 10%이며 초봉이 3,000만 원일 때, 5년 후 받는 연봉은 얼마인가?

① 4,700.56만 원   ② 4,400.57만 원   ③ 4,831.53만 원

④ 4922.50만 원   ⑤ 4,831.59만 원

| 정답 | ③

| 풀이 | $3,000 \times 1.1 \times 1.1 \times 1.1 \times 1.1 \times 1.1 = 4,831.53$(만 원)이 된다.

다른 풀이

1.1을 아무리 곱해도 끝자리는 1이다. 그러므로 끝자리는 $3 \times 1 = 3$이 된다. 따라서 답은 ③이다.

예제 3

K전자의 성현씨는 월급이 1,235,000원이었다. 만약 다음 달에 35%의 월급이 인상되었다면 얼마가 되겠는가?

① 1,167,250원   ② 1,163,450원   ③ 1,162,550원

④ 1,168,250원   ⑤ 1,161,850원

| 정답 | ①

| 풀이 | $1,235,000 \times 1.35 = 1,667,250$(원)이다. 그러나 선지를 잘 보면 앞자리가 모두 1,16×,×××로 앞 3자리는 같고 뒤에서 4번째 자리부터 다르다는 것을 알 수 있다. 이 경우 0을 제외한 끝자리 3자리를 알아야 하므로 Tip의 3자리 곱셈에서 Step 1, Step 2, Step 3만 해서 더해주면 정답이 나온다.

Tip 3자리 곱셈 방법

세 자리 수 곱셈은 정교한 계산이 필요한 경우 및 선지의 끝자리나 앞자리 수로 정답을 고를 수 있는 문제에서 유용하다.

1,235,000 × 1.35에서 유효숫자 뒤 세 자리를 알기 위하여 235와 135를 가져와 3자리 곱셈을 이용한다.

```
        ㄱ  ㄴ  ㄷ
        2   3   5
 ×      1   3   5
 ───────────────────
            2   5   step 1) ㄷ열끼리 곱한다. (5×5 = 25)
        3   0       step 2) ㄴ, ㄷ열을 크로스로 곱한다. (3×5 + 3×5 = 30)
    2   4           step 3) ㄱ, ㄷ열을 크로스로 곱한 후 더한 값과, ㄴ열끼리 곱한 값을 더한다.
                            (3×3 + 5×2 + 1×5 = 24)
    ×   ×           step 4) 하지 않아도 된다.
 ×  ×               step 5) 하지 않아도 된다.
 ───────────────────
 ×  ×   ×   7   2   5
```

끝자리가 725인 선지를 고르면 답은 ①이다.

이것이 의미하는 것은, 뒤에서 세 자리가 235와 135인 수를 곱하면 항상 뒤 세 자리는 725가 된다는 사실이다. 만약 78,951,235×7,135를 계산한다고 해도 끝에서 3자리는 725가 되는 것이다. 따라서 전체 수의 곱셈을 전부 계산하지 않아도 답을 골라낼 수 있다.

Tip 다양한 곱셈법 및 유효숫자 파악법

1. 10 - 19단 계산하기

```
    1   2  …㉠              1   9  …㉠
 ×  1   3  …㉡           ×  1   8  …㉡
 ──────────                ──────────
    0   6  → 2×3 = 06        7   2  → 9×8 = 72
           (일의 자리 수를 곱한다.) …㉢          (일의 자리 수를 곱한다.) …㉢
 1  5   0  → 12+3 = 15 (12와 13의 일의   2  7   0  → 19+8 = 27 (19와 8의 일의
           자리 수를 더한다.)                     자리 수를 더한다.)
           (12+3)×10 = 150 …㉣                (19+8)×10 = 270 …㉣
 ──────────                ──────────
 1  5   6  → 자리를 맞추어 모두 더한다.   3  4   2  → 자리를 맞추어 모두 더한다.
```

10에서 19단의 계산은 위와 같은 방법으로 ㉠, ㉡의 일의 자리 수끼리 곱한 값과 ㉡의 일의 자리 수와 ㉠의 합에 10을 곱한 값을 더한다(㉢ + ㉣). 곱셈 풀이는 가로 계산 연습을 해야 한다. 지문에서 세로로 주는 경우는 드물기 때문이다. 두 자리 수 곱셈 중에서 19단 계산 비중은 높다. 19단을 하단의 연습문제를 통해서 반복 연습해야 한다.

2. 십의 자리 수가 같고 일의 자리 수 합이 10인 두 수의 곱셈

```
        4   3
 ×      4   7
 ───────────────
        2   1  → 3×7 = 21 (일의 자리 수를 곱한다.)
 2  0   0   0  → 4×(4+1) = 20 (십의 자리 수와 십의 자리 수에 1을 더한 값을 곱한다.)
           20×100 = 2,000
 ───────────────
 2  0   2   1  → 자리를 맞추어 모두 더한다.
```

```
        5   9
    ×   5   1
   ─────────────
        0   9   → 9×1 = 09 (일의 자리 수를 곱한다.)
    3   0   0   0   → 5×(5+1) = 30 (십의 자리 수와 십의 자리 수에 1을 더한 값을 곱한다.)
                    30×100 = 3,000
   ─────────────
    3   0   0   9   → 자리를 맞추어 모두 더한다.
```

3. 일의 자리 수가 같고 십의 자리 수 합이 10인 두 수의 곱셈

```
        3   1
    ×   7   1
   ─────────────
        0   1   → 1×1 = 01 (일의 자리 수를 곱한다.)
    2   2   0   0   → (7×3)+1 = 22 (십의 자리 수끼리 곱한 값에 일의 자리 수를 더한다.)
                    22×100 = 2,200
   ─────────────
    2   2   0   1   → 자리를 맞추어 모두 더한다.
```

```
        4   2
    ×   6   2
   ─────────────
        0   4   → 2×2 = 04 (일의 자리 수를 곱한다.)
    2   6   0   0   → (4×6)+2 = 26 (십의 자리 수끼리 곱한 값에 일의 자리 수를 더한다.)
                    26×100 = 2,600
   ─────────────
    2   6   0   4   → 자리를 맞추어 모두 더한다.
```

⑴ 단순 T자 곱셈

```
        2   5
    ×   5   4
   ─────────────
    1   0   2   0   → 십의 자리 수끼리 곱한 값(2×5 = 10)을 앞에, 일의 자리 수끼리
                     곱한 값(5×4 = 20)을 뒤에 쓴다.
        3   3       → 2×4 = 08 (2와 4를 크로스로 곱한다.)
        2   5       → 5×5 = 25 (5와 5를 크로스로 곱한다.)
   ─────────────
    1   3   5   0   → 자리를 맞추어 모두 더한다.
```

```
        7   1
    ×   7   5
   ─────────────
    4   9   0   5   → 십의 자리 수끼리 곱한 값(7×7 = 49)을 앞에, 일의 자리 수끼리
                     곱한 값(1×5 = 05)을 뒤에 쓴다.
        4   2       → 7과 5를 크로스로 곱한 값과 1과 7을 크로스로 곱한 값을 더한다.
                     7×5 + 1×7 = 7(5+1) = 42
   ─────────────
    5   3   2   5   → 자리를 맞추어 모두 더한다.
```

```
        7   7
    ×   8   1
   ─────────────
    5   6   0   7   → 십의 자리 수끼리 곱한 값(7×8 = 56)을 앞에, 일의 자리 수끼리
                     곱한 값(7×1 = 07)을 뒤에 쓴다.
        6   3       → 7과 1을 크로스로 곱한 값과 7과 8을 크로스로 곱한 값을 더한다.
                     7×1 + 7×8 = 7(1+8) = 63
   ─────────────
    6   2   3   7   → 자리를 맞추어 모두 더한다.
```

※ T자를 활용한 가로 곱셈

67×73을 "T자 곱셈" 방법을 활용하여 가로 곱셈하면, 다음과 같은 순서로 계산하면 된다.

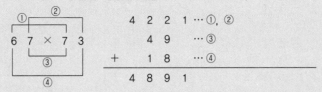

```
          4  2  2  1  … ①, ②
             4  9     … ③
     +       1  8     … ④
     ─────────────────
          4  8  9  1
```

(2) **변경 T자 곱셈 1** : 단순 T자 곱셈의 과정을 분리해서 계산하는 방법이다.

```
         2  5
      ×  5  4
      ──────────
         1  0        → 2×5 = 10 (십의 자리 수끼리 곱한다.)
            3  3     → 2×4 + 5×5 = 33 (2와 4, 5와 5를 크로스로 곱한 값을 더한다.)
               2  0  → 5×4 = 20 (일의 자리 수끼리 곱한다.)
      ──────────
         1  3  5  0  → 자리를 맞추어 모두 더한다.
```

(3) **변경 T자 곱셈 2** : 변경 T자 곱셈 1의 계산보다 간단한 과정이다.

```
         2  5
      ×  5  4
      ──────────
         1  2  5     → 25×5 = 125 (25와 54의 십의 자리 수인 5를 곱한다.)
            1  0  0  → 25×4 = 100 (25와 54의 일의 자리 수인 4를 곱한다.)
      ──────────
         1  3  5  0  → 자리를 맞추어 모두 더한다.
```

4. 긴 곱셈을 빨리 하는 방법

예시 1 758×51

51을 50과 1로 쪼개서 계산을 한다. $758 \times (50 + 1)$

① $758 \times 50 = 37,900$

② $758 \times 1 = 758$

```
              7  5  8
        ×        5  1
        ──────────────
        3  7  9  0  0   → 758×50 = 37,900
              7  5  8   → 758×1 = 758
                          이때 자리를 잘 맞추어야 한다.
        ──────────────
        3  8  6  5  8   → 자리를 맞추어 더해준다.
```

예시 2 845×62

이 경우에는 50, 10, 2로 쪼개서 계산을 한다.

$845 \times (50 + 10 + 2)$

① $845 \times 50 = 42,250$

② $845 \times 10 = 8,450$

③ $845 \times 2 = 1,690$

```
              8  4  5
        ×        6  2
        ──────────────
        4  2  2  5  0   → 845×50 = 42,250
           8  4  5  0   → 845×10 = 8,450
           1  6  9  0   → 845×2 = 1,690
        ──────────────
        5  2  3  9  0   → 자리를 맞추어 더해준다.
```

예시 3 845×85

이 경우에는 100에서 15를 차감한 후 845와 곱셈을 한다. 15의 경우도 10과 5로 쪼개서 계산을 한다.

$845 \times (100 - 10 - 5)$

① $845 \times 100 = 84,500$
② $845 \times -10 = -8,450$
③ $845 \times -5 = -4,225$

$$
\begin{array}{rrrrrl}
 & 8 & 4 & 5 & & \\
\times & & 8 & 5 & & \\
\hline
8\ 4 & 5 & 0 & 0 & & \rightarrow 845 \times 100 = 84,500 \\
- \quad 8 & 4 & 5 & 0 & & \rightarrow 845 \times -10 = -8,450 \\
- \quad 4 & 2 & 2 & 5 & & \rightarrow 845 \times -5 = -4,225 \\
\hline
7\ 1 & 8 & 2 & 5 & & \rightarrow \text{자리를 맞추어 더해준다.}
\end{array}
$$

5. 뺄셈을 활용한 곱셈법

예시 1 곱하는 숫자가 19인 경우

$$
\begin{aligned}
20 \times 19 &= 20 \times (20 - 1) \\
&= 400 - 20 \\
&= 380 \\
39 \times 19 &= 39 \times (20 - 1) \\
&= 780 - 39 \\
&= 741
\end{aligned}
$$

예시 2 곱하는 숫자가 18인 경우

$$
\begin{aligned}
43 \times 18 &= 43 \times (20 - 2) \\
&= 830 - 86 \\
&= 774 \\
72 \times 18 &= 72 \times (20 - 2) \\
&= 1,440 - 144 \\
&= 1,296
\end{aligned}
$$

6. 나눗셈을 활용한 곱셈법

예시 1 곱하는 수의 일의 자리가 5인 경우

$72 \times 15 = 1,080$

풀이 1	72×15	$= 1,080$ (T자 곱셈 활용)
풀이 2	$72 \times 30 \div 2$	$= 2,160 \div 2 = 1,080$

예시 2 곱하는 수가 25인 경우

$72 \times 25 = 1,800$

풀이 1	72×25	$= 72 \times 50 \div 2 = 1,800$
풀이 2	$72 \times 100 \div 4$	$= 1,800$ (100을 곱한 후 4로 나눈다.)
풀이 3	$72 \times 100 \div 2 \div 2$	$= 1,800$ (100을 곱한 후 2로 두 번 나눈다.)

▎연습문제

39×25

풀이 1	39×25	$= 975$
풀이 2	$39 \times 50 \div 2$	$= 1950 \div 2 = 975$
풀이 3	$39 \times 100 \div 4$	$= 39 \times 100 \div 2 \div 2 = 975$ (100을 곱한 후 2로 두 번 나눈다.)

67×35

풀이 1	67×35	$= 2,345$
풀이 2	$67 \times 70 \div 2$	$= 4,690 \div 2 = 2,345$

05 나무심기 및 계단 올라가기 문제 풀이법(간격 문제)

예제 1 5m 간격으로 심은 나무가 15그루이다. 그렇다면 7m 간격으로 바꾸면 몇 그루를 심을 수 있을까?

① 11그루　　　　　② 12그루　　　　　③ 13그루
④ 14그루　　　　　⑤ 15그루

| 정답 | ①

| 풀이 | 처음 시작되는 시점부터 한 그루이므로 5m 간격으로 14그루를 더 심으면 $5 \times 14 = 70$(m)가 된다. 나무를 심은 거리가 70m라는 뜻이므로 7m 간격으로 총 10그루를 심는다. 그런데 조심할 것이 처음 시작할 때 1그루를 심게 되므로 전체는 11그루가 된다. 7m 간격으로 심은 나무를 x그루라 하고 방정식을 세우면 아래와 같다.

$(15 - 1) \times 5 = (x - 1) \times 7$

$\therefore x = 11$

예제 2 원 형태의 호수에 5m 간격으로 심은 나무가 22그루이다. 그렇다면 10m 간격으로 바꾸면 몇 그루를 심을 수 있을까?

① 9그루　　　　　② 10그루　　　　　③ 11그루
④ 12그루　　　　　⑤ 13그루

| 정답 | ③

| 풀이 | 호수는 원 형태이다. 따라서 22그루를 심게 되면 호수의 둘레는 $5 \times 22 = 110$(m)가 되고 이것을 10m 간격으로 심게 되면 $\frac{110}{10} = 11$(그루)이다. 10m 간격으로 심은 나무를 x그루라 하고 방정식을 세우면 아래와 같다.

$22 \times 5 = x \times 10$

$\therefore x = 11$

예제 3 엘리베이터가 1층부터 10층까지 올라가는 데 90초가 걸린다. 그렇다면 4층까지는 얼마나 걸릴까?

① 10초　　　　　② 20초　　　　　③ 25초
④ 30초　　　　　⑤ 40초

| 정답 | ④

| 풀이 | 1층부터 10층까지의 간격은 10개가 아니라 9개이다. 그러므로 90초가 9개 층을 올라가므로 1층마다 10초씩 소요된다는 말이다. 4층까지는 3개 층만 올라가면 되기 때문에 30초가 걸린다.

예제 4 철수는 1분 만에 1층에서 5층까지 올라갔고, 영수는 1분 만에 5층에서 8층까지 올라갔다. 계속 올라간다면 둘은 어디서 만나겠는가?

① 17층　　　　　② 18층　　　　　③ 19층
④ 20층　　　　　⑤ 21층

| 정답 | ①

| 풀이 | 철수의 속력은 4층/분, 영수의 속력은 3층/분이다. 1분에 둘의 차이가 1층씩 좁혀지는데, 현재 3층 차이이므로 3분 후에 마주치게 된다. 3분 동안 영수는 9층 올라가므로 $8 + 9 = 17$(층)이다. 따라서 둘은 17층에서 만난다.

06 시계 분침 초침 풀이법

[예제 1] 시계가 현재 4시 정각을 가리키고 있다. 이때, 4시와 5시 사이에 시침과 분침이 겹치는 시각은 언제인가?

① $\dfrac{90}{11}$분   ② $\dfrac{120}{11}$분   ③ $\dfrac{280}{11}$분

④ $\dfrac{360}{11}$분   ⑤ $\dfrac{240}{11}$분

|정답| ⑤

|풀이| 분침은 한 시간에 360°, 1분에 6°를 움직이고, 시침은 한 시간에 30°, 1분에 0.5°를 움직인다. 또한 4시 정각에 시침의 각도는 120°이다.

4시 이후에 시침과 분침이 겹치는 시각을 4시 x분이라 하자.

12시 방향을 기준으로 시침이 이동한 각도는 $120 + 0.5x\,(°)$

12시 방향을 기준으로 분침이 이동한 각도는 $6x\,(°)$

$120 + 0.5x = 6x$

$x = \dfrac{120}{5.5} = \dfrac{240}{11}$

따라서 문제에서 구하는 시각은 4시 $\dfrac{240}{11}$분이다.

[예제 2] 시계가 현재 7시 정각을 가리키고 있다. 이때, 7시와 8시 사이에 시침과 분침이 겹치는 시각은 언제인가?

① $\dfrac{120}{11}$분   ② $\dfrac{350}{11}$분   ③ $\dfrac{390}{11}$분

④ $\dfrac{420}{11}$분   ⑤ $\dfrac{480}{11}$분

|정답| ④

|풀이| 분침은 한 시간에 360°, 1분에 6°를 움직이고, 시침은 한 시간에 30°, 1분에 0.5°를 움직인다. 또한 7시 정각에 시침의 각도는 210°이다.

7시 이후에 시침과 분침이 겹치는 시각을 7시 x분이라 하자.

12시 방향을 기준으로 시침이 이동한 각도는 $210 + 0.5x\,(°)$

12시 방향을 기준으로 분침이 이동한 각도는 $6x\,(°)$

$210 + 0.5x = 6x$

$x = \dfrac{210}{5.5} = \dfrac{420}{11}$

따라서 문제에서 구하는 시각은 7시 $\dfrac{420}{11}$분이다.

예제 3 시계가 현재 11시 정각을 가리키고 있다. 이때, 11시와 12시 사이에 시침과 분침이 겹치는 시각은 언제인가?

① $\dfrac{660}{11}$ 분

② $\dfrac{540}{11}$ 분

③ $\dfrac{380}{11}$ 분

④ $\dfrac{460}{11}$ 분

⑤ $\dfrac{240}{11}$ 분

|정답| ①

|풀이| 분침은 한 시간에 360°, 1분에 6°를 움직이고, 시침은 한 시간에 30°, 1분에 0.5°를 움직인다. 또한 11시 정각에 시침의 각도는 330°이다.

11시 이후에 시침과 분침이 겹치는 시각을 11시 x분이라 하자.

12시 방향을 기준으로 시침이 이동한 각도는 $330 + 0.5x(°)$

12시 방향을 기준으로 분침이 이동한 각도는 $6x(°)$

$330 + 0.5x = 6x$

$x = \dfrac{330}{5.5} = \dfrac{660}{11}$

따라서 문제에서 구하는 시각은 11시 $\dfrac{660}{11}$분이다.

예제 4 3시에서 4시 사이에 시침과 분침이 서로 반대 방향으로 일직선 위에 있을 때의 시각은 3시 x분이다. x의 값은?

① $\dfrac{540}{11}$

② $\dfrac{510}{11}$

③ $\dfrac{480}{11}$

④ $\dfrac{450}{11}$

⑤ $\dfrac{360}{11}$

|정답| ①

|풀이| 시침과 분침이 일직선 위에 있을 경우는 시침과 분침의 각도가 180° 차이가 날 때이다.

3시 이후에 시침과 분침의 각도가 180° 차이가 나는 시각을 3시 x분이라 할 때,

12시 방향을 기준으로 시침이 이동한 각도는 $90+0.5x(°)$

12시 방향을 기준으로 분침이 이동한 각도는 $6x(°)$

$6x - (90 + 0.5x)x = 180$

$x = \dfrac{270}{5.5} = \dfrac{540}{11}$

따라서 문제에서 구하는 시각은 3시 $\dfrac{540}{11}$분이다.

07 요일 계산 날짜 계산 풀이법

예제 1 2020년 8월 19일은 수요일이다. 2020년 9월 19일은 무슨 요일인가?

① 월요일 　　② 화요일 　　③ 수요일
④ 목요일 　　⑤ 토요일

|정답| ⑤

|풀이| 날짜 계산은 구간까지의 날짜를 7로 나눈 나머지만큼 이동한다고 생각하면 계산이 쉽다. 이유는 7일마다 같은 요일이 돌아오기 때문이다. 이때, 2020년 8월 19일에서 2020년 9월 19일까지는 31일이 소요되고, 31을 7로 나누게 되면 나머지는 3이 된다. 즉, 3일만큼 지난 요일이 2020년 9월 19일의 요일이 된다는 말이다. 따라서 2020년 9월 19일은 토요일이 된다.

예제 2 2017년 5월 7일은 일요일이다. 이때, 이날 태어난 아기의 10번째 생일은 무슨 요일인가? (단, 2016년은 윤년이다.)

① 월요일 　　② 화요일 　　③ 수요일
④ 목요일 　　⑤ 금요일

|정답| ⑤

|풀이| 날짜는 7로 나눈 나머지만큼 이동한다고 했는데 1년은 365일이므로 7로 나누면 나머지가 1이 된다. 즉, 1년마다 1개의 요일만큼 이동이 된다는 것을 의미한다. 그런데 윤년은 366일이기 때문에 나머지가 2이므로 2일 이동이 된다.
2017년 5월 7일 일요일 → 2027년 5월 7일
10년이 지났으므로 10만큼 요일이 이동했다. 그러나 7일이 지나면 다시 원래 요일이 나오므로 3만큼 이동했다는 것을 알 수 있다. 그러나 이 중에 윤년이 2020년, 2024년 2번 있으므로 2만큼이 더 추가되어 5만큼 요일이 이동한다. 따라서 2027년 5월 7일은 금요일이다.

예제 3   2017년 6월 15일은 목요일이다. 이때, 2017년 12월 25일은 무슨 요일인가?

     ① 일요일   ② 월요일   ③ 화요일

     ④ 금요일   ⑤ 토요일

| 정답 | ②

| 풀이 | 같은 요일은 7일마다 돌아오므로 그 기간에 포함된 일수를 7로 나눈 나머지만 생각하면 구하고자 하는 날이 무슨 요일인지 알아낼 수 있다.

2017년 6월 15일 목요일부터 2017년 12월 25일 사이의 일수와 7로 나눈 나머지를 계산해 보자.

	6월 15일~ 6월 30일	7월	8월	9월	10월	11월	12월 1일~ 12월 25일
포함된 일수	15일	31일	31일	30일	31일	30일	25일
7로 나눈 나머지	1일	3일	3일	2일	3일	2일	4일

$1 + 3 + 3 + 2 + 3 + 2 + 4 = 18 = 7 \times 2 + 4$

따라서 2017년 12월 25일은 목요일로부터 4일 뒤와 같은 요일이므로 월요일이 된다.

예제 4   어느 해의 1월 달력에 네 번의 토요일과 네 번의 화요일이 있다. 이때, 그 해의 1월 1일은 무슨 요일인가?

     ① 일요일   ② 월요일   ③ 화요일

     ④ 수요일   ⑤ 목요일

| 정답 | ④

| 풀이 | 달력에는 다음과 같은 일종의 패턴이 존재한다.

1달이 31일인 경우	5번 요일	3	4번 요일	4
1달이 30일인 경우	5번 요일	2	4번 요일	5
1달이 28일인 경우	5번 요일	0	4번 요일	7

31일 달의 경우 "월, 화, 수, 목, 금, 토, 일" 7개의 요일 중에서 3개 요일은 5번, 4개 요일은 4번이 발생한다. ($3 \times 5 + 4 \times 4 = 31$) 그리고 5번이 생성되는 3개의 요일은 연달아 있어야 한다. 연달아 오는 3개의 요일의 첫 번째 요일이 1일이 된다.

30일 달의 경우 "월, 화, 수, 목, 금, 토, 일" 7개의 요일 중에서 2개 요일은 5번, 5개 요일은 4번이 온다. ($2 \times 5 + 5 \times 4 = 30$) 그리고 5번이 생성되는 2개의 요일은 연달아 있어야 한다. 연달아 오는 2개의 요일의 첫 번째 요일이 1일이 된다.

따라서 토요일과 화요일은 중간에 수, 목, 금이 연달아 5번 오게 되고 수요일이 첫날이기 때문에 1일이 된다.

예제 5 | 다음은 어느 해 7월의 달력이다. 색칠된 날짜의 합이 135일 때, 7월 31일은 무슨 요일인가?

일	월	화	수	목	금	토

① 월요일   ② 화요일   ③ 수요일
④ 목요일   ⑤ 금요일

|정답| ④

|풀이|

월	화	수
$a-8$	$a-7$	$a-6$
$a-1$	a	$a+1$
$a+6$	$a+7$	$a+8$

색이 칠해진 9개의 날짜 중 정중앙에 있는 화요일의 날짜를 a라고 하고, 색깔로 표시된 9개의 날짜의 합을 구하면, $(a-8)+(a-7)+\cdots+(a-1)+a+(a+1)+\cdots+(a+8)=9a$이다. 이 값이 135라고 했으므로, 한 가운데에 있는 화요일은 $a=15$(일)이다. 15일이 화요일이면 2주 후 29일이 화요일이므로 31은 목요일이 된다.

일	월	화	수	목	금	토
		15				
		22				
		29	30	31		

달력의 요일에 관한 문제는 나누기 연산식을 기본으로 응용한 문제이다. 15 DIV 7 = 1 이렇게 나머지만 표시하는 방식으로 표현을 해보면 아래와 같다.

15 DIV 7 = 1, 31 DIV 7 = 3이고 31일은 15일보다 2가 더 크므로 목요일이 된다.

08 평균 가평균 10초 풀이법

예제 1 다음은 신입사원 10명의 키를 나타낸 것이다. 이때, 키의 평균은? (단, 단위는 cm이다.)

164, 181, 175, 159, 180, 167, 172, 171, 183, 178

① 171cm ② 173cm ③ 175cm

④ 177cm ⑤ 179cm

|정답| ②

|풀이| 평균은 아래와 같이 계산한다.

$$평균 = \frac{변량의\ 합}{변량의\ 개수}$$

$$도수분포표에서의\ 평균 = \frac{(계급값 \times 도수)의\ 총합}{도수의\ 총합}$$

가평균을 이용한 평균 = 가평균 + 과부족의 평균

본 문제의 경우 모두 더해서 10으로 나누어도 정답이 나오지만, 좀 더 빨리 계산할 수 있는 방법은 가평균을 이용하는 방법이다. 일단 가평균을 잡을 때는 덧셈, 뺄셈이 쉬운 것을 정하는 것이 좋다. 여기서는 170으로 잡는 것이 좋다.

164	181	175	159	180	167	172	171	183	178
−170	−170	−170	−170	−170	−170	−170	−170	−170	−170
−6	11	5	−11	10	−3	2	1	13	8

이걸 모두 더하면 총 30이 된다. 이걸 10으로 나누어주면 3이 된다. 즉, 170 + 3 = 173(cm)이 평균이 된다.

예제 2 다음 표는 어느 해 주식 거래일 8일 동안 A사의 일별 주가와 〈산식〉을 활용한 5일 이동평균을 나타낸 것이다. 이에 대한 〈보기〉의 설명 중 옳은 것을 모두 고르면?

주식 거래일 8일 동안 A사의 일별 주가 추이

(단위 : 원)

거래일	일별 주가	5일 이동평균
1	7,550	—
2	7,590	—
3	7,620	—
4	7,720	—
5	7,780	7,652
6	7,820	7,706
7	7,830	( )
8	( )	7,790

산식

$$5일 이동평균 = \frac{해당거래일 포함 최근 거래일 5일 동안의 일별 주가의 합}{5}$$

예 $6거래일의 5일 이동평균 = \dfrac{7,590 + 7,620 + 7,720 + 7,780 + 7,820}{5} = 7,706$

보기

㉠ 일별 주가는 거래일마다 상승하였다.
㉡ 5거래일 이후 5일 이동평균은 거래일마다 상승하였다.
㉢ 2거래일 이후 일별 주가가 직전거래일 대비 가장 많이 상승한 날은 4거래일이다.
㉣ 5거래일 이후 해당거래일의 일별 주가와 5일 이동평균 간의 차이는 거래일마다 감소하였다.

① ㉠, ㉡   ② ㉡, ㉢   ③ ㉢, ㉣
④ ㉠, ㉡, ㉢   ⑤ ㉡, ㉢, ㉣

|정답| ⑤

|풀이| 7거래일의 평균은 $\dfrac{7,620 + 7,720 + 7,780 + 7,820 + 7,830}{5} = 7,754$가 된다. 8거래일의 일별 주가를 x라 하면

$\dfrac{7,720 + 7,780 + 7,820 + 7,830 + x}{5} = 7,790$이므로 $x = 7,800$이 된다.

가평균을 7,600으로 놓고 풀이를 하면 다음과 같다.

거래일	일별 주가	편차	편차 5일치 합	5로 나눈값	5일 이동평균
1	7,550	−50			
2	7,590	−10			
3	7,620	20			
4	7,720	120			
5	7,780	180	260	52	7,652
6	7,820	220	530	106	7,706
7	7,830	230	770	154	7,754
8	7,800	200	950	190	7,790

ⓒ 거래일마다 상승하고 있다.
ⓒ 4거래일은 3거래일과 100 정도 차이가 나는데, 그렇게 큰 폭으로 차이가 나는 날은 더 이상 없다.
② 5거래일은 7,780 − 7,652 = 128, 6거래일은 7,820 − 7,706 = 114, 7거래일은 7,830 − 7,754 = 76, 8거래일은
7,800 − 7,790 = 10으로 거래일마다 감소했다.
㉠ 8거래일에는 하강하고 있다.

예제 3 박 주임을 포함한 영업부 직원 9명의 평균 나이가 37살이다. 박 주임이 승진과 동시에 다른 부서
로 이동하고 나서 남은 영업부 직원들의 평균 나이가 38살일 때, 박 주임의 나이는?

① 25살   ② 27살   ③ 29살
④ 31살   ⑤ 33살

| 정답 | ③

| 풀이 |
원래는 박 주임의 나이를 x라고 하면 9명의 나이의 합은 $37 \times 9 = 333$이 된다. "박 주임이 승진과 동시에 다른 부서로
이동하고 남은 영업부 직원들의 평균 나이가 38살"이므로 8명의 나이의 합은 $8 \times 38 = 304$가 된다. 따라서 박 주임
나이 + 304(8명의 나이의 합) = 333이므로 박 주임의 나이는 29살이다.

📋 **다른 풀이**

박 주임을 제외한 나머지 사람 8명을 38살로 놓으면, 박 주임을 포함한 평균 37과의 편차는 1이 된다. 편차의 합은
0이 되어야 하므로 박 주임의 나이의 편차는 −8이 될 것이다. 따라서 박 주임의 나이는 $37 - 8 = 29$(살)이 된다.

예제 4 다음은 학생 50명의 수학 성적을 정리한 도수분포표이다. 이때, 성적의 평균은?

계급(점)	도수(명)
50 이상~60 미만	5
60 이상~70 미만	11
70 이상~80 미만	18
80 이상~90 미만	9
90 이상~100 미만	7
계	50

① 75.1점 ② 75.2점 ③ 75.3점
④ 75.4점 ⑤ 75.5점

|정답| ④

|풀이|

계급 값(점)	도수(명)	총점
50 이상~60 미만 → 55	5	55 × 5 = 275
60 이상~70 미만 → 65	11	65 × 11 = 715
70 이상~80 미만 → 75	18	75 × 18 = 1,350
80 이상~90 미만 → 85	9	85 × 9 = 765
90 이상~100 미만 → 95	7	95 × 7 = 665
계	50	3,770

$\frac{3,770}{50} = 75.4$(점)이 된다. 그러나 너무 복잡하므로 가평균을 이용해 계산한다.

75를 가평균으로 잡고 각 값의 차를 계산하면 된다.

계급 값(점)	도수(명)	계급별 편차의 합
50 이상~60 미만 → 55(−20)	5	−20 × 5 = −100
60 이상~70 미만 → 65(−10)	11	−10 × 11 = −110
70 이상~80 미만 → 75(0)	18	0
80 이상~90 미만 85 → (+10)	9	10 × 9 = 90
90 이상~100 미만 → 95(+20)	7	20 × 7 = 140
계	50	20

계급별 편차의 합 20을 50으로 나누어주면 0.4가 된다. 즉, 75 + 0.4 = 75.4(점)이 된다.

09 한쪽 몰기 풀이법(몰기법)

예제 1   어떤 섬에 염소와 닭이 살고 있다. 염소와 닭의 마릿수는 총 20마리이고, 염소와 닭의 다리 수는 64개이다. 이때, 닭은 몇 마리인가?

① 8마리   ② 9마리   ③ 10마리

④ 11마리   ⑤ 13마리

|정답| ①

|풀이| 염소를 a, 닭을 b라고 미지수로 정하고 방정식을 세우면

$a + b = 20$

$4a + 2b = 64$

이것을 연립으로 풀이하면 된다.

📋 다른 풀이

20마리가 모두 염소라고 하면 다리 수는 80개(20마리 × 4)가 되어야 하는데 총 다리 수가 64개이므로 16개가 남는다. 이 차이의 이유는 닭의 다리를 4개라고 했기 때문이다. 따라서 닭 한마리당 2개씩 다리 수가 증가했을 것이므로 닭은 $\dfrac{16개}{닭\ 한마리당\ 추가한\ 다리\ 수\ 2개} = 8(마리)$이다.

이것이 한쪽 몰기법인데 닭을 염소라고 놓고 풀이를 하는 방법이다. 이 방법은 생각보다 많은 곳에 쓰이는데, 수가 적은 쪽을 수가 많은 쪽으로 맞추어서 풀이를 하는 것이 편하다.

예제 2   16장의 종이에 큰 활자와 작은 활자를 사용하여 21,000자의 활자를 찍어야 하는데, 큰 활자는 한 장에 1,200자가 들어가고, 작은 활자는 한 장에 1,500자가 들어간다. 그렇다면 1,500자의 활자를 사용한 종이는 몇 장인가? (단, 종이 한 장당 들어가는 활자는 큰 활자 또는 작은 활자 한 종류여야만 한다.)

① 6장   ② 7장   ③ 8장

④ 9장   ⑤ 14장

|정답| ①

|풀이| 1,200자의 활자를 사용한 종이를 x, 1,500자의 활자를 사용한 종이를 y라고 놓으면 아래와 같은 연립방정식이 세워진다.

$x + y = 16$

$1,200x + 1,500y = 21,000$

이를 연립하여 풀면

$\therefore x = 10, \ y = 6$

따라서 1,500자의 활자를 사용한 종이는 6장이다.

📋 다른 풀이

모든 활자가 1,500자라고 가정을 하면 1,500 × 16 = 24,000(자)가 되어야 하는데 21,000자가 나왔다. 21,000자와 24,000자의 차이는 3,000자이다. 이렇게 글자가 더 많이 나오는 이유는 1,200자를 1,500자로 1장당 300자씩 더하여 생각했기 때문이다. 따라서 1,200자짜리 종이는 $\dfrac{3,000자(추가된\ 글자\ 수)}{300자(1,500자에서\ 1,200자를\ 차감한\ 수)} = 10(장)$이 된다. 즉, 1,200자짜리가 10장, 1,500자짜리가 6장이 된다.

예제 3   800원짜리 컴퓨터용 사인펜과 1,000원짜리 샤프를 총 20개 구매하고, 영수증을 확인하니 17,000원 이하였다고 한다. 이때, 샤프는 최대 몇 개를 구매할 수 있는가?

① 4개 ② 5개 ③ 6개
④ 7개 ⑤ 8개

| 정답 | ②

| 풀이 | 컴퓨터용 사인펜은 x, 샤프는 y라고 둔다.
$x + y = 20$
$800x + 1,000y \leq 17,000$
연립부등식을 풀면 $y = 5$, $x = 15$가 된다.
따라서 샤프의 최대 구매 개수는 5개이다.

📧 **다른 풀이**

20개를 구매한다고 했는데 가격이 비싼 샤프로 모두 샀다고 가정을 하면 20,000원이 나와야 하지만 실제로는 17,000이 나왔다. 그 차이는 $20,000 - 17,000 = 3,000$(원)이 된다. 800원짜리 컴퓨터용 사인펜과 1,000원짜리 샤프의 차이는 200원이므로 컴퓨터용 사인펜의 개수는 $\dfrac{3,000}{200} = 15$(개)이다. 따라서 컴퓨터용 사인펜을 15개, 샤프를 5개 구매해야 한다.

10 속도 계산 중 누르기 법(밀기법)

속도 누르기법은 같은 방향으로 달리거나, 마주 보고 달리게 되는 경우 속도의 차이로 인하여 서로가 만나게 되는데, 이러한 속도차와의 관계를 이용해서 같은 방향이면 속도를 빼주고 반대 방향이면 속도를 더해주는 방법을 속도 누르기법 또는 밀기법이라고 한다.

예를 들어서 A와 B가 달리기를 하는데 A의 속력은 10m/s이고 B의 속력은 5m/s이다. 이 경우 똑같은 위치에서 같은 방향으로 달리면 B는 A를 따라갈 수 없다. 그런데 만약 10초 먼저 B가 출발을 했다면 몇 분 뒤에 만나게 될까?

아래 표를 보면 10초 뒤부터 A가 더 빠른 속력으로 뛰기 때문에 서로의 간격이 좁혀지는 것을 볼 수 있다.

구분	10초 뒤	11초 뒤	12초 뒤	13초 뒤	…	20초 뒤
A	0m	10m	20m	30m	…	100m
B	50m	55m	60m	65m	…	100m
간격 차이	50m	45m	40m	35m	…	0m

1초당 5m씩 좁혀진다. 왜 그럴까? 그건 A의 속력 10m/s과 B의 속력 5m/s의 차이인 5m/s만큼 좁혀지기 때문이다. 그렇다면 1초 뒤에 B가 이동한 만큼 A도 뒤로 보내게 되면 A는 5m를 이동하게 된다고 볼 수 있다. 따라서 B가 멈춰있다고 가정하면 1초당 5m씩 줄어들게 되므로 B가 위치한 50m까지 좁혀지는 데 10초면 된다는 말과 같다. 즉, B까지 가는 거리 50m를 속력의 차이로(A의 속력 10m/s − B의 속력 5m/s) 나눠주면 시간이 나온다는 말과 같다.

$$\frac{50\text{m}}{(\text{A의 속력 } 10\text{m/s} - \text{B의 속력 } 5\text{m/s})} = 10(\text{초})$$

따라서 A가 출발하고 10초 뒤에 만나게 된다.

이번에는 150m가 떨어진 양쪽에서 A와 B가 동시에 출발을 한다고 가정해 보자. A의 속력은 10m/s이고 B의 속력은 5m/s이다.

구분	1초 뒤	2초 뒤	3초 뒤	4초 뒤	…	10초 뒤
A	10m	20m	30m	40m	…	100m
B	5m	10m	15m	20m	…	50m
거리 차이	150m − 15m	150m − 30m	150m − 45m	150m − 60m	…	150m − 150m

양쪽에서 마주 보고 출발을 할 경우 1초당 A는 10m, B는 5m씩 이동을 한다. 즉, 양쪽 사이를 두고 1초에 15m씩 좁혀진다는 말이다. 왜 그럴까? A의 속력 10m/s와 B의 속력 5m/s의 합만큼 가까워지기 때문이다. 그렇다면 둘이 만나는 시간은 $\frac{150\text{m}}{(\text{A의 속력 } 10\text{m/s} + \text{B의 속력 } 5\text{m/s})} = 10(\text{초})$ 후가 된다. 따라서 마주보고 달릴 경우 만나는 시간을 계산하라고 한다면 둘의 속도를 더해서 계산을 해주면 된다.

이것이 밀기법 또는 누르기법의 원리이다. 같은 방향이면 상대방이 속도를 잡아당겨서 속도를 늦추는 것이고, 마주보고 달리면 서로를 밀어서 속도를 빠르게 한다고 생각하면 된다. 원형의 트랙을 달리는 것도 마찬가지 계산을 해주면 된다. 이 누르기법은 "만났다", "~를 통과했다", "~를 스쳐 지나갔다", "마주쳤다", "따라잡았다"라는 표현이 있을 때 쓰며 다양한 문제에 사용된다.

예제 1 성현이와 상민이는 둘레가 400m인 호수를 서로 반대 방향으로 각각 4m/s, 6m/s의 속력으로 달리기를 하려고 한다. 성현이와 상민이가 만날 때, 성현이는 몇 m를 이동했는가?

① 120m ② 160m ③ 200m
④ 240m ⑤ 300m

|정답| ②

|풀이| 밀기법으로 풀이하면 서로 반대 방향으로 달리기 때문에 속도를 더해야 하므로 $4 + 6 = 10$(m/s)이다. 이때, 둘이 만났을 때 시간은 $\dfrac{400}{10} = 40$(초) 후다. 따라서 성현이가 달린 거리는 $40 \times 4 = 160$(m)이다.

예제 2 성현이와 상민이 집은 6km 떨어져 있다. 6시에 출발하여 중간에서 만나기로 하였다. 성현이는 4km/h의 속력으로, 상민이는 5km/h의 속력으로 걸을 때, 성현이와 상민이가 만날 때는 몇 시인가?

① 6시 20분 ② 6시 30분 ③ 6시 40분
④ 6시 45분 ⑤ 7시 05분

|정답| ③

|풀이| 성현이와 상민이가 마주 보고 이동하므로 $4 + 5 = 9$(km/h)로 이동하였다. 그러므로 둘이 6km를 이동하기 위해서는 $\dfrac{6\text{km}}{9\text{km/h}} = \dfrac{2}{3}$(시간)이 걸리고 $\dfrac{2}{3}$ 시간을 분으로 바꿔주기 위해 60을 곱해주면 40분이라는 것을 알 수 있다. 따라서 6시에 출발을 하였으므로 40분이 지난 6시 40분에 만나게 된다.

예제 3 창민이와 희수는 서울에서 출발하여 각각 버스와 승용차를 타고 부산으로 가기로 하였다. 창민이가 먼저 출발하여 80km/h로 달리는 버스를 타고 40km를 간 후에 희수가 100km/h로 달리는 승용차를 타고 창민이를 뒤따라갔다. 창민이와 희수가 만나는 지점은 서울에서 몇 km 떨어진 지점인가?

① 100km ② 150km ③ 200km
④ 400km ⑤ 450km

|정답| ③

|풀이| 창민이가 먼저 출발했고, 희수는 나중에 출발했으며 희수가 창민이보다 더 빠르다. 그럼 창민이가 40km까지 가서 멈추고 있다고 하고 희수가 달린다고 생각해 보자. 이 경우 희수에서 창민의 속도를 빼면 $100 - 80 = 20$(km/h)로 가까워진다. 즉, 20km/h로 40km까지만 가면 되니까 $\dfrac{40}{20} = 2$(시간)이 소요된다. 따라서 희수는 100km/h로 2시간을 갔으니 총 200km를 갔고 그 지점이 만나는 지점이다.

(예제 4) 둘레의 길이가 12km인 원 모양의 광장을 세진와 진수가 스케이트를 타고 돌고 있다. 같은 지점에서 두 사람이 동시에 출발하여 같은 방향으로 돌면 3시간 후에 처음으로 만나고, 반대 방향으로 돌면 45분 후에 처음으로 만난다고 한다. 진수가 세진이보다 빠르다고 할 때, 진수의 속력은?

① 10km/h ② 20km/h ③ 30km/h
④ 40km/h ⑤ 50km/h

|정답| ①

|풀이| 진수의 속도를 b, 세진의 속도를 a라고 놓으면 이 경우도 같은 방향으로 가면 빼주고 반대 방향으로 가면 더해준다.

같은 방향으로 가면, 속도가 $b-a$이므로 12km를 가는데 $\dfrac{12}{b-a} = 3$(시간)이 된다. 반대로 갈 경우는 속도가 $b+a$이

므로 12km를 가는데 $\dfrac{12}{b+a} = \dfrac{45}{60}$(시간)이 된다.

$$\frac{12}{b-a} = 3$$

$$\frac{12}{a+b} = \frac{45}{60}$$

$$b-a = 4$$

$$a+b = 16$$

이를 연립하여 풀면

∴ $b=$10km/h, $a=$6km/h

따라서 진수의 속력은 10km/h이다.

(예제 5) 둘레의 길이가 5km인 호수가 있다. 호수의 둘레를 따라 민준이는 분속 50m로 걷고, 영재는 10분 후에 같은 지점에서 반대 방향으로 출발하여 분속 50m로 걸었다. 영재가 출발한 지 몇 분 후에 처음으로 민준이와 만나게 되는가?

① 35분 후 ② 45분 후 ③ 55분 후
④ 65분 후 ⑤ 75분 후

|정답| ②

|풀이| 호수 둘레의 길이는 5km = 5,000m이다. 그런데 민준이가 먼저 10분간 500m를 이동했을 것이다. 그럼 민준이와 영재의 거리 차이는 5,000m − 500m = 4,500(m)가 된다. 이제 민준이는 멈춰 있다고 가정하고 영재가 4,500m를 혼자 뛰어간다고 가정한다. 영재가 반대 방향으로 출발했다고 했으므로 밀기법에 의해서 두 사람의 속도를 더해준다. 따라서 $50+50 = 100$(m/min)으로 가까워진다고 가정하면 $\dfrac{4,500}{100} = 45$(분) 후 만나게 될 것이다.

예제 6   20km 떨어진 두 지점에서 재은이와 두석이가 동시에 마주 보고 출발하여 만날 때까지 2시간이 걸렸다. 재은이가 2km를 걷는 동안 두석이는 3km를 걷는다고 할 때, 두석이의 속력은? (단, 속력은 시속으로 한다.)

① 2km/h   ② 5km/h   ③ 6km/h

④ 8km/h   ⑤ 9km/h

|정답| ③

|풀이| 일단 여기서 두석이와 재은이의 속력은 알 수 없다. 비율이 3:2라는 것만을 알 수 있다.
서로 마주 보고 달려오고 있으니 속력을 더해준다. 그러면 두석이 속력을 a, 재은이 속력을 b라고 하면 $a+b$의 속력으로 2시간 동안 20km를 갔으니 한 시간 동안 10km를 갔다. 즉, 둘의 속력을 합치면 10km/h라는 말이고 속도의 비가 3:2이므로 $a=6$, $b=4$가 된다. 따라서 두석이의 속력은 6km/h이다.

📖 **다른 풀이**

속력의 비율이 3:2이므로 비례상수를 써서 $3k$와 $2k$라고 놓는다. 즉, 두석이와 재은이의 속력은 $3k$와 $2k$라는 것이다. 20km 떨어진 거리를 $3k$와 $2k$로 마주보고 달렸으므로 속도를 더하면 $5k$가 된다. $\frac{20}{5k}=2$가 된다. 따라서 $k=2$가 되고 두석이와 재은이의 속력은 $3k$와 $2k$이므로 두석이의 속력은 6km/h, 재은이의 속력은 4km/h이다.

예제 7   집에서 공원까지는 총 17km이다. 두석이는 강아지를 데리고 산책을 가기로 했다. 두석이의 속력은 시속 5km이고 강아지는 시속 15km이다. 강아지가 더 빠르기 때문에 강아지가 공원에 도착하면 다시 두석이에게 오고 다시 두석이를 만나면 공원으로 간다. 이렇게 계속 반복을 할 경우 두석이가 도착할 때까지 강아지가 총 걷는 거리는 얼마인가?

① 46km   ② 47km   ③ 51km

④ 52km   ⑤ 58km

|정답| ③

|풀이|

| 공원 | ——————17km—————— | 두석이 |

← 두석이

강아지   →   강아지

강아지   ←

강아지는 두석이에서 출발해서 공원에 도착하면 다시 돌아온다. 두석이도 공원 쪽으로 가고 있기 때문에 중간쯤에서 만나게 되면 다시 강아지는 공원 쪽으로 가게 되고 다시 공원에 도착하면 다시 두석이 쪽으로 오는 과정을 반복하게 된다. 일단 강아지가 뛰는 거리 = 속력 × 시간이고 강아지의 속력은 15km/h이다. 즉, 강아지가 뛰는 시간만 알 수 있다면 강아지가 뛴 거리를 알 수 있다. 두석이가 걸었던 총 시간을 구해서 강아지의 속력을 곱하면 총 거리가 나올 것이다. 그럼 일단 두석이가 가는 거리는 총 17km고 두석이가 간 시간은 $\frac{17}{5}$(시간)이다. 이 시간만큼 강아지도 뛰었을 것이다. 따라서 강아지가 뛴 거리는 $15 \times \frac{17}{5} = 51$(km)가 된다.

예제 8

두석이와 민재는 직선 거리 310km를 마주 보고 달리고 있다. 두석이는 시속 50km, 민재는 시속 70km로 이동하였다. 이때, 파리 한 마리가 두석이와 민재 사이를 왕복한다. 두석이를 출발해서 민재를 만나면 두석이에게 오고 다시 두석이를 만나면 민재에게 간다. 파리의 속력이 시속 240km라고 하면 두석이와 민재가 만날 때까지 파리가 이동한 거리는 총 얼마인가?

① 920km   ② 880km   ③ 740km
④ 620km   ⑤ 420km

|정답| ④

|풀이|

두석이	310km	민재
시속 50km	파리 240km/h	시속 70km

본 문제의 경우 누르기법과 위의 강아지 달리기 문제를 합쳐서 계산해야 한다. 일단 민재와 두석이는 서로 반대 방향으로 달린다. 그러므로 두석이가 가만히 있고 민재만 달린다고 하면 총 50 + 70 = 120(km)로 가까워진다. 그러면 만날 때까지 달린 시간은 $\frac{310}{120}$(시간)이다.

그럼 파리가 이동한 거리 = 속력 × 시간이므로 $240 \times \frac{310}{120} = 620$(km)를 날았을 것이다.

11 속도-비율로 계산하는 방법

예제 1 성현이는 집에서 대학교로 갈 때는 5km/h로, 대학교에서 집으로 올 때는 3km/h의 속력으로 이동했다. 대학교에서 집으로 올 때 걸린 시간이 30분이라면, 집에서 학교로 갈 때 걸리는 시간은 얼마인가?

① 10분 ② 12분 ③ 16분
④ 18분 ⑤ 20분

| 정답 | ④

| 풀이 |

집   → 갈 때 시속 5km/h   대학교
← 올 때 시속 3km/h
(걸린 시간이 30분)

이동거리가 동일할 때(주의: 이동거리가 다르면 비례식을 세울 수 없다.), 속력의 비율이 5:3이라면 걸린 시간의 비율은 3:5이다. 비례상수를 이용해서 걸린 시간은 $3k$, $5k$라고 할 수 있다. 3km/h의 속력으로 집으로 올 때 걸린 시간은 $5k$이다. $5k$는 30분이므로 $k=6$이다. 따라서 갈 때 걸린 시간은 $3k$이므로 $3 \times 6 = 18$(분)이 된다.

예제 2 성현이는 본사에서 회사 미팅을 위해서 회의 장소로 갈 때는 4km/h로 이동한다. 미팅 장소에 도착해서 20분 동안 회의를 하고, 돌아올 때는 3km/h로 와서 총 1시간 30분의 시간이 소요되었다고 한다. 이때, 본사에서 회의 장소까지의 거리는 얼마인가?

① 0.5km ② 1km ③ 2km
④ 2.5km ⑤ 3km

| 정답 | ③

| 풀이 |

본사   → 갈 때 4km/h   회의 장소
← 올 때 3km/h   20분 회의
총 1시간 30분

거리를 A라고 놓으면 왕복한 시간은 1시간 30분에서 20분을 뺀 1시간 10분으로 총 70분을 이동한 것이다. 거리 = 속력 × 시간이고, $\frac{A}{4} + \frac{A}{3} = \frac{70}{60}$이 된다. 따라서 7A = 14이므로 A는 2km이다.

다른 풀이

비례식으로 풀이를 해보자.
이동한 거리가 동일할 때, 속력의 비는 시간의 비의 역수이다. 속력의 비는 4:3이므로 걸린 시간의 비는 3:4이다. 이동시간은 1시간 30분 - 20분 = 70(분)이므로 걸린 시간의 비가 30분:40분이 된다. 따라서 4km/h로 30분간 이동한 거리는 2km이다.

예제 3 성현이는 A지점에서 B지점으로 갈 때는 2km/h로, B지점에서 A지점으로 올 때는 5km/h로 이동하여 총 3시간 30분의 시간이 소요되었다. A지점과 B지점 사이의 거리는 얼마인가?

① 3km   ② 4km   ③ 4.5km
④ 5km   ⑤ 6.0km

|정답| ④

|풀이|

A 지점 ────────────── → 갈 때 2km/h ────────────── B 지점
                      ← 올 때 5km/h
                      3시간 30분

이동거리가 동일할 때, 속력의 비는 2 : 5이므로 걸린 시간의 비는 5 : 2가 된다. 전체 이동 시간이 3.5시간이므로 위 비율 1은 0.5시간을 의미하게 된다. 그러므로 2km/h로는 2.5시간, 5km/h로는 1시간을 이동한 것이다. 따라서 A지점과 B지점 사이의 거리는 $5 \times 1 = 5$(km)이다.

🗐 다른 풀이

> 걸린 시간의 비는 5 : 2이다. 비례 상수를 이용하면 시간은 $5k$, $2k$이다. 총 $7k$의 시간이 걸린 것인데 전체 이동시간은 3시간 30분으로 3.5시간이다.
> $7k = 3.5$, $k = 0.5$
> 따라서 A지점과 B지점 사이의 거리는 2km/h$\times 5 \times k = 2 \times 5 \times 0.5 = 5$(km)이다.

12 속도 – 터널 / 다리 계산하기

예제 1 KTX가 일정한 속력으로 달리고 있다. 400m인 터널을 완전히 통과하는 데 40초가 걸렸고, 또 길이가 1,600m인 터널을 완전히 통과하는 데 80초가 걸렸을 때, 이 KTX의 속력은?

① 150m/s   ② 120m/s   ③ 100m/s

④ 80m/s   ⑤ 30m/s

| 정답 | ⑤

| 풀이 | 400m인 터널을 완전히 통과한다는 것은 처음 기차가 터널을 통과해서 터널에서 기차가 빠질 때까지이다. 그러므로 터널길이 + 기차 길이만큼을 가야 한다. 따라서 1,600 + 기차 길이에서 400 + 기차 길이를 빼주게 되면 두 경우의 거리 차는 (1,600 + 기차 길이) − (400 + 기차 길이) = 1,200m가 되고 이 거리를 80 − 40 = 40(초)만에 달린 것이므로 KTX의 속력은 $\frac{1,200}{40} = 30$(m/s)이다.

예제 2 KTX가 일정한 속력으로 달리고 있다. 510m인 터널을 완전히 통과하는 데 40초가 걸렸고, 또 길이가 1,290m인 터널을 완전히 통과하는 데는 80초 동안 보이지 않았다고 할 때, 이 KTX의 속력은?

① 15m/s   ② 12m/s   ③ 10m/s

④ 8m/s   ⑤ 4m/s

| 정답 | ①

| 풀이 | 510m인 터널을 완전히 통과할 때 이동거리에는 기차의 길이만큼 더해주어야 하고, 완전히 보이지 않을 때를 계산할 때는 터널 안에 열차가 이미 들어가 있으므로 기차의 길이만큼 빼줘야 한다. 즉, 510 + 기차 길이는 40초가 걸리고 1,290 − 기차 길이는 80초가 걸린다. 따라서 두 식을 더해주게 되면, 1,800m를 이동하는 데 120초가 걸리게 되므로 KTX의 속력은 15m/s라는 것을 알 수 있다.

예제 3 KTX가 길이가 1,300m인 터널을 완전히 통과하는 데 75초가 걸리고, 400m인 철교를 완전히 지나가는 데 25초가 걸린다고 할 때, KTX의 길이는 얼마인가?

① 50m   ② 100m   ③ 200m

④ 250m   ⑤ 300m

| 정답 | ①

| 풀이 | 1,300m를 완전히 통과하기 위해서는 기차 길이만큼 더해주어야 하고, 철교를 완전히 지나가기 위해서도 기차 길이만큼 더해주어야 한다. 즉, 1,300 + 기차 길이가 75초가 걸리고, 400 + 기차길이가 25초만큼 걸리기 때문에 두 식을 빼주게 되면 900m를 이동하는 데 50초가 걸린다는 것을 알 수 있다. 따라서 KTX의 속력은 18m/s라는 것을 알 수 있고, 400m 철교를 완전히 지나가는 데 25초가 걸렸다고 하니, 이동 거리는 18 × 25 = 450(m)가 되므로 기차의 길이는 450 − 400 = 50(m)라는 것을 알 수 있다.

13 나이계산 빨리하기

예제 1 현재 성현이 나이는 46살이고, 상민이 나이는 15살이라고 할 때, 성현이 나이가 상민이 나이의 2배가 되는 것은 몇 년 후인가?

① 10년 후 ② 12년 후 ③ 14년 후
④ 16년 후 ⑤ 20년 후

| 정답 | ④

| 풀이 | $\dfrac{\text{OLD} - \text{YOUNG}}{n\text{배} - 1} = \text{YOUNG}(\text{달성되는 나이})$

성현이 나이가 상민이 나이의 2배가 되기 위해서는 나이 차이가 상민이 나이의 1배만큼 나와야 한다. 나이 차이는 46 − 15 = 31(살)이기에, 상민이가 31살이 되는 16년 후에 성현이 나이가 2배가 된다. 위의 공식에 대입해 본다.

$\dfrac{46 - 15}{2 - 1} = 31$살(YOUNG 달성되는 나이)

따라서 상민이가 31살이 되었을 때 2배가 되고 현재 상민이의 나이가 15살이므로 16년 후가 된다.

예제 2 현재 성현이의 나이는 30살, 아들의 나이는 2살이다. 성현이의 나이가 아들의 나이의 3배가 될 때 성현이의 나이는?

① 42살 ② 45살 ③ 48살
④ 52살 ⑤ 54살

| 정답 | ①

| 풀이 | 성현이 나이가 아들의 나이의 3배가 된다는 것은, 둘의 나이 차가 아들 나이의 2배가 된다는 것이다.

둘의 나이 차는 28살이므로 $\dfrac{28}{2} = 14$, 즉 아들의 나이가 14살이 되는 해를 찾으면 12년 후이다.

따라서 12년 뒤의 성현이의 나이는 42살이다.

📋 **다른 풀이**

> $30 + x = 3(x + 2)$
> $30 + x = 3x + 6$
> $2x = 24$
> ∴ $x = 12$
> 따라서 12년 후 성현이의 나이는 42살이다.

예제 3 현재 성현이 나이는 10살이고, 상민이 나이는 2살이라고 할 때, 성현이 나이가 상민이 나이의 3배가 되는 것은 몇 년 후인가?

① 1년 후   ② 2년 후   ③ 3년 후

④ 5년 후   ⑤ 8년 후

|정답| ②

|풀이| 성현이 나이가 상민이 나이의 3배가 되기 위해서는 나이 차이가 상민이 나이의 2배만큼 나와야 한다. 나이 차이는 $10 - 2 = 8$(살)이기에, 상민이 $\frac{10 - 2}{3 - 1} = 4$(살)일 때 조건을 만족하게 되고 이는 2년 후이다.

예제 4 현재 성현이 나이는 30살이고 10년 후에는 성현이의 나이가 아들의 나이의 4배가 된다. 현재 아들의 나이는 몇 살인가?

① 0살   ② 1살   ③ 2살

④ 3살   ⑤ 4살

|정답| ①

|풀이| 10년 후 성현이 나이가 아들 나이의 4배가 된다는 것은 10년 후 둘의 나이 차이가 3배가 된다는 것이다.
현재 아들의 나이를 x(살)이라 하자.

$$\frac{30 - x}{4 - 1} = \text{YOUNG (달성되는 나이)}$$

$$\frac{30 - x}{4 - 1} = x + 10$$

$$\therefore \; x = 0$$

따라서 현재 아들의 나이는 0살이다.

예제 5 현재 이모와 삼촌의 나이의 합은 88살이다. 이모의 나이가 현재 삼촌의 나이였을 때, 삼촌의 나이는 그 당시 이모의 나이의 $\frac{1}{3}$이었다. 현재 이모와 삼촌의 나이는 각각 몇 살인가?

① 63살, 25살   ② 60살, 28살   ③ 55살, 33살

④ 53살, 35살   ⑤ 50살, 38살

|정답| ③

|풀이| 현재의 이모와 삼촌의 나이를 각각 x살, y살이라고 하면
$x + y = 88$ ······ ㉠
이모의 나이가 y살이었을 때, 즉 $(x - y)$년 전 삼촌의 나이는 $y - (x - y) = (2y - x)$살이므로

$$2y - x = \frac{1}{3}y, \; 3x = 5y \cdots\cdots ㉡$$

㉠에서 $y = 88 - x$이고 이를 ㉡에 대입하면
$3x = 5(88 - x)$, $8x = 440$
$\therefore \; x = 55$
$x = 55$를 ㉠에 대입하면
$55 + y = 88$ $\therefore \; y = 33$
따라서, 현재 이모는 55살, 삼촌은 33살이다.

14 이익률, 할인율

예제 1   '성현 젤리포'의 원가에 20% 이익을 붙여서 정가를 책정했다. 이벤트로 900원을 할인해서 팔아서 원가의 2%의 이익을 얻었다면 '성현 젤리포'의 원가는 얼마인가?

① 5,000원   ② 6,000원   ③ 8,000원

④ 10,000원   ⑤ 15,000원

|정답|

①

|풀이|

이익 ――― 원가	이익 + 원가 = 정가
이익률 = $\dfrac{\text{이익}}{\text{원가}} \times 100$	수익률 = $\dfrac{\text{이익}}{\text{정가}} \times 100$

이런 공식이 성립된다. 예를 들어, 원가 100원, 이익 20원이라고 해보자.

이익 = 20 ――――― 원가 = 100	정가 = 100 + 20 = 120
이익률 = $\dfrac{\text{이익}}{\text{원가}} \times 100$	수익률 = $\dfrac{\text{이익}}{\text{정가}}$
$\dfrac{20}{100} \times 100 = 20(\%)$	$\dfrac{20}{120} \times 100 ≒ 16.67(\%)$
원가 × 이익률 = 이익 100 × 0.2 = 20(원)	정가 × 수익률 = 이익 120 × 0.1667 ≒ 20(원)

원가를 A라고 놓으면 판매가는 1.2A이다. 1.2A − A − 900원 할인 = 0.02A가 된다.

0.18A = 900

∴ A = 5,000

따라서 '성현 젤리포'의 원가는 5,000원이다.

📖 다른 풀이

만약 5,000원의 정가에서 20%의 이익을 붙였다면 1,000원이 될 것이고 900원을 할인을 했다면 1,000원에서 900원을 뺀 값이 2%의 이익이 될 것이다. 즉, 20% 이익을 붙였는데 900원을 빼서 2%의 이익이 되었으니, 900원이 원가의 18%가 된다는 것이다. 따라서 900 : 18 = A : 100라고 한다면 A는 5,000원이 된다.

예제 2 정가에서 30%를 할인하더라도 원가의 12%의 이익을 남기려고 할 때, 원가에 몇 %의 이윤을 더해서 정가로 책정해야 하는가?

① 30% ② 40% ③ 45%

④ 50% ⑤ 60%

|정답| ⑤

|풀이| 원가를 A라고 하고 (1 + 이익률)을 B라고 하면 A×B = 정가 → A×B×0.7 − A = A×0.12

$0.7AB = 1.12A \rightarrow B = \dfrac{1.12}{0.7} = 1.6$이 된다.

정가 = 원가×1.6

1.6 = 160%이므로 60%의 이윤을 더하면 된다.

📧 **다른 풀이**

x = 정가, y = 원가

$0.7x = 1.12y$

따라서 $x = 1.6y$이므로 이익은 60%이다.

예제 3 원가 100원짜리 사탕을 정가에서 30% 할인해서 팔아도 원가의 5%의 이익을 얻기 위해서는 원가에 얼마의 이익을 붙여서 판매해야 하는가?

① 10원 ② 20원 ③ 25원

④ 50원 ⑤ 100원

|정답| ④

|풀이| $100 \times 1.05 = 0.7x$

$x = \dfrac{105}{0.7} = 150$

따라서 50원의 이익을 붙여서 판매해야 한다.

📧 **다른 풀이**

정가 = x, 원가 = 100

$x \times 0.7 = $ 원가$\times 1.05$

$x = \dfrac{105}{0.7} = 1.5$

따라서 원가에 0.5배의 이익을 붙여서 팔아야 하므로 50원에 판매해야 한다.

예제 4 제품의 원가에 30% 이익을 더해서 정가로 책정하였다. 100원을 할인해서 팔면 140원의 이익을 얻을 수 있다고 할 때, 이 제품의 원가는 얼마인가?

① 500원   ② 600원   ③ 800원
④ 1,000원   ⑤ 1,500원

|정답| ③

|풀이| 원가 $= x$, 정가 $= 1.3x$
(1.3x − 100) − x = 140
0.3x = 240
∴ x = 800
따라서 이 제품의 원가는 800원이다.

15 증가율 빨리 구하기(복리계산 등)

초깃값에서 $A\%$, $B\%$ 변화하였을 때, 전체 변화율을 구하는 공식은 다음과 같다.

$\dfrac{A}{100} = x$, $\dfrac{B}{100} = y$라 하자.

공식 1: $(1+x)(1+y) = 1 + x + y + \dfrac{xy}{100}$

공식 2: $(1+x)(1+y) ≒ 1 + x + y$ [$\dfrac{xy}{100}$는 작은 값이므로 무시] (단, x, y가 0.05% 이내)

예제 1   100에서 4년간 5%, 18%, 15%, 14%가 복리로 상승하면 값이 얼마인가?

|정답| 약 162.4

|풀이| $100 \times 1.05 \times 1.18 \times 1.15 \times 1.14$를 계산하면 162.4329이다. 이는 시간이 상당히 소요되므로 공식 1을 이용하여 풀이한다.

$(1+x)(1+y) = 1 + x + y + \dfrac{xy}{100}$에서 $x + y + \dfrac{xy}{100}$는 증가율이라고 말할 수 있다.

5%, 18% 복리의 증가율은 $5 + 18 + \dfrac{5 \times 18}{100} = 23.9\%$이고, 15%, 14% 복리의 증가율은 $15 + 14 + \dfrac{15 \times 14}{100} = 31.1\%$이다.

따라서 100에서 매년 5%, 18%, 15%, 14%가 복리로 4년간 상승한 값은 $100 \times (1 + 23.9\%) \times (1 + 31.1\%)$이다. 여기서 23.9에는 0.1을 가산하고 31.1에는 0.1을 차감한 후에 계산하면 간단해지므로 $100 \times (1 + 24\%) \times (1 + 31\%)$로 식을 바꿔준다. 이를 계산하면 $24 + 31 + \dfrac{24 \times 31}{100} = 62.4$이므로 4년이 지난 후의 값은 최초 금액인 100에서 약 62.4% 상승한다.

예제 2   2000년의 식량생산량이 A이고 2000년부터 2015년까지의 해당기간 전체의 식량생산량의 증가율이 1.4%이고 2015년부터 2030년까지의 식량생산량의 증가율이 1.2%라면 2030년 식량생산량은 얼마인가?

|정답| 약 1.026A

|풀이| 정석: $A \times 1.014 \times 1.012 = 1.0261A$
공식 2를 이용하면 $A \times (1 + 0.14)(1 + 0.12) = A \times (1 + 0.14 + 0.12) = 1.026A$
극소한 값으로 제시된 변화율(대개 5% 이내)은 어림산으로 처리해도 무방하지만, 증가율이 5%가 넘어가게 되면 어림산으로 계산 시 오차가 커지게 된다.

예제 3 100만 원을 4% 연복리로 계산하였을 때 4년 후 금액은 얼마인가?

| 정답 | 약 116만 원

| 풀이 | 공식 2를 응용하면 $(1 + A)^n ≒ 1 + n \times A$가 된다. (단, 증가율이 5% 미만)

이를 계산하면 $100 \times (1 + 0.04)^4 = 116.98$이다. 공식 2에서 $\frac{xy}{100}$의 값은 무시할 수 있으므로 $4 \times 4 = 16\%$이다. 따라서 4년 후 금액은 $100 \times 1.16 = 116$(만 원)이다.

예제 4 핸드폰의 판매가 생각보다 부진하자 S전자는 가격을 재조정할 필요를 느꼈다. 다음의 예상치대로 매출액이 많아지는 선택을 한다고 할 때, 선택할 방법은?

> 가안 : 가격을 10% 낮추면, 판매량이 10% 증가로 예상
> 나안 : 가격을 12% 낮추면, 판매량은 15% 증가로 예상
> 다안 : 가격을 15% 낮추면, 판매량은 20% 증가로 예상
> 라안 : 가격을 18% 낮추면, 판매량은 22% 증가로 예상
> 마안 : 가격을 20% 낮추면, 판매량은 25% 증가로 예상

① 가안   ② 나안   ③ 다안
④ 라안   ⑤ 마안

| 정답 | ③

| 풀이 | 다음은 정상적으로 풀이한 방법이다.

가격을 x, 판매량을 y라고 놓자.

가안 : $0.9x \times 1.1y = 0.99xy$

나안 : $0.88x \times 1.15y = 1.012xy$

다안 : $0.85x \times 1.2y = 1.02xy$

라안 : $0.82x \times 1.22y = 1.0004xy$

마안 : $0.8x \times 1.25y = xy$

그러나 증가율 공식을 이용하면 더 간단하다. 일단 가, 나, 다, 라, 마의 증가율과 감소율을 더하면 상쇄되기 때문에 다와 마가 5%로 가장 높다. 그럼 다와 마의 증가율을 계산하면 가장 큰 것을 구해주면 되는데

다안 : 가격을 15% 낮추면, 판매량은 20% 증가로 예상 $= 20 - 15 + \frac{20 \times (-15)}{100} = 2(\%)$ 상승

마안 : 가격을 20% 낮추면, 판매량은 25% 증가로 예상 $= 20 - 15 + \frac{20 \times (-25)}{100} = 0(\%)$ 상승

단순하게 생각하면 답이 ③이라는 것을 알 수 있다.

NCS

필 수 교 재

이론부터 문제까지, 응용수리의 끝을 보다

응용
수리
끝.

필 수 교 재

PART

02

응용수리
연습문제

Chapter 01 방정식

Chapter 02 비율, 이율

Chapter 03 거리, 속력, 시간

Chapter 04 농도

Chapter 05 일

Chapter 06 최소공배수, 최대공약수

Chapter 07 경우의 수

Chapter 08 확률

Chapter 09 부등식

Chapter 10 간격

Chapter 11 나이

Chapter 12 시계 및 시간

Chapter 13 날짜

Chapter

01 방정식

방정식 만들기는 미지수를 설정하고 미지수에 맞는 방정식을 도출한 후, 연립하여 푸는 가장 기본적인 유형이다. 여기서 중요한 것은 미지수가 많아지면 방정식도 많아져서 복잡하게 되므로 미지수의 수를 최소화하는 것과, 계산을 정확히 하기 위해 가능한 방정식을 단순한 형태로 도출하는 것 두 가지다.

문제가 응용되어 나오는 경우가 많으므로 형태를 암기하기보다는 다양한 형태의 문제를 풀어보면서 접근을 해야 한다. 여러 형태의 문제를 접할 때에도 기본적인 형태의 방정식 만들기라는 전제하에서 공부를 한다.

Tip

1. 기본공식

찾고자 하는 값을 미지수로 설정하고, 문제에서 주어진 정보로부터 그 미지수가 포함된 식을 유도한 다음, 그로부터 미지수의 값을 확인한다. 중요한 부분은 어떤 변수들을 같다고 놓고 등식을 세울 것인가 하는 점이다. 그리고 또 하나 확인해야 할 것은, 미지수의 개수와 식의 개수가 일치해야 미지수의 값을 정확하게 구할 수 있다는 점이다.

2. 문제 풀이 Point

(1) 최근에는 단순히 공식을 대입하는 것뿐 아니라, 주어진 상황에 대해 생각을 해야 하는 유형이 많아지고 있다. 그러므로 방정식 문제를 하나 풀 때도, 주어진 식이 어떤 의미인가, 그리고 이때 양변이 같다는 것이 어떤 의미인가를 생각하며 풀어야 한다. 한 마디로 자신이 세운 공식이 어떤 의미인지를 알아야 한다는 말이다.

(2) 정확히 딱 떨어지는 숫자를 찾는 것이 아니라, A와 B의 차라든가, A와 B의 합을 구하라는 식으로 한 단계 계산이 들어간 것을 찾는 문제들이 있다. 이런 경우 실제로 A와 B를 찾아서 +, −의 계산을 수행해야 하는 경우보다, A나 B라는 값이 개별적으로 계산되지 않아 합이나 차의 형태로만 계산되는 문제가 있을 수 있다. 점수계산 문제나 나이계산 문제들이 이런 형태로 출제되는 경우가 많다.

01 초급 단계

01 방정식 $3(x-2) = -5(x+4)-2$를 풀면?

① $x = -4$ ② $x = -2$ ③ $x = 0$

④ $x = 2$ ⑤ $x = 4$

02 다음 중 바르게 계산한 것은?

① $(a^2)^3 = a^5$ ② $a^4 + a^4 = a^8$ ③ $a \times a \times a \times a = 4a$

④ $\{(-a)^3\}^2 = a^6$ ⑤ $a^5 \div a^3 \div a^2 = 0$

03 $3^2 \times 3^4 \times 3^5 = 3^x$, $3^3 + 3^3 + 3^3 = 3^y$일 때, $x + y$의 값은?

① 14   ② 15   ③ 16

④ 17   ⑤ 18

04 $\dfrac{-2x + 5y}{6} - \dfrac{2x - y}{3} = Ax + By$일 때, $A + B$의 값은?

① $-\dfrac{1}{2}$ ② $-\dfrac{1}{6}$ ③ 0

④ $\dfrac{1}{6}$ ⑤ $\dfrac{1}{2}$

05 곱셈 공식을 이용하여 6.02×5.98을 계산하면?

① 35.0006   ② 35.4446   ③ 35.6666

④ 35.6   ⑤ 35.9996

06 $x : y = 2 : 5$일 때 $\dfrac{2xy}{3x^2 - y^2}$의 값은?

① $-\dfrac{15}{13}$ ② $-\dfrac{20}{13}$ ③ $-\dfrac{25}{16}$

④ $-\dfrac{20}{16}$ ⑤ $-\dfrac{20}{19}$

07 연립방정식 $\begin{cases} 5x + 2y = 8 \\ 2x - y = 5 \end{cases}$ 의 해가 일차방정식 $4x + ay = 11$을 만족시킬 때, 상수 a의 값은?

① -3 ② -5 ③ -6

④ -7 ⑤ -8

08 $16^6 \times 5^{18}$은 몇 자리 자연수인가?

① 19   ② 20   ③ 21

④ 23   ⑤ 24

09 다음 ☐ 안에 들어갈 두 수의 차는?

$3^3 \times 3^{\square} = 3^7$ $2^9 \div 2^{\square} = 4$

① 1   ② 2   ③ 3

④ 4   ⑤ 5

10 연립방정식 $\begin{cases} x + 2y = 1 \\ 2x + 5y = a \end{cases}$ 를 만족시키는 y의 값이 x의 값보다 5만큼 클 때, 상수 a의 값은?

① 4   ② 5   ③ 6

④ 7   ⑤ 8

11 둘레의 길이가 30cm인 직사각형이 있다. 이 직사각형의 가로의 길이를 2배로 늘이고, 세로의 길이를 4cm 줄였더니 둘레의 길이가 28cm가 되었다. 처음 직사각형의 가로의 길이는?

① 1cm   ② 2cm   ③ 3cm

④ 4cm   ⑤ 5cm

12 두 자연수 x, y에서 x와 y의 비가 3 : 2이고 y는 x보다 5만큼 작은 수이다. 이때, x의 값은?

① 7   ② 9   ③ 11

④ 15   ⑤ 18

13 어떤 책 한 권이 있다. 이 책을 첫째 날에 60페이지, 둘째 날에 60페이지, 셋째 날에 60페이지를 읽고, 넷째 날에 남은 페이지의 $\frac{2}{3}$ 를 읽었을 때 160페이지가 아직도 남아 있었다. 이 책의 총 페이지 수는?

① 360페이지   ② 420페이지   ③ 520페이지

④ 660페이지   ⑤ 670페이지

02 중급 단계

14 세 자리의 자연수가 있다. 각 자릿수의 합은 16이고, 백의 자릿수와 일의 자릿수의 합은 11이다. 또한, 백의 자릿수와 일의 자릿수를 바꾼 수는 처음 수보다 99가 작다고 한다. 처음 수는 얼마인가?

① 655   ② 654   ③ 653

④ 652   ⑤ 651

15 어느 학교의 금년의 학생 수는 작년에 비하여 남학생은 15% 늘고 여학생은 10% 줄어서, 전체 학생 수는 작년보다 20명이 늘어나 620명이 되었다고 한다. 금년의 남학생 수와 여학생 수를 각각 구하면?

① 남학생 365명, 여학생 258명   ② 남학생 368명, 여학생 252명

③ 남학생 350명, 여학생 270명   ④ 남학생 378명, 여학생 242명

⑤ 남학생 392명, 여학생 228명

16 2개의 정수가 있다. 큰 수를 작은 수로 나누면 몫이 3이고 나머지가 3이다. 또, 작은 수에 35를 더한 수를 큰 수로 나누었더니 몫이 2이고 나머지가 4였다. 이때 큰 수를 구하면?

① 12   ② 14   ③ 16

④ 18   ⑤ 20

17 토끼와 오리가 합하여 13마리가 있다. 다리 수의 합이 40개일 때, 오리는 몇 마리인가?

① 4마리   ② 5마리   ③ 6마리

④ 7마리   ⑤ 8마리

18 한 개에 800원 하는 귤과 500원 하는 자두를 합하여 17개를 샀더니 총금액이 10,000원이었다. 이때 자두를 귤보다 몇 개 더 샀는가?

① 3개   ② 5개   ③ 7개

④ 9개   ⑤ 11개

19 100원짜리 동전과 500원짜리 동전이 총 15개 있다고 할 때, 이 동전들을 합한 금액은 4,300원이다. 이때, 100원짜리 동전과 500원짜리 동전의 개수 차이는 몇 개인가?

① 1개   ② 2개   ③ 3개

④ 4개   ⑤ 5개

20 어떤 수를 2배 하여 19에서 빼면 어떤 수의 3배보다 4만큼 크다. 이때 어떤 수는 무엇인가?

① 1   ② 2   ③ 3

④ 4   ⑤ 5

21 주전자에 담긴 물의 온도가 90℃에서 5분마다 3℃씩 내려가고 있다고 한다. 물의 온도가 60℃가 되는 것은 몇 분 후인가?

① 30분   ② 35분   ③ 40분
④ 45분   ⑤ 50분

22 어느 박물관의 입장료가 어른이 500원, 어린이가 300원이다. 두 가족 8명이 입장하는 데 총 입장료가 3,000원이라고 할 때, 어른과 어린이가 몇 명인지 구하면?

① 어른 4명, 어린이 6명   ② 어른 4명, 어린이 3명
③ 어른 4명, 어린이 6명   ④ 어른 3명, 어린이 4명
⑤ 어른 3명, 어린이 5명

23 수진이가 참가한 퀴즈 프로그램에서는 한 문제를 맞히면 100점을 얻고, 틀리면 50점이 감점된다고 한다. 수진이가 틀린 문제 수는 맞힌 문제 수의 $\frac{1}{3}$이고, 수진이가 얻은 점수는 750점일 때, 수진이는 모두 몇 문제를 풀었는가?

① 8개   ② 9개   ③ 12개
④ 15개   ⑤ 16개

24 각 자리의 숫자의 합이 7인 두 자리 자연수가 있다. 이 수의 십의 자리의 숫자와 일의 자리의 숫자를 바꾼 수는 처음 수보다 27이 크다고 한다. 이때 처음 수는?

① 16   ② 25   ③ 34
④ 43   ⑤ 52

25 연속한 세 홀수 중에서 가장 큰 수의 3배는 나머지 두 수의 합의 2배보다 19만큼 작다고 한다. 이때 가장 작은 수를 구하면?

① 19 　　　　② 22 　　　　③ 23

④ 25 　　　　⑤ 27

26 친구들끼리 돈을 모아 케이크를 사려고 한다. 1명당 1,000원씩 걷으면 2,100원이 부족하고, 1,200원씩 걷으면 900원이 남는다고 할 때, 케이크를 사려는 친구들은 모두 몇 명인가?

① 12명 　　　　② 13명 　　　　③ 14명

④ 15명 　　　　⑤ 16명

27 어느 중학교의 1학년 학생 수는 380명이다. 남학생 수가 여학생 수의 $\dfrac{9}{10}$ 라고 할 때, 1학년 남학생 수는?

① 180명 　　　　② 190명 　　　　③ 200명

④ 210명 　　　　⑤ 220명

28 어느 학교의 작년의 학생 수는 1,000명이었는데 올해에는 남학생이 6% 줄고, 여학생이 4% 늘어서 995명이 되었다. 작년의 여학생 수는?

① 400명 　　　　② 423명 　　　　③ 450명

④ 550명 　　　　⑤ 592명

29 A, B 두 제품을 생산하는 공장이 있다. 이 공장의 지난달 생산량은 A, B 두 제품을 합하여 400개이고, 이번 달 생산량은 지난달에 비해 A제품은 4% 증가하고, B제품은 2% 증가하여 전체 13개가 증가하였다고 한다. 지난달에 생산한 A제품의 수는?

① 250개　　　　　　② 254개　　　　　　③ 258개
④ 260개　　　　　　⑤ 270개

30 A는 구리를 20%, 아연을 30% 포함한 합금이고, B는 구리를 40%, 아연을 10% 포함한 합금이다. 이 두 종류의 합금을 녹여서 구리를 200g, 아연을 150g 포함하는 합금을 만들려고 할 때, 필요한 합금 A의 양은?

① 300g　　　　　　② 350g　　　　　　③ 400g
④ 450g　　　　　　⑤ 480g

31 한 권에 1,000원인 노트와 한 권에 700원인 연습장을 합하여 모두 10권을 사고 8,000원을 내었더니 100원을 거슬러 받았다. 노트와 연습장을 각각 몇 권씩 샀는지 차례대로 나열하면?

① 2권, 8권　　　　　② 3권, 7권　　　　　③ 4권, 6권
④ 5권, 5권　　　　　⑤ 6권, 4권

32 어느 공단의 신입사원을 채용하기 위한 NCS직업기초능력검사의 응시자는 200명이었다. 시험 점수 전체 평균은 55점인데, 합격자의 평균은 70점이다. 불합격자의 평균은 40점이라고 한다. 합격한 사람은 몇 명인가?

① 90명　　　　　　② 100명　　　　　　③ 120명
④ 150명　　　　　　⑤ 160명

33 소한이는 A, B, C 주식을 각각 가진 돈의 20%, 30%, 50%를 나눠서 분산투자했다. 그런데 각 주식은 소한이의 매입가에서 A는 40%, B는 20% 오르고, C는 20% 내렸다고 한다. 소한이는 실제 원금의 몇 % 이익을 냈을까?

① −2%   ② 0%   ③ 2%

④ 4%   ⑤ 8%

34 어느 자격증 시험에 응시한 남녀의 비는 4 : 3, 합격자의 남녀의 비는 5 : 3, 불합격자의 남녀의 비는 1 : 1이다. 합격자가 160명일 때, 전체 응시 인원은 몇 명인가?

① 60명   ② 180명   ③ 220명

④ 280명   ⑤ 300명

35 가지고 있던 사탕의 절반을 다른 사람에게 주고, 한 개를 먹고 또 그 절반을 나눠주고 마지막으로 한 개를 더 먹었더니 5개가 남았다. 원래 갖고 있던 사탕의 개수는?

① 22개   ② 24개   ③ 26개

④ 28개   ⑤ 30개

36 상자 안에 구슬이 들어 있는데, A, B, C, D, E까지 다섯 사람이 순서대로 상자 안에 들어있는 구슬의 절반과 함께 한 개를 더해 꺼내 가졌다. 마지막 사람 E까지 남은 구슬 개수의 절반에 하나를 더해서 꺼냈더니 상자 속에는 단 4개의 구슬만 남게 되었다. 맨 처음 상자 안에 들어있던 구슬의 개수를 구하면?

① 126개   ② 164개   ③ 178개

④ 190개   ⑤ 212개

37 A, B, C, D 네 명이 저금통에 동전을 모은 후 똑같이 나눠 갖기로 하고 저금통을 열었다. A가 먼저 동전의 $\frac{1}{4}$을 세어 가져갔고, B는 이후 남은 동전의 $\frac{1}{4}$을 챙겼다. C와 D도 차례대로 남은 동전의 $\frac{1}{4}$씩만큼 가져가고 남은 동전의 개수를 세어보니 81개였다. 저금통 안에 들어있던 동전의 개수는 모두 몇 개인가?

① 144개   ② 192개   ③ 256개
④ 384개   ⑤ 512개

38 어떤 중소기업에서 구조조정을 단행하기로 결정했다. 그래서 퇴직금을 주고 대상자 3명을 명예퇴직 시키는데, 퇴직금으로 배정된 자금은 한정되어 있었다. 회사에서는 가장 먼저 퇴직하는 사람에게 퇴직금 기금의 절반에다가 1억 원을 더 보태 주었다. 두 번째 퇴직하는 사람에게는 나머지 기금의 절반에다가 역시 1억 원을 더 보태주었고, 세 번째 퇴직하는 사람에게는 나머지 기금의 절반과 1억 원을 주었다. 그러자 기금이 바닥나 버렸다. 처음에 퇴직금으로 배정된 기금은 얼마였을까?

① 10억 원   ② 12억 원   ③ 13억 원
④ 14억 원   ⑤ 16억 원

39 다음은 A마트와 B마트의 유료 주차장 요금을 비교해 놓은 자료이다. 장을 보는 시간을 3시간 38분이라고 했을 때, 어느 마트를 선택하는 것이 얼마만큼 주차요금이 저렴한가?

구분	기본요금	추가요금
A마트	처음 10분 무료	초과 5분당 70원
B마트	처음 30분 무료	초과 10분당 150원

① A마트, 60원   ② B마트, 70원
③ A마트, 80원   ④ B마트, 90원
⑤ A마트와 B마트의 주차요금은 똑같다.

40 파인애플은 사과와 오렌지의 무게의 합과 같고, 파인애플 2개는 오렌지 3개와 토마토 4개의 무게의 합과 같다. 사과 2개의 무게는 토마토 6개의 무게와 같을 때, 오렌지의 무게는 토마토 몇 개의 무게와 같은가?

① $\frac{1}{2}$개   ② 1개   ③ $\frac{3}{2}$개

④ 2개   ⑤ $\frac{5}{2}$개

41 청소회사 직원들은 5시간 안에 청소를 끝내면 5,000만 원을 받고, 시간을 앞당겨서 청소를 끝내면 15분당 750만 원씩 더 받게 된다. 일을 끝낸 후 8,750만 원을 받았다면, 몇 분 만에 일을 끝낸 것인가?

① 3시간   ② 3시간 15분   ③ 3시간 30분
④ 3시간 45분   ⑤ 4시간

42 15명이 3개씩 귤을 나누면 4개가 남는다. 12명이 5개씩 나누면 몇 개가 부족한가?

① 9개   ② 10개   ③ 11개
④ 12개   ⑤ 13개

43 SH 빌딩에는 A, B, C 총 3개의 기업이 입주해 있다. B기업과 C기업의 사원 수를 합하면 350명이다. 이 빌딩 근무자 중 B기업 사원이 아닌 사람 수는 250명이고, C기업 사원이 아닌 사람 수는 260명이다. 이 빌딩에서 근무하는 사람의 수는? (단, 이 빌딩에 있는 사람은 모두 A, B, C 기업 중 하나의 기업에 근무한다.)

① 380명   ② 410명   ③ 430명
④ 470명   ⑤ 520명

44 ○○은행은 채용설명회를 개최하기로 했는데, 찾아오는 취준생들을 위해 몇 가지 기념품을 준비하고 있다. 3개의 상품을 나눠 줄 생각인데, 1개의 패키지에 기념 저금통 1개, 포스트잇 3개, 볼펜이 2개씩 들어간다. 패키지를 구성할 때, 이 상품들은 한 개라도 모자라서는 안 된다. 재고가 다음과 같이 파악되었다고 하면, 최대 몇 명의 취준생들에게 이 상품 패키지를 줄 수 있는가?

저금통 200개, 포스트잇 560개, 볼펜 290개

① 145명   ② 156명   ③ 178명
④ 186명   ⑤ 200명

45 다음 상황을 근거로 판단할 때, 짜장면 1그릇의 가격은?

- A중식당의 각 테이블별 주문 내역과 그 총액은 아래 표와 같다.
- 각 테이블에서는 음식을 주문 내역별로 1그릇씩 주문하였다.

테이블	주문 내역	총액(원)
1	짜장면, 탕수육	17,000
2	짬뽕, 깐풍기	20,000
3	짜장면, 볶음밥	14,000
4	짬뽕, 탕수육	18,000
5	볶음밥, 깐풍기	21,000

① 4,000원 ② 5,000원 ③ 6,000원
④ 7,000원 ⑤ 8,000원

46 다음은 소득 결정 원인을 알아보기 위해 표본 1,000명을 대상으로 소득, 성별, 나이, 교육수준을 조사하여 구한 모형식이다.

$$Y = -0.91 + 0.05AGE + 0.65SEX + 0.39HIGH + 0.98COL + 오차$$

Y는 백만 원 단위로 나타낸 월소득, AGE는 나이, SEX는 남자이면 1 여자는 0, HIGH는 최종학력이 고졸이면 1 아니면 0, COL은 최종학력이 대졸 이상이면 1 아니면 0을 의미한다. 이때 〈보기〉의 설명 중 옳은 것을 모두 고르면? (단, 오차는 무시한다.)

보기
ㄱ. 다른 조건이 동일하면 남자는 여자보다 월소득이 65만 원 많다.
ㄴ. 다른 조건이 동일할 때, 나이가 1살 많으면 소득이 5만 원 많다.
ㄷ. 다른 조건이 동일하면 최종학력이 중졸 이하인 자보다 고졸인 자의 월소득이 39만 원 많다.
ㄹ. 다른 조건이 동일하면 최종학력이 고졸인 자보다 대졸인 자의 월소득이 98만 원 많다.

① ㄱ, ㄴ ② ㄱ, ㄴ, ㄷ ③ ㄱ, ㄴ, ㄹ
④ ㄱ, ㄴ, ㄷ, ㄹ ⑤ 모두 틀림

47　직원들의 업무수행능력을 상향식 평가, 하향식 평가, 기타 평가로 총 3가지 방식으로 평가하며 총점 100점 만점을 기준으로 평가한다. 〈표 1〉은 각 평가별 가중치를 나타낸 것이고, 〈표 2〉는 직원 A, B의 업무수행능력평가 점수표를 나타낸 것이다. 다음 중 자격증과 외국어 능력 가중치인 a와 b가 바르게 짝지어진 것은?

〈표 1〉 각 평가별 가중치

구분	상향식 평가	하향식 평가	기타평가	
			자격증	외국어 능력
가중치	30%	30%	a%	b%

※ 기타 평가는 자격증과 외국어 능력 평가로 이루어지며 총합 40%의 가중치를 가짐

〈표 2〉 직원 A, B의 업무수행능력평가 점수표

구분	직위	상향식 평가	하향식 평가	기타평가		총점
				자격증	외국어 능력	
A	과장	80	90	70	90	84
B	부장	90	100	80	80	89

① a : 10, b : 30　　　　② a : 13, b : 27　　　　③ a : 15, b : 25

④ a : 20, b : 20　　　　⑤ a : 25, b : 15

48　다음 표를 보고 갑, 을, 병을 출장비용이 많은 사람 순서대로 나열하면? (단, 교통비는 하루에 두 번 지출하고, 식사는 하루에 세 번 한다.)

(단위 : 원)

구분	교통비(편도)	식대(1끼 기준)	숙박비(일)	일정
갑	3,000	10,000	80,000	2박 3일
을	4,000	9,000	50,000	3박 4일
병	8,000	16,000	150,000	1박 2일

① 갑 − 을 − 병　　　　② 갑 − 병 − 을　　　　③ 을 − 병 − 갑

④ 을 − 갑 − 병　　　　⑤ 병 − 갑 − 을

49 30가구로 구성된 어떤 마을의 가구당 연간 소득을 조사하여 마을의 연간 소득 수준을 설명하려 한다. 다음 자료는 가구당 연간 소득의 평균값, 중앙값, 최빈값을 나타낸 표이다. 이 표에 대한 설명으로 옳은 것을 〈보기〉에서 모두 고른 것은?

가구당 연간 소득

(단위: 백만 원)

평균값	중앙값	최빈값
45.5	35.2	34.0

┌─ 보기 ─┐

ㄱ. 평균값이 중앙값과 최빈값에 비해 큰 것은 연간소득이 평균값 이상인 가구 수가 평균값 이하인 가구 수보다 많다는 의미이다.

ㄴ. 3천 백만 원 이상의 연간소득을 올리는 가구는 15가구 이상이다.

ㄷ. 다수의 자료에 비해 아주 작거나 아주 큰 값이 존재하는 자료를 요약할 때 평균값은 치우친 값들에 대해 매우 안정적이다.

① ㄴ ② ㄷ ③ ㄱ, ㄴ
④ ㄱ, ㄷ ⑤ ㄴ, ㄷ

50 가스레인지로 주전자의 물을 데우면 2분마다 물의 온도가 6℃씩 올라가고, 바닥에 내려놓으면 1분마다 물의 온도가 2℃씩 내려간다. 24℃의 물을 96℃까지 데웠다가 바닥에 내려놓아 48℃까지 식히는 데까지 몇 분 걸리겠는가?

① 24분 ② 28분 ③ 32분
④ 42분 ⑤ 48분

51 6분짜리 곡과 8분짜리 곡을 섞어서 총 2시간 43분 동안 음악회를 진행하기로 계획하였다. 그런데 시간상의 이유로 6분짜리 곡과 8분짜리 곡의 수를 바꾸어 음악회를 진행하였더니 8분의 시간이 줄어들었다. 곡과 곡 사이에 1분의 쉬는 시간이 있었다면, 처음 음악회 진행을 계획하였을 당시 6분짜리 곡은 몇 개였겠는가?

① 5개 ② 6개 ③ 7개
④ 8개 ⑤ 9개

03 고급 단계

52 사회사는 작년 한 해 업무평가 점수가 가장 높았던 A, B, C, D 네 명의 직원에게 성과급을 지급했다. 제시된 조건에 따라 성과급은 A직원부터 D직원까지 차례로 지급되었고 남은 금액은 없었다고 할 때, 네 직원에게 지급된 성과급 총액은?

ㄱ. A직원은 성과급 총액의 $\frac{1}{3}$ 보다 20만 원을 더 받았다.

ㄴ. B직원은 A직원이 받고 남은 성과급의 $\frac{1}{2}$ 보다 10만 원을 더 받았다.

ㄷ. C직원은 B직원이 받고 남은 성과급의 $\frac{1}{3}$ 보다 60만 원을 더 받았다.

ㄹ. D직원은 C직원이 받고 남은 성과급의 $\frac{1}{2}$ 보다 70만 원을 더 받았다.

① 840만 원 ② 900만 원 ③ 920만 원
④ 960만 원 ⑤ 1,020만 원

53 네 명의 동업자 A, B, C, D가 하루 매출액을 나눴다. 가장 먼저 A는 10만 원을 받은 후 그 나머지의 $\frac{1}{5}$ 을 먼저 받고, 다음에 B가 20만 원을 받은 후 그 나머지의 $\frac{1}{5}$, 그 이후에 C는 30만 원을 받은 후 그 나머지의 $\frac{1}{5}$, D는 마지막으로 남은 돈을 모두 받았다. A~D 네 사람이 받은 액수가 모두 같았다면, 하루 총매출액은 얼마인가?

① 120만 원 ② 140만 원 ③ 150만 원
④ 160만 원 ⑤ 180만 원

54 강당에 5인용 의자와 3인용 의자가 놓여 있다. 의자는 모두 80개이고, 320명이 빈자리 없이 채워 앉았더니 마지막 남은 5인용 의자 한 개에는 3명만 앉게 되었다. 5인용 의자는 모두 몇 개인가?

① 36개 ② 39개 ③ 41개
④ 44개 ⑤ 48개

55 책을 읽는데 첫째 날은 전체의 $\frac{2}{3}$ 보다 95쪽을 적게 읽었고, 둘째 날에는 전체의 $\frac{1}{4}$ 을 읽었다. 마지막

날에는 첫째 날 읽은 양의 $\frac{3}{5}$ 을 읽어서 전체를 다 읽었다면, 이 책의 전체 쪽수는 얼마인가?

① 450쪽   ② 465쪽   ③ 480쪽

④ 500쪽   ⑤ 520쪽

56 갑 팀장은 워드 작업을 할 아르바이트생 총 5명을 모집하였다. 워드 작업을 해야 하는 분량은 총 3,360페이지다. 그런데 A는 자기만 일의 양이 너무 많은 것 같다고 갑 팀장에게 불만을 얘기했다. 갑 팀장은 A의 몫을 덜어, 다른 네 사람이 그들이 원래 가지고 있는 양만큼을 더 가져가게 배분했다. 그러자 A가 맡은 양이 가장 적어지게 되고 다른 사람들의 양이 늘어났는데, 그 사람들 중에 또 양이 가장 많은 사람이 불만을 토로해서 갑 팀장은 A와 동일한 방법으로 그 사람의 일을 경감시켰다. 그러고 나니 그 다음에 많은 사람이 다시 불만을 토로해서 결국 갑 팀장은 다섯 명의 요구를 모두 한 번씩은 들어주게 되었다. 이때 가장 양이 많았던 사람의 일이 가장 적어지는 일이 반복됐다. 이런 결과로 제일 마지막에 일의 분배량은 A : B : C : D : E가 8 : 6 : 4 : 2 : 1의 비율로 담당하게 되었다. 그렇다면 다섯 명이 처음에 일을 배분받았을 때의 작업량을 제일 많이 받은 사람과 제일 적게 받은 사람의 페이지 수의 합은 얼마일까?

① 1,820페이지   ② 1,830페이지   ③ 1,880페이지

④ 1,920페이지   ⑤ 1,990페이지

57 A, B, C 세 사람이 세 번의 카드 게임을 해서, 매 게임마다 진 사람은 자신이 갖고 있는 돈의 절반을 나머지 두 사람에게 똑같이 나누어 주기로 하였다. 처음에는 A가, 두 번째에는 B가, 마지막 세 번째에는 C가 게임에서 졌다. 게임이 끝난 후, 세 사람 모두 4,000원씩 갖게 되었다면 B가 처음에 갖고 있던 돈은 얼마인가?

① 3,000원   ② 3,500원   ③ 4,000원

④ 4,500원   ⑤ 5,000원

58 사람들에게 과일을 3개씩 나누어 주면 37개가 남고, 5개씩 나누어 주면 마지막 한 사람에게는 5개 모두를 채워 줄 수 없게 된다. 사람의 수가 홀수일 때, 과일의 총개수는 몇 개인가?

① 88개   ② 91개   ③ 94개

④ 97개   ⑤ 103개

59 ○○공사의 신입사원 400명을 상대로 온 · 오프라인 교육을 실시하려고 한다. 사전 설문조사 결과, 온라인 강의만 수강하겠다고 응답한 신입사원은 오프라인 강의만 수강하겠다고 응답한 신입사원의 3배였고, 두 강의를 모두 수강하겠다고 응답한 신입사원은 두 강의를 모두 수강하지 않겠다고 응답한 신입사원의 3배였다. 모든 신입사원이 설문조사에 응했을 때, 온라인 강의를 수강하겠다고 응답한 신입사원은 총 몇 명인가?

① 240명   ② 260명   ③ 280명
④ 300명   ⑤ 320명

60 A마을과 B마을로 이루어진 어느 작은 섬의 한 중학교에 남학생 28명, 여학생 20명으로 모두 48명의 2학년 학생들이 있다. 이 학생들의 거주지를 조사했더니 A마을에는 25명, B마을에는 23명이 각각 거주하고 있었다. 이때, A마을의 남학생 수는 B마을의 여학생 수보다 몇 명 더 많은가?

① 4명   ② 5명   ③ 6명
④ 7명   ⑤ 8명

61 A는 접시 나르기 아르바이트를 한다. 1,500장의 접시가 할당되었는데, 이를 모두 나르면 한 장당 20원씩 보수를 받기로 했다. 도중에 접시를 깰 경우에는 깨진 접시 한 장당 300원을 보수로부터 제하게 되어 있다. 아르바이트가 끝난 후 A가 받은 보수가 모두 25,200원이었다면 A는 몇 장의 접시를 깨뜨렸겠는가?

① 13장   ③ 14장   ③ 15장
④ 16장   ⑤ 17장

62 A와 B 2명에게 주어진 시간 내에 가능한 한 많은 문제를 풀게 하였다. 그 결과 B는 A가 푼 문제의 2배만큼 문제를 풀었고, 맞힌 정답의 수는 B가 A보다 6문제 많았다. 또한, 이때의 정답률은 A는 8할, B는 6할이었다. A가 풀어낸 문제 중 정답을 맞힌 것은 몇 문제인가?

① 10문제   ② 12문제   ③ 14문제
④ 16문제   ⑤ 18문제

63 어떤 모임에서 단체로 등산을 가기 위해 1인당 18,000원씩 내어 버스를 빌렸다. 그런데 막상 당일 10명이 나타나지 않아 1인당 24,000원씩 비용을 부담해야 했다. 그날 버스를 타고 등산을 간 사람은 모두 몇 명인가?

① 20명　　　　　② 25명　　　　　③ 30명
④ 35명　　　　　⑤ 40명

64 20문항으로 구성된 어떤 시험이 있다. 정답을 맞히면 +5점이며, 오답이면 −3점, 답을 쓰지 않으면 −2점으로 계산한다. 이 시험에서 65점을 받았다면 답을 쓰지 않은 문항은 모두 몇 개인가?

① 0개　　　　　② 2개　　　　　③ 3개
④ 5개　　　　　⑤ 6개

65 사탕과 과자로 선물 바구니를 만들었다. 사탕과 과자의 개당 가격은 각각 90원과 210원이고, 각각의 무게는 120g과 450g이다. 바구니를 만들어 무게를 재어 보니 6.15kg이었고, 전체 가격은 바구니 가격 300원을 포함해서 3,150원이었다. 바구니 안에 들어있는 과자의 개수를 구하면? (단, 바구니의 무게는 990g이다.)

① 6개　　　　　② 7개　　　　　③ 8개
④ 9개　　　　　⑤ 10개

66 김춘식 씨는 미국 부동산이 투자자유화가 됨에 따라 다음과 같은 상황을 놓고 어떤 것에 투자할지 저울질하고 있다. 5년 후까지의 누적 수익액을 보고 투자한다면 김춘식 씨의 선택으로 가장 적절한 것은? (단, 세금이나 감가상각은 생각하지 않는다.)

> 미국 부동산에 투자할 수 있는 대상은 아파트, 호텔, 콘도, 주택, 상가이다. 아파트는 월 렌트비로 투자금액의 1%를 받을 수 있다. 호텔은 매년 결산을 통해 이익금을 배당하는데, 예상수익률은 11% 정도이다. 콘도는 렌트비는 월 0.5%이지만 5년이 지난 다음의 시세차익으로 투자금액의 20% 정도를 남길 수 있을 것이라 전망된다. 주택은 월 렌트비 1.5%까지 받을 수 있지만, 공실률이 많아 1년이면 4개월은 공실로 비워둬야 한다. 상가는 월 렌트비로 2%를 받을 수 있지만, 청소나 관리를 해줘야 하기 때문에 그 비용으로 1년이면 투자비용의 10%는 빠져나간다.

① 아파트　　　　② 호텔　　　　③ 콘도
④ 주택　　　　　⑤ 상가

67 11월 한 달 동안 우유를 한 개씩 배달시키고 우유 대금으로 32,600원을 지불하였다. 우유 한 개당 가격이 월초에는 1,000원이었으나 중간에 200원이 올랐다고 한다. 우유 값이 오른 날짜는?

① 15일 ② 16일 ③ 17일
④ 18일 ⑤ 19일

68 25문항으로 구성된 어떤 시험이 있다. 각 문제당 배점은 4점이며, 오답이면 3점을 감점하고, 답을 쓰지 않으면 2점을 감점한다. 이 시험에서 82점을 받았다면 답을 맞힌 문항은 몇 개인가?

① 18개 ② 19개 ③ 20개
④ 21개 ⑤ 22개

69 A의 업무는 전화로 고객에게 보험료 납부일을 안내해 주는 것인데, 통화를 할 때마다 효율이 증가하여 통화시간이 줄어든다. A가 처음 고객 20명에게 전화하는 데 평균적으로 3분 20초가 걸리고 고객 40명에게 전화하는 데는 평균 6분, 고객 60명에게 전화하는 데는 평균 8분 8초가 걸린다고 한다. 고객 80명에게 전화하는 데 걸리는 평균 시간은 약 몇 분인가?

① 8분 ② 10분 ③ 11분
④ 12분 ⑤ 14분

70 다음 반도체 개발 업체인 하이낙스와 삼송은 차세대 라인을 개발하는 문제를 가지고 고심 중이다. 하이낙스는 프로젝트 A와 프로젝트 B 사이에서 고민하고 있고, 삼송은 C, D, E 라인을 들여오는 문제로 고민하고 있다. 심각한 고민 끝에 이들 회사는 운에 맡기기로 결정을 하고, 하이낙스는 동전을 던져 앞면이 나오면 A, 뒷면이 나오면 B를 택하기로 했다. 삼송은 주사위를 던져 1 또는 2 또는 3이 나오면 C, 4나 5가 나오면 D, 6이 나오면 E를 선택한다고 한다. 이때 하이낙스의 기대금액은?

하이낙스＼삼송	라인 C	라인 D	라인 E
프로젝트 A	0	300억 원	600억 원
프로젝트 B	600억 원	300억 원	0

① 100억 원 ② 200억 원 ③ 300억 원
④ 400억 원 ⑤ 500억 원

71 편의점 프랜차이즈를 운영하는 L기업은 상반기 20개 이하의 매장 신설을 계획하고 있다. 직영점은 5억 원, 프랜차이즈 위탁점은 3억 원의 개설 비용이 든다. 예상되는 한 달 수익은 직영점이 4백만 원, 위탁점은 3백만 원이고, L기업이 매장 신설에 쓸 수 있는 예산은 75억 원이다. L기업이 월별 수익을 최대화하기 위하여 신설해야 하는 직영점과 위탁점의 매장 수의 차를 구하면?

① 2   ② 3   ③ 4
④ 6   ⑤ 7

72 탁자 위에 같은 수 만큼 묶어 놓은 팸플릿이 여러 묶음 놓여 있다. 각 묶음으로부터 팸플릿은 한 장씩 빼내면, 팸플릿은 전체의 $\frac{1}{4}$ 이 줄어들며, 탁자에는 모두 15장이 남게 된다. 탁자에 놓여 있는 팸플릿은 모두 몇 묶음인가?

① 3묶음   ② 5묶음   ③ 7묶음
④ 10묶음   ⑤ 15묶음

73 다음은 음의 진동수와 음정의 어떤 체계를 설명한 것이다. 다음 중 옳은 것은?

- 음 A(N+1)의 진동수는 음 A(N)의 진동수의 2배이다. 단, N은 양의 정수이다.
- A(N)와 A(N+1) 사이에 B(N), C(N+1), D(N+1), E(N+1), F(N+1), G(N+1)가 있으며 A(N)에 대한 각 음의 진동수 비는 표와 같다.

A(N+1)과 A(N) 사이의 음과 A(N)에 대한 각 음의 진동수 비

음	A(N)	B(N)	C(N+1)	D(N+1)	E(N+1)	F(N+1)	G(N+1)	A(N+1)
진동수 비	1	$\frac{9}{8}$	$\frac{5}{4}$	$\frac{4}{3}$	$\frac{3}{2}$	$\frac{5}{3}$	$\frac{15}{8}$	2

- A(4)의 진동수는 440Hz이다.

① A(7)의 진동수는 7,040Hz이다.
② B(6)의 진동수는 F(5)의 진동수의 4배이다.
③ C(6)와 C(5)의 진동수 차는 550Hz이다.
④ D(5)와 D(4)의 진동수 차는 D(4)와 D(3)의 진동수 차와 같다.
⑤ 진동수가 330Hz인 음은 이 체계로 표현할 수 없다.

74 한 식품회사가 9,000L의 냉장식품과 12,000L의 상온식품을 운반하려고 한다. 사용할 수 있는 특수 냉장트럭은 A. B형 두 종류가 있다. A형은 200L의 냉장공간과 400L의 상온공간을 갖고 있고, B형은 냉장 공간과 상온공간이 300L로 같다. 트럭의 km당 운임은 A, B형이 각각 900원과 1,200원이다. 이 식품회사가 운반비를 최소로 하려면 A, B형의 트럭을 각각 몇 대씩 임대해야 하는가?

① 12대, 12대   ② 12대, 15대   ③ 15대, 15대
④ 15대, 20대   ⑤ 20대, 20대

75 개당 가격이 400원, 700원인 귤과 사과를 산 후 30,000원을 내고 100원을 거슬러 받았다. 이 귤과 사과를 회의에 참석한 사람들에게 똑같이 나누어 주었다. 귤과 사과를 받은 사람들의 수는 몇 명인가?

① 7명   ② 11명   ③ 13명
④ 17명   ⑤ 23명

76 다음 표는 ○○회사의 최종면접에 응시한 6명의 지원자 A~F의 면접점수에 관한 자료이다. 표와 〈조건〉을 이용하여 면접응시자 A, B, C의 시험점수를 바르게 나열한 것은?

면접응시자 A~F의 시험점수

(단위 : 점)

응시자	A	B	C	D	E	F
점수	( )	( )	( )	( )	9	9

┌ 조건 ┐
- 면접점수는 자연수이다.
- 면접점수가 같은 응시자는 A, E, F뿐이다.
- 산술평균은 8.5점이다.
- 최댓값은 10점이다.
- 지원자 D의 면접점수는 지원자 C보다 4점 높다.

     A   B   C   A   B   C
①   8   9   5   ②   8   10   4
③   9   8   6   ④   9   10   5
⑤   8   10   4

77 연구원 A~E는 생쥐가 각각 10마리, 20마리, 30마리, 40마리, 60마리 속한 그룹을 관리한다. 다음 조건에 따라 생쥐 그룹을 관리할 연구원을 정했다고 할 때, 연구원 D가 관리한 그룹의 생쥐 수를 합친 것으로 알맞은 것은?

> - 하나의 생쥐 그룹은 두 명의 연구원이 관리한다.
> - A는 20마리와 30마리의 생쥐가 속한 그룹을 관리했다.
> - B가 관리한 그룹의 생쥐 수를 모두 합치면 C가 관리한 그룹의 생쥐 수와 같다.
> - C는 생쥐가 가장 적은 그룹과 가장 많은 그룹을 관리하였다.
> - E는 생쥐가 가장 적은 그룹의 2배, 4배 규모의 그룹을 관리하였다.

① 60마리   ② 70마리   ③ 80마리
④ 90마리   ⑤ 100마리

78 A와 B는 500원짜리와 100원짜리 동전을 각각 1 : 3, 3 : 5의 비율로 갖고 있는데, 이 동전들의 총액은 16,000원이다. 이때 A와 B가 갖고 있는 100원짜리 동전의 개수가 될 수 없는 것은?

① 15   ② 20   ③ 30
④ 40   ⑤ 45

79 1, 4, 6, 9 네 개의 숫자가 적혀 있는 카드가 있다. 이 중 두 장을 뽑아 나란히 배열해서 두 자리 정수를 만들 때, 이렇게 해서 만들어질 수 있는 모든 정수의 평균값을 구하면?

① 25   ② 35   ③ 45
④ 55   ⑤ 65

80 다음 글을 근거로 판단할 때, A에 해당하는 숫자는?

> 1. △△원자력발전소에서 매년 사용후핵연료봉(이하 '폐연료봉'이라 한다)이 50,000개씩 발생하고, 이를 저장하기 위해 발전소 부지 내 2가지 방식(습식과 건식)의 임시저장소를 운영
>   (1) 습식저장소
>   원전 내 저장수조에서 물을 이용하여 폐연료봉의 열을 냉각시키고 방사선을 차폐하는 저장방식으로 총 100,000개의 폐연료봉 저장 가능
>   (2) 건식저장소
>   - X저장소 : 원통형의 커다란 금속 캔에 폐연료봉을 저장하는 방식으로 총 300기의 캐니스터로 구성되고, 한 기의 캐니스터는 9층으로 이루어져 있으며, 한 개의 층에 60개의 폐연료봉 저장 가능
>   - Y저장소 : 기체로 열을 냉각시키고 직사각형의 콘크리트 내에 저장함으로써 방사선을 차폐하는 저장방식으로 이 방식을 이용하여 저장소 내에 총 138,000개의 폐연료봉 저장 가능
> 2. 현재 습식저장소는 1개로 저장용량의 50%가 채워져 있고, 건식저장소 X, Y는 각각 1개로 모두 비어 있는 상황
> 3. 따라서 발생하는 폐연료봉의 양이 항상 일정하다고 가정하면, △△원자력발전소에서 최대 (A)년 동안 발생하는 폐연료봉을 현재의 임시저장소에 저장 가능

① 3   ② 4   ③ 5
④ 6   ⑤ 7

81 다음 그림과 같은 직사각형 모양의 땅을 13억 2천만 원에 협의수용하게 되었는데, △BDP 부분의 토지 소유자가 달라 토지대금을 별도로 지불하게 되었다. m²당 수용 토지대금이 동일하다면 △BDP 소유자에게 지불할 토지대금은? (단, $\overline{AB}$ = 40m, $\overline{AD}$ = 60m이고, △ABP와 △CDP 면적의 비는 1 : 2, △ADP와 △BCP의 면적 비는 1 : 3이다.)

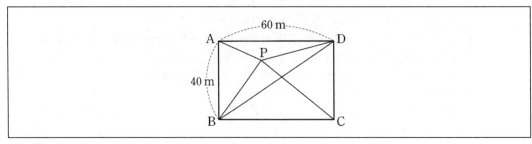

① 1억 9,500만 원　　　　② 2억 2,700만 원　　　　③ 2억 7,500만 원
④ 3억 500만 원　　　　　⑤ 1억 3,000만 원

82 다음은 S통신사의 요금제별 요금 및 할인 혜택에 관한 표이다. 이번 달에 전화통화와 함께 100건 이상의 문자메시지를 사용하였는데, A요금제를 이용했을 경우 청구되는 요금은 14,000원, B요금제를 이용했을 경우 청구되는 요금은 16,250원이다. 이번 달에 사용한 문자메시지는 모두 몇 건인가?

요금제	기본료	통화요금	문자메시지 요금	할인 혜택
A	없음	5원/초	10원/건	전체 요금의 20% 할인
B	5,000원/월	3원/초	15원/건	문자메시지 100건 무료

① 125건　　　　　　　　② 150건　　　　　　　　③ 200건
④ 250건　　　　　　　　⑤ 275건

83 다음 표의 내용 일부가 훼손되었다. 다음 중 표의 빈칸 가, 나, 다, 라에 들어갈 수 있는 수치는? (단, 인건비와 재료비 이외의 투입요소는 없다.)

사업평가 자료

구분	목표량	인건비	재료비	산출량	효과성 순위	효율성 순위
A	가	200	50	500	3	2
B	1,000	나	200	1,500	2	1
C	1,500	1,200	다	3,000	1	3
D	1,000	300	500	라	4	4

※ 효율성 = 산출 ÷ 투입
※ 효과성 = 산출 ÷ 목표

	가	나	다	라
①	300	500	800	800
②	500	800	300	800
③	800	500	300	300
④	500	300	800	800
⑤	800	800	300	500

84 윤정이는 할인 행사가 있다는 소식에 백화점을 찾았다. 백화점에 도착하니 윤정이가 원하는 구두와 디지털 카메라가 35% 할인 중이고, 다음과 같은 할인도 진행 중이다. 윤정이가 어떤 혜택을 선택해야 최소비용으로 원하는 상품을 살 수 있으며, 그에 따른 총 구매 비용은 얼마인가? (단, 총 결제 금액에서 십원 이하 단위는 절사한다.)

쇼핑 리스트 & 할인 혜택

쇼핑 리스트	정가 180,000원 구두
	정가 450,000원 디지털 카메라
혜택 1	정가 총액이 500,000원 이상일 경우 결제금액의 11% 추가 할인
혜택 2	200,000원 이상 결제할 경우 20% 추가 할인쿠폰 지급

① 혜택 1,364,400원
② 혜택 2,364,200원
③ 혜택 1,386,100원
④ 혜택 2,383,200원
⑤ 혜택 1과 혜택 2의 구매비용은 동일하다.

85 성현이네 집에서는 6월 한 달 동안 23m³의 수돗물을 사용하여 26,400원, 날씨가 더운 7월 한 달 동안은 45m³의 수돗물을 사용하여 63,400원의 상수도 요금을 내었다. 성현이네 집에서 8월 한 달 동안 55m³의 수돗물을 사용하였을 때, 다음 계산법에 따른 8월 상수도 요금은 얼마인가?

상수도 요금 계산법
1. 10m³까지는 기본요금이 x원이다.
2. 10m³을 넘었을 때에는 초과한 양에 대하여 1m³당 y원의 초과 요금과 기본요금인 x원의 합으로 계산한다.
3. 30m³을 넘었을 때에는 넘어간 양에 대해서는 1m³당 $2y$원의 초과 요금과 30m³의 상수도 요금의 합으로 계산한다.

① 82,200원   ② 83,400원   ③ 85,600원
④ 86,000원   ⑤ 88,400원

86 다음 설명을 근거로 아래의 식을 계산한 값은?

연산자 A, B, C, D는 다음과 같이 정의한다.
A : 좌우에 있는 두 수를 더한다. 단, 더한 값이 10 미만이면 좌우에 있는 두 수를 곱한다. (**예** 2 A 3의 경우 좌우의 두 수를 더하면 5이다. 10 미만이므로 좌우의 두 수를 곱해야 하므로 2×3 = 6이다.)
B : 좌우에 있는 두 수 가운데 큰 수에서 작은 수를 뺀다. 단, 두 수가 같거나 뺀 값이 10 미만이면 두 수를 곱한다.
C : 좌우에 있는 두 수를 곱한다. 단, 곱한 값이 10 미만이면 좌우에 있는 두 수를 더한다.
D : 좌우에 있는 두 수 가운데 큰 수를 작은 수로 나눈다. 단, 두 수가 같거나 나눈 값이 10 미만이면 두 수를 곱한다.

※ 연산은 '( )', '{ }'의 순으로 한다.

{(1 A 5) B (3 C 4)} D 6

① 10   ② 12   ③ 90
④ 210   ⑤ 360

87 A회사에서는 보안을 위해 매일 5자리의 비밀번호를 변경한다. 오늘은 금요일이고 비밀번호는 '35725'이다. 월요일의 비밀번호는 '38701', 화요일의 비밀번호는 '28404', 수요일의 비밀번호는 '27809', 목요일의 비밀번호는 '36916'이었다. 일요일의 비밀번호는 무엇인가?

① 21864   ② 22449   ③ 31864

④ 32449   ⑤ 32864

88 △△대학에서는 실습실의 노후된 컴퓨터 50대를 교체하려고 한다. 다음 조건의 ㉠~㉣ 판매업체가 입찰에 참여했을 때, 가장 저렴한 가격으로 교체할 수 있는 업체는 어느 곳인가?

㉠업체	컴퓨터 1대당 90만 원, 20대 이상 구매 시 전체 금액의 9% 할인
㉡업체	컴퓨터 1대당 85만 원, 10대 구매 시마다 1대 무료
㉢업체	컴퓨터 1대당 87만 원, 30대 초과 구매 시 초과 수량에 한하여 15% 할인
㉣업체	컴퓨터 1대당 86만 원, 20대 구매 시마다 2대 무료

① ㉠업체   ② ㉡업체   ③ ㉢업체

④ ㉣업체   ⑤ 모두 같은 가격이다.

89 연속하는 네 짝수를 곱하였을 때는 제곱수가 아니었는데, 연속하는 네 짝수의 곱에 A를 더하였더니 제곱수가 되었다. 이때 A의 값은? (단, 연속하는 네 짝수 중 가장 작은 수는 30보다 크다.)

① 1   ② 4   ③ 9

④ 16   ⑤ 25

Chapter

02 비율, 이율

가격계산 문제는 원가, 정가, 할인가 등 물건에 붙는 가격을 계산하는 문제다. 정가가 얼마로 책정되고 이익을 몇 % 붙여서 정가를 정할 것인지, 할인을 한다면 몇 % 할 것인지를 제시하고, 조건에 맞는 금액을 구하는 형식이다. 유의할 점은 증가량과 증가한 후 전체의 양은 다르다는 것이다. 세제곱, 네제곱이 나오며 계산이 복잡해지면, 값을 일일이 계산하지 않아도 비율 계산으로 한 번에 답을 구할 수 있다는 뜻이다. 한 번에 계산되는 지점을 찾는 것이 포인트이다. 문제 유형으로는 비율(%)의 문제, 연립방정식, 복리의 문제, 할인율 찾기, 가격 찾기 등이 있으며, 끝자리 풀이법이 잘 통하는 영역이다.

Tip

1. 기본공식
(1) 물건의 가격에는 원가, 정가, 판매가, 할인가 등이 있다.

(2) 정가 = 원가 + 이익

(3) x원에 a%의 이익을 붙이면, 정가는 $\left(1+\dfrac{a}{100}\right) \times x$(원)이 된다.

(4) x원에서 b%의 할인을 하게 되면, 판매가(할인가)는 $\left(1-\dfrac{b}{100}\right) \times x$(원)이 된다.

2. 문제 풀이 Point
(1) 정가 = 원가 + 이익
　　할인가 = 정가에서 x% 할인
　　판매가 = 정가 or 할인가
(2) 매출액 = 판매가 × 판매량
　　이익 = (판매가 − 원가) × 판매량

01 중급 단계

01 1개 200원짜리 과자와 1개 50원짜리 사탕을 넣어 선물세트를 만들어 3,600원에 판매하고 있다. 선물세트 안에 들어있는 제품의 총 개수는 20개이고 200원의 이윤을 남기고 있다면, 선물세트 안에 들어있는 과자의 개수는 몇 개인가?

① 15개　　　　　　② 16개　　　　　　③ 17개
④ 18개　　　　　　⑤ 19개

02 샤프와 볼펜을 한 자루씩 넣어 세트로 판매한다. 한 세트의 가격은 샤프와 볼펜의 각각의 단가를 합한 금액이며, 샤프의 단가가 볼펜보다 820원 비싸다. 여러 세트를 사더라도 할인은 없고, 12세트를 샀을 때 가격이 58,080원이다. 샤프의 단가는?

① 1,600원　　　　　② 2,010원　　　　　③ 2,830원
④ 3,240원　　　　　⑤ 3,550원

[03~04] 다음 내용을 읽고 물음에 답하시오.

연봉수준에 따라 세금을 부과한다.
2,000만 원 이하는 연봉의 10%, 2,000만 원 초과~2,500만 원 이하는 10만 원+(연봉 − 2,000만 원)×10%, 2,500만 원 초과~3,000만 원 이하는 20만 원+(연봉 − 2,000만 원)×10%, 3,000만 원 초과~3,500만 원 이하는 30만 원+(연봉 − 2,000만 원)×10%, 3,500만 원 초과는 40만 원+(연봉 − 2,000만 원)×10%이다.

03 신입 연봉이 1,800만 원일 때 세금은 얼마인가?

① 8만 원   ② 18만 원   ③ 100만 원
④ 180만 원   ⑤ 200만 원

04 초봉이 2,000만 원이다. 연봉 인상률이 50%일 때 입사 후 3년 차에 내게 될 세금은?

① 200만 원   ② 240만 원   ③ 290만 원
④ 330만 원   ⑤ 350만 원

05 박찬호의 올해 연봉은 작년에 비해 25% 오른 것에 400만 달러의 성과금을 더한 것과 같다. 이것이 작년 연봉에서 75% 인상된 것과 동일할 때, 올해 연봉은 얼마인가?

① 1,200만 달러   ② 1,400만 달러   ③ 1,600만 달러
④ 1,800만 달러   ⑤ 1,900만 달러

06 원가에 10%의 이익을 붙여 정가를 정한 상품이 팔리지 않아 정가에서 300원을 할인하여 팔았더니 1,400원의 이익이 생겼다. 이 상품의 판매가는 얼마인가?

① 16,800원   ② 17,300원   ③ 18,400원
④ 19,200원   ⑤ 21,400원

07 어떤 가게에서 판매하는 A과자는 B음료수보다 300원이 더 비싸다고 한다. 어느 날 A과자는 25% 할인하고, B음료수는 10% 할인하여 판매한다고 하여 A과자와 B음료수를 각각 한 개씩 구입하였더니 2,700원이었다. A과자의 가격은 얼마인가?

① 1,400원   ② 1,700원   ③ 1,800원
④ 1,900원   ⑤ 2,000원

08 X, Y 두 사람이 가진 돈을 모두 모아보니 4,630원이었다. 그런데 X는 가진 돈에서 15%의 돈을 더 얻고, Y는 가진 돈에서 3%의 돈을 더 써서 총합이 15원이 늘었다. 처음 X가 가진 돈은 얼마였겠는가?

① 465원   ② 855원   ③ 950원
④ 930원   ⑤ 1,030원

09 어떤 상품의 원가에 4할의 이익을 붙여 정가를 정하였더니 팔리지 않아 정가의 2할을 할인하여 판매하였다. 이때 3,600원의 이익이 남았다면, 이 상품의 정가는 얼마인가?

① 39,600원   ② 40,900원   ③ 42,000원
④ 43,600원   ⑤ 45,000원

10 원가가 100원짜리인 사탕의 정가에서 30% 할인해서 팔아 원가의 5%의 이익을 얻기 위해서는 원가에 얼마의 이익을 붙여서 판매해야 하는가?

① 10원   ② 20원   ③ 25원
④ 50원   ⑤ 100원

11   A, B 두 제품을 합하여 45,000원에 사서 A제품은 원가의 20%, B제품은 원가의 10%의 이익을 붙여서 팔았더니 6,500원의 이익이 발생하였다. A제품의 원가는?

① 20,000원   ② 21,000원   ③ 22,000원

④ 24,000원   ⑤ 25,000원

12   제품의 원가에 30% 이익을 더해서 정가로 책정하였다. 정가에서 100원을 할인하여 팔면 140원의 이익을 얻을 수 있다고 할 때, 이 제품의 원가는 얼마인가?

① 500원   ② 600원   ③ 800원

④ 1,000원   ⑤ 1,500원

13   어느 가게에서 원가가 300원인 A제품과 원가가 200원인 B제품을 합하여 250개를 구입하여 A제품은 20%, B제품은 25%의 이익을 붙여서 정가를 정하였다. 두 제품을 모두 판매하면 13,500원의 이익이 생길 때, B제품의 개수는?

① 100개   ② 120개   ③ 130개

④ 150개   ⑤ 180개

14   원가 2,000원짜리 공책이 있다. 이 공책을 정가의 20%를 할인해서 팔아도 원가의 8% 이상의 이익이 남게 하기 위해서는 원가에 몇 %의 이익을 붙여 정가로 정해야 하는가?

① 10%   ② 16%   ③ 20%

④ 25%   ⑤ 35%

15 정가의 30%를 할인해서 팔았더니, 원가에서 1,200원의 이익을 남길 수 있었다고 한다. 이 상품의 원가가 10,000원이라고 할 때, 원가의 몇 %를 더해서 정가를 책정했는가?

① 50%　　　　　　② 60%　　　　　　③ 70%

④ 80%　　　　　　⑤ 100%

16 중소기업을 운영하는 장섭이는 구입한 상품의 $\frac{2}{3}$는 구입가의 50%를 이익으로 남겨 팔고, 나머지는 구입가의 20%를 이익으로 남겨 팔아서, 모두 20,000원의 이익을 남겼다. 이때, 장섭이가 처음 상품을 구입한 가격은 얼마인가?

① 20,000원　　　　　② 30,000원　　　　　③ 40,000원

④ 50,000원　　　　　⑤ 60,000원

17 공책의 원가에 30%의 이익을 붙여서 정가로 책정하였다. 하지만 공책이 잘 팔리지 않아 500원을 할인하여 팔았더니 원가의 20%의 이익을 낼 수 있었다. 이 공책의 원가는 얼마인가?

① 2,000원　　　　　② 3,000원　　　　　③ 4,000원

④ 5,000원　　　　　⑤ 6,000원

18 A주식 가격은 B주식 가격의 2배였다. 진희가 두 주식을 각각 5주씩 산 후 A주식은 30%, B주식은 20% 올라서 주식의 총가격은 19,000원이 되었다. 오르기 전의 B주식의 주당 가격은?

① 800원　　　　　② 1,000원　　　　　③ 1,200원

④ 1,500원　　　　　⑤ 1,700원

19 성훈이는 월 이자율 1%인 복리 예금을 개설했다. 200만 원을 저금하고 나서 1개월 후에 50만 원을 찾았다. 그 후 다시 1개월이 지난 뒤에 통장에 들어 있는 돈은 얼마인가?

① 1,500,000원   ② 1,521,800원   ③ 1,535,200원
④ 1,583,500원   ⑤ 1,602,800원

20 어느 가게에서 개업 10주년을 맞이하여 가방은 30% 할인하고, 모자는 15% 할인하여 판매하기로 하였다. 할인하기 전 가방과 모자의 판매 가격의 합은 58,000원이고, 할인한 후 가방과 모자의 판매 가격의 합은 43,000원일 때, 할인하기 전 가방의 판매 가격은?

① 25,000원   ② 28,000원   ③ 30,000원
④ 42,000원   ⑤ 45,000원

21 어떤 제품의 정가에서 2할 할인하여 팔아도 원가의 2할만큼 이득을 보려고 한다. 원가의 몇 %만큼 이익을 덧붙여 정가를 책정해야 하는가?

① 30%   ② 40%   ③ 50%
④ 60%   ⑤ 65%

22 길거리에서 수공예품을 파는 민정이는 반지와 목걸이를 만드는 데 재료비로 34,000원을 썼다. 그 후 반지는 50%, 목걸이는 30%의 이익을 붙여서 정가를 정하고 판매에 나섰다. 그런데 막상 길거리에 나가자 물건이 팔리지 않아, 결국 두 제품 모두 정가의 20%를 할인해 팔아서 결과적으로는 4,400원의 이익을 얻었다고 한다. 반지의 원가는 얼마인가?

① 11,000원   ② 15,000원   ③ 17,500원
④ 19,000원   ⑤ 21,000원

23 ○○공단의 신입사원이 된 영수는 취업을 축하한다며 친척 아저씨에게 받은 200만 원을 차마 쓸 수가 없어, 저축을 하기로 했다. 상품을 찾아보니 5%의 복리로 3년간 저축을 하는 상품이 있었다. 이 상품에 저축한다면 3년 후에 영수가 받을 수 있는 금액은 얼마인가?

① 2,205,000원   ② 2,315,250원   ③ 2,401,250원
④ 2,531,340원   ⑤ 2,630,250원

24 부장의 이번 달 월급은 인턴 월급의 5.4배이다. 부장은 이번 달에 보너스로 지난달에 비해 35%만큼 인상된 월급을 받은 반면 인턴의 월급에는 변동이 없었다. 그렇다면 부장의 지난달 월급은 인턴의 월급의 몇 배였겠는가?

① 3.8배   ② 4배   ③ 4.5배
④ 4.8배   ⑤ 5.1배

25 오프라인에서 20,000원에 판매되는 상품을 온라인으로 구입하면 25% 할인된 가격으로 살 수 있다고 한다. 인터넷 쇼핑몰에서 오프라인보다 이 상품을 19개 더 판매하였으며, 매출액은 인터넷 쇼핑몰이 오프라인보다 235,000원 더 많다고 한다. 오프라인과 인터넷 쇼핑몰의 총매출액은 얼마인가?

① 595,000원   ② 605,000원   ③ 615,000원
④ 625,000원   ⑤ 635,000원

26 지혜는 다음과 같은 A상품과 B상품을 할인 받아 구입하였다. 이때, 두 상품의 할인 전 판매금액의 합은?

A상품 : 원래 20% 할인하고 있던 제품을 시즌오프 행사로 40% 추가할인을 받아 48만 원에 구입하였다.
B상품 : 세일 제외 상품이었으나 재고가 남아 20% 할인을 받아 32만 원에 구입하였다.

① 125만 원   ② 130만 원   ③ 135만 원
④ 140만 원   ⑤ 160만 원

27 ○○공단의 김 주임은 A4용지를 주문하려고 한다. A4용지 한 박스는 a원이고, 열 박스를 주문할 경우 1박스를 덤으로 준다. ○○공단은 주문 시 구매 금액의 15%를 할인받는 것으로 계약이 되어 있는 상태다. 김 주임이 이번에 주문하여 받은 A4용지가 55박스이고, 총 지불한 금액이 637,500원이라고 할 때, A4용지 한 박스의 가격은 얼마인가?

① 13,500원   ② 14,000원   ③ 14,500원
④ 15,000원   ⑤ 16,000원

02 고급 단계

28 전년도에 특정 상품의 판매로 매출액 대비 25%의 수익을 올린 기업이 있다. 금년에는 경쟁 심화로 같은 제품을 전년도 가격보다 20% 싸게 판매하였다. 만일 전년도와 동일한 개수를 판매한다고 할 때, 전년도와 같은 수익률을 올리기 위해서는 원가를 약 얼마나 절감하여야 하는가?

① 15%   ② 20%   ③ 25%
④ 33%   ⑤ 50%

29 원가가 20,000원인 인형을 40개 만들어 20%의 이익을 남기고 팔려고 하였으나, 8개의 불량품이 발생하였다. 불량품을 제외하고 팔아도 이전에 의도한 매출액을 올리려면, 이익률을 얼마로 해야 하는가?

① 20%   ② 22.5%   ③ 25%
④ 30%   ⑤ 50%

30 원가가 20,000원인 제품을 40개 만들어 20%의 이익을 남기고 팔려고 하였으나, 8개의 불량품이 발생하였다. 불량품을 제외하고 팔아도 이전에 의도한 이익금을 남기려면, 이익률을 얼마로 해야 하는가?

① 20%   ② 24%   ③ 25%
④ 27%   ⑤ 33%

31 주식 및 출자지분을 상속받거나 증여받은 자는 상속세와 증여세 납부의무를 진다. 다음과 같은 세율 표가 주어졌을 때, 이에 대한 판단으로 적절하지 않은 것은?

과세표준	세율
1억 원 이하	과세표준의 100분의 10
1억 원 초과 5억 원 이하	1천만 원 + 1억 원 초과액의 100분의 20
5억 원 초과 10억 원 이하	9천만 원 + 5억 원 초과액의 100분의 30
10억 원 초과 50억 원 이하	2억 4천만 원 + 10억 원 초과액의 100분의 40
50억 원 초과	18억 4천만 원 + 50억 원 초과액의 100분의 45

※ 과세표준이 20만 원 미만인 때에는 상속세 및 증여세를 부과하지 아니함

① 과세표준액이 25만 원이라면 세금은 25,000원이다.
② 과세표준액이 8,000만 원이라면 세금은 800만 원이다.
③ 과세표준액이 2억 5,000만 원이라면 세금은 4,000만 원이다.
④ 과세표준액이 12억 원이라면 세금은 3억 2,000만 원이다.
⑤ 과세표준액이 150억 원이면 세금은 85억 9,000만 원이다.

32 슈퍼스타 노래경연대회 1차 경연에 통과한 사람들의 남녀 비는 3 : 4이고, 2차 경연에 통과한 남녀의 비는 5 : 7, 1차 경연 통과 후 2차 경연에서 떨어진 사람들의 남녀 비는 1 : 1이라고 한다. 1차 경연에 통과한 사람들이 350명이라고 할 때, 2차 경연에서 떨어진 사람들은 몇 명인가?

① 60명   ② 50명   ③ 40명
④ 30명   ⑤ 20명

33 한 회사의 공개 채용에 지원한 사람의 수는 600명이고 1차 서류 전형의 결과로 40%만이 합격하였다. 2차 면접 경쟁률은 1차 합격자에 대해서 4 : 1의 경쟁률이다. 이때, 전체 지원자 대 최종 합격자의 경쟁률은 어떻게 되는가?

① 8 : 0   ② 9 : 1   ③ 10 : 1
④ 11 : 1   ⑤ 12 : 1

34 기획조정실 직원인 A와 B는 5월 1일 수요일에 성현주식회사의 새로운 중장기 발전계획을 기획하는 업무를 맡게 되었다. B는 기존에 진행하던 업무로 인해 A보다 일주일 늦은 수요일에 발전계획 기획 업무에 참여하게 되었고, 때문에 B는 A보다 2주간 매일 2시간씩 더 일했다. B가 업무에 참여하고 나서 3주 뒤 금요일에 발전계획 기획 업무가 마무리되었고, 업무기간 마지막 1주일은 하루 업무시간 보다 A는 37.5% 더 많이 일했으며, B는 25% 적게 일했다. A와 B가 기획 업무에 투자한 시간은 모두 합쳐 몇 시간인가? (단, 하루 업무 시간은 8시간이며, 주말에는 근무하지 않는다.)

① 350시간   ② 351시간   ③ 352시간
④ 353시간   ⑤ 354시간

35 엥겔지수란 한 가정의 총 소비지출에 대한 식품비의 비율을 %로 나타낸 것이다. 즉, 엥겔지수 = (식품비 ÷ 총 소비지출) × 100(%)이다. 현재의 엥겔지수가 30%인 가정에서 매년 총 소비지출은 7%씩 증가하고, 식품비는 4%씩 증가한다면 8년 후 이 가정의 엥겔지수는 약 얼마가 되겠는가? (단, $(1.07)^8$ = 1.7, $(1.04)^8$ = 1.37로 계산한다.)

① 20%   ② 22%   ③ 24%
④ 26%   ⑤ 30%

36 정가에서 25% 할인하여 팔아도 원가의 25%만큼 이익을 보려면 이익률은 원가의 몇 %를 책정해야 하는가?

① 43%   ② 50%   ③ 58%
④ 67%   ⑤ 70%

37 어떤 제품을 만들어서 하나를 팔면 이익이 2,000원 남고, 불량품을 만들게 되면 10,000원 손실을 입게 된다. 이 제품 하나당 이익의 기댓값이 1,400원이라면 이 제품을 만드는 공장의 불량률은 몇 %인가?

① 4%   ② 5%   ③ 6%
④ 7%   ⑤ 8%

● 정답·풀이 21p ●

38 A, B 두 사람이 가격이 98,000원인 물건을 공동구매하고, 두 달간 대금을 갚아 나가기로 하였다. A는 첫 달에 비해 두 번째 달에 40% 적게 냈다. B는 첫 달에 비해 50% 더 지불하여 결과적으로 B가 A보다 2,000원 더 지불했다면, 첫 달에 A가 지불한 금액은?

① 18,000원　　　　　　② 20,000원　　　　　　③ 30,000원
④ 48,000원　　　　　　⑤ 50,000원

39 열차 노선별로 정가의 20~50%를 할인한 특별 승차권을 판매 중이다. 승차권 예매 후 당일 취소하면 수수료가 없지만, 예매 다음날부터 열차 출발 1일 이전까지 20%, 당일 출발 시각 전까지 30%, 열차 출발 이후 70%의 취소 반환 수수료가 발생한다. 지방 출장을 위해 할인율이 40%인 특별 승차권을 2장 예매했다. 출장 당일 일행의 일정 취소로 열차 출발 시각 이전에 한 장의 승차권 예매를 취소하였고, 반환금으로 되돌려 받은 금액은 14,700원이었다. 구매했던 승차권 두 장의 할인 전 정가는 얼마인가?

① 80,000원　　　　　　② 72,000원　　　　　　③ 70,000원
④ 68,000원　　　　　　⑤ 62,000원

40 A의 술은 물과 알코올이 5 대 3 비율로 배합되어 있고, B의 술은 3 대 1 비율로 배합되어 있다, A의 술을 2, B의 술을 1의 비율로 혼합했을 때, 물의 양은 알코올 양의 몇 배가 되는가?

① $\frac{1}{2}$배　　　　　　② 1배　　　　　　③ $\frac{3}{2}$배
④ 2배　　　　　　⑤ $\frac{5}{2}$배

41 A, B, C 세 비커에 가득 채워져 있던 용액을 서로 같은 크기의 세 비커에 각각 가득 채웠더니 각각 처음 양의 $\frac{3}{5}$, $\frac{2}{3}$, $\frac{3}{4}$이 사용되었다. A, B, C 비커에 남은 용액의 10%를 다른 비커에 모았더니 그 양이 50cc가 되었다. 처음 A, B, C 세 비커에 담겨 있던 용액의 총량은 얼마인가?

① 1,200cc　　　　　　② 1,500cc　　　　　　③ 1,650cc
④ 1,800cc　　　　　　⑤ 2,100cc

42 두 종류의 크고 작은 패널이 동일한 무게로 적재되어 있다. 이 중에서 각각 12개씩 빼내었더니 나머지 패널의 적재된 무게의 비가 5 : 6이 되었다. 큰 패널과 작은 패널의 장당 무게의 비가 3 : 2였다면, 원래 패널의 개수는 총 몇 장인가?

① 60장   ② 70장   ③ 80장
④ 90장   ⑤ 100장

43 수조에 물을 채워 넣고 A, B, C 세 개의 나무 기둥을 똑바로 세웠다. 그랬더니 물 위에 나와 있는 부분은 A기둥이 $\frac{1}{5}$, B기둥이 $\frac{1}{3}$, C기둥이 $\frac{1}{4}$ 이었다. 세 개의 기둥의 길이의 합이 147cm일 때, 물의 깊이는?

① 12cm   ② 18cm   ③ 24cm
④ 36cm   ⑤ 48cm

44 아버지가 유산을 세 명의 자식에게 나이 비율로 나누어 주겠다고 유서를 썼다. 유서를 쓸 당시를 기준으로 계산을 해보면 차남은 재산 6억 원 중 2억 원을 받게 된다. 그런데 아버지는 유서를 쓴 지 10년 후에 사망하여 장남이 2억 4천만 원을 받게 되었다. 이때 차남이 받을 유산의 액수를 구하면?

① 1억 5천만 원   ② 1억 6천만 원   ③ 1억 8천만 원
④ 2억 원   ⑤ 2억 2천만 원

45 세 곳의 상점을 들러 물건을 사고 8,000원이 남았다. 각 상점에서 항상 그 상점에 들어갈 때 가지고 있던 돈의 절반보다 2,000원 적은 돈을 썼다. 처음에 갖고 있던 돈의 액수는?

① 24,000원   ② 28,000원   ③ 32,000원
④ 36,000원   ⑤ 42,000원

Chapter

03 거리, 속력, 시간

속력 문제는 기본공식을 확실히 알아 두어야 한다. 주로 출제되는 유형은 구간을 나누고 구간별로 다른 조건을 주는 유형, 두 명이 만나는 유형, 왕복 거리·시간을 계산하는 유형, 강물의 유속에 관련된 유형 등이다. 문제 풀이 요령은 거리, 시간, 속력 중 어떤 것이 방정식의 기준이 되는가를 정확하게 파악하는 것이다. 총 시간이 같다든가, 움직인 거리가 같다든가 하는 포인트를 파악해서 그 부분을 등치로 놓고 문제를 풀어야 한다. 기본적으로 시간이 기준이 되는 경우가 가장 많다. 걸린 시간이 같다든가, 총 걸린 시간은 얼마라든가 하는 식으로 등식을 세울 수 있다. 매우 다양한 형태로 출제될 있어서 응용이 필요한 분야로 누르기법(밀기법), 가중평균법, 비례식을 이용한 방법 등을 이용해서 계산하는 방법을 알아야 한다.

Tip

※ **기본공식**

(1) S (거리) $= v$ (속력) $\times t$ (시간)

(2) $v = \dfrac{S}{t}$

(3) $t = \dfrac{S}{v}$

---

01 중급 단계

01 시속 120km의 속력으로 일정하게 달리는 기차 A가 길이가 2,300m인 터널을 완전히 통과하는 데 1분 15초가 걸렸다. 기차 A의 길이는?

① 200m   ② 210m   ③ 220m
④ 230m   ⑤ 240m

02 지영이는 여름방학 때 제주도로 여행을 갔는데 서울에서 목포까지는 시속 120km의 기차를 타고, 목포에서 제주까지는 시속 100km의 배를 타고 갔다. 여행한 총 거리는 620km이고, 모두 5시간 30분이 걸렸다고 한다. 지영이가 목포에서 제주까지 여행한 거리는? (단, 중간에 갈아타는 데 걸린 시간과 거리는 무시한다.)

① 100km   ② 150km   ③ 200km
④ 300km   ⑤ 400km

03 수연이는 집에서 출발하여 시속 6km의 속력으로 $x$km 떨어진 서점에 가는 도중에 20분간 휴식을 취하였다. 수연이가 서점에 도착할 때까지 걸린 시간을 식으로 나타내면?

① $\left(\dfrac{x}{6}+\dfrac{1}{3}\right)$시간　　　　② $\left(\dfrac{x}{12}+\dfrac{1}{6}\right)$시간　　　　③ $\left(\dfrac{x}{6}+\dfrac{1}{6}\right)$시간

④ $\left(\dfrac{x}{3}+\dfrac{1}{3}\right)$시간　　　　⑤ $\left(\dfrac{x}{3}+\dfrac{2}{3}\right)$시간

04 거리가 9km인 A, B 두 지점 사이에 P지점이 있다. A에서 P를 거쳐 B까지 가는 데 A에서 P까지는 시속 3km, P에서 B까지는 시속 4km로 걸어서 2시간 30분이 걸렸다면 A에서 P까지의 거리는?

① 3km　　　　② 4km　　　　③ 5km

④ 6km　　　　⑤ 7km

05 서울에서 대구까지 갈 때는 시속 80km로 달리는 우등 열차를 타고, 돌아올 때는 시속 120km로 달리는 새마을호를 탔다. 갈 때와 돌아올 때 걸린 시간의 차이가 1시간 20분이었을 때 서울에서 대구까지의 거리를 구하면?

① 240km　　　　② 270km　　　　③ 300km

④ 320km　　　　⑤ 350km

06 출장길에 오른 민표는 회사에서 195km만큼 떨어진 지사까지 내려가는데 1시간 동안은 자전거를 타고 2시간 30분 동안은 버스를 타고 이동하였다. 돌아올 때에는 1시간 30분 동안은 버스를 타고 5시간 48분 동안은 자전거를 타서 다시 회사에 도착하였다. 버스의 속력이 자전거의 속력보다 얼마나 더 빠른가?

① 49km/h　　　　② 53km/h　　　　③ 57km/h

④ 62km/h　　　　⑤ 65km/h

07 A군은 매분 80m, B군은 매분 70m 속도로 3km 떨어진 지점으로부터 동시에 서로를 향해 걸어 나가기 시작했다. 두 사람은 몇 분 후에 만나게 되는가?

① 10분 후   ② 15분 후   ③ 20분 후
④ 25분 후   ⑤ 30분 후

08 무궁화호가 출발하고 1시간 후 새마을호가 시속 120km로 출발하였다. 3시간 뒤 새마을호가 무궁화호를 따라잡았다고 한다. 서울과 부산의 거리가 400km라 할 때, 무궁화호가 부산에서 서울까지 가는 데 약 몇 시간이 걸리겠는가?

① 4.2시간   ② 4.4시간   ③ 5.2시간
④ 5.4시간   ⑤ 5.6시간

09 A, B 두 지점 사이에 P가 있고, A에서 B까지의 거리는 20km이다. A에서 P까지는 시속 3km, P에서 B까지는 시속 4km로 걸어서 6시간 걸렸다. P에서 B까지의 거리는?

① 4km   ② 5km   ③ 6km
④ 7km   ⑤ 8km

10 성현과 상민의 집은 6km 떨어져 있고 두 사람은 6시에 출발하여 중간에서 만나기로 하였다. 성현은 4km/h의 속력으로, 상민은 5km/h의 속력으로 걸을 때, 성현과 상민이 만나게 되는 시각은 몇 시인가?

① 6시 20분   ② 6시 30분   ③ 6시 40분
④ 6시 45분   ⑤ 7시 05분

11 A지점에서 B지점으로 갈 때는 2km/h로, B지점에서 A지점으로 올 때는 5km/h로 이동했더니 총 3시간 30분의 시간이 소요되었다. A지점과 B지점 사이의 거리는 얼마인가?

① 3km   ② 4km   ③ 4.5km
④ 5km   ⑤ 6.0km

12 A지점에서 B지점을 가는데 6km/h로 가면 8km/h로 가는 것보다 30분의 시간이 더 소요된다고 한다. A지점과 B지점 사이의 거리는 얼마인가?

① 6km   ② 8km   ③ 12km
④ 14km   ⑤ 16km

13 성현과 상민은 퇴근 후 각자의 차를 타고 모임 장소로 출발했다. 같은 시각에 출발하여 성현은 100km/h의 속력으로, 상민은 90km/h의 속력으로 이동했더니, 성현이 상민보다 20분 먼저 도착했다. 회사에서 모임 장소까지의 거리는 얼마인가?

① 200km   ② 220km   ③ 300km
④ 320km   ⑤ 400km

14 성현의 아버지는 항상 어머니 퇴근 시간에 맞춰 마중을 나간다고 한다. 지하철역에서 집까지의 거리가 1.26km라고 하고, 아버지는 지하철역을 향해서 80m/min의 속력으로, 어머니는 집을 향해서 60m/min의 속력으로 걷는다고 할 때, 어머니와 아버지가 만나는 지점은 집에서 얼마나 떨어진 지점인가?

① 540m   ② 600m   ③ 660m
④ 720m   ⑤ 800m

15 철수는 집에서 학교까지 분속 80m로 걸어갔다. 철수가 학교로 출발한 지 9분 후, 도시락을 잊었다는 것을 안 어머니가 분속 140m로 자전거를 타고 철수를 뒤쫓아 갔다. 어머니는 몇 분 후 철수를 따라 잡겠는가?

① 12분 후   ② 15분 후   ③ 20분 후
④ 24분 후   ⑤ 30분 후

16 성현과 상민은 둘레가 400m인 호수의 어느 한 지점에서 동시에 서로 반대 방향으로 출발해 각각 4m/s, 6m/s의 속력으로 달리기를 하려고 한다. 성현과 상민은 몇 초 후에 처음으로 만나는가?

① 20초   ② 40초   ③ 60초
④ 80초   ⑤ 100초

17 성현은 25km 떨어져 있는 상민의 집에 가는데, 30km/h의 속력으로 자전거를 타고 가다가 자전거가 고장 나서 5km/h의 속력으로 자전거를 끌고 상민의 집에 도착했다. 총 1시간 30분의 시간이 걸렸다고 하면, 자전거를 타고 이동한 시간은?

① 30분   ② 42분   ③ 45분
④ 60분   ⑤ 75분

18 성현은 8시에 회사로 출발하여 60m/min의 속력으로 가다가, 카드를 놓고 온 것을 알고 상민에게 8시 10분에 전화를 걸어 카드를 가져다 달라고 하였다. 상민이 8시 15분에 210m/min의 속력으로 성현이 있는 곳으로 출발하였다면, 상민이 출발한 지 몇 분 후에 성현을 만날 수 있는가?

① 4분   ② 5분   ③ 6분
④ 9분   ⑤ 12분

19 3,300m 떨어진 두 지점에서 선희와 진희가 서로를 향해 동시에 출발했다. 선희는 분속 70m, 진희는 분속 62m로 이동한다고 할 때, 두 사람이 만나는 것은 몇 분 후인가?

① 12분 후   ② 15분 후   ③ 20분 후
④ 25분 후   ⑤ 30분 후

20 성현이는 40m/s의 속력으로 출발하고 7초 뒤 상민이가 50m/s의 속력으로 출발했다. 상민이가 성현이를 따라잡았을 시점에 성현이가 이동한 거리는 얼마인가?

① 1,120m ② 1,160m ③ 1,200m
④ 1,240m ⑤ 1,400m

21 A지점에서 B지점까지의 거리는 120km이다. 명수는 자전거를 타고 A에서 B까지 시속 30km로 가고, 올 때는 시속 60km로 왔다. 두 지점을 왕복할 때의 평균 속력은?

① 35km/h ② 40km/h ③ 45km/h
④ 50km/h ⑤ 60km/h

22 성현은 집에서 회사까지 가는데 자전거를 타면 12km/h의 속력으로, 걸어가면 4km/h의 속력으로 갈 수 있다. 자전거를 타고 가면 걸어가는 것보다 45분 빨리 회사에 도착할 수 있다고 할 때, 집에서 회사까지의 거리는 얼마인가?

① 4.5km ② 5.0km ③ 5.5km
④ 6.0km ⑤ 8.0km

23 둘레가 2.1km인 연못이 있다. 연못 둘레를 동시에 같은 지점에서 반대 방향으로 철수는 76m/min으로 이동하고 철민은 64m/min으로 이동하였다. 8분 후 두 사람은 얼마만큼 떨어져 있는가?

① 960m ② 980m ③ 1,000m
④ 1,020m ⑤ 1,040m

24 400m 길이의 원형 트랙에서 모형자동차 두 대가 각각 5m/s와 7m/s의 속력으로 출발선을 떠났다. 두 모형자동차가 처음으로 다시 만나게 되는 지점은 출발선으로부터 몇 m 떨어진 지점인가?

① 출발선 ② 100m ③ 150m
④ 200m ⑤ 300m

25 성현은 채용 필기시험을 보기 위해서, 집에서 대전 ○○대에 다녀왔다. 갈 때는 50km/h의 속력으로 자동차를 운전했고, 올 때는 100km/h의 속력으로 운전했다. 왕복 이동에 소요된 시간이 6시간이라고 하면, 성현이 집에서 ○○대까지의 거리는 얼마인가?

① 120km ② 150km ③ 180km
④ 200km ⑤ 240km

26 영희는 60m/min, 순희는 84m/min의 속도로 걷는다. 영희가 출발한지 20분 후에 순희가 같은 지점을 출발해 같은 방향으로 걷기 시작했다면, 순희는 몇 km 나아간 지점에서 영희를 따라잡는가?

① 3km ② 3.4km ③ 3.8km
④ 4.2km ⑤ 5.5km

27 정수(흐르지 않는 물)에서 속력이 10km/h인 배가 유속이 2km/h인 강을 3시간 동안 거슬러 올라갔다. 배가 나아간 거리를 구하면?

① 20km ② 21km ③ 22km
④ 24km ⑤ 26km

28 정수(흐르지 않는 물)에서 속력이 10km/h인 배가 유속이 2km/h인 강을 3시간 동안 거슬러 올라갔다. 이 배가 원래의 지점까지 내려오는 데 걸리는 시간을 구하면?

① 1시간 ② 1시간 30분 ③ 2시간
④ 2시간 30분 ⑤ 3시간

29 A씨는 6km/h의 유속으로 흐르는 강물에 보트를 띄우고 하류 쪽으로 8km쯤 갔다가 생각보다 힘이 들어 다시 출발점으로 돌아왔다. 이때, 걸린 시간은 1시간이다. A씨가 하류로 가는 속력과 상류로 올라오는 속력의 비를 구하면?

① 5:1 ② 4:1 ③ 3:1
④ 2:1 ⑤ 1.5:1

30   어떤 배가 강을 60km 거슬러 올라갈 때는 6시간 걸리고, 내려올 때는 3시간 걸렸다. 이 배는 호수처럼 흐르지 않는 곳에서 시속 몇 km로 나아가는가?

① 12km   ② 14km   ③ 15km

④ 17km   ⑤ 18km

31   어느 열차가 길이가 1,300m인 터널을 완전히 통과하는 데 75초가 걸리고, 400m인 철교를 완전히 지나가는 데 25초가 걸린다고 할 때, 이 열차의 길이는 얼마인가?

① 50m   ② 100m   ③ 200m

④ 250m   ⑤ 300m

32   일정한 속력으로 달리는 기차가 있다. 이 기차는 길이가 800m인 다리를 지나는 데 23초가 걸리고, 길이가 400m인 터널을 지나는 데 13초가 걸린다. 이 기차의 속력은?

① 초속 30m   ② 초속 35m   ③ 초속 40m

④ 초속 45m   ⑤ 초속 50m

33   길이가 300m인 화물열차가 어느 다리를 건너는 데 60초가 걸리고, 길이가 150m인 새마을호는 이 다리를 화물열차의 2배의 속력으로 27초 만에 통과한다. 이때, 다리의 길이는?

① 1km   ② 1.2km   ③ 1.4km

④ 1.5km   ⑤ 2km

34   길이가 120m인 두 기차가 각각 시속 72km로 마주 보며 달려오고 있다. 두 기차가 만나서 완전히 스쳐 지나갈 때까지 걸리는 시간은 몇 초인가?

① 5초   ② 6초   ③ 7초

④ 8초   ⑤ 9초

02 고급 단계

35 A씨는 호텔에서 하룻밤을 묵고 다음날 아침 7시에 호텔을 나서, 차를 타고 1시간에 45km씩 이동했다. 그런데 호텔 매니저는 A씨가 숙박 요금을 지불하지 않은 것을 알고, 오전 11시에 A씨를 뒤쫓아갔다. 매니저가 A씨를 따라 잡아 아메리칸 익스프레스 카드로 결제를 받은 후에 호텔로 다시 돌아온 시간은 오후 4시였다. 매니저의 이동속도는 일정하다고 가정할 때, 매니저는 한 시간에 몇 km를 이동했을까?

① 100km   ② 115km   ③ 117km
④ 124km   ⑤ 136km

36 180km/h와 108km/h의 속력으로 마주 보고 달려오는 두 기차가 있다. 두 기차가 만나서 서로 완전히 스쳐 지나가는 데 6초가 걸렸다. 속력이 빠른 기차의 길이가 다른 기차의 3배라고 할 때, 속력이 느린 기차의 길이를 구하면?

① 90m   ② 120m   ③ 180m
④ 240m   ⑤ 360m

37 길이가 360m이고 시속이 180km인 기차 A와 길이가 120m이고 시속이 108km인 기차 B가 있다. 다음 그림과 같이 두 기차의 끝이 동일선상에 서 있다가 동시에 같은 방향으로 출발했다. 속력이 빠른 기차가 속력이 느린 기차를 완전히 추월하는 것은 출발 몇 초 후인가?

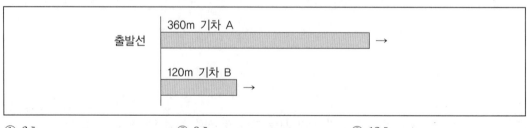

① 6초   ② 9초   ③ 12초
④ 15초   ⑤ 18초

38 강의 하류 선착장에서 45분 간격으로 상류 선착장을 향해 똑같은 속력으로 운항하는 두 대의 유람선 A, B가 있다. A가 하류 선착장을 떠나 45분 만에 상류 선착장에 도착했고, 곧바로 하류 선착장을 향해 출발해서 15분이 지난 후 A로부터 하류 쪽으로 1km 떨어진 곳에서 상류를 향해 올라오는 B를 보았다면, 정지한 물에서의 유람선의 속력은? (단, 강의 유속은 시속 2km이다.)

① 8km/h   ② 10km/h   ③ 12km/h
④ 15km/h   ⑤ 18km/h

39 K씨가 주말마다 걷는 둘레길이 있다. 평상시보다 4km/h 더 빠르게 걸으면 평상시에 걸리는 시간의 반보다 15분이 더 걸리고, 2km/h 더 느리게 걸으면 평상시보다 30분이 더 걸린다. 이 둘레길의 길이를 구하면?

① 9km   ② 10km   ③ 12km
④ 15km   ⑤ 18km

40 한 시간에 24km를 가는 배가 있다. 유속이 6km/h인 강을 거슬러 45km 떨어진 상류 지점까지 가려고 한다. 50분 동안 가고 10분씩 정박하지 않고 엔진을 끄고 쉬었다 다시 가기를 반복한다면, 강의 상류 지점에 도착할 때까지 걸리는 시간은?

① 3시간   ② 3시간 5분   ③ 3시간 10분
④ 3시간 15분   ⑤ 3시간 20분

41 자동차 A, B가 출발하기 전 연료량의 비는 4 : 3이고, 100km를 주행한 후 남은 연료량의 비는 5 : 4이었다. 100km를 더 주행하고 나서 남은 연료량의 비를 측정한 결과가 10 : 9이다. 자동차 A, B의 연비의 비를 구하면?

① 2 : 3   ② 3 : 2   ③ 3 : 4
④ 5 : 3   ⑤ 3 : 5

42 두 명의 쇼트트랙 선수가 아이스링크를 일정한 속력으로 서로 반대 방향으로 돌고 있다. 두 선수는 출발점에서 동시에 출발하였고, 두 선수의 속력의 비는 4 : 3이다. 두 선수가 출발하여 다시 출발점에서 만날 때까지 중간에서 서로 마주친 횟수는 몇 번인가? (단, 처음과 마지막 출발점에 함께 있는 것은 횟수에서 제외한다.)

① 4번   ② 5번   ③ 6번
④ 7번   ⑤ 8번

43 오후 2시에 집을 출발하여 도로를 지나 산길을 올라갔다가 같은 길을 다시 되돌아와 그날 저녁 8시에 집에 도착하였다. 도로에서는 4km/h의 속력으로 걸었고, 산길을 올라갈 때는 3km/h, 산길을 내려올 때는 6km/h의 속력으로 걸었다. 걸은 거리는 총 몇 km인가?

① 18km   ② 20km   ③ 21km
④ 24km   ⑤ 27km

44 A와 B는 본관 건물에서 동시에 출발하여 연구소를 지나 별관 건물까지 가려고 한다. A는 4km/h의 속력으로 일정하게 걷는다. B는 연구소까지 5km/h, 별관 건물까지 3km/h의 속력으로 걸으면 A보다 8분 늦게 별관 건물에 도착하고, 반대로 연구소까지 3km/h, 별관 건물까지 5km/h의 속력으로 걸으면 A와 동시에 별관 건물에 도착하게 된다. 연구소에서 별관 건물까지의 거리는 얼마인가?

① 1.5km   ② 2km   ③ 2.5km
④ 3km   ⑤ 4km

45 오후 1시 36분에 사무실을 떠나 70m/min의 일정한 속도로 우체국까지 걸어가서 20분간 일을 본 후, 다시 50m/min의 일정한 속도로 걸어서 사무실에 돌아와 시계를 보니 2시 32분이었다. 이때 걸은 거리를 구하면?

① 1,050m   ② 1,600m   ③ 1,900m
④ 2,100m   ⑤ 2,340m

46 A와 B는 600m 떨어진 곳에서 각각 6km/h와 3km/h의 속력으로 서로 마주 보면서 걸어오고 있다. 두 사람 사이에서 한 마리의 개가 15km/h의 속력으로 왔다 갔다 왕복달리기를 한다면 두 사람이 만날 때까지 이 개가 뛴 거리는 얼마가 되겠는가?

① 500m ② 750m ③ 1,000m
③ 1,500m ③ 4,000m

47 A, B 두 사람이 상류와 하류의 선착장에서 노를 저어 중간 지점으로 가는 데 걸리는 시간은 각각 10분과 30분이다. 강물이 흐르지 않는다면 두 사람이 서로를 향해 노를 저어갈 때 몇 분 만에 만나게 되겠는가? (단, 두 사람이 노를 젓는 배의 속력은 강물이 흐르지 않는다면 서로 같다.)

① 5분 30초 ② 6분 ③ 7분 30초
④ 8분 30초 ⑤ 9분

48 A와 B가 걷는 속력의 비가 7:5일 때, A와 B가 각각 일정한 속력으로 걸어서 각자의 집에서 동시에 마주 보고 출발하면 5분 후에 만난다. A와 B가 각각 집에서 동시에 출발하여 같은 방향으로 A가 B를 뒤따라가면, A와 B는 얼마 만에 서로 만나게 되는가?

① 5분 ② 10분 ③ 20분
④ 30분 ⑤ 45분

49 버스 종점과 지하철역 사이의 거리 4.2km를 일정한 속력으로 왕복하는 버스가 있다. A는 정각 9시에 종점에서 출발하여 지하철역 방향으로 걷고, 10분 만에 지하철역에서 종점을 향해 출발한 버스와 마주쳤다. 이로부터 5분 후에 종점에서 9시 12분에 출발한 버스가 A를 지나쳐 갔다면 버스의 속력은 얼마인가?

① 70m/min ② 140m/min ③ 280m/min
④ 350m/min ⑤ 420m/min

50 A와 B 두 도시의 기차역을 운행하는 기차가 있다. 이 기차는 역을 출발해서 10km 지점까지와 다른 역에 도착하기 10km 이전 지점에서부터는 평균 속력이 운행속력의 절반으로 떨어진다. A, B 두 역 사이에 새로운 C역을 만들었는데 이 역에서 4분간 정차한다. 이전에 비해 C역이 생긴 후에 A역에서 출발하여 B역에 도착하기까지 10분이 더 걸린다고 할 때, 이 기차의 운행속력을 구하면? (단, 모든 역 사이의 거리는 50km 이상이다.)

① 100km/h   ② 125km/h   ③ 150km/h
④ 200km/h   ⑤ 250km/h

51 2.8km 떨어진 A와 B 두 지점 사이를 일정한 속력으로 왕복하는 노선버스가 있다. 정각 9시에 A지점을 출발하여 B지점을 향해 걷고 있는데, 같은 시각에 B지점을 출발한 버스와 9시 10분에 마주쳤다. 8분간 더 걸으니 9시 12분에 A지점을 출발한 다른 버스가 지나쳐 갔다. 이 버스의 속력을 구하면?

① 54m/min   ② 210m/min   ③ 216m/min
④ 224m/min   ⑤ 232m/min

52 두 대의 자동차가 100km 떨어진 A, B 두 도시를 쉬지 않고 왕복하고 있고 두 자동차의 속력은 서로 다르다. 두 대의 자동차가 동시에 A도시를 출발하여 B도시로부터 20km 떨어진 곳에서 처음 마주쳤다. 이 두 대의 자동차가 세 번째로 마주치는 곳은 A도시로부터 얼마나 떨어져 있겠는가?

① 0km   ② 20km   ③ 40km
④ 60km   ⑤ 80km

53 무빙워크(수평 보행기)에 가만히 서서 가면 한 쪽 끝에서 반대편 끝까지 150초가 걸린다. 이 무빙워크에서 일정한 속도로 걸으면 100초 만에 무빙워크 끝에 도착한다. 무빙워크 끝에서 바로 다시 뒤돌아서서 왔을 때의 2배의 속력으로 무빙워크가 움직이는 방향과 반대 방향으로 걸었을 때, 무빙워크의 반대 쪽 끝에 도달하기까지 얼마나 걸리는가?

① 50초   ② 75초   ③ 100초
④ 150초   ⑤ 갈 수 없다.

54 강의 양쪽에서 마주 보는 선착장을 왕복하는 두 척의 페리가 있다. 한 척의 속력은 20km/h이며, 다른 한 척의 속력은 이보다 느리다. 양쪽 선착장에서 동시에 서로 반대편으로 출발하여 속력이 느린 배가 750m를 운항했을 때 두 배가 서로 마주쳤다. 선착장에 도착하여 각각 10분간 정박한 후, 다시 반대편 선착장을 향해 출발했는데 속력이 느린 배가 250m를 운항한 곳에서 두 배가 다시 마주쳤다. 이 강의 폭을 구하면? (단, 강물의 유속은 고려하지 않는다.)

① 1,750m ② 1,850m ③ 1,900m
④ 2,000m ⑤ 2,250m

55 두 지점 A, B로부터 동시에 서로 마주 보는 방향으로 자전거와 오토바이가 출발하였다. 한 시간 후에 자전거는 지점 A와 오토바이의 중간지점에 위치해 있었고, 또 한 시간 후에는 자전거와 오토바이가 지점 A로부터 같은 거리만큼 떨어져 있었다. 이때, 오토바이의 속력은 자전거의 속력의 몇 배가 되겠는가?

① 2배 ② 3배 ③ 3.5배
④ 4배 ⑤ 4.5배

56 진이가 터미널 앞 자전거 주차장에 세워둔 자전거를 가지러 가는데 갈 때는 시속 $v_1$km로 가고 올 때는 자전거를 타고 시속 $v_2$km로 왔다. 자전거를 찾아오는 데 1시간이 걸렸다면 주차장까지의 거리를 표현한 것으로 적절한 것은? (단, $v_2 > v_1$이다.)

① $\dfrac{v_1 v_2}{v_1 + v_2}$ ② $\dfrac{v_1 + v_2}{v_1 v_2}$ ③ $\dfrac{v_1 v_2}{v_1 - v_2}$

④ $\dfrac{v_1 v_2}{v_2 - v_1}$ ⑤ $\dfrac{v_2 - v_1}{v_1 v_2}$

57 A가 네 걸음을 걷는 동안 B는 다섯 걸음을 걷는다. 그러나 A가 세 걸음 걷는 거리를 B는 네 걸음을 걸어야 한다. 두 사람이 동시에 같은 장소에서 같은 방향으로 걷기 시작해서, B가 150m를 나아갔을 때, A와 B와의 거리는 몇 m 떨어져 있겠는가?

① 5m ② 10m ③ 15m
④ 20m ⑤ 25m

Chapter

04 농도

농도 계산 문제는 대부분 소금물이고, 식염수, 설탕물, 과즙 등으로 변주되어 나온다. 문제 유형은 물 첨가, 물 증발, 소금 첨가, 소금물 첨가 등이 있다. 어떤 유형의 문제이든지 중요한 것은 소금(용질)의 농도다. 변하기 전과 변한 후의 소금의 농도를 비교해서 등식을 만드는 형식이기 때문에, 소금의 농도가 어떻게 되었는가를 잘 비교할 필요가 있다. 기본적으로 NCS에서는 출제 비중이 낮지만 그래도 준비는 해 두는 것이 좋다.

Tip

※ 기본공식

(1) 농도(%) $= \dfrac{\text{소금의 양}}{\text{소금물의 양}} \times 100$

(2) 소금의 양 $= \dfrac{\text{소금물의 양} \times \text{농도}}{100}$

01 중급 단계

01 순수한 물 100g에 36%의 설탕물 50g과 20%의 설탕물 50g을 모두 섞으면, 몇 %의 설탕물이 되는가?

① 10% ② 12% ③ 14%

④ 16% ⑤ 18%

02 농도가 6%인 소금물 120ml에 농도가 3%인 소금물을 추가해 농도가 4%인 소금물을 제조하려고 한다. 농도가 3%인 소금물은 얼마나 필요한가?

① 120ml ② 240ml ③ 360ml

④ 480ml ⑤ 600ml

03 10%의 소금물 200g이 있다. 이 소금물에 몇 g의 물을 더 넣으면 5%의 소금물이 되는가?

① 800g ② 400g ③ 100g

④ 200g ⑤ 300g

04 10%의 소금물 200g이 있다. 이 소금물에서 몇 g의 물을 증발시키면 40%의 소금물이 되는가?

① 90g   ② 80g   ③ 100g
④ 150g   ⑤ 200g

05 9%의 소금물 200g에 6%의 소금물을 넣어 8%의 소금물을 만들려고 한다. 6%의 소금물을 몇 g 넣어야 하는가?

① 60g   ② 70g   ③ 80g
④ 90g   ⑤ 100g

06 6%의 소금물과 12%의 소금물을 섞어서 10%의 소금물 300g을 만들었다. 이때, 6%의 소금물의 양은?

① 100g   ② 120g   ③ 150g
④ 200g   ⑤ 250g

07 8%의 소금물과 14%의 소금물을 섞었더니 10%의 소금물 300g이 되었다고 할 때, 8%의 소금물과 14%의 소금물 양의 차이는 얼마인가?

① 20g   ② 30g   ③ 50g
④ 100g   ⑤ 150g

08 6%의 소금물 400g이 있다. 이 소금물에 몇 g의 소금을 더 넣으면 20%의 소금물이 되는가?

① 70g   ② 80g   ③ 90g
④ 100g   ⑤ 110g

09 6%의 소금물과 2%의 소금물을 섞어서 5%의 소금물 300g을 만들려고 한다. 각각 몇 g을 섞으면 되는가?

	6%의 소금물	2%의 소금물
①	210g	90g
②	215g	85g
③	220g	80g
④	225g	75g
⑤	230g	70g

10 A, B 두 소금물이 있다. A소금물 100g과 B소금물 200g을 섞으면 6%의 소금물이 되고, A소금물 200g과 B소금물 100g을 섞으면 8%의 소금물이 된다고 할 때, A, B 두 소금물의 농도를 구하면?

	A소금물	B소금물
①	10%	4%
②	8%	8%
③	5%	4%
④	10%	8%
⑤	10%	10%

11 물 xg과 소금 yg을 섞어서 20%의 소금물을 만들었다. 여기에 물 $2x$g과 소금 $3y$g을 섞으면 몇 %의 소금물이 되는가?

① 40% ② 35% ③ 30%
④ 25% ⑤ 20%

12 바닷물을 담아서 증발시키면 소금이 된다. 농도가 0.8%인 바닷물 2kg을 담아 햇볕에 증발시켜 소금만 남게 하려면 얼마의 시간이 걸리겠는가? (단, 물은 1분에 4g씩 증발한다고 한다.)

① 7시간 40분 ② 7시간 54분 ③ 8시간 16분
④ 8시간 32분 ⑤ 8시간 48분

13 무게가 같은 3%의 소금물과 5%의 소금물이 있다. 5%의 소금물 200g을 덜어내고 남은 것을 3%의 소금물 전체와 섞었더니, 3.5%의 소금물이 되었다. 3%의 소금물의 무게는?

① 250g ② 300g ③ 350g
④ 400g ⑤ 420g

14 12%의 소금물 300g이 있다. 이를 가열했더니 15%의 소금물이 되었다고 한다. 이때, 증발한 물의 양은?

① 20g ② 30g ③ 50g
④ 60g ⑤ 100g

15 5%의 소금물 300g에 추가로 순수한 물을 넣어서 4%의 소금물을 만들려고 한다. 순수한 물을 얼마나 추가해야 하는가?

① 50g ② 60g ③ 75g
④ 100g ⑤ 150g

16 7%의 소금물 300g에 xg의 소금을 넣었더니 10%의 소금물이 되었다고 한다. 이때, 소금 xg은 얼마인가?

① 10g ② 15g ③ 20g
④ 21g ⑤ 35g

17   소금물 300g을 가열하여 110g을 증발시킨 후, 소금 10g을 넣었더니 처음 농도의 2배가 되었다고 한다. 처음 소금물의 농도는 얼마인가?

① 12%   ② 11%   ③ 10%
④ 8%   ⑤ 4%

18   20%의 소금물에서 물 60g을 증발시켰더니 25%의 소금물이 되었다. 여기에 소금 xg을 추가하여 40%의 소금물을 만들려고 할 때, 추가해야 하는 소금 xg은 얼마인가?

① 20g   ② 30g   ③ 36g
④ 50g   ⑤ 60g

19   8%의 소금물 300g에서 xg의 소금물을 퍼내고 동일한 양의 물을 넣은 뒤, 4%의 소금물과 섞어 6%의 소금물 400g을 만들었다고 할 때, 퍼낸 소금물 xg에 들어있는 소금의 양은 몇 g인가?

① 100g   ② 50g   ③ 10g
④ 5g   ⑤ 4g

20   4%의 소금물 300g에 xg의 소금을 더 넣었더니 10%의 소금물이 되었다고 한다. 더 넣은 소금 xg의 양은 얼마인가?

① 20g   ② 40g   ③ 50g
④ 60g   ⑤ 100g

21 12%의 소금물에서 xg의 소금물을 덜어 내고, 빼낸 소금물만큼 물을 넣은 뒤, 6%의 소금물 150g과 섞어 8%의 소금물 450g을 만들었다. 덜어 낸 소금물 xg은 얼마인가?

① 25g ② 50g ③ 60g
④ 70g ⑤ 75g

22 10%의 소금물 300g을 6%의 소금물로 만들려고 할 때, 추가해야 하는 물의 양은 얼마인가?

① 100g ② 150g ③ 200g
④ 250g ⑤ 300g

23 A컵에는 6%의 소금물이 300g, B컵에는 9%의 소금물이 600g 들어 있다. 두 컵에서 동시에 xg의 소금물을 덜어 내어 서로 바꾸어 넣었더니 두 소금물의 농도가 같아졌다. 이때, x의 값은?

① 120g ② 140g ③ 160g
④ 180g ⑤ 200g

24 농도 4%의 소금물 540g이 있다. 이 소금물에서 몇 g의 물을 증발시키면 12%의 소금물이 되겠는가?

① 180g ② 200g ③ 260g
④ 300g ⑤ 360g

25 농도 25%의 소금물이 있다. 물의 양을 2배, 소금의 양을 4배로 늘린다면 소금물의 농도는 몇 %가 되겠는가?

① 40% ② 35% ③ 30%
④ 25% ⑤ 20%

02 고급 단계

26   2%의 소금물과 9%의 소금물을 섞은 후, 물과 소금을 더 넣어 7%의 소금물 1,300g을 만들었다. 2%의 소금물과 더 넣은 물의 양의 비가 3 : 2, 더 넣은 소금의 양은 더 넣은 물의 양의 $\frac{1}{8}$일 때, 2%의 소금물의 양을 구하면?

① 390g   ② 420g   ③ 450g

④ 480g   ⑤ 540g

27   4%의 소금물과 6%의 소금물을 섞고 순수한 물을 부었더니 3%의 소금물 120g이 되었다. 4%의 소금물과 추가한 물의 비가 1 : 3이었다면 추가한 순수한 물의 양은 얼마인가?

① 18g   ② 24g   ③ 36g

④ 54g   ⑤ 72g

28   8%의 소금물이 담긴 비커에서 일부의 소금물을 덜어낸 후, 똑같은 양의 순수한 물과 함께 50g의 소금을 넣었더니 24%의 소금물 250g이 되었다. 처음에 비커에서 덜어낸 소금물의 양을 구하면?

① 45g   ② 50g   ③ 60g

④ 75g   ⑤ 100g

29   A, B 비커에 소금물이 각각 1kg, 800g이 들어있다. A비커에서 200g을 덜어 B비커에 넣고 잘 섞은 후, 다시 B비커에서 200g을 덜어 A비커에 넣고 잘 섞었다. 이때 A, B 비커 소금물의 농도가 각각 4%, 8%였다면, 본래 A비커에 들어 있던 소금물의 농도는?

① 2%   ② 2.5%   ③ 3%

④ 3.5%   ⑤ 4%

30 농도가 96%인 용액 6L를 희석하여 사용하려고, 용액의 일부를 덜어내고 같은 양의 순수한 물을 넣었다. 희석한 용액이 너무 묽어서 다시 희석한 용액 0.5L를 덜어내고 처음에 덜어냈던 96%의 용액을 다시 넣어서 최종적으로 농도가 68.5%인 용액을 만들었다. 처음에 덜어냈던 96% 농도의 용액의 양을 구하면?

① 2.0L   ② 2.5L   ③ 2.75L
④ 3.0L   ⑤ 3.25L

31 성현이 가지고 있는 비커에는 5%의 소금물 200g이 있고, 상민이 가지고 있는 비커에는 15%의 소금물 100g이 있다고 한다. 성현과 상민이 같은 ag의 소금물을 퍼내서 서로의 비커에 넣었더니, 상민이 비커 소금물의 농도가 성현이 비커 소금물의 농도의 두 배가 되었다고 할 때, ag의 소금물은 얼마인가?

① 10g   ② 20g   ③ 25g
④ 30g   ⑤ 50g

32 3%의 소금물 100g, 6%의 소금물 200g, 물 xg을 혼합하여 2%의 소금물을 만들었다. 이때, 넣은 물의 양은?

① 450g   ② 500g   ③ 550g
④ 600g   ⑤ 650g

33 각각 10%, 6%인 소금물을 섞어서 300g의 소금물을 만들었다. 여기에 소금 20g을 더 넣었더니 농도가 12%인 소금물이 되었다. 이때, 10%와 6%의 소금물의 양은?

	10% 소금물	6% 소금물
①	20g	300g
②	15g	290g
③	10g	290g
④	10g	320g
⑤	15g	400g

34 A, B 두 비커에 소금물이 200ml씩 들어 있는데, 각각의 비커에서 50ml씩을 덜어 다른 비커의 소금물에 섞고 나서 농도를 측정해 보니 각각 15%, 21%였다. 이때, 섞기 전 A소금물의 농도는 몇 %인가?

① 6% ② 12% ③ 18%

④ 22% ⑤ 24%

35 농도가 12%인 소금물 200g에서 Ag을 덜어내고, 농도가 6%인 소금물 120g과 섞으니 농도 8%의 소금물 Bg이 되었다. B의 값을 구하면?

① 120g ② 140g ③ 160g

④ 180g ⑤ 200g

36 농도가 다른 두 종류의 식염수 A, B가 있다. A에서 30g, B에서 20g을 퍼내서 섞으면 6% 식염수가 되고 A에서 20g, B에서 30g을 퍼내서 섞으면 8% 식염수가 된다. 이 두 종류의 식염수 A, B에서 같은 양을 퍼내서 섞으면 몇 % 식염수가 되는가?

① 5% ② 6% ③ 7%

④ 8% ⑤ 9%

37 A, B 두 개의 용기에 농도가 각각 a%, b%인 소금물이 각각 800g씩 들어있다. 먼저 A소금물의 절반을 덜어 B소금물과 잘 섞은 후, 다시 B용기의 소금물 절반을 덜어 A용기의 소금물에 넣고 섞었더니, A용기와 B용기의 소금물의 농도는 각각 24%, 16%가 되었다. 이때, $a+b$의 값을 구하면?

① 16 ② 24 ③ 36

④ 42 ⑤ 48

38 A, B비커에 각각 다른 농도의 소금물을 만들려고 한다. B비커에는 A비커보다 소금의 양을 2배로 하고 순수한 물의 양은 $\frac{1}{2}$ 로 줄였다. A비커 소금물의 농도가 10%일 때, B비커 소금물의 농도의 근삿값을 구하면?

① 25% ② 27% ③ 30%
④ 36% ⑤ 40%

39 20%의 설탕물 100g이 들어 있는 그릇에서 설탕물 Ag을 퍼내고 물 Ag을 넣었다. 이 그릇에서 다시 설탕물 Ag을 퍼내고 같은 양의 물 Ag을 넣었더니 5%의 설탕물이 되었다. 이때, A의 값을 구하면?

① 10g ② 30g ③ 50g
④ 150g ⑤ 200g

40 A소금물 100g과 B소금물 150g을 섞으면 8% 농도의 소금물이 되고, A소금물 200g과 B소금물 50g을 섞으면 6%의 소금물이 된다. A소금물의 농도는?

① 3% ② 5% ③ 8%
④ 10% ⑤ 12%

41 2%의 소금물과 9%의 소금물을 섞은 후, 물과 소금을 더 넣어 7%의 소금물 1,300g을 만들었다. 2%의 소금물과 더 넣은 물의 양의 비가 3 : 2, 더 넣은 소금의 양은 더 넣은 물의 양의 $\frac{1}{8}$ 일 때, 2% 소금물의 양을 구하면?

① 390g ② 420g ③ 450g
④ 480g ⑤ 540g

Chapter

05 일

일 계산 문제는 주로 풀장에 물을 채우는 문제나 일을 하는 문제 등 일정한 페이스로 진행되는 어떤 사건에 관한 문제가 등장한다. 단위 시간에 할 수 있는 일의 양을 구하면 분자가 1이고, 분모의 숫자가 곧 걸린 날이나 시간인 분수로 표현된다. 단위 시간을 꼭 1일이나 1시간으로 생각할 필요는 없다. 가령 물통에 물이 1시간에 $\frac{2}{4}$가 채워 진다면, 30분에 $\frac{1}{4}$이 채워지는 것으로 생각하고 식을 세워도 된다.

Tip

> ※ **기본공식**
> (1) 전체 일의 양을 1로 놓는다.
> (2) 한 사람이 단위 시간에 할 수 있는 일의 양이 미지수 x, y가 된다.
> (3) 작업량과 관련된 공식
> $$\text{시간당 처리량} = \frac{\text{작업량}}{\text{소요시간}}$$

01 중급 단계

01 A, B 두 사람이 일을 하는데 A가 4일, B가 6일 동안 하면 완성할 수 있는 일을 A가 2일, B가 12일 동안 일하여 완성하였다. 이 일을 A가 혼자 한다면 며칠이 걸리는가?

① 6일 　　　　　　　　② 7일 　　　　　　　　③ 8일
④ 9일 　　　　　　　　⑤ 11일

02 A, B 두 사람이 같이 일을 하면 6일 걸리는 일을 A가 2일을 일한 후, 나머지를 B가 14일을 일하여 끝마쳤다. 이때, A가 혼자서 일을 한다면 며칠이 걸리겠는가?

① 9일 　　　　　　　　② 10일 　　　　　　　　③ 12일
④ 15일 　　　　　　　　⑤ 20일

03 A가 혼자서 일을 하면 3시간이 걸리고, B가 혼자서 일을 하면 5시간이 걸리는 일이 있다. A가 1시간 일을 하다가, 힘들어서 B에게 요청해 그 후로 B가 합류해서 일을 끝마쳤다. A와 B가 함께 일한 시간은?

① 1시간 　　　　　　　　② 1시간 15분 　　　　　　　　③ 1시간 30분
④ 1시간 45분 　　　　　　　　⑤ 1시간 50분

04 A, B, C가 함께 하면 6일이 걸리는 어떤 일을 A와 C가 함께 하면 9일, B와 C가 함께 하면 12일이 걸린다고 한다. 이때, 이 일을 A와 B가 함께 하루에 할 수 있는 일의 양은? (단, A, B, C가 함께 하는 일의 양을 1이라 한다.)

① $\dfrac{6}{55}$ ② $\dfrac{8}{85}$ ③ $\dfrac{4}{25}$

④ $\dfrac{5}{36}$ ⑤ $\dfrac{8}{26}$

05 세 호스 A, B, C를 하나씩만 사용하여 어떤 물탱크를 가득 채우는 데 걸리는 시간은 각각 3시간, 4시간, 6시간이라고 한다. 이 물탱크를 처음에는 A호스로만 1시간 동안 채우다가 멈추고 B, C호스를 함께 사용하여 가득 채웠다고 할 때, B, C호스를 함께 사용한 시간은?

① 1시간 20분   ② 1시간 24분   ③ 1시간 30분

④ 1시간 36분   ⑤ 1시간 45분

06 현제와 정호가 울타리를 칠하기로 하였다. 현제가 하루에 x만큼씩 3일 동안 칠하고 나머지는 정호가 하루에 y만큼씩 7일 동안 칠하면 모두 칠할 수 있는데 현제와 정호가 함께 칠하면 6일이 걸린다고 한다. 이때, 울타리를 현제가 혼자 칠하면 며칠이 걸리는가?

① 8일   ② 12일   ③ 24일

④ 25일   ⑤ 26일

07 A호스로 물통을 가득 채우는 데 3시간이 걸리고, B호스로 물통을 가득 채우는 데 9시간이 걸린다고 한다. A호스와 B호스를 사용하여 동시에 물통을 채운다면 몇 시간이 걸리는가?

① 2시간   ② 2시간 12분   ③ 2시간 15분

④ 2시간 20분   ⑤ 2시간 24분

08 성현이 혼자 일하면 24시간, 상민이 혼자 일하면 12시간이 걸리는 일이 있다. 이 일을 성현과 상민이 6시간 동안 같이 일한 뒤, 성현이 혼자 일을 끝마치기 위해서는 몇 시간이 필요한가?

① 2시간   ② 3시간   ③ 4시간

④ 6시간   ⑤ 8시간

09 경준과 미나가 함께 하면 4일 만에 마칠 수 있는 일을 경준이 8일 동안 작업한 후 나머지를 미나가 2일 동안 작업하여 모두 마쳤다. 이 일을 경준이 혼자서 하면 며칠이 걸리는가?

① 4일 　　　　　　② 6일 　　　　　　③ 12일
④ 13일 　　　　　　⑤ 15일

10 어떤 물통에 물을 A호스로 10분 동안 넣고, B호스로 4분 동안 넣었더니 물통이 가득 찼다. 또, 각각 5분 동안 넣었더니 물통이 가득 찰 때, A호스로만 물통을 가득 채우는 데는 몇 분이 걸리는가?

① 15분 　　　　　　② 20분 　　　　　　③ 25분
④ 30분 　　　　　　⑤ 35분

11 A호스와 B호스를 이용해서 100L의 물통을 채우는 데 2시간이 걸린다고 한다. A호스로 1시간, B호스로 1시간 40분을 틀어 놓으면 물통에 80L의 물이 채워진다고 할 때, A호스를 이용해서 물통에 100L를 채우는 데 걸리는 시간은?

① 10시간 　　　　　　② 16시간 　　　　　　③ 20시간
④ 24시간 　　　　　　⑤ 30시간

12 A호스로 물통을 가득 채우는 데 42시간이 걸리고, B호스로 물통을 가득 채우는 데 14시간이 걸린다고 한다. 또한 C배수구로 가득찬 물통의 물을 완전히 빼내는 데 21시간이 걸린다고 할 때, A, B호스로 물을 채우면서 C배수구로 물을 빼낸다면, 물통이 가득 차는 데 몇 시간이 걸리겠는가?

① 14시간 　　　　　　② 18시간 　　　　　　③ 21시간
④ 24시간 　　　　　　⑤ 25시간

13 성현이 혼자 일하면 20분이 걸리고, 상민이 혼자 일하면 24분이 걸리는 일이 있다. 상민이 2분간 먼저 일하고 나머지 일을 성현과 상민이 함께 일했다면, 성현과 상민이 함께 일한 시간은 몇 분인가?

① 10분 　　　　　　② 12분 　　　　　　③ 15분
④ 18분 　　　　　　⑤ 21분

14 아버지가 혼자 하면 8일이 걸리고 아들이 혼자 하면 12일이 걸리는 일이 있다. 이 일을 아버지가 하다가 도중에 아들이 교대하였더니 10일 만에 끝낼 수 있었다. 이때, 아들이 일한 날은 며칠인가?

① 4일   ② 5일   ③ 6일
④ 7일   ⑤ 8일

15 A관을 3시간, B관을 4시간 사용하여 물을 채우면 총 53L의 물을 채울 수 있다. A관을 4시간, B관을 3시간 사용하면 총 52L의 물이 채워진다. A관과 B관을 2시간 동안 틀어 놓아 물을 채우면 몇 L의 물을 받을 수 있는가?

① 16L   ② 22L   ③ 26L
④ 30L   ⑤ 34L

16 빈 물통에 물을 가득 채우는 데 A관은 30분, B관은 20분이 걸린다. 처음 10분간은 A관만 사용하고 그 이후로는 A관과 B관 모두 사용하여 물을 채웠다면, 물통이 가득 찰 때까지 걸리는 총 시간은?

① 12분   ② 15분   ③ 16분
④ 18분   ⑤ 20분

17 풀장에 물을 채우는 데 A관과 B관을 동시에 사용하면 3시간, B관과 C관을 동시에 사용하면 4시간, C관과 A관을 동시에 사용하면 6시간이 걸린다. 이때, A, B, C관을 동시에 사용하면 풀장의 물을 가득 채우는 데 얼마나 걸리는가?

① 2시간   ② 2시간 15분   ③ 2시간 20분
④ 2시간 30분   ⑤ 2시간 40분

18 어떤 풀장에 물을 가득 채우는 데 A관은 100분, B관은 150분이 걸린다. A관과 B관을 동시에 틀면 풀장에 물이 가득 차는 데 얼마나 걸리는가?

① 60분   ② 65분   ③ 70분
④ 75분   ⑤ 80분

19 성현이 혼자 일하면 4시간, 상민이 혼자 일하면 1시간이 걸리는 일이 있다. 이 일을 성현과 상민이 함께 일하면 같은 시간에 200%의 일을 할 수 있다고 할 때, 성현과 상민이 함께 일하면 몇 시간 만에 일을 끝낼 수 있는가?

① 12분   ② 18분   ③ 20분

④ 24분   ⑤ 30분

20 A, B, C 세 사람이 같이하면 5일 만에 끝낼 수 있는 일을 A, B 두 사람이 하면 10일, B, C 두 사람이 하면 6일 만에 끝난다고 한다. 이 일을 B 혼자서 하게 되면 며칠이나 걸리는가?

① 10일   ② 15일   ③ 20일

④ 25일   ⑤ 30일

21 어떤 일을 하는 데 A 혼자서는 3시간, B 혼자서는 6시간이 걸린다. A, B 둘이 함께 일을 한다면 이 일을 마치는 데 총 몇 시간이 걸리는가?

① 1시간   ② 1시간 반   ③ 2시간

④ 2시간 15분   ⑤ 2시간 반

22 송유관에 기름을 채우는 데 A관을 사용하면 45분, B관을 사용하면 30분이 걸린다. A, B관을 동시에 틀어 기름을 채우다가 15분 뒤에 A관을 잠갔다면, 송유관에 기름을 가득 채우는 데 걸린 시간은?

① 20분   ② 25분   ③ 30분

④ 35분   ⑤ 40분

23 ○○공사의 유 부장은 프로젝트를 하나 맡게 되었는데, 팀원인 명수와 준하 둘 중에 누구에게 이 프로젝트 실무를 맡길 것인가를 고민 중이다. 만약 이 프로젝트를 명수 혼자서 하면 12일이 걸리고 준하 혼자서 하게 되면 20일이 걸린다. 그래서 가능한 이 프로젝트를 빨리 끝내고 싶은 유 부장은 둘에게 같이 하라고 지시했는데, 지금 하고 있는 일이 마무리되지 않은 준하는 바로 프로젝트에 합류하지 못했다. 그래서 명수 혼자서 4일을 일하다가 뒤늦게 합류한 준하와 같이 프로젝트를 끝냈다. 명수가 일한 날은 며칠인가?

① 5일 　　　　　　　　② 6일 　　　　　　　　③ 7일
④ 8일 　　　　　　　　⑤ 9일

24 사무실의 적정 습도를 맞추는 데 A가습기는 16분, B가습기는 20분 걸린다. A가습기를 10분 동안만 틀고 B가습기로 적정 습도를 맞춘다면, B가습기 작동 시간은?

① 6분 30초 　　　　　② 7분 　　　　　　　③ 7분 15초
④ 7분 30초 　　　　　⑤ 8분 30초

25 A, B 두 대의 복사기가 있다. 1분에 A는 100쪽, B는 150쪽을 복사할 수 있다. 이 두 대의 복사기를 이용하여 50쪽짜리 유인물을 최단시간에 30부 복사할 때, A로는 몇 부 복사하여야 하는가?

① 10부 　　　　　　　② 12부 　　　　　　　③ 15부
④ 21부 　　　　　　　⑤ 30부

26 철수는 정상적인 컨디션에서 문제를 풀 때에는 1분에 2문제, 몸이 안 좋을 때에는 2분에 1문제를 풀 수 있고 표를 해석할 때에는 한 개당 1분씩 걸린다. 50분 동안 문제를 푸는데 30분이 지난 후부터 배가 아프기 시작했다면 4개의 표를 해석한 후 20개의 문제를 풀고 6개의 표를 해석한 후 35문제를 푸는 데 주어진 시간보다 몇 분이 더 소요되는가?

① 8분 　　　　　　　② 10분 　　　　　　　③ 12분
④ 14분 　　　　　　　⑤ 15분

02 고급 단계

27 두 사람 A, B가 어떤 작업을 하는 데 다음과 같은 시간이 걸린다. 이 작업을 A 혼자 3일 동안 하고 이후 A와 B가 함께 했을 때, 둘이 함께 일한 기간은?

> • A가 혼자 일하면 B가 혼자 일하는 기간의 $\frac{5}{4}$ 만큼의 기간이 걸린다.
> • A가 혼자 2일 동안 일한 뒤 B가 혼자 5일 동안 일하면 작업의 반을 끝낼 수 있다.

① 4일   ② 5일   ③ 6일
④ 7일   ⑤ 8일

28 갑, 을, 병이 같은 개수의 풍선을 불고 있다. 갑이 풍선을 다 불었을 때, 을은 30개, 병은 42개가 남아 있었고 을이 풍선을 다 불었을 때, 병은 아직 18개 남아 있었다. 각각의 작업의 속도가 일정하다고 할 때, 풍선은 전부 몇 개 있는가?

① 90개   ② 100개   ③ 120개
④ 270개   ⑤ 300개

29 A가 하면 18일, B가 하면 27일 걸리는 일이 있다. 둘이서 공동 작업으로 일을 시작했으나, 도중에 B가 일을 그만 두어 끝마치기까지 14일이 걸렸다. 전체 일한 날 중 B가 참여하지 않은 날짜 수는?

① 4일   ② 6일   ③ 8일
④ 10일   ⑤ 12일

30 대학 동아리 홍보 담당자인 A는 세 명의 부원과 함께 2시간 30분 동안 홍보책자 400개를 제작해야 한다. 한 명의 부원은 30분에 21개를 제작하고 다른 한 명은 30분에 18개를 만들며 나머지 한 명은 30분에 25개를 만든다고 할 때 A가 30분 동안 제작해야 하는 책자의 수는?

① 16개   ② 18개   ③ 20개
④ 22개   ⑤ 24개

31 수영장에 물을 채우는 수도관이 두 개 있다. 수영장을 채우는 데 큰 것으로는 3시간, 작은 것으로는 5시간이 걸린다. 물을 빼는 배수관으로 2시간이면 수영장의 물을 모두 뺄 수 있다. 실수로 배수관을 막지 않고 수도관 두 개를 다 가동했다면 수영장의 절반까지 물이 차는 데 걸리는 시간은?

① 9시간   ② 12시간   ③ 15시간
④ 18시간   ⑤ 30시간

32 A가 혼자 하면 10시간 걸리는 일을 중간에 B가 3시간 거들면 A가 혼자 하는 것보다 3시간 45분의 시간이 단축된다. 두 사람이 함께 2시간 30분 동안 일한 후, 나머지 일을 B가 마쳤을 때 B가 일한 총 시간을 구하면?

① 5시간   ② 5시간 15분   ③ 5시간 45분
④ 6시간   ⑤ 6시간 30분

33 A, B, C 세 사람이 함께 하면 a일이면 마칠 수 있는 일을 A가 혼자 하면 $a+6$ 걸리고, B가 혼자서 하면 $a+15$일, C가 혼자 하면 $2a$일이 걸린다. 이 일을 A가 혼자서 했을 때 걸리는 시간은?

① 3일   ② 6일   ③ 9일
④ 12일   ⑤ 18일

34 A가 4시간 일을 하고 이어서 B가 6시간 하면 끝나는 일이 있다. 순서를 바꿔 B가 먼저 3시간 일을 하고 A가 이어서 일을 하면 9시간 만에 끝난다. 이 일을 A, B 둘이 동시에 함께 한다면 일을 끝내는 데 걸리는 시간은?

① 4시간 20분   ② 4시간 24분   ③ 4시간 30분
④ 4시간 48분   ⑤ 5시간

35 자동차 조립공장에서 A조와 B조가 함께 작업을 하면 30분이 걸리는 일이 있다. 그런데 오늘은 처음 24분 동안 A, B조가 함께 일을 하다가 A조 인원의 $\frac{2}{5}$만 남기고 모두 퇴근을 해서 25분 후에 작업을 마쳤다. 만일 B조 혼자서 이 일을 하게 된다면 시간은 얼마나 걸리겠는가?

① 50분   ② 60분   ③ 65분

④ 70분   ⑤ 75분

36 A와 B가 함께 밭에 채소를 심고 있다. 채소를 심어야 할 밭은 각각 12줄씩이다. A는 40분 동안 1줄에 채소를 심고, 나머지 40분 동안 1줄에 흙을 덮었다. B는 20분 만에 1줄에 채소를 심었지만 B가 2줄에 흙을 덮는 동안 A는 3줄에 흙을 덮었다. 일을 마치고 두 사람의 품삯으로 모두 20만 원을 받았다면 A가 받아야 할 몫은 얼마인가?

① 6만 원   ② 8만 원   ③ 10만 원

④ 12만 원   ⑤ 14만 원

37 일정량의 물이 흘러 채워지는 커다란 수조가 있다. 4명이 이 수조의 물을 퍼내는 데 30분이 걸리고, 8명이 이 일을 하면 10분이 걸린다. 이 수조의 물을 5분 만에 모두 퍼내려고 하면 몇 명이 필요한가?

① 12명   ② 13명   ③ 14명

④ 15명   ⑤ 16명

38 A가 혼자서 하면 X일, B가 혼자서 하면 Y일 걸리는 일이 있다. 이 일을 2일간 A와 B가 함께 하고, 남은 부분을 A가 혼자서 한다면, 이 일을 끝마치는 데 걸리는 시간은?

① $\dfrac{XY - 2(X+Y)}{X}$ ② $\dfrac{XY - 2(X+Y)}{Y}$ ③ $\dfrac{XY + 2(X+Y)}{Y}$

④ $\dfrac{X(Y-2)}{Y}$ ⑤ $\dfrac{Y(X-2)}{Y}$

39 절단기 한 대를 이용하여 6m 합판 300개를 2m 조각들로 자르는 데 한 시간이 걸린다. 이 절단기로 8m 합판 100개를 2m 조각으로 자르는 데 걸리는 시간을 구하면?

① 20분   ② 30분   ③ 40분

④ 60분   ⑤ 90분

40   A, B 두 사원에게 보고서 작업을 할당하려고 한다. A사원은 경험이 많아 2시간 만에 이 보고서를 쓸 수 있고, B사원은 3시간이 걸린다. 두 사람에게 보고서를 나눠 쓰게 했을 때, 보고서를 완성하는 데 가장 짧게 걸리는 시간을 구하면?

① 1시간 10분   ② 1시간 12분   ③ 1시간 15분
④ 1시간 20분   ⑤ 1시간 30분

41   한 벽면에 타일을 붙이는 데 A가 혼자서 하면 20분이 걸리고 B가 혼자서 하면 25분이 걸린다. A와 B 두 명이 함께 일을 하면 각자 할 때보다 매분 20장의 타일을 더 붙일 수 있다. 둘이 함께 일을 하여 한 벽면에 타일을 붙이는 일을 10분 만에 끝마쳤다고 할 때, 한 벽면의 타일의 개수는 몇 개인가?

① 1,200개   ② 1,500개   ③ 1,800개
④ 2,000개   ⑤ 2,400개

42   100명이 한 시간에 300개의 인형과 200개의 자동차 모형을 만들 수 있으며, 60명이 두 시간에 각각 240개의 인형과 300개의 자동차 모형을 만들 수 있다. 50명의 인원으로 세 시간 동안 150개의 인형을 만들었다면 자동차 모형은 몇 개를 만들었겠는가?

① 410개   ② 420개   ③ 430개
④ 440개   ⑤ 450개

43   A생산라인으로 먼저 32시간 가동해서 제품을 생산한 후, 다시 B생산라인을 가동하여 두 생산라인으로 10,000개의 정상 제품을 생산하였다. 생산성과 불량품 비율이 다음과 같을 때, 10,000개의 정상 제품을 생산하기 위해 생산라인을 가동한 총 시간을 구하면?

> • 불량품 체크 전 단계의 시제품 100개를 만드는 데 A생산라인은 4시간이 걸리고, B생산라인은 2시간이 걸린다.
> • 두 라인을 동시에 가동하면 시간당 정상제품 생산량이 각각 20%씩 상승한다.
> • A생산라인의 불량률은 20%이고, B생산라인의 불량률은 10%이다.

① 132시간   ② 142시간   ③ 152시간
④ 162시간   ⑤ 172시간

Chapter

06 최소공배수, 최대공약수

최소공배수, 최대공약수 문제는 톱니바퀴 문제, 배차 문제, 도형의 개수 구하기 등 다양한 형태로 문제가 출제된다. 최대공약수는 문제가 제한적이기 때문에 대부분의 문제는 최소공배수 유형이다. 따라서 일단 문제의 출발은 최소공배수라고 생각하고 풀이를 해도 무방하다. NCS에서는 톱니바퀴나 도형의 개수 문제보다는 버스 배차나 주차장 문제 등이 많이 출제된다.

Tip

※ **기본공식**
(1) 톱니바퀴 문제는 기본적으로 톱니들의 최소공배수를 구하는 문제다.
(2) 최소공배수는 해당되는 수를 각각 인수분해한 후, 각 수의 인수 가운데 가장 큰 부분만을 취해서 조합하면 된다.
(3) 최대공약수는 해당되는 수를 각각 인수분해한 후, 각 수의 인수 가운데 서로 공통된 부분을 추출하면 된다.
(4) 두 수를 A, B라 하고 최소공배수를 L, 최대공약수를 G라고 할 때,
　① $A = aG$
　② $B = bG$
　③ $AB = GL$
　④ $abG = L$
(5) 만약 두 수가 $X = A^a \times B^b$, $Y = A^{a+2} \times B^{b-1} \times C^c$로 주어졌다면,
　X, Y 두 수의 최소공배수는 $A^{a+2} \times B^b \times C^c$
　X, Y 두 수의 최대공약수는 $A^a \times B^{b-1}$

01 중급 단계

01 가로, 세로의 길이와 높이가 각각 25cm, 15cm, 10cm인 직육면체 모양의 블록을 일정한 방향으로 빈틈없이 쌓아 가장 작은 정육면체를 만들 때, 필요한 블록의 수는?

① 900개　　　　　② 850개　　　　　③ 800개
④ 750개　　　　　⑤ 700개

02 세 개의 신호등 중 하나는 20초 동안 켜졌다가 8초 동안 꺼지고, 다른 하나는 30초 동안 켜졌다가 12초 동안 꺼지며, 또 다른 하나는 50초 동안 켜졌다가 20초 동안 꺼진다고 한다. 세 신호등이 동시에 켜진 후 그 다음 동시에 켜질 때까지 몇 초 걸리겠는가?

① 120초　　　　　② 220초　　　　　③ 320초
④ 420초　　　　　⑤ 520초

03 진희의 아버지는 6일 동안 일하고 하루 쉰다. 진희의 어머니는 9일 동안 일하고 하루 쉰다. 1월에 진희의 부모님이 함께 쉬는 날이 없을 때, 진희의 부모님이 함께 쉬는 날은 1년에 며칠인가?

① 4일   ② 5일   ③ 6일
④ 7일   ⑤ 8일

04 어떤 수로 26과 38을 나누어도 나머지가 2가 되는 자연수 중 가장 큰 수는?

① 11   ② 12   ③ 13
④ 14   ⑤ 15

05 x를 3, 5, 9로 나누면 1이 부족한 두 자리 자연수 중 가장 큰 수 x는 얼마인가?

① 29   ② 31   ③ 42
④ 42   ⑤ 44

06 공책 50권, 연필 27자루, 지우개 35개를 되도록 많은 학생들에게 똑같이 나누어 주려고 했더니 공책은 2권이 남고, 연필은 3자루가 남고, 지우개는 1개가 부족하였다. 학생들은 모두 몇 명인가?

① 10명   ② 11명   ③ 12명
④ 13명   ⑤ 14명

07 가로, 세로 길이와 높이가 각각 18cm, 16cm, 12cm인 직육면체 모양의 벽돌을 빈틈없이 쌓아서 가능한 한 작은 정육면체를 만들려고 한다. 이때, 필요한 벽돌의 수는?

① 750장   ② 850장   ③ 856장
④ 864장   ⑤ 872장

08 어느 역에서 부산행 열차는 1시간마다 출발하고, 목포행 열차는 1시간 10분마다 출발한다. 오전 6시에 두 열차가 동시에 출발했다면, 그 다음 처음으로 동시에 두 열차가 출발하는 시각은?

① 오후 2시   ② 오후 7시   ③ 오후 5시
④ 오후 1시   ⑤ 오후 3시

09 경기도에 있는 회사에 출근하는 혜림이는 급행버스인 1005번과 1151번 중 하나를 탄다. 두 버스는 배차 간격이 조금 다른데, 1005번은 15분에 하나씩 배차가 되고 1151번은 18분에 하나씩 배차가 된다. 두 버스가 동시에 도착한 시각이 오전 8시였을 때, 다음에 두 버스가 동시에 도착하는 시각은 언제인가?

① 08 : 45   ② 09 : 00   ③ 09 : 18
④ 09 : 30   ⑤ 09 : 40

10 성은이가 지하철 플랫폼에 서 있다. 왼쪽의 상행 방면에서는 지하철이 4분마다 들어오고 오른쪽의 하행 방면에서는 지하철이 7분마다 들어오고 있다. 10시에 두 지하철이 동시에 들어왔다. 성은이가 그 후부터 시작해서 15시까지 플랫폼 가운데에서 두 지하철이 동시에 오는 횟수를 세었을 때, 동시에 들어온 횟수는 총 몇 회인가?

① 9회   ② 10회   ③ 11회
④ 12회   ⑤ 13회

11 ○○유치원 교사 K씨는 아래의 유치원 바닥에 다음과 같이 놀이매트를 설치하기 위해 인터넷 판매 사이트에서 놀이매트를 살펴보고 있다. 이 유치원 바닥을 정사각형 매트로 정확하게 채우려고 하는데 매트 수를 가장 적게 사용할 때, 총 몇 장의 매트가 소요되는가?

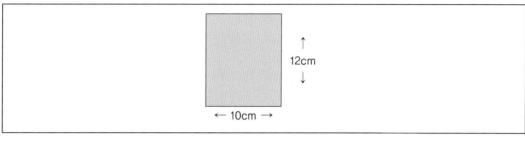

① 12장   ② 20장   ③ 24장
④ 30장   ⑤ 36장

12 창고 정리를 하는데 가로 40cm, 세로 100cm, 높이 30cm인 박스를 쌓아서 정사각형 모양으로 쌓아 놓으려고 한다. 박스의 개수를 최소로 한다고 할 때, 박스를 총 몇 개까지 쌓을 수 있을까?

① 300개   ② 600개   ③ 900개
④ 1,500개   ⑤ 1,800개

13 성현은 14일마다 휴가를 내고, 상민은 30일마다 휴가를 낸다. 오늘 성현과 상민이 동시에 휴가를 냈다고 하면, 며칠 후에 성현과 상민이 동시에 휴가를 내는가?

① 70일   ② 120일   ③ 140일
④ 150일   ⑤ 210일

14 톱니바퀴의 수가 각각 28개, 35개인 두 톱니바퀴 A, B가 서로 맞물려 있다. 두 톱니바퀴가 회전하기 시작하여 같은 톱니에서 처음으로 다시 맞물리는 것은 A가 몇 바퀴 회전한 후인가?

① 1바퀴　　　　　　② 2바퀴　　　　　　③ 3바퀴

④ 4바퀴　　　　　　⑤ 5바퀴

15 28개의 톱니바퀴 A와 36개의 톱니바퀴 B가 맞물려서 돌아가고 있다. 이들 톱니바퀴가 처음 시작한 위치로 다시 돌아올 때까지 톱니바퀴 A는 몇 바퀴 회전해야 하는가?

① 4바퀴　　　　　　② 6바퀴　　　　　　③ 9바퀴

④ 12바퀴　　　　　　⑤ 15바퀴

16 A, B 두 톱니바퀴가 있다. 각각의 톱니의 수는 45개, 54개라고 할 때, 두 톱니바퀴가 같은 톱니에서 처음으로 다시 맞물리기 위해서는 A가 최소 몇 바퀴 회전해야 하는가?

① 4바퀴　　　　　　② 5바퀴　　　　　　③ 6바퀴

④ 10바퀴　　　　　　⑤ 12바퀴

17 톱니의 수가 각각 72개, 45개인 톱니바퀴 A, B가 서로 맞물려 있다. 두 톱니바퀴가 회전하기 시작하여 최초로 다시 같은 톱니에서 맞물리려면 B는 몇 바퀴 회전해야 하는가?

① 5바퀴　　　　　　② 6바퀴　　　　　　③ 7바퀴

④ 8바퀴　　　　　　⑤ 9바퀴

18 부산으로 가는 버스는 8분, 대전으로 가는 버스는 16분, 광주로 가는 버스는 20분 간격으로 출발한다고 한다. 오전 6시에 세 버스가 동시에 출발하였다면 그 다음 세 버스가 동시에 출발하는 시각은?

① 7시   ② 7시 20분   ③ 7시 24분
④ 7시 36분   ⑤ 7시 48분

19 타일의 가로의 길이는 75cm, 세로의 길이는 90cm라고 할 때, 타일을 붙여 정사각형 모양으로 만들기 위해서 최소한 몇 개의 타일이 필요한가?

① 30개   ② 32개   ③ 36개
④ 48개   ⑤ 60개

20 춘천으로 가는 버스는 30분마다 출발하고 대전으로 가는 버스는 45분마다 출발한다고 할 때, 오전 6시에 두 버스가 동시에 출발했다고 한다. 오전 6시를 제외하고 오후 1시 이전까지 두 버스가 동시에 출발한 횟수는 몇 번인가?

① 1번   ② 2번   ③ 3번
④ 4번   ⑤ 5번

21 가로의 길이가 3cm, 세로의 길이가 2cm, 높이가 5cm인 직육면체를 빈틈없이 쌓아 정육면체를 만들려고 한다. 최소한 몇 개의 직육면체가 필요한가?

① 600개   ② 800개   ③ 900개
④ 1,000개   ⑤ 1,200개

02 고급 단계

22 성현은 시내 공영 주차장에서 주차 관리 업무를 맡고 있다. 오후 1시 10분을 기준으로 주차장에 차가 1대 나가고 2대가 들어왔고, 이때 주차장에는 총 84대의 차가 주차되어 있었다. 그럼 주차장에 100대의 차가 다 들어오는 시간은 언제인지 알맞은 것을 고르면?

주차장
• 총 주차 가능 자동차 수는 100대이다.
• 주차장에 차량은 4분에 한 대가 나간다.
• 주차장에 차량은 5분에 두 대가 들어온다.

① 13시 50분   ② 14시 25분   ③ 14시 55분
④ 15시 5분   ⑤ 15시 30분

23 당신은 마케팅 책임자로 오늘 3개 시도에서 동시다발적으로 퍼포먼스를 열기로 했다. 구체적인 계획은 대외비인 관계로 서류를 고속버스 화물택배를 이용하여 3개 시도에 동시에 보내려고 한다. 터미널로 직접 가서 동시에 떠나는 버스 편에 서류를 보내려고 하고 인포메이션에 문의했더니 3개 시도로 가는 고속버스는 10시에 동시에 출발했고 배차간격은 각각 15분, 10분, 12분이라고 한다. 회사에서 터미널 지하철역까지 도착하는 데 40분 걸리고 지하철역에 내려서 화물 택배를 의뢰하는 곳까지 찾아가는 데 10분, 그리고 화물 택배를 의뢰하는 업무에는 5분 정도 걸릴 것으로 예상된다. 현재시간은 오전 11시 10분이고, 정확하게 시간이 맞아 떨어진다는 가정하에 당신이 터미널에서 업무를 처리하기 위해서는 회사에서 몇 분 후에 떠나야 하는가?

① 20분   ② 35분   ③ 55분
④ 70분   ⑤ 75분

24 성현의 NCS 스터디에는 30명 이상 40명 미만의 취업준비생이 참여했고 그룹마다 같은 인원이 되도록 스터디 그룹을 구성하려고 한다. 3명씩 한 그룹으로 구성하면 1명이 남고, 4명씩 한 그룹으로 구성하면 2명이 남으며, 6명씩 한 그룹으로 구성하면 4명이 남는다고 할 때, 한 그룹에 8명씩 배정하면 몇 명의 취업준비생이 남겠는가?

① 1명　　　　　　　　② 2명　　　　　　　　③ 3명
④ 4명　　　　　　　　⑤ 5명

25 김 부장과 이 대리는 각각 3일, 5일 간격으로 당직을 선다. 또한 두 사람은 내일부터 매주 토요일에 꽃꽂이 교실을 나간다. 오늘이 금요일이고 두 사람 모두 당직을 섰을 때, 첫 수업부터 열 번째 꽃꽂이 수업을 할 때까지 두 사람이 같이 당직을 서는 횟수는? (단, 당직과 꽃꽂이 수업이 겹치는 날은 당직을 선다.)

① 1번　　　　　　　　② 2번　　　　　　　　③ 3번
④ 4번　　　　　　　　⑤ 5번

26 ○○공사 앞의 A백반집과 B분식집은 둘 다 맛있기로 소문난 집이다. A백반집은 10일마다 쉬고 B분식집은 15일마다 쉰다. ○○공사 사원인 태준은 평일에는 회사 구내식당에서 점심을 해결하지만 토요일에는 이 두 집 가운데 한 군데에서 식사를 한다. 토요일에 태준은 점심을 먹으러 갔다가 두 집이 동시에 문을 닫는 바람에 결국 편의점 삼각김밥을 먹어야 했다. 태준은 다음에도 토요일에 같이 쉬게 되면 곤란하니 미리 날짜를 계산하려고 한다. 지금부터 며칠 후에 A백반집과 B분식집은 토요일에 같이 쉬게 될까?

① 10일 후　　　　　　② 15일 후　　　　　　③ 30일 후
④ 150일 후　　　　　　⑤ 210일 후

정답 · 풀이 56p

07 경우의 수

경우의 수는 NCS 및 적성시험의 단골 출제 분야이다. 경우의 수를 모르면 확률을 계산할 수 없기 때문에 경우의 수와 확률은 한 쌍이라고 생각해야 한다. 조건부 경우의 수는 조건부 확률과 연결되는 어려운 분야이며, 시험에도 많이 출제가 된다. 문제 유형으로는 조건에 따라 경우를 따지는 문제, 배열문제, 순열의 문제, 조합의 문제 등이 있다. 만약 주어진 조건에서 순서가 상관이 있으면 순열이고, 순서가 상관이 없으면 조합이다. 예를 들어, 8명 중에 대표위원 2명을 뽑으면 조합이고, 위원장과 부위원장 1명씩 2명을 뽑으면 순열이다.

Tip) 경우의 수 유형 분류

1. 직접 counting을 해야 하는 경우
직접 경우의 수를 세야 하기 때문에 10개 이상을 세야 하는 경우는 출제가 되지 않는다. 또한 단순 counting 문제는 숫자를 세는 과정에서 오류가 많이 발생하기 때문에 counting을 할 때 내림차순이나 오름차순으로 순차적으로 경우의 수를 나열하는 것이 오류를 줄일 수 있는 방법이다.

2. 줄서기
예를 들어 "10명을 선착순으로 세우는 방법"이나, "5장의 카드를 배열하는 방법", "4명이 일렬로 등산을 하는 방법" 등이 해당되면 N! 형태로 풀이가 된다. 줄서기 문제는 해당 인원이나 카드 등을 모두 사용할 때 등 순서가 경우의 수에 영향을 줄 때 이용이 된다.

3. 순열과 조합
일명 뽑기에 해당하는데 뽑기는 순열과 조합 2가지 형태가 있다. 뽑기라는 것은 N명 중에서 K명을 뽑는 방식이다. 이때, 순서를 counting을 해야 하는 경우가 순열(순서가 경우의 수에 영향을 준다.)이고 순서를 무시하는 것이 조합(순서가 경우의 수에 영향을 주지 않는다.)이다. 예를 들어, 10명 중 반장, 부반장을 뽑는 경우를 생각해 보면, A, B가 반장, 부반장이 되는 경우와 부반장, 반장이 되는 경우는 다르므로 순서를 counting 해야 한다. 이 경우가 순열이다. 그런데 만약 임원 2명을 뽑는 경우라고 생각하면, A, B가 되었건 B, A가 되었건 같은 형태가 된다. 이런 경우를 조합이라고 한다. 사용방식은 아래와 같다.

(1) 서로 다른 n개에서 중복을 허락하지 않고 $r(n \geq r)$개를 택하여 순서 있게 일렬로 배열하는 순열의 수는 $_n\mathrm{P}_r$

$$_n\mathrm{P}_r = \frac{n!}{(n-r)!}$$

(2) 서로 다른 n개에서 순서를 생각하지 않고 r개를 택하는 조합의 수는 $_n\mathrm{C}_r$

$$_n\mathrm{C}_r = \frac{_n\mathrm{P}_r}{r!} = \frac{n!}{r!(n-r)!} \ (단, \ 0 \leq r \leq n)$$

Part 02

응용수리 연습문제

Tip 기본공식

1. 사건과 경우의 수
(1) 사건 : 어떤 실험이나 관찰에 의하여 일어나는 결과
(2) 경우의 수 : 어떤 사건이 일어나는 가짓수

2. 경우의 수 : 합의 법칙
두 사건이 동시에 일어나지 않을 때 사용
사건 A가 일어날 경우의 수가 n가지이고, 사건 B가 일어날 경우의 수가 m가지일 때, A 또는 B가 일어날 경우의 수는 $n+m$

3. 경우의 수 : 곱의 법칙
두 사건이 동시에 일어날 때 사용
사건 A가 일어날 경우의 수가 n가지이고, 사건 B가 일어날 경우의 수가 m가지일 때, 사건 A, B가 동시에 일어날 경우의 수는 $n \times m$

4. 경우의 수 : 정수 만들기
1에서 n까지의 다른 숫자가 각각 적힌 카드 중에서
2장을 뽑아서 만들 수 있는 두 자리 자연수는 $n(n-1)$
3장을 뽑아서 만들 수 있는 세 자리 자연수는 $n(n-1)(n-2)$

5. 경우의 수 : 한 줄로 서기
n명이 한 줄로 설 때의 경우의 수는 $n \times (n-1) \times (n-2) \times \cdots\cdots \times 3 \times 2 \times 1$ (단, $n \geq 1$)

n명의 후보 중에서 2명의 대표를 뽑는 경우의 수는 $\dfrac{n(n-1)}{2!}$

n명의 후보 중에서 3명의 대표를 뽑는 경우의 수는 $\dfrac{n(n-1)(n-2)}{3!}$

6. 동전 또는 주사위를 던질 때의 경우의 수
(1) n개의 동전 : 2^n
(2) n개의 주사위 : 6^n

---

01 중급 단계

01 동전 3개를 동시에 던질 때, 뒷면이 2개 이상 나오는 경우의 수는?

① 1가지   ② 2가지   ③ 3가지
④ 4가지   ⑤ 5가지

02 책꽂이에 잡지 4권과 소설책 6권이 꽂혀 있다. 이 중 잡지 또는 소설책을 꺼내는 경우의 수는?

① 6가지   ② 7가지   ③ 8가지
④ 9가지   ⑤ 10가지

03 동전 한 개와 주사위 한 개를 동시에 던질 때 일어날 수 있는 모든 경우의 수는?

① 8가지   ② 12가지   ③ 16가지

④ 20가지   ⑤ 24가지

04 A, B, C, D, E 5명 중에서 3명을 뽑아 일렬로 세우는 경우의 수는?

① 15가지   ② 20가지   ③ 45가지

④ 60가지   ⑤ 120가지

05 지윤이는 A도시를 출발하여 B도시를 거쳐 C도시까지 갔다가 다시 B도시를 거쳐 A도시로 돌아오는 여행 계획을 세웠다. 지윤이가 A도시에서 C도시까지 왕복하는 방법의 수는?

① 8가지   ② 16가지   ③ 32가지

④ 64가지   ⑤ 128가지

06 A, B, C, D, E 5명을 일렬로 세울 때, A와 D가 서로 이웃하지 않는 경우의 수는?

① 24가지   ② 36가지   ③ 48가지

④ 60가지   ⑤ 72가지

07 5가지의 서로 다른 색으로 다음 그림의 각 영역을 색칠하려고 한다. A, B, C, D의 네 영역을 구분하여 칠할 때, 칠할 수 있는 모든 경우의 수를 구하면? (단, 같은 색을 두 번 사용할 수 있다.)

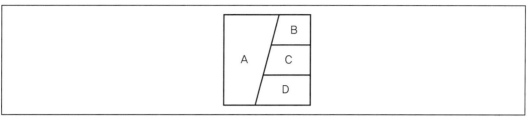

① 150가지   ② 160가지   ③ 170가지
④ 180가지   ⑤ 190가지

08 1부터 25까지의 자연수가 각각 하나씩 적힌 25개의 구슬이 주머니 속에 들어 있다. 이 중에서 임의로 한 개의 구슬을 꺼낼 때, 구슬에 적힌 수가 소수인 경우의 수는?

① 6가지   ② 7가지   ③ 8가지
④ 9가지   ⑤ 10가지

09 후식으로 아이스크림 3종류, 케이크 4종류, 음료수 2종류가 있다. 이때, 한 가지를 택해서 먹는 경우의 수는?

① 6가지   ② 7가지   ③ 9가지
④ 12가지   ⑤ 24가지

10 주어진 그림과 같이 A에서 B로 가는 길이 3가지, B에서 C로 가는 길이 2가지, A에서 C로 직접 가는 길이 3가지일 때, A에서 C로 가는 방법은 몇 가지인가? (단, 같은 도시는 두 번 방문하지 않는다.)

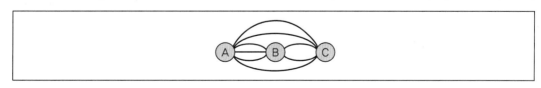

① 9가지   ② 10가지   ③ 11가지
④ 12가지   ⑤ 14가지

11 주어진 그림과 같은 4개의 부분 A, B, C, D를 서로 다른 4가지의 색으로 칠하려고 한다. 같은 색을 여러 번 쓸 수 있으나 이웃한 부분은 다른 색을 칠하는 방법의 수는?

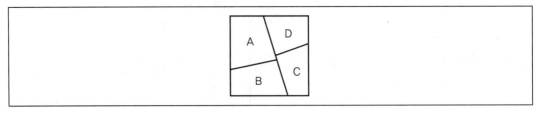

① 24가지   ② 36가지   ③ 48가지
④ 60가지   ⑤ 72가지

12 주어진 그림과 같은 모양의 도로가 있다. A지점에서 출발하여 P지점을 거쳐서 B지점까지 최단 거리로 가는 방법의 수는?

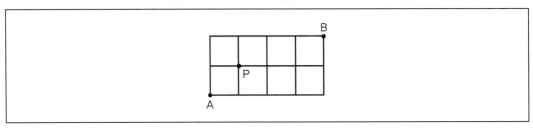

① 4가지   ② 6가지   ③ 8가지
④ 10가지   ⑤ 12가지

13 서로 다른 색의 색연필 6개가 있다. 이 중 2개를 뽑아 나란히 놓는 방법의 수는?

① 12가지   ② 20가지   ③ 24가지
④ 30가지   ⑤ 42가지

14 야구부 3명과 축구부 2명이 일렬로 설 때, 야구부 3명이 이웃하여 서는 경우의 수는?

① 12가지   ② 20가지   ③ 24가지
④ 30가지   ⑤ 36가지

15 영어 단어 dream에서 5개의 문자를 일렬로 나열할 때, d 또는 a가 맨 뒤에 오는 경우의 수는?

① 12가지   ② 20가지   ③ 24가지

④ 48가지   ⑤ 60가지

16 알파벳 a, b, c, d를 사전식으로 나열할 때, 18번째에 오는 문자는?

① cadb   ② cbad   ③ cbda

④ cdab   ⑤ cdba

17 1, 2, 3, 4의 숫자가 각각 적힌 4장의 카드 중에서 3장을 뽑아 만들 수 있는 세 자리 정수 중 220보다 큰 수의 개수는?

① 13개   ② 14개   ③ 15개

④ 16개   ⑤ 17개

18 사진전에 출품된 5장의 사진 중에서 대상, 최우수상, 인기상을 각각 1장씩 뽑는 경우의 수는?

① 24가지   ② 60가지   ③ 120가지

④ 240가지   ⑤ 480가지

19 쌀, 보리, 조, 팥, 현미 중 쌀을 포함하여 3가지를 골라 잡곡밥을 지으려고 한다. 서로 다른 잡곡밥은 몇 가지 지을 수 있는가? (단, 잡곡의 비율은 상관없다.)

① 6가지   ② 9가지   ③ 12가지

④ 15가지   ⑤ 18가지

20 전주, 부산, 해남, 경주, 여수의 5곳 중에서 2곳을 골라 휴가를 가려고 할 때, 휴가를 갈 곳을 고르는 방법의 수는?

① 5가지   ② 10가지   ③ 15가지
④ 20가지   ⑤ 25가지

21 남학생이 6명, 여학생이 4명인 어느 모임에서 남학생 2명과 여학생 2명을 대표로 뽑는 방법의 수는?

① 60가지   ② 90가지   ③ 120가지
④ 150가지   ⑤ 180가지

22 50원짜리, 100원짜리, 500원짜리 동전이 각각 9개, 4개, 4개가 있을 때, 2,150원을 지불하는 방법의 수는?

① 1가지   ② 2가지   ③ 3가지
④ 4가지   ⑤ 5가지

23 A, B, C, D, E, F 여섯 명을 일렬로 세울 때, A는 맨 앞에, E는 맨 뒤에 서는 경우의 수는?

① 20가지   ② 21가지   ③ 22가지
④ 23가지   ⑤ 24가지

24 10명의 사람이 서로 한 번씩 악수를 할 때, 총 악수의 횟수는?

① 70회   ② 60회   ③ 50회
④ 45회   ⑤ 35회

25 버스에 서 있는 승객이 7명 있다. 빈 자리가 2개일 때, 이들이 자리에 앉는 방법의 수는?

① 12가지 ② 15가지 ③ 30가지
④ 42가지 ⑤ 35가지

26 알파벳 P, E, N, C, I, L에 대하여 모음끼리 이웃하여 일렬로 나열하는 경우의 수는?

① 230가지 ② 220가지 ③ 200가지
④ 180가지 ⑤ 240가지

27 알파벳 P, E, N, C, I, L에 대하여 자음끼리 이웃하여 일렬로 나열하는 경우의 수는?

① 144가지 ② 158가지 ③ 168가지
④ 120가지 ⑤ 200가지

28 0부터 6까지의 숫자가 각각 하나씩 적힌 7장의 카드 중에서 3장을 뽑아 만들 수 있는 세 자리 정수 중 짝수의 개수는?

① 102개 ② 105개 ③ 108개
④ 200개 ⑤ 250개

29 0에서 5까지의 숫자가 각각 하나씩 적힌 6장의 카드 중에서 3장을 뽑아 세 자리 정수를 만들어 작은 수부터 차례로 나열할 때, 30번째에 오는 수는?

① 231 ② 240 ③ 255
④ 260 ⑤ 270

30 1학년 학생 3명과 2학년 학생 4명을 일렬로 세울 때, 1학년 학생끼리 이웃하여 서는 경우의 수는?

① 690가지   ② 700가지   ③ 710가지

④ 720가지   ⑤ 730가지

31 8개의 축구팀이 서로 한 번씩 경기를 할 때, 열리는 총 경기의 수는?

① 27가지   ② 28가지   ③ 29가지

④ 30가지   ⑤ 40가지

32 남자 5명과 여자 6명 중에서 남자 2명, 여자 3명을 뽑아 일렬로 세우는 방법의 수는?

① 12,000가지   ② 16,000가지   ③ 20,000가지

④ 24,000가지   ⑤ 25,000가지

33 서로 다른 종류의 꽃 10송이를 3송이, 3송이, 4송이로 나누어 포장하는 방법의 수는?

① 1,800가지   ② 2,000가지   ③ 2,100가지

④ 2,400가지   ⑤ 2,500가지

34 11명의 학생을 3명, 5명, 3명의 3개의 조로 나누어 과학실, 화장실, 식당을 청소하도록 하는 방법의 수는?

① 4,620가지   ② 6,930가지   ③ 13,860가지

④ 27,720가지   ⑤ 28,620가지

35 a, b를 이용해 4개로 이루어진 문자열을 만들려고 한다. 이때, a가 연속되지 않도록 하는 방법은 모두 몇 개인가? (단, a, b는 중복 사용이 가능하다.)

① 5개   ② 6개   ③ 7개
④ 8개   ⑤ 9개

36 200보다 큰 세 자리 자연수 중 일의 자리는 홀수이고, 십의 자리는 소수인 자연수의 개수는 몇 개인가?

① 120개   ② 140개   ③ 160개
④ 180개   ⑤ 200개

37 A공기업은 아르바이트생을 뽑고 있는데, 지원자로는 남자 6명, 여자 4명이 왔다. 이 중 남자 3명, 여자 2명을 뽑는 경우의 수는?

① 12가지   ② 60가지   ③ 100가지
④ 120가지   ⑤ 150가지

38 A공기업은 아르바이트생을 뽑고 있는데, 지원자로는 남자 6명, 여자 4명이 왔다. 이중에서 6명을 뽑을 때 여자 4명이 포함된 경우의 수는?

① 12가지   ② 15가지   ③ 18가지
④ 24가지   ⑤ 36가지

39 100원, 50원, 10원짜리 동전이 각각 5개씩 있다. 이 동전들을 사용하여 600원을 지불하는 방법의 수를 구하면?

① 2가지   ② 3가지   ③ 4가지
④ 5가지   ⑤ 6가지

40 네 쌍의 부부가 한자리에 있다. 이들 중 네 명을 호명해서 따로 불러냈을 때 그 네 명이 두 쌍의 부부일 경우의 수는?

① 4가지   ② 6가지   ③ 8가지
④ 12가지   ⑤ 16가지

41 주어진 그림과 같이 성냥개비로 정삼각형을 만들어 나간다고 할 때, 삼각형 137개를 만들기 위해서는 몇 개의 성냥개비가 필요한가?

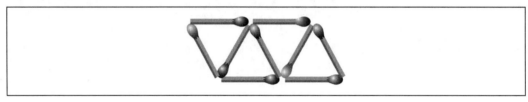

① 275개   ② 278개   ③ 281개
④ 284개   ⑤ 287개

42 은수가 속한 미술반은 은수를 포함하여 모두 12명의 회원으로 구성되어 있다. 다음 사생대회 장소를 고르기 위해 회원을 대상으로 대공원, 수목원, 고궁의 세 후보지를 놓고 투표를 실시할 때, 회원 전원이 투표하는 모든 경우의 수는? (단, 무효표는 없다.)

① $_{12}P_3$ ② $3! \times 12$ ③ $12! \times 3$
④ 12^3 ⑤ 3^{12}

43 세 개의 숫자 1, 2, 3으로 중복을 허락하여 만들 수 있는 네 자리의 자연수 중에서 숫자 1이 적어도 하나 포함되어 있는 자연수의 개수는?

① 65개   ② 62개   ③ 60개
④ 57개   ⑤ 55개

44 서로 다른 6종류의 음료수가 1병씩 있다. 이 6병의 음료수를 서로 다른 2종류의 상자에 나누어 담는 경우의 수를 a, 똑같은 상자 2개에 빈 상자가 없도록 나누어 담는 경우의 수를 b라고 할 때, $a-b$의 값은?

① 45   ② 42   ③ 39

④ 36   ⑤ 33

45 네 개의 숫자 1, 2, 3, 4에서 중복을 허락하여 5개를 택할 때, 숫자 4가 한 개 이하가 되는 경우의 수는?

① 45가지   ② 42가지   ③ 39가지

④ 36가지   ⑤ 33가지

46 같은 종류의 사탕 5개와 같은 종류의 초콜릿 2개를 3명의 학생들에게 남김없이 나누어 주는 경우의 수는? (단, 아무것도 받지 못한 학생이 있을 수 있다.)

① 120가지   ② 126가지   ③ 132가지

④ 140가지   ⑤ 148가지

47 크기와 색이 모두 같은 공 10개와 크기가 서로 다른 상자 3개가 있다. 공을 상자에 넣을 때, 모든 상자에 한 개 이상의 공이 들어가도록 넣는 방법의 수는?

① 36가지   ② 38가지   ③ 40가지

④ 42가지   ⑤ 44가지

02 고급 단계

48 A공사는 새로운 서비스를 기획하고 그것을 론칭하기 위한 VIP 론칭 파티를 개최하였다. 파티에 온 사람들 모두가 각각 한 번씩 악수를 하였다고 한다. 악수의 총 횟수가 66번이었다고 하면 파티에 참가한 총 인원은?

① 6명   ② 8명   ③ 10명
④ 12명   ⑤ 14명

49 ○○공단에서는 농구가 유행해서 사내 농구팀들이 많이 있다. 예선전은 리그전으로 치러지는데, 농구팀을 4개조로 나누고 각 조에서 각 팀이 다른 모든 팀과 한 번씩 경기하여 예선 우승팀을 결정한다. 그 후 예선 우승팀끼리 토너먼트로 최종 우승팀을 가린다. 예선 우승팀은 각 조 내의 다른 모든 팀과 한 번씩 경기한 후 결정된다고 하고, 최종 결승만 체육대회 당일 치른다고 한다. 수영이는 이 중 한 농구팀에 속해 있고 수영이가 속한 조 예선에서는 15경기가 이루어졌다고 한다. 수영이가 체육대회에서 농구 경기 결승을 뛰기 위해서 필요한 최소한의 경기 수는?

① 5게임   ② 6게임   ③ 7게임
④ 8게임   ⑤ 9게임

50 35개의 팀이 참여하여 녹아웃 토너먼트(knock-out Tournament) 방식으로 우승자를 가리는 대회가 있다. 우승자를 가릴 때까지 모두 몇 경기가 진행되어야 하는가?

① 16경기   ② 17경기   ③ 32경기
④ 34경기   ⑤ 35경기

51 내일 매화 경기장과 장미 경기장에서 각각 야구 경기가 진행된다. 매화 경기장에서는 12팀이 리그 형식으로 야구 경기를 진행하며, 장미 경기장에서는 68팀이 토너먼트 형식으로 야구 경기를 진행한다. 전체 경기가 먼저 끝나는 곳과 그 곳의 경기 수는? (단, 한 경기당 소요시간은 모두 동일하며 토너먼트 경기 시 남은 팀의 개수가 홀수일 경우 한 팀은 부전승으로 올라가 다음 라운드에서 경기를 펼친다.)

① 매화 경기장, 66경기   ② 매화 경기장, 72경기
③ 장미 경기장, 67경기   ④ 장미 경기장, 68경기
⑤ 두 경기장의 경기 수가 같다.

52 어느 산악 동호회에서 남자 5명, 여자 4명이 일렬로 서서 지리산을 등반하려고 한다. 이때, 여자끼리 이웃하지 않도록 하여 올라가는 방법의 수는?

① 42,200가지   ② 42,800가지   ③ 43,000가지
④ 43,200가지   ⑤ 44,200가지

53 인사팀의 박 대리는 직원들 교육 일정을 짜고 있다. 하루에 서로 다른 역량 강화 교육 3개와 서로 다른 인성 강화 교육 2개를 해야 한다. 인성 강화 교육을 연달아서 하면 조금 지루할 수 있을 것 같아서 인성 강화 교육을 연달아 하지 않도록 계획을 짜고 있다. 이때, 총 몇 가지 경우의 커리큘럼이 나올 수 있는가?

① 36가지   ② 48가지   ③ 56가지
④ 72가지   ⑤ 84가지

54 여덟 축구팀의 대진표를 그림과 같이 짜는 방법의 수는?

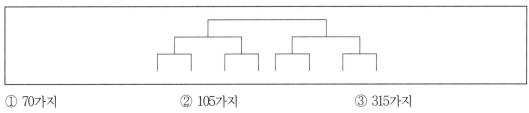

① 70가지   ② 105가지   ③ 315가지
④ 630가지   ⑤ 750가지

55 씨름 대회에 참가한 6명이 그림과 같은 토너먼트 방식으로 시합을 할 때, 대진표를 작성하는 방법의 수는?

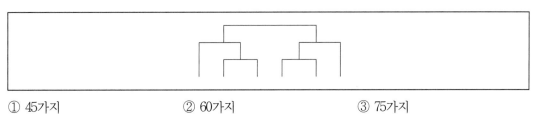

① 45가지   ② 60가지   ③ 75가지
④ 90가지   ⑤ 100가지

56 6개의 학급이 참가한 줄다리기 대회의 대진표가 그림과 같을 때, 대진표를 작성하는 방법의 수는?

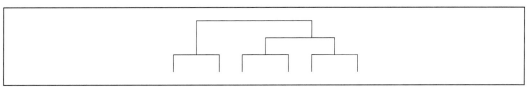

① 45가지   ② 60가지   ③ 75가지
④ 90가지   ⑤ 135가지

57 남학생 2명과 은희, 미나를 포함한 여학생 4명이 주어진 그림과 같이 6개의 자리가 있는 원탁에 둘러 앉으려고 한다. 은희와 미나는 서로 이웃하지 않도록 앉을 때, 이들 6명이 앉을 수 있는 모든 경우의 수는?

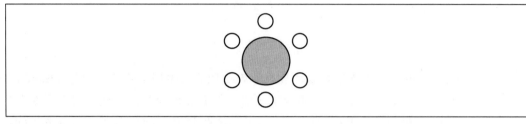

① 36가지 ② 48가지 ③ 72가지
④ 96가지 ⑤ 102가지

58 주어진 그림과 같은 정삼각형 모양의 탁자에 6명이 둘러앉는 방법의 수는?

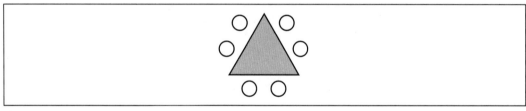

① 120가지 ② 240가지 ③ 300가지
④ 600가지 ⑤ 720가지

59 주어진 그림과 같은 정사각형 모양의 식탁에 네 쌍의 부부가 둘러앉으려고 한다. 사각형의 각 변에는 남편과 아내가 함께 앉을 때, 둘러앉는 방법의 수는?

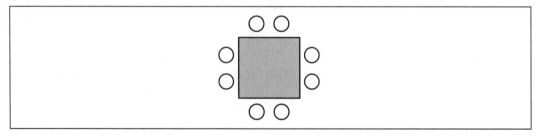

① 96가지 ② 104가지 ③ 126가지
④ 132가지 ⑤ 144가지

60 빨간색과 파란색을 포함한 서로 다른 6가지의 색을 모두 사용하여 날개가 6개인 바람개비의 각 날개에 색칠하려고 한다. 빨간색과 파란색을 서로 맞은편의 날개에 칠하는 경우의 수는? (단, 각 날개에는 한 가지 색만 칠하고, 회전하여 일치하는 것은 같은 것으로 본다.)

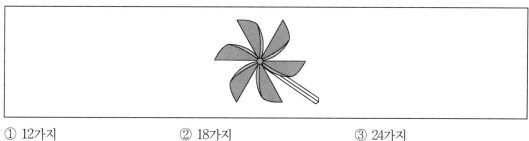

① 12가지   ② 18가지   ③ 24가지
④ 30가지   ⑤ 36가지

61 주어진 그림과 같은 테이블에 6명이 둘러앉을 수 있는 방법의 수를 구하면?

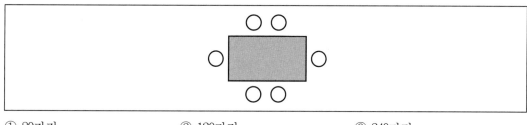

① 80가지   ② 120가지   ③ 240가지
④ 360가지   ⑤ 720가지

62 주어진 그림과 같이 3등분 된 직사각형이 있다. 맞닿은 부분을 같은 색으로 칠하지 않는다면 6개의 서로 다른 색으로 만들 수 있는 그림의 종류는? (단, 회전하였을 때 같은 색이 되는 경우는 같은 것으로 간주한다.)

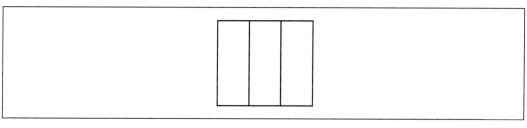

① 60가지   ② 72가지   ③ 90가지
④ 120가지   ⑤ 150가지

63 10개의 문자 A, T, M, O, S, P, H, E, R, E를 일렬로 배열할 때, 문자열 MOS를 포함하는 경우의 수는?

① 40,320가지   ② 20,160가지   ③ 5,040가지

④ 2,520가지   ⑤ 1,024가지

64 두 야구팀이 6회 말까지 경기를 치른 결과 점수가 6 : 6이었다면, 5회 말까지 경기를 마쳤을 때 두 팀의 점수는 최대 몇 가지 경우가 있겠는가?

① 12가지   ② 25가지   ③ 36가지

④ 49가지   ⑤ 56가지

65 축구 경기가 5 : 3의 점수로 끝이 났다. 0 : 0부터 5 : 3까지 점수가 변하는 경우의 수를 구하면?

① 14가지   ② 28가지   ③ 42가지

④ 56가지   ⑤ 70가지

66 A, B, C, D 네 명이 줄넘기 대회에 참가하였다. 매 게임당 세 명이 경기를 하는데 A는 네 명 중 가장 많은 8게임에 참가하였고, D는 네 명 중 가장 적은 5게임에 참가하였다. 이 네 명이 참가한 전체 게임의 수를 구하면? (단, 줄넘기 대회에 참가한 인원은 A, B, C, D 4명뿐이다.)

① 8게임   ② 9게임   ③ 10게임

④ 11게임   ⑤ 12게임

67 세 종류의 음료수 우유, 주스, 커피 중에서 n개를 주문하는 모든 경우의 수가 45일 때, 우유, 주스, 커피를 적어도 하나씩 포함하여 n개를 주문하는 경우의 수는?

① 12가지   ② 18가지   ③ 21가지

④ 30가지   ⑤ 36가지

68 어떤 행사에 참가한 3명의 참가자에게 기념품 8개를 나누어 주려고 한다. 기념품은 임의로 나누어 준다고 할 때, 기념품을 하나도 받지 못하는 참가자가 생기는 경우의 수는?

① 24가지   ② 28가지   ③ 32가지
④ 36가지   ⑤ 40가지

69 주어진 그림과 같은 길이 있을 때, A에서 출발하여 B까지 최단거리로 가는 방법의 수를 구하면?

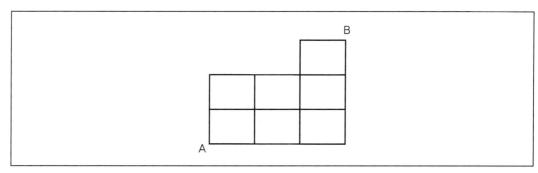

① 10가지   ② 12가지   ③ 15가지
④ 16가지   ⑤ 18가지

70 주어진 그림과 같은 길이 있을 때, A에서 출발하여 B까지 최단거리로 가는 방법의 수를 구하면?

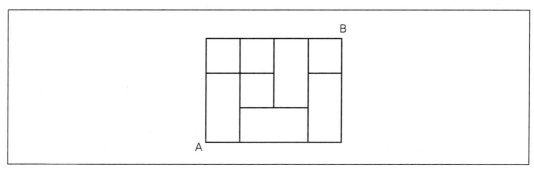

① 9가지   ② 10가지   ③ 11가지
④ 12가지   ⑤ 13가지

71 주어진 그림과 같이 중앙 부근에 호수가 있는 길이 있을 때, A에서 출발하여 B까지 최단거리로 가는 방법의 수는?

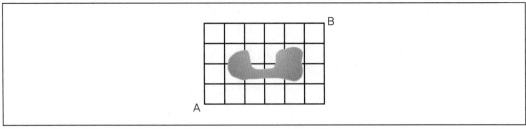

① 24가지   ② 32가지   ③ 36가지
④ 45가지   ⑤ 50가지

72 주어진 그림은 어느 구역의 건물 배치도이다. A를 출발하여 최단거리로 B에 도착하는 방법의 수는?

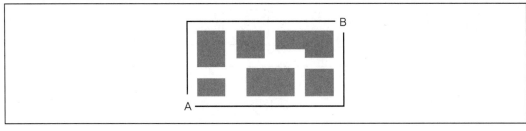

① 4가지   ② 6가지   ③ 8가지
④ 9가지   ⑤ 12가지

73 주어진 그림과 같이 화살표가 표시된 방향으로만 갈 수 있는 경우, A에서 출발하여 H까지 가는 방법의 수는?

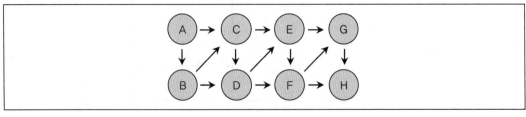

① 12가지   ② 16가지   ③ 21가지
④ 24가지   ⑤ 27가지

74 주어진 그림에서 A점으로부터 B점까지 모서리를 따라 움직일 때 최단거리로 도달하는 방법의 수는?

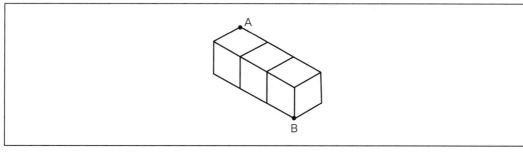

① 12가지   ② 18가지   ③ 20가지

④ 24가지   ⑤ 32가지

75 주어진 그림과 같은 길이 있을 때, A에서 출발하여 B까지 최단거리로 가는데 C지점을 지나치지 않는 방법의 수를 구하면?

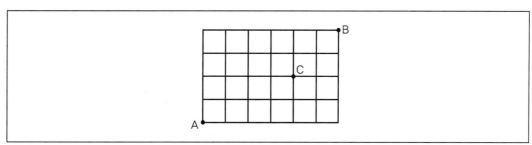

① 70가지   ② 90가지   ③ 120가지

④ 150가지   ⑤ 210가지

Chapter

08 확률

확률은 어떤 사건이 일어날 수 있는 가능성을 수로 나타낸 것이다. 특정 사건이 일어날 경우의 수를 전체 경우의 수로 나누면 원하는 사건이 일어날 확률을 구할 수 있고, 여기서 중요한 것은 경우의 수이다. 문제 유형으로는 경우의 수를 따지고 확률을 구하는 문제, 확률의 곱의 법칙을 활용한 문제, 확률의 합의 법칙과 곱의 법칙을 활용하는 문제 등이 있다.

> **Tip** 확률
>
> 1. 어떤 시행에서 일어날 수 있는 모든 경우의 수가 n가지이고 각각의 경우가 일어날 확률이 같다고 할 때, 사건 A가 일어날 경우의 수가 a가지이면
>
>   (A가 일어날 확률) $= \dfrac{a}{n}$
>
> 2. **확률 : 합의 법칙**
>   사건 A, B가 동시에 일어나지 않을 경우 사건 A가 일어날 확률을 p, 사건 B가 일어날 확률을 q라고 하면
>   (사건 A 또는 사건 B가 일어날 확률) $= p + q$
>
> 3. **확률 : 곱의 법칙**
>   사건 A, B가 서로 영향을 끼치지 않을 때 사건 A가 일어날 확률을 p, 사건 B가 일어날 확률을 q라고 하면
>   (사건 A, B가 동시에 일어날 확률) $= p \times q$
>
> 4. **확률 : 적어도 하나가 있을 확률**
>   '적어도'란 말이 포함된 확률 문제에서 (적어도 하나가 있을 확률) $= 1 -$ (하나도 없을 확률)
>
> 5. **확률 : 기댓값**
>   어떤 사건 A가 일어날 확률을 p라 하고 사건 A가 일어나면 받을 수 있는 상금을 a원이라고 하면
>   (사건 A에 대한 상금의 기댓값) $= p \times a$(원)
>
> 6. **기타 사항**
>   (1) 어떤 사건이 일어날 확률을 p라고 하면 $0 \leq p \leq 1$이다.
>   (2) 사건 A가 일어날 확률을 p라고 하면, 사건 A가 일어나지 않을 확률은 $1 - p$가 된다. 이 공식은 '적어도…'라는 조건이 있는 사건의 확률에 이용한다.
>   (3) 동전이나 주사위 같은 것은 독립사건이다.

> **Tip** 기본공식
>
> 1. **확률**
>   어떤 사건이 일어날 수 있는 가능성을 수로 나타낸 것
>
> 2. **확률을 구하는 방법**
>   어떤 실험이나 관찰에서 일어날 수 있는 모든 경우의 수가 n개이고 각각의 경우가 일어날 가능성이 모두 같을 때, 어떤 사건 A가 일어날 수 있는 경우의 수를 a라고 하면, 사건 A가 일어날 확률 p는 다음과 같다.
>
> $p = \dfrac{(\text{사건 A가 일어날 수 있는 경우의 수})}{(\text{일어날 수 있는 모든 경우의 수})} = \dfrac{a}{n}$

01 중급 단계

01 A, B, C, D, E 5명 중에서 2명의 대표를 뽑을 때, A가 뽑힐 확률은?

① $\frac{2}{5}$

② $\frac{4}{5}$

③ $\frac{8}{18}$

④ $\frac{9}{25}$

⑤ $\frac{90}{140}$

02 ○, ×로 표시하는 시험에서 혜선이가 5개의 문제의 답을 잘 몰라서 임의로 답을 표시하였을 때, 적어도 2문제를 맞힐 확률은?

① $\frac{13}{16}$

② $\frac{17}{25}$

③ $\frac{33}{45}$

④ $\frac{25}{48}$

⑤ $\frac{22}{49}$

03 주머니 안에 1에서 20까지의 숫자가 각각 하나씩 적힌 구슬이 들어 있다. 주머니에서 구슬을 한 개 꺼낼 때, 4의 배수가 적힌 구슬이 나올 확률은?

① $\frac{1}{20}$

② $\frac{1}{10}$

③ $\frac{1}{5}$

④ $\frac{1}{4}$

⑤ $\frac{1}{2}$

04 인구수가 100명인 어느 마을 거주자들의 혈액형을 조사하였더니 혈액형이 A형, B형, O형, AB형인 사람의 비율이 1 : 3 : 5 : 1라고 한다. 이 중에서 차례로 두 사람을 뽑을 때, 혈액형이 같은 사람일 확률은?

① $\frac{47}{90}$

② $\frac{12}{98}$

③ $\frac{35}{99}$

④ $\frac{23}{99}$

⑤ $\frac{25}{93}$

05 A, B, C 세 사람이 어떤 시험에 합격할 확률이 각각 $\frac{3}{4}$, $\frac{1}{9}$, $\frac{1}{3}$일 때, A만 합격할 확률은?

① $\frac{3}{4}$　　　　　　② $\frac{3}{7}$　　　　　　③ $\frac{15}{19}$

④ $\frac{21}{47}$　　　　　　⑤ $\frac{4}{9}$

06 1, 2, 3, 4, 5의 숫자가 각각 하나씩 적힌 5장의 카드가 있다. 이 중에서 2장을 뽑아 두 자리 정수를 만들 때, 그 수가 짝수일 확률은?

① $\frac{3}{10}$　　　　　　② $\frac{2}{5}$　　　　　　③ $\frac{1}{2}$

④ $\frac{3}{5}$　　　　　　⑤ $\frac{7}{10}$

07 주머니 속에 검은 구슬이 x개, 흰 구슬이 5개, 빨간 구슬이 y개 들어 있다. 주머니에서 임의로 구슬 1개를 꺼낼 때, 검은 구슬이 나올 확률은 $\frac{1}{3}$이고 빨간 구슬이 나올 확률이 $\frac{1}{4}$이다. 이때, $x+y$의 값은?

① 5　　　　　　② 6　　　　　　③ 7

④ 8　　　　　　⑤ 9

08 남학생 4명과 여학생 2명을 일렬로 세울 때, 남학생 4명이 이웃하여 서게 되는 확률은?

① $\frac{1}{240}$　　　　　　② $\frac{1}{120}$　　　　　　③ $\frac{1}{30}$

④ $\frac{1}{5}$　　　　　　⑤ $\frac{1}{2}$

09 A주머니에는 흰 공이 2개, 검은 공이 4개 들어 있고 B주머니에는 흰 공이 4개, 검은 공이 6개 들어 있다. A, B주머니에서 각각 한 개씩 공을 꺼낼 때, 두 공이 서로 다른 색일 확률은?

① $\frac{1}{5}$　　　　　　② $\frac{4}{15}$　　　　　　③ $\frac{7}{15}$

④ $\frac{11}{15}$　　　　　　⑤ $\frac{13}{15}$

10 10개의 제비 중 당첨 제비가 3개 들어 있다. 이 제비를 A, B 두 사람이 차례로 뽑을 때, A는 당첨되지 않고 B는 당첨될 확률은? (단, 뽑은 제비는 다시 넣지 않는다.)

① $\dfrac{1}{10}$ ② $\dfrac{1}{9}$ ③ $\dfrac{2}{9}$

④ $\dfrac{7}{30}$ ⑤ $\dfrac{49}{90}$

11 C를 포함한 8명의 후보 중에서 대표 2명을 뽑을 때, C가 뽑히지 않을 확률은?

① $\dfrac{1}{28}$ ② $\dfrac{3}{7}$ ③ $\dfrac{3}{4}$

④ $\dfrac{4}{5}$ ⑤ $\dfrac{9}{10}$

12 영어 말하기 대회에서 수철이가 1등을 할 확률이 $\dfrac{1}{3}$, 수진이가 1등을 할 확률이 $\dfrac{1}{5}$일 때, 수철이 또는 수진이가 1등을 할 확률은?

① $\dfrac{1}{15}$ ② $\dfrac{2}{15}$ ③ $\dfrac{1}{5}$

④ $\dfrac{1}{3}$ ⑤ $\dfrac{8}{15}$

13 비가 온 다음 날 비가 올 확률은 $\dfrac{1}{3}$이고, 비가 오지 않은 다음 날 비가 올 확률은 $\dfrac{1}{4}$이라고 한다. 월요일에 비가 왔을 때, 같은 주 수요일에 비가 올 확률은?

① $\dfrac{1}{6}$ ② $\dfrac{2}{9}$ ③ $\dfrac{5}{12}$

④ $\dfrac{5}{18}$ ⑤ $\dfrac{7}{18}$

14 슬기가 약속 장소에 나올 확률은 $\dfrac{9}{10}$, 태영이가 약속 장소에 나올 확률은 $\dfrac{4}{5}$라 할 때, 두 사람이 만나지 못할 확률은?

① $\dfrac{3}{23}$ 　　　　② $\dfrac{7}{25}$ 　　　　③ $\dfrac{2}{5}$

④ $\dfrac{3}{5}$ 　　　　⑤ $\dfrac{7}{10}$

15 명중률이 각각 $\dfrac{2}{5}$, $\dfrac{5}{7}$, $\dfrac{1}{3}$인 A, B, C 세 사람이 동시에 1개의 목표물에 1발씩 쏘았을 때, 적어도 1명이 목표물을 맞힐 확률은?

① $\dfrac{3}{7}$ 　　　　② $\dfrac{4}{7}$ 　　　　③ $\dfrac{5}{7}$

④ $\dfrac{27}{35}$ 　　　　⑤ $\dfrac{31}{35}$

16 흰 공 3개, 빨간 공 1개, 노란 공 2개, 파란 공 2개가 들어있는 주머니가 있다. 이 주머니에서 임의로 4개의 공을 동시에 꺼낼 때, 공의 색깔이 모두 다를 확률은?

① $\dfrac{3}{35}$ 　　　　② $\dfrac{6}{35}$ 　　　　③ $\dfrac{4!}{8!}$

④ $\dfrac{3}{32}$ 　　　　⑤ $\dfrac{2}{17}$

17 어느 공장의 제품 100개 중 5개는 불량품이다. 불량품을 판정하는 검사원이 올바르게 판정할 확률은 90%이다. 이 공장의 제품 중 하나를 택하여 검사원이 불량품이라고 판정하였을 때, 실제 그 제품이 불량품일 확률을 구하면?

① $\dfrac{2}{7}$ 　　　　② $\dfrac{9}{28}$ 　　　　③ $\dfrac{1}{2}$

④ $\dfrac{19}{28}$ 　　　　⑤ $\dfrac{5}{7}$

18 김 대리와 이 대리는 회사 동기로 6일 동안 앞뒤가 나올 확률이 $\frac{1}{2}$ 인 동전던지기를 통해서 점심 내기를 했다. 점심 값은 매일 비슷하다고 할 때, 6일 동안 내기를 한 결과 김 대리가 이 대리보다 이득을 볼 확률은?

① $\frac{5}{16}$　　　　　② $\frac{11}{32}$　　　　　③ $\frac{7}{16}$

④ $\frac{15}{32}$　　　　　⑤ $\frac{31}{64}$

19 A, B 두 사람이 가위바위보를 하는데 첫 번째에는 비기고, 두 번째에는 A가 이기고, 세 번째에는 B가 이길 확률은?

① $\frac{1}{81}$　　　　　② $\frac{1}{27}$　　　　　③ $\frac{2}{27}$

④ $\frac{1}{9}$　　　　　⑤ $\frac{2}{9}$

20 성현이는 16개의 방 중에서 ○로 표시된 방에 있다. 성현이가 동전을 던져서 앞면이 나오면 왼쪽 대각선 방향으로 움직이고, 뒷면이 나오면 오른쪽 대각선 방향으로 움직인다. 동전을 3번까지 던질 수 있다고 하면, 성현이가 색깔이 칠해진 방에 도달할 확률은? (단, 방에 도달하면 동전을 던지는 행동을 멈춘다.)

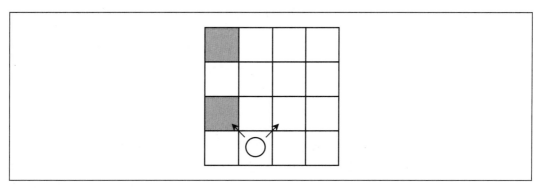

① $\frac{1}{3}$　　　　　② $\frac{2}{3}$　　　　　③ $\frac{5}{8}$

④ $\frac{11}{16}$　　　　　⑤ $\frac{9}{10}$

21 남자 5명과 여자 3명 중에서 3명을 뽑는다. 남자와 여자가 적어도 한 명 이상씩 뽑힐 확률은?

① $\dfrac{39}{56}$ ② $\dfrac{21}{28}$ ③ $\dfrac{45}{56}$

④ $\dfrac{23}{28}$ ⑤ $\dfrac{49}{56}$

22 재덕이가 어느 날 술을 마시지 않으면 다음날 술을 마실 확률은 $\dfrac{1}{2}$이다. 매일 술을 마시면 건강에 좋지 않다는 생각에 전날 술을 마셨으면 다음 날 술을 마시지 않을 확률은 $\dfrac{3}{4}$이라고 한다. 재덕이가 10월 3일에 술을 마셨다면 이틀 후인 10월 5일에도 술을 마실 확률은?

① $\dfrac{5}{8}$ ② $\dfrac{5}{16}$ ③ $\dfrac{7}{8}$

④ $\dfrac{7}{16}$ ⑤ $\dfrac{13}{16}$

23 흰 공 6개와 검은 공 8개가 들어있는 주머니에서 3개의 공을 꺼낼 때, 적어도 한 개는 검은 공일 확률은 $\dfrac{a}{b}$이다. 이때, $a+b$의 값은?

① 166 ② 177 ③ 188
④ 199 ⑤ 211

24 ○○공기업 경영지원 부서에 근무하는 한나와 민준은 점심시간에 피자와 순두부찌개 중 무엇을 먹을지를 놓고 가위바위보를 하려고 한다. 첫 번째 판에서는 비겼다. 이때, 한나가 다음 판에서 민준이가 이전과 다르게 낼 것이라는 것을 알고 있는 경우와 모르고 있는 경우 이길 확률의 차이는?

① $\dfrac{1}{2}$ ② $\dfrac{1}{3}$ ③ $\dfrac{1}{5}$

④ $\dfrac{1}{6}$ ⑤ $\dfrac{1}{7}$

02 고급 단계

25 7전 4선승제로 치러지는 한국시리즈에서 두 팀 A, B가 만났다. 이번 시즌에 A는 B에게 6승 12패로 상대전적은 뒤지지만 한국시리즈 1, 2차전을 이겼다. A, B의 시즌 상대전적의 승률을 매 경기에 적용할 때, A가 4승 1패로 우승할 확률은?

① $\dfrac{1}{25}$ ② $\dfrac{2}{23}$ ③ $\dfrac{3}{29}$

④ $\dfrac{4}{27}$ ⑤ $\dfrac{9}{29}$

26 7전 4선승제의 챔피언 결정전에서 2승 1패를 기록하고 있는 팀이 역전을 당해 우승하지 못할 확률을 구하면? (단, 무승부는 없다.)

① $\dfrac{1}{16}$ ② $\dfrac{1}{4}$ ③ $\dfrac{5}{16}$

④ $\dfrac{3}{8}$ ⑤ $\dfrac{9}{16}$

27 7전 4선승제의 챔피언 결정전에서 2승 1패를 기록하고 있는 팀이 우승할 확률을 구하면? (단, 무승부는 없다.)

① $\dfrac{1}{16}$ ② $\dfrac{1}{4}$ ③ $\dfrac{5}{16}$

④ $\dfrac{3}{8}$ ⑤ $\dfrac{11}{16}$

28 K씨는 S회사의 자동차를 소유하고 있는데 S회사의 자동차 중에 전기 장치에 결함이 있는 제품이 있다는 사실이 발견되었다. S회사는 두 개의 자동차 생산 공장을 가지고 있는데 A공장에서 S회사 자동차의 70%를 생산하며 B공장에서 나머지 30%를 생산한다. A공장에서 생산된 자동차의 30%와 B공장에서 생산된 자동차의 60%가 전기 장치에 결함이 있으며 나머지 제품은 전기 장치에 결함이 없다. 그렇다면 K씨의 자동차가 결함이 있을 확률은 얼마인가?

① 18%   ② 21%   ③ 39%

④ 51%   ⑤ 60%

29 사지선다형의 다섯 문항이 출제되는 시험이 있다. 이때, 시험에서 세 문항 이상 연속해서 정답을 맞힐 확률을 구하면?

① $\dfrac{3}{256}$ ② $\dfrac{5}{128}$ ③ $\dfrac{3}{64}$

④ $\dfrac{15}{256}$ ⑤ $\dfrac{49}{1024}$

30 네 명의 여직원과 두 명의 남직원을 일렬로 세우는데, 두 명의 남직원 사이에 두 명의 여직원이 끼어서 서 있을 확률을 구하면?

① $\dfrac{1}{3}$ ② $\dfrac{1}{4}$ ③ $\dfrac{1}{5}$

④ $\dfrac{1}{6}$ ⑤ $\dfrac{1}{7}$

31 네 명의 여직원과 두 명의 남직원을 일렬로 세우는데, 두 명의 남직원 사이에 한 명의 여직원이 끼어서 서 있을 확률을 구하면?

① $\dfrac{1}{15}$ ② $\dfrac{3}{5}$ ③ $\dfrac{4}{30}$

④ $\dfrac{4}{15}$ ⑤ $\dfrac{1}{7}$

32 주어진 그림에서 A를 출발하여 B 또는 C에 도착할 확률을 구하면? (단, 각 갈림길에서 한쪽 길을 택할 확률은 모두 같다.)

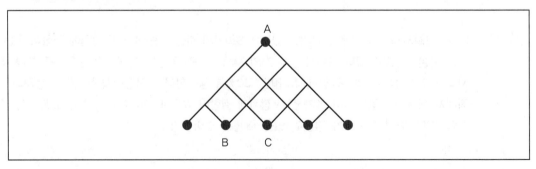

① $\dfrac{5}{16}$ ② $\dfrac{3}{8}$ ③ $\dfrac{7}{16}$

④ $\dfrac{1}{2}$ ⑤ $\dfrac{5}{8}$

33 S기업은 특허소송 중이다. 최종 공판을 앞두고 판결을 예측하기 위해 판사들의 성향을 조사했고 특성은 다음과 같았다. 그렇다면 이번 소송에서 올바른 최종 평결에 도달할 확률은?

> 첫 번째 판사와 두 번째 판사는 오랜 경험을 통해서 그들이 올바른 판단에 도달할 확률이 $\frac{3}{4}$이라는 결과를 얻었다. 즉, 그들이 피고가 유죄(혹은 무죄)라는 결론을 내릴 때, 평균적으로 네 번 중 세 번은 피고가 실제로 유죄(혹은 무죄)이다. 그리고 그들은 네 번 중 한 번은 여러 가지 이유로 잘못된 판단을 내린다. 세 번째 판사는 사건 때마다 동전 던지기를 하여 동전의 앞면이 나오면 '유죄'라고 말하고, 뒷면이 나오면 '무죄'라고 말한다. 이 판사가 올바른 판단을 내릴 가능성은 물론 $\frac{1}{2}$이다. 최종 평결은 과반수로 결정된다. 만약 판사 세 명 중 어느 두 명이 무죄라고 선언하면 그것이 곧 배심의 평결이 되고, 그 반대의 경우도 마찬가지다.

① $\frac{1}{2}$ ② $\frac{3}{4}$ ③ $\frac{12}{32}$

④ $\frac{9}{32}$ ⑤ $\frac{3}{32}$

34 사자가 사냥감을 잡을 확률은 $\frac{1}{4}$이다. 어느 날 사자가 세 번째로 만난 사냥감을 잡지 못할 확률을 구하면?

① $\frac{9}{64}$ ② $\frac{1}{2}$ ③ $\frac{9}{32}$

④ $\frac{3}{4}$ ⑤ $\frac{27}{64}$

35 어느 회사의 한 부서는 모두 고졸 사원과 대졸 사원으로 구성되었다. 사원 중 한 명을 뽑아 회사 행사에 참석시키려고 한다. 사원 중 대졸 사원을 뽑을 확률이 $\frac{1}{2}$, 여자 사원이 뽑힐 확률이 $\frac{2}{3}$이다. 또한 대졸 사원을 뽑았는데 이 사원이 남자 사원일 확률이 $\frac{1}{6}$이라고 한다. 이때, 남자 사원을 뽑았을 때 이 사원이 고졸 사원일 확률은?

① $\frac{1}{2}$ ② $\frac{7}{12}$ ③ $\frac{2}{3}$

④ $\frac{3}{4}$ ⑤ $\frac{5}{6}$

36 주어진 그림과 같이 7장의 카드에 알파벳 문자가 적혀 있다. 이 7장의 카드를 잘 섞어서 일렬로 나열할 때, 양쪽 끝에 같은 문자가 위치할 확률을 구하면?

| A | A | B | K | P | O | O |

① $\dfrac{2}{21}$
② $\dfrac{5}{42}$
③ $\dfrac{1}{7}$

④ $\dfrac{4}{21}$
⑤ $\dfrac{2}{7}$

37 어떤 사격수의 명중률은 $\dfrac{3}{4}$이다. 이 사격수가 과녁을 향해 세 발을 연달아 쏠 때, 한 발 이상을 명중시킬 확률은?

① $\dfrac{49}{64}$
② $\dfrac{54}{64}$
③ $\dfrac{58}{64}$

④ $\dfrac{63}{64}$
⑤ $\dfrac{69}{64}$

38 주어진 그림과 같이 □ABCD에서 주사위 두 번을 던져 나온 눈의 수만큼 A에서 시작해서 B, C, D, A 순서로 꼭짓점을 이동한다. 이때, 네 꼭짓점 중 마지막에 머물 확률이 가장 높은 것은?

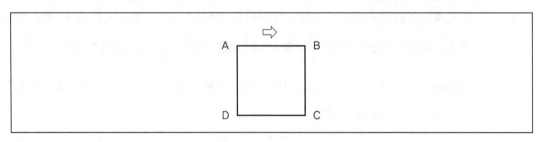

① A
② B
③ C
④ D
⑤ 모두 같다.

39 주어진 그림과 같이 A지점에서 Q지점까지 최단거리로 갈 때, P점을 통과하게 될 확률을 구하면?

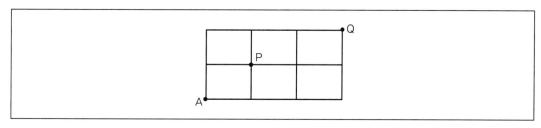

① $\dfrac{1}{4}$　　　　② $\dfrac{2}{5}$　　　　③ $\dfrac{1}{2}$

④ $\dfrac{3}{5}$　　　　⑤ $\dfrac{2}{3}$

40 어느 학교 전체 학생을 대상으로 지난 한 달 동안 컴퓨터를 사용한 시간에 대하여 조사하여, 컴퓨터를 매일 1시간 이상 사용한 집단 A와 그렇지 않은 집단 B로 분류하였다. 집단 A에 속한 학생은 전체 학생의 60%이었고, 이 중에서 70%의 학생이 안경을 착용하고 있었다. 그리고 집단 B에 속한 학생의 40%가 안경을 착용하고 있는 것으로 나타났다. 이때, 임의로 한 학생을 선택하였더니 안경을 착용하고 있었다. 이 학생이 집단 A에 속할 확률은 얼마인가?

① $\dfrac{21}{29}$　　　　② $\dfrac{25}{34}$　　　　③ $\dfrac{4}{7}$

④ $\dfrac{8}{9}$　　　　⑤ $\dfrac{12}{43}$

41 어느 퀴즈 프로그램의 우승자는 노란 공 4개, 빨간 공 1개가 들어 있는 주머니에서 한 개의 공을 꺼내고, 꺼낸 공의 색과 같은 색의 문중에서 하나를 선택하여 그 문 뒤에 있는 상품을 받는다. 주어진 표는 5개 문의 색과 그 문 뒤에 있는 상품을 나타낸 것이다. 이 프로그램의 우승자가 상품으로 노트북컴퓨터를 받았을 때, 꺼낸 공이 노란색이었을 확률은? (단, 문을 선택하기 전에는 문 뒤에 있는 상품을 볼 수 없다.)

문의 색깔	상품
노란색	노트북컴퓨터
노란색	인라인스케이트
노란색	자전거
빨간색	노트북컴퓨터
빨간색	해외여행권

① $\dfrac{4}{5}$　　　　② $\dfrac{5}{12}$　　　　③ $\dfrac{8}{11}$

④ $\dfrac{8}{9}$　　　　⑤ $\dfrac{7}{18}$

42 1~5까지 숫자가 적힌 다섯 개의 공이 주머니 속에 들어있다. 세 개의 공을 꺼냈을 때, 그 공에 쓰인 숫자의 합이 7이 될 확률을 구하면? (단, 공은 한 개씩 꺼냈다가 다시 주머니에 집어넣는다.)

① $\frac{4}{35}$ ② $\frac{3}{25}$ ③ $\frac{1}{5}$

④ $\frac{2}{7}$ ⑤ $\frac{41}{125}$

43 3인용 소파와 2인용 소파가 있다. 이때, 5명 중 특정한 두 명이 3인용 소파에 앉게 될 확률을 구하면?

① 10%   ② 20%   ③ 25%

④ 30%   ⑤ 33%

44 어떤 부부에게 아이가 두 명 있고 그 중 한 명은 여자 아이다. 여자 아이일 확률과 남자 아이일 확률이 같다고 하면, 나머지 한 명도 여자 아이일 확률은?

① $\frac{1}{2}$ ② $\frac{1}{3}$ ③ $\frac{2}{3}$

④ $\frac{1}{4}$ ⑤ $\frac{3}{4}$

45 성현이는 A공기업에 들어가기 위해 NCS 직업기초능력검사를 보는데, 10문제 중에 8문제 미만을 맞히게 되면 떨어진다. 그런데 7문제까지는 풀었는데, 3문제는 시간이 없어 찍기로 했다. 성현이가 푼 문제가 모두 맞았다고 하면, 성현이가 A공기업에 합격할 확률은 얼마인가? (단, 사지선다형이고 정답은 반드시 한 개다.)

① $\frac{1}{3}$ ② $\frac{1}{4}$ ③ $\frac{23}{64}$

④ $\frac{37}{64}$ ⑤ $\frac{2}{3}$

46 직장인을 대상으로 여행하고 싶은 국가를 조사했더니 미국, 일본, 중국이 차지하는 비율이 $2:5:3$이었다. 이들 중 두 명을 임의로 선택했을 때, 여행하고 싶은 국가가 서로 다를 확률을 구하면?

① $\frac{14}{45}$ ② $\frac{19}{50}$ ③ $\frac{31}{50}$

④ $\frac{31}{45}$ ⑤ $\frac{67}{100}$

47 5만 명의 유권자가 있는 선거구에서 9명의 지방의원을 선출한다. 예상 투표율이 90%라고 할 때, 당선이 확실한 최소한의 표수를 구하면?

① 4,500표   ② 4,501표   ③ 5.000표
④ 5,001표   ⑤ 5,556표

48 새장에 노란색 새 3마리와 파란색 새 2마리가 들어있다. 새장을 열고 한 마리씩 차례로 두 마리의 새를 꺼내려고 한다. 두 번째 꺼낸 새가 파란색 새일 때, 첫 번째 꺼낸 새가 노란색 새일 확률을 구하면?

① $\dfrac{1}{5}$ ② $\dfrac{3}{10}$ ③ $\dfrac{2}{5}$
④ $\dfrac{3}{4}$ ⑤ $\dfrac{5}{6}$

49 구성원이 네 명인 가족에서 자녀 두 명 중 한 명은 아들일 때 나머지 한 명도 아들일 확률과, 첫 번째 자녀가 아들일 때 나머지 한 명도 아들일 확률을 구하여 순서대로 나열한 것을 고르면?

① $\dfrac{1}{3}$, $\dfrac{1}{3}$ ② $\dfrac{1}{3}$, $\dfrac{1}{2}$ ③ $\dfrac{1}{2}$, $\dfrac{1}{2}$
④ $\dfrac{1}{2}$, $\dfrac{1}{3}$ ⑤ $\dfrac{1}{2}$, $\dfrac{1}{4}$

50 소비자들에게 경품 추첨을 하고 있다. 추첨기에 빨간 구슬 100개, 파란 구슬 10개, 노란 구슬 2개를 넣어놓고, 파란 구슬이 뽑히면 5만 원 상품권을, 노란 구슬이 뽑히면 10만 원 상품권을 준다. 이때, 구슬 2개를 뽑을 때 총 15만 원의 상품권을 획득할 확률은?

① $\dfrac{2}{3}$ ② $\dfrac{15}{81}$ ③ $\dfrac{20}{113}$
④ $\dfrac{5}{1,554}$ ⑤ $\dfrac{5}{2,004}$

정답 · 풀이 74p

09 부등식

01 초급 단계

01 $-2a+3 < -2b+3$일 때, 다음 중 옳은 것은?

① $3-a > 3-b$ ② $2+8a < 2+8b$ ③ $5a-2 < 5b-2$

④ $\dfrac{a}{4}-1 < \dfrac{b}{4}-1$ ⑤ $-6-\dfrac{a}{2} < -6-\dfrac{b}{2}$

02 $-4 \leq x < 2$일 때, $a < -\dfrac{1}{2}x+7 \leq b$이다. 이때 $a+b$의 값은?

① 11   ② 12   ③ 13

④ 14   ⑤ 15

03 x를 3으로 나눈 수에 2를 더한 값은 양수이고, x의 2배에 4을 더한 값은 음수이다. 이를 동시에 만족시키는 정수 x의 개수는?

① 1개   ② 2개   ③ 3개

④ 4개   ⑤ 5개

04 한 개에 600원인 연필과 한 개에 1,000원인 볼펜을 합하여 20개를 사려고 한다. 볼펜을 연필보다 많이 사고 총 금액이 18,000원 이하가 되도록 할 때, 연필은 최소 a개, 최대 b개 살 수 있다. 이때 $b-a$의 값은?

① 2   ② 3   ③ 4

④ 5   ⑤ 6

05 어느 주차장의 주차요금은 30분까지는 2,000원이고 30분이 지나면 1분마다 500원씩 요금이 추가된다고 한다. 주차요금이 20,000원 이하가 되게 하려면 최대 몇 분 동안 주차할 수 있는가?

① 44분 ② 32분 ③ 55분
④ 66분 ⑤ 72분

06 경영지원팀인 성현은 필기구를 사달라는 개발 3팀의 요구를 받고 한 개에 5,000원인 볼펜과 한 개에 2,500원인 형광펜을 합쳐서 10개를 사려고 한다. 볼펜과 형광펜의 가격을 합하여 전체 가격이 41,000원 이하가 되도록 하고 볼펜을 형광펜보다 많이 사려고 할 때, 볼펜을 몇 개 사면 되는가?

① 5개 ② 6개 ③ 7개
④ 8개 ⑤ 9개

02 중급 단계

07 성현이는 500원짜리 초콜릿과 300원짜리 사탕을 총 7개 구매하였다. 비닐봉투의 가격이 100원이라고 할 때, 3,000원 이내로 구매하려면 초콜릿은 최대 몇 개까지 구매할 수 있는가?

① 6개 ② 5개 ③ 4개
④ 3개 ⑤ 2개

08 성현이는 컵라면을 구매하려고 한다. 집 앞 편의점에서는 컵라면을 800원에 판매하고 있고, 버스로 10분 거리에 있는 할인마트에서는 600원에 판매하고 있다고 한다. 버스요금이 편도 1,000원이고, 갈 때는 도보를 이용하고 올 때는 버스를 이용한다고 했을 때, 컵라면을 최소 몇 개 이상 살 경우 할인마트를 이용하는 것이 더 이익인가?

① 6개 ② 7개 ③ 8개
④ 9개 ⑤ 10개

09 긴 의자에 3명씩 앉으면 5명이 남고, 4명씩 앉으면 의자 4개가 남는다고 할 때, 의자의 수는 최소 몇 개인가?

① 18개   ② 19개   ③ 21개
④ 22개   ⑤ 23개

10 학교 강당 긴 의자에 4명씩 앉으면 10명이 남고, 6명씩 앉으면 의자 4개가 남는다고 할 때, 긴 의자의 개수는 최소 몇 개인가?

① 15개   ② 16개   ③ 17개
④ 18개   ⑤ 19개

11 채용시험의 상식테스트에서 정답을 맞히면 10점을 얻고 틀리면 8점을 잃는다. 총 15개의 문제 중에서 총점 100점 이상 얻으려면 최대 몇 개의 오답을 허용할 수 있는가?

① 1개   ② 2개   ③ 3개
④ 4개   ⑤ 5개

12 원가가 4,500원인 물건을 정가의 10%를 할인하여 팔아서 원가의 30% 이상의 이익을 얻으려고 할 때, 정가는 얼마 이상으로 정하면 되는가?

① 6,000원   ② 6,300원   ③ 6,500원
④ 6,800원   ⑤ 6,900원

13 학생들에게 공책을 나누어 주는데 3권씩 주면 공책이 10권 남고, 4권씩 주면 한 명의 학생이 공책을 부족하게 받는다. 이때 공책은 최소 몇 권인가?

① 41권   ② 43권   ③ 45권

④ 47권   ⑤ 48권

14 성현이의 저금통에는 30,000원이 있고, 상민이의 저금통에는 60,000원이 있다고 한다. 성현이는 매일 4,000원, 상민이는 매일 3,000원씩 저금통에 저축을 한다고 할 때, 성현이의 저금통에 있는 돈이 상민이의 저금통에 있는 돈보다 많아지는 것은 저축을 시작하고서 며칠 후인가?

① 28일   ② 29일   ③ 30일

④ 31일   ⑤ 34일

15 어느 공원의 입장료는 한 사람당 600원이고 50명 이상의 단체인 경우에는 단체 입장료가 적용돼 한 사람당 450원이라고 한다. 몇 명 이상부터 50명의 단체 입장권을 사는 것이 유리한가?

① 35명   ② 36명   ③ 37명

④ 38명   ⑤ 39명

16 준상이는 세 번의 수학 시험에서 91점, 82점, 95점을 받았다. 네 번에 걸친 수학 시험의 평균이 90점 이상이 되려면 네 번째 수학 시험에서 몇 점 이상을 받아야 하는가?

① 91점   ② 92점   ③ 93점

④ 94점   ⑤ 95점

17 집 앞 가게에서 7,000원인 세제를 인터넷 쇼핑몰에서는 10% 할인된 가격에 살 수 있다. 인터넷 쇼핑몰에서 구입하면 배송료가 2,500원일 때, 이 세제를 몇 개 이상 살 경우 인터넷 쇼핑몰을 이용하는 것이 유리한가?

① 2개　　　　　　　　② 3개　　　　　　　　③ 4개
④ 5개　　　　　　　　⑤ 6개

18 영화관람권의 가격은 8,000원인데, 20명 분을 묶어서 구매하면 20% 할인을 해준다고 한다. 최소 몇 명의 인원부터 20명의 영화관람권을 구매하는 것이 더 이익인가?

① 16명　　　　　　　　② 17명　　　　　　　　③ 18명
④ 19명　　　　　　　　⑤ 20명

19 어른 한 명이 하면 8일이 걸리고, 어린이 한 명이 하면 12일이 걸려서 끝낼 수 있는 일이 있다. 어른과 어린이를 합하여 10명이 이 일을 하루 안에 끝내려고 할 때, 어른은 몇 명 이상이 필요한가?

① 3명　　　　　　　　② 4명　　　　　　　　③ 5명
④ 6명　　　　　　　　⑤ 7명

20 같은 지점에서 동시에 출발하여 소영이는 동쪽으로 매분 200m의 속력으로, 수정이는 서쪽으로 매분 160m의 속력으로 달려가고 있다. 두 사람이 1.8km 이상 떨어지려면 최소 몇 분 이상 경과해야 하는가?

① 3분　　　　　　　　② 4분　　　　　　　　③ 5분
④ 6분　　　　　　　　⑤ 7분

21 성현이는 공공기관 필기시험에서 토질역학 88점, 응용역학 89점, 토목설계 87점을 받았다. NCS 평가까지 4과목의 평균이 90점 이상이 되기 위해서는 NCS 평가에서 몇 점 이상을 받아야 하는가?

① 96점　　　　　　　　② 95점　　　　　　　　③ 94점
④ 92점　　　　　　　　⑤ 90점

22 사탕을 학생 1명당 3개씩 나누어 주면 8개가 남고, 4개씩 나누어 주면 마지막 학생이 3개 이하를 받는다고 할 때, 학생 수는 최소 몇 명인가?

① 7명   ② 8명   ③ 9명
④ 11명   ⑤ 12명

23 펜을 학생 한 명당 4개씩 주면 13개가 남고, 6개씩 주면 마지막 학생은 1개 이상 6개 미만의 펜을 받을 수 있다고 한다. 학생은 최소 몇 명인가?

① 4명   ② 5명   ③ 6명
④ 7명   ⑤ 8명

24 16%의 소금물 400g에서 물을 증발시키고 증발시킨 물의 양만큼 소금을 넣어 농도가 40% 이상이 되게 하려고 한다. 물을 몇 g 이상 증발시켜야 하는가?

① 92g   ② 96g   ③ 100g
④ 112g   ⑤ 120g

25 조그만 환경단체에서 구성원들이 기금을 모아서 기부를 하려고 한다. 1인당 40,000원씩 모으면 목표 금액에서 80,000원이 부족하고, 1인당 50,000원씩 모으면 목표금액을 50,000원 초과한다고 한다. 이 단체는 총 몇 명으로 구성되어 있는가? (단, 단체 구성원은 모두 기부를 한다고 가정한다.)

① 15명   ② 14명   ③ 13명
④ 12명   ⑤ 11명

26 어떤 운동화에 원가의 40% 이익을 붙여서 정가를 정하였다. 이 운동화를 정가의 20%를 할인하여 팔았더니 이익이 7,200원 이상이었다. 이 운동화의 원가의 최솟값을 구하면?

① 45,000원   ② 50,000원   ③ 55,000원
④ 60,000원   ⑤ 65,000원

03 고급 단계

27 S기업은 신입사원을 채용하고 부서 배치를 하려고 한다. 한 부서에 5명씩 신입사원을 배치하면 3명이 남고, 6명씩 배치하면 마지막 부서에는 4명보다 적게 배치된다. 부서는 적어도 몇 개인가?

① 2개   ② 6개   ③ 9개
④ 10개   ⑤ 12개

28 3월 8일 일요일에 장이 섰다. 6월 중에 일요일에 장이 서는 날은 며칠인가? (단, 장은 5일마다 선다.)

① 6월 7일   ② 6월 10일   ③ 6월 16일
④ 6월 21일   ⑤ 6월 28일

29 30,000원보다 많고 31,000원보다는 적은 돈으로 1,400원 하는 열쇠고리와 1,700원 하는 펜을 합쳐서 20개를 사려고 한다. 열쇠고리를 최대한 많이 사고자 할 때, 살 수 있는 최대 개수는?

① 10개   ② 11개   ③ 12개
④ 13개   ⑤ 14개

30 본사가 서울에 위치한 인터넷 서점에서 고객에게 주문받은 책을 택배로 보내려고 한다. 서울에 거주하는 고객에게는 무게가 800g인 단행본 한 권을 포장하고, 지방에 거주하는 고객에게는 단행본 세권을 함께 묶어 2.4kg 나가게 각각 포장을 했다. 보내는 택배의 총 중량이 16kg 이하이고, 택배 요금은 모두 6만 원이다. 택배 요금표가 아래와 같을 때, 다음 중 고객에게 택배로 보내는 서적은 총 몇권인가?

구분	2kg 이하	2kg 초과 4kg 이하	4kg 초과 6kg 이하	6kg 초과
서울	4,000원	5,000원	7,000원	8,000원
지방	5,000원	6,000원	8,000원	10,000원

① 12권   ② 15권   ③ 16권
④ 18권   ⑤ 21권

31 총 25문제가 출제된 시험에서 정답이면 4점을 얻고, 오답이면 2점이 감점된다. A와 B가 25문제 모두를 풀어서 A는 70점, B는 40점을 받았다면, 두 사람이 동시에 맞힌 문제는 최대 몇 개인가?

① 8개 ② 10개 ③ 12개
④ 15개 ⑤ 18개

32 다음 표는 두 개의 상품 A, B 하나를 만드는 데 필요한 두 종류의 재료와 만들어진 상품의 판매 이익을 나타낸 것이다. 재료 1과 재료 2를 각각 40kg, 50kg 이하로 사용하여 A, B 두 상품을 만들 때, 최대가 되는 판매이익을 구하면?

종류	재료 1	재료 2	판매이익
A상품	2kg	8kg	15만 원
B상품	4kg	3kg	13만 원

① 138만 원 ② 149만 원 ③ 160만 원
④ 168만 원 ⑤ 179만 원

33 38명의 직원이 해외여행 계획을 세웠다. 1인당 50만 원으로 여행상품을 신청할 때, 30명 이상이 단체로 신청하면 20%의 단체 할인요금이 적용되지만, 그 대신 취소하게 되면 개별 신청 시 전액 환불되는 것과는 달리 취소한 인원에 대한 비용의 절반만 환불받을 수 있다. 38명 분을 신청할 때, 취소하는 인원수가 몇 명 이상이 되면 단체 신청을 하지 않는 것이 유리한가?

① 9명 ② 10명 ③ 13명
④ 15명 ⑤ 16병

10 간격

01 중급 단계

01 길에 5m 간격으로 심은 나무가 21그루이다. 나무 사이 간격을 10m로 바꾸면 몇 그루를 심을 수 있을까?

① 11그루   ② 12그루   ③ 13그루

④ 14그루   ⑤ 15그루

02 둘레가 246m인 연못 주위에 나무가 있다. 원래는 3m 간격으로 심어져 있는 나무를 2m 간격으로 심으려고 한다. 옮겨 심지 않아도 되는 나무는 몇 그루인가?

① 39그루   ② 40그루   ③ 41그루

④ 42그루   ⑤ 45그루

03 은지와 민수가 가위바위보를 하여 이긴 사람은 3계단을 올라가고 진 사람은 2계단을 내려가기로 하였다. 얼마 후 은지는 처음 위치보다 20계단을, 민수는 처음 위치보다 5계단을 올라가 있었다. 이때 민수가 이긴 횟수는? (단, 비기는 경우는 없었다.)

① 8회   ② 9회   ③ 10회

④ 11회   ⑤ 12회

04 180m 길이의 양쪽 길가에 12m 간격으로 끝에서 끝까지 나무를 심으려고 한다. 몇 그루의 나무가 필요한가?

① 15그루   ② 16그루   ③ 20그루

④ 32그루   ⑤ 34그루

05 직선상에 있는 A지점으로부터 B지점까지 일정한 간격으로 나무를 심으려고 한다. A와 B 사이의 거리는 몇 m인가?

> - 현재 가지고 있는 나무를 10m 간격으로 심으면 10그루가 남는다.
> - 현재 가지고 있는 나무를 5m 간격으로 심으면 5그루가 모자란다.
> - A와 B지점에도 나무를 심는다.

① 100m ② 150m ③ 200m
④ 250m ⑤ 300m

06 경한이와 미림이가 계단에서 가위바위보를 하여 이기면 세 계단 올라가고, 지면 두 계단 내려가기로 했다. 처음보다 경한이와 미림이는 각각 10계단, 5계단씩 올라가 있을 때, 경한이가 이긴 횟수는? (단, 비기는 경우는 없었다.)

① 1회 ② 4회 ③ 8회
④ 9회 ⑤ 11회

07 가로, 세로의 길이가 각각 42m, 30m인 직사각형 모양의 잔디밭이 있다. 이 잔디밭의 가장자리를 따라 일정한 간격으로 가능한 간격을 크게 하여 나무를 심는데, 네 모퉁이에는 반드시 나무를 심으려고 한다. 필요한 나무는 모두 몇 그루인가?

① 20그루 ② 21그루 ③ 22그루
④ 23그루 ⑤ 24그루

08 가로의 길이가 75m, 세로의 길이가 90m인 직사각형 모양의 땅 둘레에 일정한 간격으로 말뚝을 박으려고 한다. 네 모퉁이에 반드시 말뚝을 박기로 할 때, 말뚝은 최소한 몇 개가 필요한가?

① 20개 ② 22개 ③ 24개
④ 26개 ⑤ 28개

09 현영이와 건하는 가위바위보를 하여 이긴 사람은 3계단씩 올라가고 진 사람은 2계단씩 내려가기로 하였다. 얼마 후 현영이는 처음 위치보다 19계단을, 건하는 처음 위치보다 9계단을 올라가 있었다. 이때 현영이가 이긴 횟수는? (단, 비기는 경우는 없는 것으로 한다.)

① 13회   ② 14회   ③ 15회

④ 16회   ⑤ 17회

10 1층에서 4층까지 가는 데 걸리는 시간이 36초일 때, 1층에서 9층까지 가는 데 걸리는 시간은? (단, 각 층을 올라가는 속도는 일정하다.)

① 72초   ② 81초   ③ 96초

④ 108초   ⑤ 112초

11 A극장의 매표소 대기줄에서는 1분에 15명이 표를 끊고, 10명이 새로 줄을 선다. 현재 50명이 대기하고 있다면, 대기자가 0명이 되는 데 걸리는 시간은 얼마인가?

① 5분   ② 10분   ③ 15분

④ 50분   ⑤ 60분

12 김 부장과 이 대리는 각각 3일, 5일 간격으로 당직을 선다. 또한 두 사람은 내일부터 매주 토요일에 꽃꽂이 교실을 나간다. 오늘이 금요일이고 두 사람 모두 당직을 섰을 때, 첫 수업부터 열 번째 꽃꽂이 수업을 할 때까지 두 사람이 같이 당직을 서는 횟수는? (단, 당직과 꽃꽂이 수업이 겹치는 날에는 당직을 선다.)

① 1번   ② 2번   ③ 3번

④ 4번   ⑤ 5번

02 고급 단계

13 세미나실에 30명의 남녀 직원이 15개의 책상에 나누어 앉아 있다. 6명의 남자는 남자와 짝으로 앉아 있고, 8명의 여자는 여자와 짝으로 앉아 있으며, 나머지는 남녀 직원이 짝으로 앉았다. 이 세미나실에 남자는 모두 몇 명인가?

① 11명   ② 12명   ③ 13명
④ 14명   ⑤ 15명

14 원형의 정원에 나무를 심으려고 한다. 2m 간격을 두고 나무를 심으면 5그루가 부족하고, 3m마다 심으면 4그루가 남는다. 이 정원의 둘레를 구하면?

① 42m   ② 45m   ③ 48m
④ 54m   ⑤ 60m

15 매일 건강을 위해 팔굽혀펴기를 했다. 어느 일주일 동안에는 전날에 비해 세 번씩 팔굽혀펴기 횟수를 더하여 늘렸다. 그 한 주 동안 모두 224번의 팔굽혀펴기를 했다면 세 번씩 횟수를 늘리기 시작하기 전날에는 팔굽혀펴기를 몇 번 했겠는가?

① 15번   ② 18번   ③ 20번
④ 23번   ⑤ 25번

정답 · 풀이 83p

11 나이

01 중급 단계

01 현재 아버지와 아들의 나이의 합은 55살이고, 10년 후에는 아버지의 나이가 아들의 나이의 2배가 된다고 한다. 현재 아들의 나이는?

① 12살 ② 13살 ③ 14살
④ 15살 ⑤ 16살

02 현재 성현이 나이는 46살이고 10년 후 성현이 나이는 아들 나이의 4배가 된다. 10년 후 아들의 나이는 몇 살인가?

① 12살 ② 14살 ③ 16살
④ 18살 ⑤ 20살

03 현재 성현이 나이는 46세이고, 상민이 나이는 15살이라고 할 때, 성현이 나이가 상민이 나이의 2배가 되는 것은 몇 년 후인가?

① 10년 후 ② 12년 후 ③ 14년 후
④ 16년 후 ⑤ 20년 후

04 현재 성현이 나이는 30살이고 아들 나이는 2살이다. 성현이 나이가 아들 나이의 3배가 될 때 성현이의 나이는?

① 32살 ② 36살 ③ 40살
④ 42살 ⑤ 45살

05 현재 성현이 나이는 40살, 아들 나이는 4살이다. 성현이의 나이가 아들 나이의 2배가 되는 것은 몇 년 후인가?

① 24년 후 ② 28년 후 ③ 30년 후
④ 32년 후 ⑤ 36년 후

06 현재 성현이 나이는 34살, 아들 나이는 6살이다. 성현이의 나이가 아들의 나이의 3배가 되는 것은 몇 년 후인가?

① 6년 후   ② 7년 후   ③ 8년 후

④ 9년 후   ⑤ 10년 후

07 성현이와 상민이의 나이 차이는 6살이다. 성현이와 상민이 나이의 합이 48살일 때, 성현이의 나이는 얼마인가? (단, 성현이의 나이가 더 많다.)

① 21살   ② 22살   ③ 24살

④ 25살   ⑤ 27살

08 A공사의 연혁은 B공단의 $\frac{3}{4}$ 이다. 6년 후에는 C공단의 연혁이 B공단의 $\frac{1}{3}$ 이다. 그때 A공사와 C공단의 연혁 차이는 24년이 된다. 올해 B공단의 연혁은 얼마나 되었는가? (단, C공단보다 A공사의 연혁이 더 오래되었다.)

① 12년   ② 24년   ③ 36년

④ 48년   ⑤ 60년

09 10년 전 아버지의 나이는 아들 나이의 7배였고, 지금부터 15년 후에는 2배가 된다. 아들의 현재 나이는 몇 살인가?

① 12살   ② 14살   ③ 15살

④ 17살   ⑤ 18살

02 고급 단계

10 올해 형과 동생이 나이의 합은 32살이다. 형이 동생의 나이였을 때, 동생은 형 나이의 $\frac{5}{7}$ 이었다. 형이 동생의 나이였을 때 형제의 나이의 합은?

① 21   ② 24   ③ 25

④ 27   ⑤ 28

12 시계 및 시간

01 중급 단계

01 6시 50분일 때 시침과 7시 7분일 때 시침 사이의 각의 크기는?

① 7.5° ② 8° ③ 8.5°

④ 9° ⑤ 9.5°

02 시계가 현재 9시 정각을 가리키고 있다. 이때 9시와 10시 사이에 시침과 분침이 겹쳐지는 시각은 언제인가?

① 9시 $\frac{500}{11}$분 ② 9시 $\frac{520}{11}$분 ③ 9시 $\frac{540}{11}$분

④ 9시 $\frac{380}{11}$분 ⑤ 9시 $\frac{360}{11}$분

03 5시와 6시 사이에 시계의 분침과 시침이 일치하는 시각은?

① 5시 $\frac{270}{11}$분 ② 5시 $\frac{300}{11}$분 ③ 5시 $\frac{320}{11}$분

④ 5시 $\frac{350}{11}$분 ⑤ 5시 $\frac{390}{11}$분

04 비행기를 타고 인천에서 뉴욕까지 가는 데 15시간이 걸린다. 8월 8일 오후 5시에 인천에서 출발한 비행기는 현지 시각으로 몇 시에 뉴욕에 도착하는가? (단, 인천이 뉴욕보다 14시간 빠르다.)

① 8월 8일 오전 6시   ② 8월 8일 오후 6시   ③ 8월 9일 오전 8시
④ 8월 9일 오전 10시   ⑤ 8월 9일 오후 5시

02 고급 단계

05 시침과 분침이 있는 시계가 있다. 자정에서 정오까지 분침이 시침을 몇 번이나 앞서는가? (단, 자정 직후 두 개의 바늘이 동시에 움직여 분침이 시침보다 앞서는 경우는 제외한다.)

① 9번   ② 10번   ③ 11번
④ 12번   ⑤ 13번

13 날짜

01 중급 단계

01 2020년 1월 2일은 목요일이다. 이날 태어난 아기의 2023년 생일은 무슨 요일인가? (단, 2020년은 윤년이다.)

① 월요일   ② 화요일   ③ 수요일
④ 목요일   ⑤ 금요일

02 2020년 5월 5일은 화요일이다. 2020년 8월 25일은 무슨 요일인가?

① 일요일   ② 월요일   ③ 화요일
④ 금요일   ⑤ 토요일

02 고급 단계

03 다음 글을 근거로 판단할 때, ○○백화점이 한 해 캐롤 음원이용료로 지불해야 하는 최대 금액은?

> ○○백화점에서는 매년 크리스마스 트리 점등식(11월 네 번째 목요일) 이후 돌아오는 첫 월요일부터 크리스마스(12월 25일)까지 휴점일을 제외하고 백화점 내에서 캐롤을 틀어 놓는다. 이 기간 동안 캐롤을 틀기 위해서는 하루에 2만 원의 음원이용료를 지불해야 한다. ○○백화점 휴점일은 매월 네 번째 수요일이지만, 크리스마스와 겹칠 경우에는 정상영업을 한다.

① 48만 원   ② 52만 원   ③ 58만 원
④ 60만 원   ⑤ 66만 원

04 어느 해 8월 달력에서 목요일에 있는 두 날짜의 수를 더했더니 42가 되었다. 이 달의 마지막 날은 무슨 요일인가?

① 월요일   ② 화요일   ③ 수요일
④ 목요일   ⑤ 일요일

05 어느 상점에 (가), (나), (다) 세 개의 진열대가 있다. 11월 1일에 (가), (나), (다)에 진열된 상품은 A, B, C이다. 11월 2일부터 아래 〈보기〉의 규칙에 따라 상품을 진열할 때, 같은 해 11월 30일에 진열된 상품을 (가), (나), (다) 순서대로 바르게 나타낸 것은?

┌─ 보기 ─
• 홀수 날에는 전날 (가)에 진열되었던 상품을 (나)로, (나)의 상품을 (다)로, (다)의 상품을 (가)로 옮겨 진열한다.
• 짝수 날에는 전날 (나)와 (다)에 진열되었던 상품을 서로 바꾸어 진열한다.

① A − B − C   ② A − C − B   ③ B − C − A
④ B − A − C   ⑤ C − B − A

06 2015년 1월 1일은 목요일이다. 이 해에는 13일이 금요일인 날이 모두 몇 번 있겠는가? (단, 2015년은 윤년이 아니다.)

① 없다.   ② 1번   ③ 2번
④ 3번   ⑤ 4번

07 2015년 2월 3일 화요일은 철수와 영희가 만난 지 100일째 되는 날이다. 이 둘이 처음 만난 날은 무슨 요일이었겠는가? (단, 처음 만난 날이 1일째 되는 날이고, 2015년은 윤년이 아니다.)

① 월요일   ② 화요일   ③ 수요일
④ 금요일   ⑤ 일요일

08 2016년도 달력을 만들려고 한다. 달력 표지에 연도를 한 번 적고, 매달 그 달의 월 표시를 따로 한다고 할 때, 숫자 2는 모두 몇 번 사용되는가? (단, 2016년은 윤년이다.)

① 143번   ② 144번   ③ 145번
④ 146번   ⑤ 147번

09 4월 30일이 창립기념일인 회사가 있다. 2017년에는 이 날이 일요일이어서 기념행사가 월요일로 미루어졌다. 17년 전 2000년도에 이 회사의 창립기념일은 무슨 요일이었겠는가? (단, 2016년은 윤년이다.)

① 화요일   ② 수요일   ③ 금요일
④ 토요일   ⑤ 일요일

응용
수리
끝.

초판인쇄 | 2024. 6. 11. 초판발행 | 2024. 6. 14.
편저자 | 박성현 발행인 | 박 용 발행처 | (주)박문각출판
등록 | 2015년 4월 29일 제2019-000137호
주소 | 06654 서울시 서초구 효령로 283 서경 B/D 4층
팩스 | (02)584-2927 전화 | 교재 주문·내용 문의 (02)6466-7202

이 책의 무단 전재 또는 복제 행위를 금합니다.

정가 21,000원 ISBN 979-11-7262-036-3

저자와의
협의하에
인지생략

NCS
필수교재

NCS 필요이론
+
10초 풀이법
- - - - - - - - - - - - - - - -
초급문제
▼
중급문제
▼
고급문제

동영상강의 www.pmg.co.kr

이론부터 문제까지, 응용수리의 끝을 보다

정답 및 풀이

응용
수리
끝.

박성현 저

NCS 필수교재

응용수리

끝.

NCS
필수교재

NCS 필요이론
+
10초 풀이법

초급문제
▼
중급문제
▼
고급문제

이론부터 문제까지, 응용수리의 끝을 보다

정답 및 풀이

응용
수리
끝.

박성현 저

박문각

01 방정식

• 본책 106~131p

빠른 정답

01	②	02	④	03	②	04	④	05	⑤	06	②	07	①	08	②	09	③	10	①
11	③	12	④	13	④	14	①	15	②	16	④	17	③	18	③	19	①	20	③
21	⑤	22	⑤	23	③	24	②	25	⑤	26	④	27	①	28	④	29	①	30	③
31	②	32	②	33	④	34	④	35	③	36	④	37	③	38	④	39	④	40	④
41	④	42	③	43	③	44	①	45	③	46	②	47	③	48	③	49	①	50	⑤
51	④	52	④	53	④	54	③	55	③	56	②	57	②	58	③	59	④	60	②
61	③	62	②	63	③	64	④	65	③	66	⑤	67	④	68	⑤	69	②	70	③
71	④	72	②	73	③	74	④	75	③	76	③	77	②	78	④	79	④	80	⑤
81	③	82	④	83	④	84	①	85	②	86	①	87	④	88	②	89	④		

01

|정답| ②

|풀이| $3(x-2) = -5(x+4) - 2$에서
$3x - 6 = -5x - 22$, $8x = -16$
$\therefore x = -2$

02

|정답| ④

|풀이| ① $(a^2)^3 = a^6$
② $a^4 + a^4 = 2 \times a^4$
③ $a \times a \times a \times a = a^4$
⑤ $a^5 \div a^3 \div a^2 = 1$

03

|정답| ②

|풀이| $3^2 \times 3^4 \times 3^5 = 3^{2+4+5} = 3^{11}$이므로 $x = 11$
$3^3 + 3^3 + 3^3 = 3 \times 3^3 = 3^4$이므로 $y = 4$
$\therefore x + y = 15$

04

|정답| ④

|풀이| $\dfrac{-2x+5y}{6} - \dfrac{2x-y}{3} = \dfrac{-2x+5y-4x+2y}{6}$
$\qquad\qquad = \dfrac{-6x+7y}{6} = -x + \dfrac{7}{6}y$

$\therefore A + B = -1 + \dfrac{7}{6} = \dfrac{1}{6}$

05

|정답| ⑤

|풀이| $(6 + 0.02) \times (6 - 0.02) = 6^2 - (0.02)^2 = 36 - 0.0004$
$\qquad = 35.9996$

06

|정답| ②

|풀이| $x = 2k$, $y = 5k$ $(k \neq 0)$라 하고 주어진 식에 대입하여 계산하면

$\dfrac{2xy}{3x^2 - y^2} = \dfrac{20k^2}{12k^2 - 25k^2} = -\dfrac{20}{13}$

07

|정답| ①

|풀이| $\begin{cases} 5x + 2y = 8 & \cdots \text{㉠} \\ 2x - y = 5 & \cdots \text{㉡} \end{cases}$ 에서 ㉠ + ㉡×2를 하면
$9x = 18$ $\therefore x = 2$
$x = 2$를 ㉡에 대입하면 $y = -1$
$x = 2$, $y = -1$을 $4x + ay = 11$에 대입하면
$8 - a = 11$ $\therefore a = -3$

08

|정답| ②

|풀이| $16^6 \times 5^{18} = (2^4)^6 \times 5^{18} = 2^{24} \times 5^{18}$
$\qquad = 2^6 \times 2^{18} \times 5^{18}$
$\qquad = 64 \times (2 \times 5)^{18}$
$\qquad = 64 \times 10^{18}$
따라서 주어진 자연수는 64 뒤에 0이 18개 붙은 수이므로 20자리 자연수이다.

09

|정답| ③

|풀이| $3^3 \times 3^\square = 3^7$에서 $\square = 4$

$2^9 \div 2^\square = 4$에서 $2^9 \div 2^\square = 2^2$이므로 $\square = 7$

따라서 $\square$ 안에 들어갈 두 수의 차는 3이다.

10

|정답| ①

|풀이| $\begin{cases} x + 2y = 1 \\ y = x + 5 \end{cases}$ 를 풀면 $x = -3, \ y = 2$

$x = -3, \ y = 2$를 $2x + 5y = a$에 대입하면

$a = -6 + 10 = 4$

11

|정답| ③

|풀이| 가로의 길이를 x cm, 세로의 길이를 y cm라 하면

$\begin{cases} 2x + 2y = 30 \\ 4x + 2(y - 4) = 28 \end{cases}$

이를 정리하면

$\begin{cases} x + y = 15 \\ 2x + y = 18 \end{cases}$

$\therefore \ x = 3, \ y = 12$

따라서 처음 직사각형의 가로의 길이는 3cm이다.

12

|정답| ④

|풀이| $\begin{cases} x : y = 3 : 2 \ \Rightarrow \ 2x = 3y \quad \cdots\cdots \ \bigcirc \\ y = x - 5 \qquad\qquad\qquad \cdots\cdots \ \bigcirc \end{cases}$

$\bigcirc$을 $\bigcirc$에 대입하여 풀면 $x = 15, \ y = 10$

13

|정답| ④

|풀이| 이 책의 총 페이지 수를 x라 하면

$60 \times 3 + (x - 60 \times 3) \times \dfrac{2}{3} + 160 = x$

$\dfrac{2}{3}x - 120 + 340 = x, \ 220 = \dfrac{1}{3}x$

$\therefore x = 660$

따라서 총 페이지는 660페이지이다.

다른 풀이

본 문제의 미지수를 x가 아닌 $3x$라고 놓으면

$3x = 180 + (3x - 180) \times \dfrac{2}{3} + 160$

$3x = 2x - 120 + 340$

$x = 220$

따라서 총 페이지는 660페이지이다.

14

|정답| ①

|풀이| 세 자리의 자연수: $\boxed{x} \ \boxed{y} \ \boxed{z} \ \to 100x + 10y + z$ 이므로

$\begin{cases} x + y + z = 16 & \cdots \ \bigcirc \\ x + z = 11 & \cdots \ \bigcirc \\ 100z + 10y + x = 100x + 10y + z - 99 & \cdots \ \bigcirc \\ \quad \to x - z = 1 \end{cases}$

$\bigcirc, \bigcirc$을 연립하여 풀면 $x = 6, \ z = 5$

$\bigcirc - \bigcirc$하면 $y = 5$

따라서 세 자리 자연수는 $600 + 50 + 5 = 655$이다.

15

|정답| ②

|풀이| 작년의 남학생 수와 여학생 수를 각각 $x, \ y$(명)라 하면

$x + y = 600 \qquad\qquad \cdots\cdots \ \bigcirc$

금년의 학생 수는 남학생이 15% 늘고, 여학생은 10% 줄어서, 전체 학생 수는 20명이 늘어나 620명이 되었으므로

$x(1 + 0.15) + y(1 - 0.1) = 620 \cdots\cdots \ \bigcirc$

$1.15x + 0.9y = 620$

$115x + 90y = 62000 \qquad\qquad \cdots\cdots \ \bigcirc'$

$\bigcirc \times 90$하면 $90x + 90y = 54000 \cdots\cdots \ \bigcirc'$

$\bigcirc' - \bigcirc'$하면 $25x = 8000$

$x = 320$

이를 $\bigcirc$에 대입하면 y는 280이다.

따라서 금년의 남학생 수는 $320 \times 1.15 = 368$(명)이고 여학생 수는 $280 \times 0.9 = 252$(명)이다.

16

|정답| ④

|풀이| 큰 수, 작은 수를 각각 $x, \ y$라 하면

$\begin{cases} x = 3y + 3 \\ y + 35 = 2x + 4 \end{cases}$

연립하여 풀면 $x = 18, \ y = 5$

17

|정답| ③

|풀이| 오리가 x 마리, 토끼가 y 마리 있다고 하면

$\begin{cases} x + y = 13 & \cdots\cdots \ \bigcirc \\ 2x + 4y = 40 & \cdots\cdots \ \bigcirc \end{cases}$

연립하여 풀면 $x = 6, \ y = 7$

18

|정답| ③

|풀이| 귤을 x개, 자두를 y개 샀다고 하면

$\begin{cases} x + y = 17 \\ 800x + 500y = 10,000 \end{cases}$

$\therefore \ x = 5, \ y = 12$

따라서 자두를 귤보다 7개 더 샀다.

다른 풀이

모두 800원이라고 가정을 하고 몰기법으로 계산을 해보면 총 금액은 $800 \times 17 = 13{,}600$(원)이다. 이때, 원래 총금액과의 차이는 3,600원이다. 가격이 더 나온 이유는 한 개에 500원인 자두를 800원이라고 가정했기 때문이다. 자두 한 개에 300원 차이이므로 자두는 $3{,}600 \div 300 = 12$(개)이고, 귤은 5개이다. 따라서 자두를 귤보다 $12 - 5 = 7$(개) 더 샀다.

19

|정답| ①

|풀이| 100원짜리 동전의 개수를 x개라고 하면, 500원짜리 동전의 개수는 $(15 - x)$개이다. $100x + 500(15 - x) = 4{,}300$(원)이므로 $x = 8$이다. 따라서 100원짜리는 8개, 500원짜리는 7개이므로 두 개의 차는 1개이다.

다른 풀이

몰기법으로 풀이해보자. 500원짜리만 15개 있다고 가정하면, 총금액은 7,500원이다. 500원이 하나 줄고, 100원이 하나 늘어나면 400원이 줄어든다. $7{,}500 - 4{,}300 = 3{,}200$(원)이고, 이 3,200의 차액을 내려면 500원을 8개 줄여야 한다. 따라서 500원은 7개, 100원은 8개이므로 두 개의 차는 1개이다.

20

|정답| ③

|풀이| 어떤 수를 x라고 하면
$$19 - 2x = 3x + 4, \quad 5x = 15$$
$$\therefore \ x = 3$$

21

|정답| ⑤

|풀이| 90℃에서 1분마다 0.6℃씩 떨어지고 있으므로 x분 후의 물의 온도를 식으로 나타내면 $90 - 0.6x$이다.
처음으로 물의 온도가 60℃가 되는 것은
$90 - 0.6x = 60$, $x = 50$(분)일 때이다.

22

|정답| ⑤

|풀이| 어른의 수를 x, 어린이의 수를 y라 하면
$$\begin{cases} x + y = 8 & \cdots\cdots \ \bigcirc \\ 500x + 300y = 3{,}000 & \cdots\cdots \ \bigcirc\!\!\bigcirc \end{cases}$$
$\bigcirc\!\!\bigcirc$을 정리하면
$$5x + 3y = 30 \quad \cdots\cdots \ \bigcirc\!\!\!\bigcirc\!\!\!\bigcirc$$
$$\therefore \ x = 3$$
$x = 3$을 $\bigcirc$에 대입하면 $y = 5$
따라서 어른은 3명, 어린이는 5명이다.

다른 풀이

몰기법으로 풀이해보자. 입장료를 모두 500원으로 가정하면 총금액은 8명×500원 = 4,000원이다. 원래 총금액인 3,000원과 1,000원 차이가 나는 이유는, 300원인 어린이 입장료를 500원으로 가정했기 때문이다. 따라서 어린이 수는 5명($= 1{,}000 \div 200$), 어른은 3명이다.

23

|정답| ③

|풀이| 수진이가 맞힌 문항 수를 a라 하자.
$$(\text{수진이의 점수}) = 100a - 50 \times \frac{1}{3} \times a = 750$$
양변에 3을 곱하면 $300a - 50a = 750 \times 3$
$$250a = 750 \times 3$$
$$a = 9$$
맞힌 문항 수 + 틀린 문항 수 $= a + \dfrac{1}{3}a = \dfrac{4}{3}a$이므로 12문항이다.

다른 풀이

대입법으로 풀이를 해보자. 예를 들어 맞힌 문항 수가 3개라고 하면 틀린 문항 수는 1개이다.

맞힌 문항수	틀린 문항수	점수 계산
3	1	$300 - 50$
6	2	$600 - 100$
9	3	$900 - 150 = 750$
12	4	$1{,}200 - 200$

24

|정답| ②

|풀이| 십의 자리의 숫자를 x, 일의 자리의 숫자를 y라 하면
$$\begin{cases} x + y = 7 \\ 10y + x = (10x + y) + 27 \end{cases}$$
$$\therefore \ x = 2, \ y = 5$$
따라서 처음 수는 25이다.

다른 풀이

대입법으로 풀이를 해보면, 선지 중에서 자리수를 바꾸어서 뺐을 때 27 차이가 나는 수를 찾으면 된다. ③을 넣어보면 $34 - 43 = 9$이므로 옳지 않다. ②를 넣어보면 $52 - 25 = 27$이다. 따라서 옳은 것은 ②이다.

25

|정답| ⑤

|풀이| 미지수를 잡을 때 x, $x + 2$, $x + 4$라 하면 계산이 복잡하기 때문에 아래와 같이 미지수를 설정하는 것이 핵심이다.
연속한 세 홀수를 $x - 2$, x, $x + 2$라고 하면
$$3(x + 2) = 2\{(x - 2) + x\} - 19$$
$$3x + 6 = 4x - 23$$
$$\therefore \ x = 29$$
따라서 가장 작은 홀수는 $29 - 2 = 27$이다.

26

|정답| ④

|풀이| 친구들의 수를 A라고 놓고, 케이크 가격으로 등식을 세우면 다음과 같다.

A×1,000 + 2,100 = A×1,200 − 900

100으로 나눈 값을 정리하면

10A + 21 = 12A − 9이다.

2A = 30이므로 친구들은 모두 15명이다.

27

|정답| ①

|풀이| 남학생 수를 A라고 하고 여학생 수를 B라고 하자.

A + B = 380 ······ ㉠

$A = B \times \dfrac{9}{10}$ ······ ㉡

㉠에 ㉡을 대입하면 $B \times \dfrac{9}{10} + B = 380$

19B = 3,800

따라서 여학생 수 B = 200(명), 남학생 수 A = 180(명)이다.

다른 풀이

정수법으로 풀이해보자.

만약 남학생 수가 10명이라면 여학생 수는 $10 \times \dfrac{10}{9} = \dfrac{100}{9}$

(명)으로 정수가 되지 않는다.

즉 남학생 수가 9로 나누어떨어져야 여학생이 정수가 됨을 알 수 있다. 따라서 9로 나누어떨어지는 선지를 찾으면 ①이 정답이다.

28

|정답| ④

|풀이| 작년의 여학생 수를 x, 작년의 남학생 수를 y라 하자.

$x + y = 1000$

$0.04x - 0.06y = -5$

연립방정식을 풀면 $x = 550$

다른 풀이

• 정수법

정수법으로 풀이하면 일단 1.04을 곱해서 정수가 되는 ①, ③, ④만 정답이 될 수 있다. 여학생이 늘어난 비율보다 남학생이 줄어든 비율이 더 큰데도 전체 학생 수가 비슷하다. 따라서 여학생 수가 남학생 수보다 더 많은 ④를 대입해 본다. 작년 여학생 수가 550명이라면 작년 남학생 수는 450명이고, 올해 여학생 수와 남학생 수는 각각 550×1.04 = 572(명), 450×0.94 = 423(명)이 된다. 이때, 572 + 423 = 995(명)이므로 문제 조건에 맞는 답이다. 따라서 ④가 정답이다.

• 가중평균법

남학생 수				여학생 수
−6%	−	−0.5%	−	4%
증가율 거리비	5.5		4.5	
인원수의 비	4.5		5.5	

따라서 $\dfrac{1,000 \times 5.5}{10} = 550$(명)이다.

29

|정답| ①

|풀이| 지난달의 A제품의 생산량을 x, B제품의 생산량을 y라 하자.

$x + y = 400$

$0.04x + 0.02y = 13$

연립하여 풀면 $x = 250$

다른 풀이

• 정수법

선지 중 1.04를 곱해서 정수가 되는 것은 ①밖에 없다.

• 가중평균법

	A	B	합계
지난 달	a	b	400
이번 달	+4%	+2%	13개 증가 (3.25% 증가)

B				A
2%	−	3.25%	−	4%
거리차	1.25	:	0.75	
생산량의 비	0.75	:	1.25	
	3	:	5	

B의 지난달 생산량 : $400 \times \dfrac{3}{8} = 150$(개)

A의 지난달 생산량 : $400 \times \dfrac{5}{8} = 250$(개)

30

|정답| ③

|풀이| 합금 A, B의 양을 각각 a, b라 하면

$0.2a + 0.4b = 200$

$0.3a + 0.1b = 150$

연립하여 풀면 $a = 400$, $b = 300$이다.

따라서 합금 A의 양은 400g이다.

31

|정답| ②

|풀이| 노트를 x권 샀다고 하면 연습장은 $(10 - x)$권 샀으므로

$1,000x + 700(10 - x) = 8,000 - 100$

$1,000x + 7,000 - 700x = 7,900$

$300x = 900$, $x = 3$(권)

따라서 노트는 3권, 연습장은 7권 샀다.

다른 풀이

• 몰기법

노트와 공책이 모두 1,000원이라고 가정하면 가격은 총 10,000원으로 원래 가격보다 2,100원이 더 많다. 연습장의 가격은 노트보다 300원 적으므로 연습장이 7권인 것을 알 수 있다.

• 정수법

총합이 7,900원이다. 1,000원짜리 노트만 산다면 백의 자리가 생길 수 없으므로, 700원짜리 연습장으로 백의 자리 숫자 9를 맞춰야 한다. 9로 끝나는 7의 배수는 $7 \times 7 = 49$밖에 없으므로 연습장은 7권, 노트는 3권이다.

32

|정답| ②

|풀이| 합격자가 x명이면, 불합격자는 $(200 - x)$명이다.

전체 평균이 55점이라고 했으므로 응시자들의 전체 점수의 합이 $55 \times 200 = 11,000$이 된다.

이것은 합격자의 점수 총합과 불합격자의 점수 총합을 합한 값과 같다.

$70 \times x + 40 \times (200 - x) = 11,000$

x는 100명이 된다.

다른 풀이

• 가중평균법

합격자			불합격자
70점	−	55점	40점
점수 거리의 비	15		15
인원수의 비	1		1

합격한 사람과 불합격한 사람은 $1 : 1$이므로 합격한 사람은 $200 \times \dfrac{1}{2} = 100$(명)이다.

33

|정답| ④

|풀이| 가진 돈을 x라고 하면, A는 $0.2x$, B는 $0.3x$, C는 $0.5x$가 투자된 셈이다. 가격변동을 반영하면

A는 $0.2x \times 1.4 = 0.28x$

B는 $0.3x \times 1.2 = 0.36x$

C는 $0.5x \times 0.8 = 0.4x$

합하면 $1.04x$가 되므로 4% 이익을 본 것이다.

다른 풀이

전체 투자금액을 100이라고 가정하면

A는 $20 \times 1.4 = 28$

B는 $30 \times 1.2 = 36$

C는 $50 \times 0.8 = 40$

총합은 104가 된다. 100만큼 투자하고 104를 얻었으므로 4% 이익을 본 것이다.

34

|정답| ④

|풀이| 전체 응시인원을 x라 하면 남자는 $\dfrac{4}{7}x$, 여자는 $\dfrac{3}{7}x$이다.

합격자는 160명인데, 이 중 $\dfrac{5}{8}$인 100명이 남자이고 여자는 60명이다.

불합격자는 전체 지원자 중 합격자를 뺀 숫자인데, 불합격자의 남녀 인원수가 같으므로 다음과 같은 식이 성립한다.

$\dfrac{4}{7}x - 100 = \dfrac{3}{7}x - 60$

$\dfrac{1}{7}x = 40$

$x = 280$(명)

다른 풀이

전체 인원의 남녀의 비는 $4 : 3$이다. 그렇다면 전체 인원은 7로 나누어떨어져야 한다. 이때, 7로 나누어떨어지는 선지는 ④뿐이다. 따라서 옳은 것은 ④이다.

35

|정답| ③

|풀이| 마지막 남은 사탕의 개수가 5개이므로 그 직전 한 개를 먹기 전에는 6개, 절반을 다른 사람에게 준 것이므로 그전에는 12개, 직전에 한 개를 먹었으므로 13개가 있었다. 절반을 다른 사람에게 주었으므로 26개가 원래 갖고 있던 사탕의 개수이다.

이것을 식으로 정리하자. 전체 사탕을 A라고 하면

$\{(A \div 2 - 1) \div 2 - 1\} = 5$

따라서 A는 26개이다.

36

|정답| ④

|풀이| 4개의 구슬이 남았다면 마지막 사람이 가져가기 전에는 $(4 + 1) \times 2 = 10$(개)가 있어야 한다. 그래야 먼저 5개를 꺼내고 한 개 더 가져가서 4개가 남는 것이다.

같은 방법으로 $(10 + 1) \times 2 = 22$(개), $(22 + 1) \times 2 = 46$(개), $(46 + 1) \times 2 = 94$(개)이다.

마지막으로 $(94 + 1) \times 2 = 190$(개)가 되는 것이다.

다른 풀이

전체를 T라고 할 때 $\{([\{[\{(T \div 2 - 1) \div 2 - 1] \div 2 - 1] \div 2 - 1\} \div 2 - 1) \div 2 - 1\} = 4$라는 식을 뒤에서부터 처리한다.

37

|정답| ③

|풀이| A가 $\dfrac{1}{4}$을 먼저 가져갔으므로 남은 것은 $\dfrac{3}{4}$이 된다. B는 또 나머지인 $\dfrac{3}{4}$의 $\dfrac{1}{4}$을 가져갔으므로 남은 것은 $\dfrac{3}{4} \times \dfrac{3}{4}$, 이런 식으로 D까지 가져가고 남은 것은 원래 개수의 $\dfrac{3}{4} \times \dfrac{3}{4} \times \dfrac{3}{4} \times \dfrac{3}{4} = \left(\dfrac{3}{4}\right)^4 = \dfrac{81}{256}$이다.

남은 동전의 개수가 81개이므로 저금통 안에 들어있던 동전의 개수는 256개이다.

38

|정답| ④

|풀이| 배정된 기금을 x억 원이라 하자.

처음 사람에게 주고 남은 액수는 $\frac{1}{2}x - 1$(억 원)이다.

두 번째 사람에게 이 액수의 절반에 1억 원을 더 주었으니

까 남아있는 돈은 $\dfrac{\frac{1}{2}x - 1}{2} - 1$(억 원)이 된다.

세 번째 사람에게 이 액수의 절반에 다시 1억 원을 주면

0이 되므로 $\dfrac{\frac{\frac{1}{2}x-1}{2} - 1}{2} - 1 = 0$이 된다.

이를 계산하면 $x = 14$(억 원)이 된다.

39

|정답| ④

|풀이| 3시간 38분을 분으로 고치면 218분이다.

A마트의 주차요금은 $\frac{218분 - 10분}{5} = 41.6$으로 추가요금을

42번 지불해야 한다. 총요금은 $42 \times 70 = 2,940$(원)이다.

B마트의 주차요금은 $\frac{218분 - 30분}{10} = 18.8$으로 추가요금을

19번 지불해야 한다. 총요금은 $19 \times 150 = 2,850$(원)이다.

따라서 장보는 동안의 주차요금은 B마트가 90원 더 저렴하다.

40

|정답| ④

|풀이| 파인애플 = 사과 + 오렌지 …… ⓐ

파인애플 2개 = 오렌지 3개 + 토마토 4개 …… ⓑ

사과 2개 = 토마토 6개 …… ⓒ

ⓒ에서 사과 1개의 무게는 토마토 3개와 같다는 것을 알수 있다. 이를 ⓐ에 대입하면 파인애플 1개의 무게는 오렌지 1개와 토마토 3개의 무게와 같다는 것을 알 수 있다. 이를 ⓑ와 연립하여 풀면, 오렌지 1개의 무게는 토마토 2개의 무게와 같다는 것을 알 수 있다.

> Tip) 미지수를 설정할 때 파인애플은 영어 이니셜을 따서 P로, 사과는 A로, 오렌지는 O, 토마토는 T로 설정하면 풀이한 후 미지수를 찾기가 쉽다.

41

|정답| ④

|풀이| 받은 돈은 8,750만 원으로 5,000만 원보다 3,750만 원이 많다.

$3,750 = 750 \times 5$이므로, 총 $15분 \times 5 = 75$(분)을 앞당겼다.

따라서, 5시간 − 75분 = 3시간 45분 만에 끝냈다.

42

|정답| ③

|풀이| $15 \times 3 + 4 = 49$(개)

$12 \times 5 = 60$(개)

∴ $60 - 49 = 11$(개)

43

|정답| ③

|풀이| A, B, C 기업에 근무하는 사원 수를 각각 x, y, z라고 놓으면

$y + z = 350$

$x + z = 250$

$x + y = 260$

세 식을 모두 더하면 $2(x + y + z) = 860$

∴ $x + y + z = 430$

44

|정답| ①

|풀이| 저금통은 200명분, 포스트잇은 560개를 3개씩 나눠주므로 186명분, 볼펜은 290개를 2개씩 나눠주므로 145명분이 있다. 그런데 한 개라도 모자라서는 안 되므로 최대로 줄 수 있는 인원수는 145명이다.

45

|정답| ③

|풀이| 짜장면 = A, 탕수육 = B, 짬뽕 = C, 깐풍기 = D, 볶음밥 = E라 하자.

$A + B = 17,000$

$C + D = 20,000$

$A + E = 14,000$

$B + C = 18,000$

$D + E = 21,000$

$2(A + B + C + D + E) = 90,000$이 된다.

$A + 18,000 + 21,000 = 45,000$이므로

$A = 6,000$(원)이다.

46

|정답| ②

|풀이| ㄱ. SEX 요인으로 0.65(백만 원) 차이 나므로 옳다. ㄴ, ㄷ도 동일한 원리로 옳다.

ㄹ. 고졸은 0.39HIGH가 적용되고, 대졸은 0.39HIGH 대신 0.98COL이 적용된다. 따라서 차액은 0.98 − 0.39 = 0.59로 59만 원 많으므로 옳지 않다.

47

|정답| ③

|풀이| A과장 : $80 \times \dfrac{30}{100} + 90 \times \dfrac{30}{100} + 70 \times \dfrac{a}{100} + 90 \times$

$\dfrac{b}{100} = 84$ ····· ㉠

B부장 : $90 \times \dfrac{30}{100} + 100 \times \dfrac{30}{100} + 80 \times \dfrac{a}{100} + 80 \times$

$\dfrac{b}{100} = 89$ ····· ㉡

㉠과 ㉡ 식을 연립하여 풀면 $a = 15$, $b = 25$

48

|정답| ③

|풀이| 갑 : $(3{,}000 \times 2 + 10{,}000 \times 3) \times 3$일 $+ 80{,}000 \times 2$일
$= 108{,}000 + 160{,}000 = 268{,}000$(원)

을 : $(4{,}000 \times 2 + 9{,}000 \times 3) \times 4$일 $+ 50{,}000 \times 3$일
$= 140{,}000 + 150{,}000 = 290{,}000$(원)

병 : $(8{,}000 \times 2 + 16{,}000 \times 3) \times 2$일 $+ 150{,}000 \times 1$일
$= 128{,}000 + 150{,}000 = 278{,}000$(원)

따라서 출장비용이 많은 사람 순서대로 나타내면 을 − 병 − 갑이다.

49

|정답| ①

|풀이| 분포를 그림으로 나타내면 최빈값 − 중앙값 − 평균값의 순서이다.

ㄱ. 중앙값을 기준으로 가구 수가 양쪽에 15가구로 동일하므로 평균값 이상의 가구가 더 적다.

ㄴ. 중앙값이 3천 5백만 원 이상이고 가장 많이 나오는 최빈값도 3천 4백만 원 이상이라면 최빈값보다 낮은 3천 백만 원 이하의 가구는 30가구의 반인 15가구보다 적다고 보아야 한다. 반면 이 이상의 소득을 올리는 가구는 15가구보다는 많다.

ㄷ. 아주 작거나 큰 값이 존재하는 자료를 포함하는 경우 평균값이 그 자료의 영향을 많이 받기 때문에 불안정하다.

50

|정답| ⑤

|풀이| ⅰ) 2분마다 온도가 6℃씩 올라가므로 1분마다 온도가 3℃씩 올라간다.

x분 동안 물을 데웠을 때의 온도를 y℃라고 하면
$y = 24 + 3x$
$y = 96$이면 $96 = 24 + 3x$
∴ $x = 24$

ⅱ) 1분마다 온도가 2℃씩 내려가므로 x분 동안 주전자를 바닥에 내려놓았을 때의 온도를 y℃라고 하면

$y = 96 - 2x$
$y = 48$이면 $48 = 96 - 2x$
∴ $x = 24$

따라서 물을 데웠다가 식히는 데까지 걸리는 시간은
$24 + 24 = 48$(분)이다.

51

|정답| ④

|풀이| 처음 준비한 6분짜리 곡의 수를 x, 8분짜리 곡의 수를 y라 하면

$$\begin{cases} 6x + 8y + (x + y - 1) = 163 \\ (6x + 8y) - (8x + 6y) = 8 \end{cases}$$

∴ $x = 8$, $y = 12$

따라서 처음 음악회 진행을 계획하였을 당시 6분짜리 곡은 8개였다.

52

|정답| ④

|풀이| C가 받고 남은 돈을 x만 원이라고 하자.

이때 D가 받은 돈은 $\dfrac{x}{2} + 70$이다. C가 받고 남은 돈(x)에서 D가 받은 돈 ($\dfrac{x}{2} + 70$)를 빼면 남은 금액은 0이 된

다. 따라서 $x - (\dfrac{x}{2} + 70) = 0$이고 x는 140(만 원)이다.

그러면 D가 받은 성과급도 140만 원이다.

이제 거꾸로 계산해 보자.

B가 받고 남은 돈을 B′라 하면, C가 받은 돈은 B′ ÷ 3 + 60이다. B′ − (B′ ÷ 3 + 60) = 140이므로 B′의 값은 300만 원이다.

A가 받고 남은 돈을 A′라 하면 B는 A′ ÷ 2 + 10을 받았고 남은 금액은 300만 원이다. 따라서 A′ − (A′ ÷ 2 + 10) = 300이고 A′는 620만 원이다.

성과급 총액을 T라고 하면 A가 받은 돈은 T ÷ 3 + 20이고, 남은 금액이 620만 원이다.

T − (T ÷ 3 + 20) = 620
∴ T = 960

> Tip 이런 유형의 문제는 대입법을 막기 위해서 나온 문제이다. 대부분의 문제는 선지를 몇 개 넣어보면 정답이 나오는 경우가 많아서 본 문제처럼 출제를 해야 대입법이 통하지 않게 된다.

53

|정답| ④

|풀이| 네 사람이 각각 받은 금액을 a라고 하면 네 사람이 받은 금액이 모두 같으므로 하루 총매출액은 $4a$이다. A가 받은 금액을 계산하면

$$a = 10 + (4a - 10) \times \frac{1}{5}$$

$$\frac{1}{5}a = 8$$

$$\therefore a = 40$$

따라서 하루 총매출액은 $4a = 4 \times 40 = 160$(만 원)이다.

|다른 풀이|

식이 세워지지 않는다면 대입법을 활용해 본다. 10만 원을 빼고 5로 나누어떨어지는 ④를 확인해본다. 총매출액이 160만 원이라면 A는 40만 원을 받는다. 그리고 B가 나머지 120만 원에서 20만 원과 남은 금액의 $\frac{1}{5}$인 20만 원을 받는다. C가 80만 원에서 30만 원과 남은 금액의 $\frac{1}{5}$인 10만 원을 받으면 모두 40만 원으로 같다.

54

|정답| ③

|풀이|

구분	개수	비고
5인용 의자	a	만약 80개가 모두 5인용 의자라면 $5 \times 80 = 400$(명)
3인용 의자	b	만약 80개가 모두 3인용 의자라면 $3 \times 80 = 240$(명)
	80개	빈자리 없이 의자에 앉히면 322명이다. $a+b = 80$ $5a+3b = 322$ 두 식을 연립하면 $a = 41$

|다른 풀이|

몰기법을 사용할 경우 모두 5인용 의자라면 322명보다 78명이 더 많은 400명이 의자에 앉을 수 있다. 의자 하나당 2명이 더 앉을 수 있으므로 3인용 의자의 개수는 $78 \div 2 = 39$(개)이다. 따라서 5인용 의자의 개수는 41개가 된다.

> [Tip] 문제를 보면 마지막 남은 5인용 의자에 3명이 앉았다고 조금 비틀어 놓았다. 빈자리 없이 앉을 수 있는 인원수는 322명이다. 이것을 파악하는 것이 중요한 문제이다.

55

|정답| ③

|풀이| 문제를 풀 때, 책의 전체 쪽수를 x라고 하고

$$\left(\frac{2x}{3} - 95\right) + \frac{x}{4} + \frac{3}{5} \times \left(\frac{2x}{3} - 95\right) = x$$로 놓고 계산을 하면 너무 오래 걸린다.

	첫째 날	둘째 날	셋째 날	전체 쪽수
분수식	$\frac{2x}{3} - 95$	$\frac{x}{4}$	$\frac{3}{5} \times \left(\frac{2x}{3} - 95\right)$	
쪽수 x를 $60k$라고 계산	$40k-95$	$15k$	$24k-57$	$60k$
		$79k-152$		$60k$

문제에서 주어진 분수의 분모가 3, 4, 5이고 이 세 수의 최소공배수가 60이다. 책의 전체 쪽수를 x라고 정하는 대신 분모의 최소공배수인 60을 사용해서 $60k$라고 놓는다. 첫째 날 읽은 쪽수는 $(40k - 95)$쪽이고 둘째 날은 $15k$이다. $(40k - 95)$는 5로 나누어떨어지므로 셋째 날 읽은 쪽수를 계산하면 $(24k - 57)$쪽이다.

이때, 3일간 읽은 쪽수를 모두 더하면 $(79k - 152)$쪽이 된다. 이것은 전체 쪽수 $60k$와 같으므로 $79k - 152 = 60k$를 계산하면 k는 8이다. 따라서 책의 전체 쪽수는 480쪽이다.

56

|정답| ②

|풀이| $A : B : C : D : E = 8 : 6 : 4 : 2 : 1$

양으로 따져보면

$$A = 3{,}360 \times \frac{8}{8+6+4+2+1} = 1{,}280$$

$$B = 3{,}360 \times \frac{6}{8+6+4+2+1} = 960$$

$$C = 3{,}360 \times \frac{4}{8+6+4+2+1} = 640$$

D, E도 위와 같은 방법으로 계산을 하면
$A : B : C : D : E = 1{,}280 : 960 : 640 : 320 : 160$이다.
마지막 배분을 참고로 역으로 계산해 보면 아래와 같이 배분이 된다.

	A	B	C	D	E
마지막 배분	1,280	960	640	320	160
4	640	480	320	160	1,760
3	320	240	160	1,760	880
2	160	120	1,760	880	440
1	80	1,740	880	440	220
최초 배분	1,720	870	440	220	110

최초 배분 시점에서 제일 많이 받은 사람과 제일 적게 받은 사람의 페이지 수의 합을 물었으므로 $1{,}720 + 110 = 1{,}830$(페이지)이다.

57

|정답| ②

|풀이| A, B, C가 각각 x, y, z원을 갖고 있다고 생각하고 문제를 풀면 주어진 문제가 잘 풀리지 않는다. 따라서 표를 이용해 거꾸로 생각을 해야 한다.

구분	A	B	C	합계	
게임 후	4,000원	4,000원	4,000원	12,000원	
3	2,000원	2,000원	8,000원	12,000원	C가 졌으므로 차감해서 나머지 사람에게 똑같이 준다. $\frac{C}{4}=2,000$(원)를 각각 나눠 준다.
2	1,000원	4,000원	7,000원	12,000원	B가 졌으므로 $\frac{B}{4}=$ 1,000(원)을 나머지 2사람에게 준다.
1	2,000원	3,500원	6,500원	12,000원	A가 졌으므로 $\frac{A}{4}=$ 500(원)을 나머지 2사람에게 준다.

현재 A, B, C 세 사람이 모두 4,000원씩 갖고 있으므로 세 번째 게임 이전에는 얼마씩 갖고 있어야 하는가를 역산해 보자.

C는 3번째 게임에서 자신이 갖고 있던 돈의 절반은 남에게 나눠주고 자신은 절반만 갖게 된다. 그 절반이 4,000원이니 세 번째 게임 전에는 8,000원을 갖고 있었다. 자신이 갖고 있던 8,000원의 절반, 즉 4,000원을 2,000원씩 A와 B에게 나누어 주었으므로 A와 B는 세 번째 게임 이전에는 2,000원씩 갖고 있었다.

두 번째 게임에서는 B가 졌으므로 세 번째 게임 전에 B가 갖고 있었던 2,000원은 두 번째 게임 이전에 B가 갖고 있었던 금액의 절반이다. 즉, B는 두 번째 게임 이전에는 4,000원을 갖고 있었다. B는 게임에 져서 1,000원씩 A와 C에게 주었으므로 두 번째 게임 이전에 A가 갖고 있었던 돈은 1,000원, C가 갖고 있던 돈은 7,000원이 된다.

첫 번째 게임에서는 A가 졌으므로 A가 갖고 있는 돈 1,000원은 첫 번째 게임 이전에 A가 갖고 있던 돈의 절반이다. 즉, A는 처음에 2,000원을 들고 있었고 첫 번째 게임에서 진 A는 B와 C에게 500원씩 준 셈이 된다. 따라서 B는 3,500원, C는 6,500원을 원래 갖고 있었다. 따라서, 구하고자 하는 값은 3,500원이다.

58

|정답| ③

|풀이| 사람의 수를 a, 구하려는 과일의 수는 b라고 놓는다.

$b=3a+37$ ······ ㉠

$b=5(a-1)+c$ ······ ㉡ ($\because$ c는 1, 2, 3, 4)

이때, ㉡은 c가 하나로 확정되지 않은 상태로 1, 2, 3, 4 네 가지 경우가 있을 수 있다는 의미이다. 만일 ㉡ 식을 $b=5a+c$로 세웠다면 방정식 세우는 방법을 좀 더 고민을 해봐야 한다.

㉠, ㉡을 변형시켜 보면

$2a=42-c$ ······ ㉢

$c=42-2a$

㉢에서 c의 값이 홀수이면 우변이 홀수가 되어 좌변의 $2a$가 홀수가 되는 모순이 생기므로 c는 1 또는 3이 될 수 없다. 네 개의 가능성 중 두 개를 배제했으니 두 경우만 대입해 보면 된다.

c가 2이면 a는 20이고, c가 4이면 a는 19가 된다. 그런데 a는 홀수라고 하였으므로 사람의 수는 19명이고 과일의 개수는 94개가 된다.

|다른 풀이|

대입법으로 문제를 풀어보면 더 빠르게 답을 도출할 수 있다.

91개를 넣어 보면

$$\frac{(91-37)}{3}=\frac{54}{3}=18(명)$$

$17 \times 5 = 85$(개)이므로 마지막 사람은 6개를 갖는다.

94개를 넣어 보면 $\frac{(94-37)}{3}=\frac{57}{3}=19$(명)이다.

(94와 91의 차가 3개이므로 $18+1$명만 해주면 된다.)

따라서 $18 \times 5 = 90$(개)이므로 되어서 마지막 사람은 4개를 갖게 된다.

59

|정답| ④

|풀이| 오프라인 강의만 수강하겠다고 응답한 신입사원의 수를 a라고 하면 온라인 강의만 수강하겠다고 응답한 신입사원의 수는 $3a$이다.

또 두 강의를 모두 수강하지 않겠다고 응답한 신입사원을 b라고 하면, 두 강의를 모두 수강하겠다고 응답한 신입사원의 수는 $3b$이다.

이를 벤다이어그램으로 나타내면 다음과 같다.

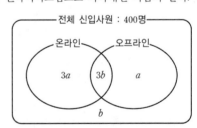

즉, $3a+3b+a+b=400$이므로, 이를 정리하면 $a+b=100$이다.

온라인 강의를 수강하겠다고 응답한 신입사원의 수는 $(3a+3b)$명이고, $a+b=100$이므로 온라인 강의를 수강하겠다고 응답한 신입사원의 수는 모두 300명이다.

60

|정답| ②

|풀이| 본 문제를 방정식으로 풀이하려고 하면 안 되고 다음과 같이 표를 만들어서 풀어야 한다.

	A마을	B마을	합계
남학생	x	y	28
여학생	$25-x$	$23-y$	20
합계	25	23	

(A마을의 남학생 수) − (B마을의 여학생 수)
= $x - (23 - y)$
= $(x + y) - 23 = 28 - 23 = 5$(명)

비례상수 k를 적용하면 인원은 $4k$, $3k$가 된다. 10명이 나타나지 않았으므로 $4k - 3k = 10$(명)이다. 따라서 $k = 10$이므로 버스를 타고 등산을 간 사람은 30명이다.

61

|정답| ③

|풀이|

	접시 수(장)	금액
나른 접시	a	20원
깨뜨린 접시	$1,500 - a$	300원

$20a - \{300 \times (1,500 - a)\} = 25,200$
$320a = 475,200$
$a = 1,485$
따라서 깨뜨린 접시는 15장이다.

다른 풀이

몰기법으로 풀이해 보자. 접시를 한 장도 깨지 않았다면 30,000원을 받아야 한다. 받은 금액이 25,200원이니 4,800원이 접시를 깨서 제외된 금액이다. 한 장을 깨면 300원을 물어줘야 하는 것뿐 아니라 20원도 받지 못한다. 즉, 한 장을 깨면 300원 손해가 아니라 320원 손해가 되는 것이다. 4,800원은 바로 320원씩 15장이 깨진 금액이 되는 것이다.

62

|정답| ②

|풀이|

	문제 수	정답 수
A	x	$0.8x$
B	$2x$	$1.2x$

A가 푼 문제 수를 x라고 하면, B가 푼 문제 수는 A의 2배이므로 $2x$이다. 또 A의 정답률은 8할(80%)이므로 A의 정답 수는 $x \times 0.8 = 0.8x$이고, B의 정답률은 6할이므로 B의 정답 수는 $2x \times 0.6 = 1.2x$가 된다. 정답 수는 B보다 A가 6문제 많았다고 했다.
따라서 (B의 정답 수) = (A의 정답 수)+6이 된다.
$1.2x = 0.8x + 6$
$12x - 8x = 60$
$4x = 60$
$x = 15$
A의 정답 수는 A가 푼 문제 수×0.8이므로
$15 \times 0.8 = 12$(문제)가 된다.

63

|정답| ③

|풀이|

	A(계획)	B(당일)
회비	18,000	24,000
인원	a	b
회비×인원 = 총액	$18,000a$	$24,000b$

A와 B의 경우 총액이 같아야 하므로 회비의 비율 $18 : 24$는 인원의 비율의 반비례가 되어야 한다. 따라서 인원의 비율 $a : b$는 회비의 비율의 반비례인 $24 : 18 = 4 : 3$이다.

64

|정답| ④

|풀이|

	개수	점수	감점 폭
정답	a	+5	
오답	b	−3	−8
공란	c	−2	−7
총합	20	65	

$a + b + c = 20$
$5a - 3b - 2c = 65$
방정식의 개수보다 미지수가 더 많은 방정식인 부정방정식이다.
20문항을 다 맞혀서 만점이라면 100점인데, 65점이라는 것은 35점만큼 틀리거나 답을 쓰지 않아 감점당한 것이라고 생각할 수 있다. 정답을 맞혔을 때와 비교해 보면, 오답인 경우 8점이 감점되고 답을 쓰지 않은 경우 7점이 감점된다. 7점과 8점 두 개의 숫자로 35를 만드는 방법을 생각해 보자. $7 \times 5 = 35$이므로 7점 5개로 35점을 만들 수 있고, 8점이 포함되면 35점을 만들 수 없다. 따라서 답을 쓰지 않은 문항은 5개, 오답은 0개, 정답은 15개로 총점 65점을 받았다.

65

|정답| ③

|풀이|

가격		무게	
사탕	과자	사탕	과자
90	210	120	450
2,850원(3,150원−300원)		5,160g(6,150g−990g)	

사탕의 개수를 a, 과자의 개수를 b라고 하자.
$$\begin{cases} 90a + 210b = 2,850 \\ 120a + 450b = 5,160 \end{cases}$$
$$\begin{cases} 3a + 7b = 95 & \cdots\cdots \text{㉠} \\ 4a + 15b = 172 & \cdots\cdots \text{㉡} \end{cases}$$
㉡×3 − ㉠×4를 하여 연립방정식을 풀면
$17b = 136$, $b = 8$
따라서 과자는 8개, 사탕은 13개이다.

66

|정답| ⑤

|풀이| 모든 투자대상에 100만 달러를 투자한다고 가정을 해보자. 아파트의 경우 투자액이 100만 달러라면 연 12만 달러를 벌게 된다. 따라서 5년이 지나면 60만 달러다.
호텔의 경우 연 11만 달러를 벌게 되므로 5년이 지나면 55만 달러다.
콘도의 경우 연 6만 달러를 벌게 되므로 5년이면 30만 달러가 된다. 하지만 5년이 지나면 여기에 20만 달러가 더해지므로 50만 달러가 된다.

주택의 경우에는 8달 동안 한 달에 1만 5천 달러를 벌면 1년에 12만 달러를 벌게 되므로 5년이면 60만 달러다. 상가의 경우 연 수익이 24%나 된다. 여기서 1년에 10%가 빠져나가더라도 14%이기 때문에 연 14만 달러를 벌게 되므로 5년이면 70만 달러로 수익이 가장 크다.

67

|정답| ④

|풀이|

	오르기 전	오른 후
우유 값	1,000원	1,200원
일 수	a	$30-a$
총액	32,600원	

$1,000a + 1,200(30 - a) = 32,600$

$3,400 = 200a$

$\therefore a = 17$

따라서 가격이 오른 날짜는 $17 + 1 = 18$(일)이다.

다른풀이

몰기법으로 풀이해 보자. 한 달 내내 우유 값이 1,200원이라고 가정을 하면 $1,200 \times 30 = 36,000$(원)이 되어야 한다. 그런데 32,600원을 지불했으므로 $36,000 - 32,600 = 3,400$(원)이 초과되었다. 그 이유는 가격이 1,000원이었던 날도 1,200원으로 계산했기 때문이다. 따라서 가격이 1,000원인 날은 $3,400 \div 200 = 17$(일)이 된다. 17일간은 가격이 오르기 전이었고, 18일부터 가격이 올랐다는 뜻이다.

68

|정답| ⑤

|풀이| 본 문제는 부정방정식이다.

	개수	점수	감점 폭
정답	a	+4	
오답	b	−3	−7
공란	c	−2	−6
총합	25	82	

총점 100점에서 82점을 받았으므로 총 18점이 감점된 것이다. 정답을 맞혔을 때와 비교해 보면, 오답인 경우 7점이 감점되고 답을 쓰지 않은 경우 6점이 감점된다. 7점과 6점으로 18점을 만드는 방법을 생각해 보자. $6 \times 3 = 18$이므로 6점 3개로 18점을 만들 수 있고, 7점이 포함되면 18점을 만들 수 없다. 따라서 답을 쓰지 않은 문항은 3개, 오답은 0개, 정답은 22개로 총점 82점을 받았다.

69

|정답| ②

|풀이|

안내전화 대상자 수	20명	40명	60명	80명
총 평균 전화시간 (초)	200	$360 = 200+160$	$488 = 200+160+ 128$	$590.4 = 200+160+ 128+102.4$

전화 대상자가 20명씩 증가할 때마다 그 다음의 20명의 안내전화시간이 20%씩 감소함을 알 수 있다.

따라서 최종적으로 590.4초가 걸리고 분단위로 고치면 약 9분 50초이므로 답은 ②이다.

70

|정답| ③

|풀이| 각 사건의 발생확률과 기대금액을 정리하면 아래와 같다.

하이낙스	A	A	A	B	B	B
삼송	C	D	E	C	D	E
확률	$\frac{1}{4}$	$\frac{1}{6}$	$\frac{1}{12}$	$\frac{1}{4}$	$\frac{1}{6}$	$\frac{1}{12}$
금액	0	300	600	600	300	0

하이낙스의 기대금액은 $\frac{1}{4} \times 0 + \frac{1}{6} \times 300 + \frac{1}{12} \times 600 + \frac{1}{4} \times 600 + \frac{1}{6} \times 300 + \frac{1}{12} \times 0 = 300$(억 원)이다.

71

|정답| ④

|풀이| 매장 수가 많을수록 수익이 늘어나므로, 직영점 매장 수를 a, 위탁점 매장수를 $(20-a)$라 하자.

구분	매장 수	개설 비용(억 원)	한 달 수익(백만 원)
직영점	a	$5a$	$4a$
위탁점	$20-a$	$3 \times (20-a)$	$3 \times (20-a)$
총합	20	75 이하	$a+60$

한 달 수익을 최대화하려면 a가 최대일 경우를 구해야 한다.

$5a + 3 \times (20-a) \leq 75$

$a \leq 7.5$

직영점이 7개, 위탁점이 13개일 때 개설 비용은 $5 \times 7 + 3 \times 13 = 74$억 원이 들고 한 달 수익은 67백만 원이다. 따라서 직영점과 위탁점의 매장 수의 차는 6개이다.

다른풀이

매장 20개가 전부 위탁점이라면 예산은 60억 원이 된다. 원래 예산은 75억 원이므로, 개설 비용이 2억 원 더 많은 직영점을 7개까지 늘릴 수 있다. 직영점이 많을수록 수익이 늘어나므로 직영점 7개, 위탁점 13개를 개설하는 것이 수익을 최대화할 수 있는 방법이다.

72

|정답| ②

|풀이| 한 묶음당 장수는 같다.

	최초	차감 후 남은 것
팸플릿 묶음	a	
묶음당 장수	b	15
총 장수	$a \times b$	$a \times b \times \frac{3}{4}$

$$a \times b \times \frac{3}{4} = 15(장)$$

$$a \times b = 20(장)$$

따라서 20 − 15 = 5(장)이 빠진 것이고 각 묶음으로부터 한 장씩 빼낸 것이기 때문에 탁자에 놓여 있는 팸플릿은 모두 5묶음이다.

73

|정답| ③

|풀이| ① A(4)가 440Hz이면 A(5)는 그 두 배인 880Hz이고, A(6)은 다시 그 두 배인 1,760Hz이다. 따라서 A(7)은 A(6)의 두 배인 3,520Hz이므로 옳지 않다.

② B(6)은 A(6)의 $\frac{9}{8}$인 1,980Hz이다. F(5)는 A(4)의 $\frac{5}{3}$이므로 약 733Hz이다. 따라서 B(6)의 진동수는 F(5)의 진동수의 약 2.7배.

③ C(6)는 A(5)의 $\frac{5}{4}$로 1,100Hz이고 C(5)는 A(4)의 $\frac{5}{4}$로 550Hz이다. 따라서 진동수의 차는 550Hz가 맞다.

④ D(4)나 D(3)을 알려면 우선 A(3)과 A(2)를 알아야 한다. A(3)은 A(4)의 $\frac{1}{2}$이므로 220Hz가 되고 A(2)는 또 그 반인 110Hz가 된다. 따라서 D(5)는 A(4)의 $\frac{4}{3}$인 약 587Hz이고, D(4)는 A(3)의 $\frac{4}{3}$인 약 293Hz이다. 따라서 D(5)와 D(4)의 차는 약 294Hz이다.

D(3)은 A(2)의 $\frac{4}{3}$인 약 147Hz이므로 D(4)와 D(3)의 차는 약 147Hz이다. 따라서 두 진동수 차는 서로 다르다.

⑤ 330Hz는 220Hz의 $\frac{3}{2}$이므로 E(4)로 표현할 수 있다.

74

|정답| ④

|풀이| 표로 정리하면 다음과 같다.

구분	A형	B형	전체 식품량
냉장	200L	300L	9,000L
상온	400L	300L	12,000L
운임단가	900원	1,200원	

위의 표를 식으로 나타내면

2A + 3B = 90 ⋯⋯ ㉠

4A + 3B = 120 ⋯⋯ ㉡

㉠, ㉡을 연립하여 풀면, A가 15대, B가 20대 필요하다. 운임단가가 싼 A형 트럭을 늘리고 B형 트럭을 줄이면 빈 적재공간이 생기고 결과적으로 총 운반비가 늘어나므로 위에서 구한 답이 운반비가 최소이다.

75

|정답| ③

|풀이| 귤 개수를 a, 사과 개수를 b라고 놓으면 다음과 같은 식을 세울 수 있다.

$$400a + 700b = 29,900$$

미지수가 2개이고 방정식이 하나가 나오는 부정방정식이므로 이 식만 가지고는 해를 하나로 결정할 수 없다. 이 문제는 인원수와 과일의 개수가 정수라는 점과 "똑같이 나눈다."라는 부분에 초점을 두고 풀이한다.

귤과 사과를 회의에 참석한 사람들에게 똑같이 나누어 주었으므로 한 사람이 받은 귤과 사과의 가격도 동일할 것이다. 전체 가격 29,900원을 소인수분해하면 29,900 = 13× 23×100이다. 이때 전체 인원을 N이라 하면 한 사람이 받은 사과와 귤의 가격은 (13×23×100) ÷ N이 되고, 이것은 각각의 가격인 400원과 700원의 합으로 나타낼 수 있는 정수여야 한다. 따라서 13은 4와 7의 합으로 나타낼 수 없고 23은 4×4 + 7×1로 나타낼 수 있으므로, N은 13이고 한 사람당 귤 4개와 사과 1개를 나누어주었다는 것을 알 수 있다.

76

|정답| ③

|풀이| 면접점수가 같은 지원자는 A, E, F이므로 A도 9점이다. 최댓값이 10점이므로 B, C, D 중 한 명은 10점일 것이다. 평균이 8.5점이므로 총점은 8.5×6 = 51(점)이고 A, E, F가 9점이므로 B, C, D의 합은 51 − 9×3 = 24(점)이 되어야 한다.

지원자 D의 면접점수는 지원자 C보다 4점이 높기 때문에 D = C + 4가 되고 B 또는 D가 10점이 가능하다는 것을 알 수 있다.

ⅰ) D가 10점일 경우

　　C는 6점, B는 8점이므로 성립한다.

ⅱ) B가 10점일 경우

　　D는 9점, C는 5점이 된다. 9점이 A, E, F밖에 없기 때문에 성립하지 않는다.

따라서 옳은 것은 ③이다.

77

|정답| ②

|풀이| 생쥐가 속한 그룹을 각각 임의로 그룹 1~5라 하고 주어진 조건을 정리하면 다음과 같다.

구분	그룹 1	그룹 2	그룹 3	그룹 4	그룹 5
생쥐의 수	10마리	20마리	30마리	40마리	60마리
조건 2		A	A		
조건 4	C				C
조건 5		E		E	
조건 3	B				B
			B	B	
최종	B, C	A, E	A, D	D, E	B, C
	C, D	A, E	A, B	B, E	C, D

따라서 D가 관리하는 그룹의 생쥐 수는 첫 번째 경우와 두 번째 경우 모두 총 70마리이다.

78

|정답| ④

|풀이| A가 500원짜리를 a개 갖고 있다고 하면 100원짜리는 $3a$개가 되고 B가 500원짜리를 $3b$개 갖고 있다고 하면 100원짜리는 $5b$개가 된다.
$500 \times (a + 3b) + 100 \times (3a + 5b) = 16,000$
$2a + 5b = 40$
미지수가 a, b 두 개인데 식은 하나뿐인 부정방정식이지만 이 문제에서는 a, b는 동전의 개수이므로 자연수임을 제시하고 있다는 것을 알 수 있다. 이 경우에는 a보다 계수가 큰 b에 자연수를 대입해보는 것이 계산이 간단하다. b가 홀수라면 $2a$가 홀수가 되어야 하므로 식이 성립되지 않는다. 따라서 b는 짝수가 되어야 한다.
b가 될 수 있는 자연수는 2, 4, 6으로 3개이고 b의 값에 따라 a는 15, 10, 5가 될 수 있다. 그런데 문제에서는 A와 B가 갖고 있는 100원짜리의 개수가 될 수 없는 수를 고르라고 했으므로 $\{3a\} = \{45, 30, 15\}$와 $\{5b\} = \{10, 20, 30\}$을 제외한 것을 고르면 된다. 따라서 옳은 것은 ④이다.

79

|정답| ④

|풀이| 네 개의 숫자가 적혀 있는 카드에서 두 장을 뽑아 두 자리 정수를 만드는 방법은 $_4P_2 = 4 \times 3 = 12$이다. 일단 12개의 두 자리 정수를 만들면 일의 자리에는 4개의 수가 각각 3번씩 들어가게 된다. 즉, 1이 일의 자리 수에 위치하는 수는 41, 61, 91이라는 이야기이다. 4가 일의 자리 수에 위치하는 정수는 14, 64, 94 세 개가 된다. 따라서 12개의 두 자리 수 정수 중 일의 자리의 총합을 구하면 $(1 + 4 + 6 + 9) \times 3 = 60$이 될 것이다.
십의 자리 수의 총합을 구하면 마찬가지로 $(1 + 4 + 6 + 9) \times 3 \times 10 = 600$
따라서 12개의 두 자리 정수의 총합은 $600 + 60 = 660$이 되고, 모든 정수의 평균값은 $660 \div 12 = 55$가 된다.

80

|정답| ⑤

|풀이| 습식저장소는 전체의 50%가 비어 있으므로 남은 용량은 50,000개이다.
X저장소 = $300 \times 9 \times 60 = 162,000$(개)
Y저장소 = 138,000(개)
전체 저장소의 남은 용량은 총 350,000개가 된다.
매년 폐연료봉이 50,000개씩 발생하므로 7년 동안 발생하는 폐연료봉을 현재의 임시저장소에 저장 가능하다.

81

|정답| ③

|풀이|
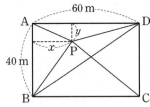

m²당 토지대금을 알고 △BDP의 면적을 안다면 △BDP의 토지대금을 구할 수 있다. 그런데 △BDP의 밑변과 높이가 나와 있지 않아 직접 면적을 구할 수가 없으니 면적의 비율을 이용한다.
△ABP와 △CDP의 면적 비는 $1:2$이므로
$x : (60 - x) = 1 : 2$
$\therefore x = 20$
△ADP : △BPC = $1 : 3$이므로
$y : (40 - y) = 1 : 3$
$\therefore y = 10$
△BDP의 면적 = △ABD − (△APB + △APD)
$= \left(\dfrac{1}{2} \times 40 \times 60\right) - \left\{\left(\dfrac{1}{2} \times 40 \times 20\right) + \left(\dfrac{1}{2} \times 60 \times 10\right)\right\}$
$= 1,200 - (400 + 300) = 500(\text{m}^2)$
▢ABCD의 m²당 (수용) 토지대금 = $1,320,000,000 \div 2,400$
$= 550,000$(원)
따라서 △BPD의 토지대금은 $500(\text{m}^2) \times 550,000 = 275,000,000$(원)이다.

82

|정답| ④

|풀이|

구분	기본료	통화	문자	할인
A	0	$5a$	$10b$	20%
B	5,000	$3a$	$15 \times (b-100)$	

통화량을 a초, 문자메시지를 b건이라 하자.
A요금제에 의한 요금은
$(5a + 10b) \times 0.8 = 4a + 8b = 14,000$ ······ ㉠
B요금제에 의한 요금은
$5,000 + 3a + 15 \times (b - 100) = 16,250$ ······ ㉡
따라서 ㉠, ㉡을 정리하여 풀면 a는 3,000초, b는 250건이 된다.

83

|정답| ④

|풀이| 투입은 인건비 + 재료비이다.
효율성 순위를 비교하면 다음과 같다.
$1,500 \div (나 + 200) > 500 \div 250 > 3,000 \div (1,200 + 다) > 라 \div 800$
여기서 (나)가 550 이상이거나, (다)가 300 이하라면 부등호가 성립하지 않으므로 ②, ③, ⑤를 소거한다.
효과성 순위는 다음과 같다.
$3,000 \div 1,500 > 1,500 \div 1,000 > 500 \div 가 > 라 \div 1,000$
(가)가 300이 되면 부등호가 깨지므로 (가)에는 500이 들어가고 답은 ④가 된다.

84

|정답| ①

|풀이| 혜택 1과 혜택 2를 선택했을 경우 소요되는 비용을 각각 계산하면 다음과 같다.

 ⅰ) 혜택 1을 선택했을 경우

180,000(원) + 450,000(원) = 630,000(원)

할인 행사로 인한 35% 할인 차감 후 금액은 409,500원이고 정가 총액이 500,000원 이상이므로 11%의 추가 할인을 받을 수 있다. 따라서 두 상품을 사는 데 소요되는 총 금액은 364,455원이고, 십의 자리에서 반올림하면 364,400원이다.

 ⅱ) 혜택 2를 선택했을 경우

먼저 디지털 카메라를 35% 할인받아 결제하면 292,500원이다. 따라서 20% 추가 할인 쿠폰을 받을 수 있고, 제공받은 쿠폰으로 구두를 사면 35% 할인에 추가로 20% 할인을 받을 수 있다. 그러므로 구두를 93,600원에 살 수 있고 두 상품을 사는 데 소요되는 총 금액 386,100원이다.

따라서 혜택 1을 선택해야 최소비용으로 물건을 구입할 수 있다.

다른풀이

증가율 풀이법으로 계산을 해보자.

쇼핑 리스트	구두	디지털 카메라
혜택 1	180,000×0.65×0.89	450,000×0.65×0.89
혜택 2	180,000×0.65×0.8	450,000×0.65
혜택 1 − 혜택 2	+180,000×0.65 ×0.09	−450,000×0.65 ×0.11

차이를 비교하면 혜택이 디지털 카메라에서 더 많은 차익이 생겨 혜택 1 − 혜택 2 < 0이기 때문에 혜택 1의 결제금액이 더 작다는 것을 알 수 있다.

85

|정답| ②

|풀이| 6월 한 달 사용한 물의 양은 23m³이고 상수도 요금은 26,400원이므로

$x + 13y = 26,400$ …… ㉠

7월 한 달간 사용한 물의 양은 45m³이고 상수도 요금은 63,400원이므로

$x + 20y + 15×2y = 63,400$

$x + 50y = 63,400$ …… ㉡

㉠, ㉡을 연립하여 풀면

$x = 13,400, y = 1,000$

따라서 8월 한 달 동안 사용한 물은 55m³이므로 상수도 요금은

$x + 20y + 25×2y = x + 70y$(원)이므로

$13,400 + 70×1,000 = 83,400$(원)이다.

86

|정답| ①

|풀이| {(1 A 5) B (3 C 4)} D 6

= {(5) B (12)} D 6

= {60} D 6 = 10

따라서 답은 10이 된다.

87

|정답| ④

|풀이| 비밀번호를 정리하면 다음과 같다.

요일	첫 번째 자리	두 번째, 세 번째 자리	네 번째, 다섯 번째 자리
월요일	3	87	01
화요일	2	84	04
수요일	2	78	09
목요일	3	69	16
금요일	3	57	25

이를 토대로 규칙을 정리하면 다음과 같다.

 ⅰ) 첫 번째 자리 : 요일에 받침이 있으면 3, 없으면 2로 시작한다.

 ⅱ) 두 번째, 세 번째 자리 : 각 항의 차가 −3, −6, −9, −12 …인 계차수열이다.

 ⅲ) 네 번째, 다섯 번째 자리 : 1, 4, 9, 16, 25 …로 제곱수의 나열이다.

따라서 토요일의 비밀번호는 24236, 일요일의 비밀번호는 32449이다.

88

|정답| ②

|풀이| 업체별 총 계산 금액은 다음과 같다.

㉠업체	900,000×50 = 45,000,000(원)이고 전체 금액의 9%는 4,050,000원이다. 45,000,000−4,050,000 = 40,950,000(원)
㉡업체	850,000×46 = 39,100,000(원)
㉢업체	870,000×30 = 26,100,000(원)이고 초과된 20대에 대해 15% 할인이 적용되면 739,500×20 = 14,790,000(원)이다. 26,100,000+14,790,000 = 40,890,000(원)
㉣업체	860,000×46 = 39,560,000(원)

따라서 ㉡업체를 선택했을 때 가장 저렴한 가격으로 컴퓨터를 교체할 수 있다.

89

|정답| ④

|풀이| 연속하는 4개의 짝수를 $a − 3, a − 1, a + 1, a + 3$라고 설정한다.

네 짝수를 곱하였을 때의 식은

$(a − 3)(a − 1)(a + 1)(a + 3)$이 된다.

이것을 풀게 되면 $(a^2 − 9)(a^2 − 1)$이 되고 이것을 다시 풀면 $a^4 − 10a^2 + 9$가 된다.

이때는 제곱수가 아니었는데 A를 더하였더니 제곱수가 되었다고 했으므로 16을 더하면

$a^4 − 10a^2 + 9 + 16 = a^4 − 10a^2 + 25 = (a^2 − 5)^2$가 되어 제곱수가 된다.

즉 16을 더해주면 제곱수가 된다.

02 비율, 이율

● 본책 132~143p

01	②	02	③	03	④	04	③	05	②	06	③	07	③	08	②	09	③	10	④
11	①	12	③	13	④	14	⑤	15	②	16	④	17	④	18	②	19	③	20	④
21	③	22	④	23	②	24	②	25	⑤	26	④	27	④	28	②	29	⑤	30	③
31	⑤	32	②	33	③	34	④	35	③	36	④	37	②	38	③	39	③	40	④
41	②	42	③	43	④	44	④	45	④										

01

|정답| ②

|풀이| 과자의 개수를 x, 사탕의 개수를 y라 하고 식으로 나타내면
$x + y = 20$ ······ ㉠
$200x + 50y + 200 = 3,600$ ······ ㉡
㉠을 ㉡에 대입하여 풀면
$200x + 50(20 - x) + 200 = 3,600$
$\therefore x = 16$

02

|정답| ③

|풀이| 한 세트의 가격은 $58,080 \div 12 = 4,840$(원)이다. 샤프의 단가를 x원이라고 할 때, 볼펜의 단가는 $(x - 820)$원이다.
$x + (x - 820) = 4,840$
$2x = 5,660,\ x = 2,830$
따라서 샤프의 단가는 2,830원이다.

03

|정답| ④

|풀이| 2,000만 원 이하는 연봉의 10%이므로
$1,800$만 원 $\times 0.1 = 180$(만 원)

04

|정답| ③

|풀이| 초봉이 2,000만 원이므로 3년 차 연봉은 $2,000 \times 1.5 \times 1.5 = 4,500$(만 원)이 된다. 따라서 3년 차에 내게 될 세금은 40만 원 $+ (4,500 - 2,000) \times 0.1 = 290$(만 원)이 된다.

05

|정답| ②

|풀이| 작년 연봉을 a(만 달러)라고 하면
$1.25a + 400 = 1.75a$
$0.5a = 400$

$\therefore a = 800$(만 달러)
따라서 올해 연봉은 $800 \times 1.75 = 1,400$(만 달러)이다.

06

|정답| ③

|풀이| 원가를 x원이라 했을 때, 정가는 $(x + 0.1x)$,
판매가는 $(x + 0.1x) - 300 = x + 1,400$이다.
$1.1x - 300 = x + 1,400$
$\therefore x = 17,000$(원)
판매가 = 원가(x) + 1,400이므로
$17,000 + 1,400 = 18,400$
따라서 이 상품의 판매가는 18,400원이다.

07

|정답| ③

|풀이| A과자의 가격을 x원이라고 하면 B음료수의 가격은
$(x - 300)$원이므로
$0.75x + 0.9(x - 300) = 2,700$
양변에 100을 곱하면
$165x - 27,000 = 270,000$
$165x = 297,000$
$\therefore x = 1,800$(원)

08

|정답| ②

|풀이| $\begin{cases} X + Y = 4,630 & \cdots\cdots ㉠ \\ 0.15X - 0.03Y = 15 & \cdots\cdots ㉡ \end{cases}$
㉡에서 $15X - 3Y = 1,500,\ 5X - Y = 500$ ······ ㉡′
㉠ + ㉡′을 하면 $6X = 5,130$
$\therefore X = 855$
따라서 X가 처음 가진 돈은 855원이다.

Tip 본 문제의 경우는 가중평균법 풀이나 정수법을 이용하지 못한다. 이유는 가중평균법을 사용하려고 하면 전체 증가율을 계산해야 하는데 $\dfrac{15}{4,630} \fallingdotseq 0.33(\%)$로 정수로 떨어지지 않기 때문이다. 또한 돈의 경우에는 정수가 되지 않을 수도 있다. 예를 들어 5.22원은 5원 2전 2환이 가능하기 때문에 본 문제의 경우는 정식으로 풀이를 해야 한다.

09

|정답| ③

|풀이| 상품의 원가를 x원이라 하면 정가는 $1.4x$원이고 정가의 2할을 할인한 금액은 $1.4x \times (1 - 0.2) = 1.4x \times 0.8 = 1.12x$(원)이 된다.

(이익) = (판매가격) − (원가)이므로

$1.12x - x = 3,600$

$0.12x = 3,600$

$\therefore\ x = 30,000$

따라서 원가가 30,000원이므로 정가는 $1.4 \times 30,000 = 42,000$(원)이 된다.

10

|정답| ④

|풀이| 원가는 100원이고 여기서 5%의 이익은 5원이다.

$0.7 \times$정가 $= 105$(원)이 되어야 한다.

정가 $= 105 \div 0.7 = 150$(원)

따라서 원가에 50원의 이익을 붙여서 판매하였다.

검산을 하면 150원$\times 0.7 = 105$(원)으로 원가 100원에 5원의 이익을 붙인 결과가 된다.

11

|정답| ①

|풀이| A, B 두 제품의 원가를 각각 x, y라고 하면

$x + y = 45,000$ ⋯⋯ ㉠ (A, B 두 제품의 원가)

$0.2x + 0.1y = 6,500$ ⋯⋯ ㉡ (A, B 두 제품의 이익을 합한 금액)

㉠, ㉡을 연립하여 풀이하면 $x = 20,000$, $y = 25,000$

따라서 A제품의 원가는 20,000원이다.

다른 풀이

몰기법으로 풀이를 해보자.

만약 두 개의 제품 모두 20%의 마진이었다고 가정을 하면 $45,000 \times 0.2 = 9,000$(원)으로 총 9,000원의 이익이 되어야 한다. 하지만 실제로는 이보다 2,500원 적은 6,500원의 이익이 발생하였다. 이것은 B제품의 이익을 10%가 아닌 20%라고 가정하여 생긴 차이이므로, 10%의 이익금이 2,500원이 나오려면 B제품의 원가는 25,000원이라는 것을 알 수 있다. 따라서 A제품의 원가는 $45,000 - 25,000 = 20,000$(원)이다.

12

|정답| ③

|풀이| 정가 − 원가 − 100 = 140(원)

원가	a	정가
이익	$0.3a$	$1.3a$

$1.3a - a - 100 = 140$

$0.3a = 240$

$\therefore\ a = 800$

따라서 제품의 원가는 800원이다.

13

|정답| ④

|풀이| A제품의 개수를 x개, B제품의 개수를 y개라고 하면

$\begin{cases} x + y = 250 \\ 300x \times \dfrac{20}{100} + 200y \times \dfrac{25}{100} = 13,500 \end{cases}$

$\begin{cases} x + y = 250 \\ 6x + 5y = 1,350 \end{cases}$

$\therefore\ x = 100,\ y = 150$

따라서 B제품의 개수는 150개이다.

14

|정답| ⑤

|풀이| 정가$\times(1 - 0.2) -$ 원가 $\geq$ 원가$\times 0.08$

이익	?	정가
원가	2,000	A

정가가 A이므로 $A \times 0.8 - 2,000 \geq 160$

$A \geq 2,700$

따라서 정가 2,700원 이상으로 팔아야 하므로 이익률은

$\dfrac{700}{2,000} \times 100 = 35(\%)$가 되어야 한다.

15

|정답| ②

|풀이|

이익	1,200	정가
원가	10,000	x

$x(1 - 0.3) - 10,000 = 1,200$

$0.7x = 11,200$

$\therefore\ x = 16,000$

따라서 정가가 16,000원이고 원가가 10,000원이므로 원가에서 60% 이익을 더하면 정가가 된다.

16

|정답| ④

|풀이|

구분	A	B
이익	(원가×$\frac{2}{3}$)×50%	(원가×$\frac{1}{3}$)×20%
이익 합	20,000원	

원가를 x원이라 하면

$\frac{2}{3}x \times 0.5 + \frac{1}{3}x \times 0.2 = \frac{1.0+0.2}{3}x = \frac{1.2}{3}x = 0.4x$
$= 20,000$

따라서 $x = \frac{20,000}{0.4} = 50,000$(원)이다.

17

|정답| ④

|풀이|

원가	A	정가	할인가
이익	0.3A	1.3A	1.3A−500

1.3A − 500 − A = 0.2A
0.3A − 500 = 0.2A
0.1A = 500
∴ A = 5,000
따라서 이 공책의 원가는 5,000원이다.

다른 풀이

500원을 할인하였더니 원래 30%의 이익에서 20%로 원가의 10%의 이익이 줄었다고 하였다. 따라서 원가의 10%가 되는 금액이 500원이므로 원가는 5,000(원)이 된다.

18

|정답| ②

|풀이| 오르기 전 B주식의 주당 가격을 b라 하면 A주식의 주당 가격은 2b이다. A, B 주식이 오른 후의 주당 가격은 각각 1.3×2b와 1.2b이다. 두 주식을 각각 5주씩 구매했으므로 오른 후 주식의 총가격은
5×1.3×2b + 5×1.2b = 19b = 19,000(원)이다.
따라서 오르기 전의 B주식 주당 가격은 1,000원이 된다.

19

|정답| ③

|풀이| 1개월 후에는 200만 원 + 2만 원(1% 이자) = 202(만 원)이 된다. 이때, 50만 원을 인출하였으므로 202만 원 − 50만 원 = 152(만 원)이다. 이 상태에서 다시 1개월이 지나면 152×1.01 = 153.52(만 원)이다.
따라서 1,535,200원이 된다.

다른 풀이

끝자리 풀이법으로 풀이하면 일단 200×1.01이므로 끝자리는 2가 되고 여기서 50만 원을 차감해도 역시 끝자리는 2이다. 여기서 다시 1.01을 곱해도 끝자리는 2가 된다. 따라서 ③만 답이 될 수 있다.

20

|정답| ④

|풀이| 할인하기 전 가방의 판매 가격을 x원, 모자의 판매가격을 y원이라고 하면
$x + y = 58,000$ ······ ㉠
$0.7x + 0.85y = 43,000$ ······ ㉡
할인가로 식을 세울 때 ㉡처럼 계산이 복잡하다면 아래와 같이 금액의 변화량으로 식을 세운다.
$0.3x + 0.15y = 15,000$
$30x + 15y = 1,500,000$
$2x + y = 100,000$ ······ ㉢
이때, ㉠, ㉢을 연립하여 풀면 x는 42,000원이 된다.

21

|정답| ③

|풀이| 정가를 a, 원가를 b라고 하면 $0.8a - b = 0.2b$이다.
$0.8a = 1.2b$
정가에 관하여 정리하면
$a = \frac{12 \times b}{8}$
$a = 1.5b = (1 + 0.5)b$
따라서 원가의 50%만큼 이익을 붙여 정가를 책정하면 된다.

22

|정답| ④

|풀이| 반지의 원가를 x, 목걸이의 원가를 y라고 하면
$x + y = 34,000$ ······ ㉠
이때, 반지의 정가는 $1.5x$원이고 목걸이의 정가는 $1.3y$원이 된다. 그런데 정가에서 각각 20% 할인된 가격으로 파니 실제 판매가는 이 가격에 0.8을 곱한 값이 된다.
반지의 판매가: $1.5x \times 0.8 = 1.2x$
목걸이의 판매가: $1.3y \times 0.8 = 1.04y$
반지와 목걸이를 각각 할인하여 팔았더니 이익이 4,400원이 됐다고 했으므로
$(1.2x - x) + (1.04y - y) = 4,400$
$0.2x + 0.04y = 4,400$
$5x + y = 110,000$ ······ ㉡
㉠, ㉡을 연립하여 풀면 x는 19,000원이 되고 y는 15,000원이 된다.

23

|정답| ②

|풀이| 200만 원을 복리로 3년간 저축을 했으므로 아래와 같이 계산을 한다.
200만 원×$(1 + 0.05)^3 = 2,315,250$(원)

24

|정답| ②

|풀이| 인턴의 월급을 x 라고 하면 이번 달 부장의 월급은 $5.4x$ 가 된다. 이 금액은 지난 달 월급에 비해 35% 인상된 금액이기 때문에 '(지난달 월급)×1.35 = (이번 달 월급)'이다.

따라서 (부장의 지난달 월급) $= \dfrac{5.4}{1.35}x = 4x$ 이므로 부장의 지난달 월급은 인턴 월급의 4배가 된다.

25

|정답| ⑤

|풀이| 오프라인에서의 가격은 20,000원이고 온라인에서의 가격은 15,000원이다. 이때, 오프라인에서 판매한 개수를 x 라고 하면 인터넷 쇼핑몰에서 판매한 개수는 $(x + 19)$개다. 오프라인의 총매출액은 $20,000x$ 원이고 인터넷 쇼핑몰의 총매출액은 $15,000(x + 19)$원이다.

$15,000(x + 19) - 20,000x = 235,000$

$\therefore \ x = 10$

따라서 오프라인과 인터넷 쇼핑몰의 총 매출액은 $200,000 + 435,000 = 635,0000$(원)이다.

26

|정답| ④

|풀이| A제품의 할인 전 판매가를 x 라고 두면

$x \times (1 - 0.2) \times (1 - 0.4) = 480,000$

$x \times 0.8 \times 0.6 = 480,000$

$0.48x = 480,000$

$\therefore \ x = 1,000,000$

B제품의 할인 전 판매가를 y 라고 두면

$y \times (1 - 0.2) = 320,000$

$0.8y = 320,000$

$\therefore \ y = 400,000$

따라서 A상품과 B상품의 할인 전 판매가의 합은 $1,000,000 + 400,000 = 1,400,000$(원)이다.

27

|정답| ④

|풀이| 한 박스의 금액을 a 라고 하면, 11박스 구매 시 가격은 10(박스)×a, 55박스 구매 시 가격은 50(박스)×a이다.

15% 할인을 받은 후 총 지불하게 되는 금액은

$50 \times a \times 0.85 = 637,500$

$\therefore \ a = 15,000$

따라서 A4용지 한 박스의 가격은 15,000원이다.

28

|정답| ②

|풀이| 이익률과 수익률은 다른 개념이다. 예를 들어 정가를 100이라고 가정하고 문제의 조건들을 바탕으로 아래와 같이 표를 작성해 보자.

이익률 = (정가 − 원가) ÷ 원가 = 이익 ÷ 원가

수익률 = 이익 ÷ 정가 = 이익 ÷ 매출액

구분	전년	금년	
정가	100	80	전년 대비 20% 싸게 팖
매출액 대비 수익	25	20	80×0.25 = 20
원가	75	60	80−20 = 60
이익률=이익÷원가	33.33%		
수익률=이익÷정가	25%	25%	

전년도와 같은 수익률을 올리기 위해서는 원가를 15 절감해야 하므로 $\dfrac{15}{75} \times 100 = 20(\%)$ 줄여야 한다. 여기서 위의 공식들을 잘 이해하는 것이 중요한 문제이다.

이 문제에서는 '전년도 매출액 대비 25%의 수익'이라는 표현을 썼다. '25%의 수익'이라는 말은 '수익률 25%'로 이해해야 한다. 보통 '수익'이라고 하면 금액을 이야기하고 비율을 이야기하려면 '수익'이라는 말 대신에 '수익률'이라고 표현해야 의미전달이 분명하다. 여기서 얘기한 '수익률 25%'를 '이익률'이라고 생각하면 이 문제는 제대로 풀리지 않는다. '이익률'은 '원가 대비'로 이야기하므로 '매출액 대비 25% 수익률'과는 전혀 다른 값을 갖는다.

'원가'에 '이익액'(또는 '이윤')을 더한 값이 '정가'이다. 정가가 100, 이익이 25이므로 제품의 원가는 75가 된다. 따라서 거꾸로 계산한 '이익률'은 $\dfrac{1}{3}$ 이다. 25%가 아니라 33.3%가 되는 것에 주목해야 한다. 즉, 원가에 33.3%의 이익률을 더해 정가를 매기면 매출액 대비 25%의 수익을 올리게 되는 것이다.

그런데 금년에는 판매가를 20% 하락시켰다고 했으므로 정가가 100이었는데 80에 팔았다는 이야기가 된다. 판매량은 전년도와 똑같으므로 단가만 비교해도 된다.

'전년도와 같은 수익률'이라는 것은 '매출액 대비 25%'이거나 '이익률 33.3%'이다. 원가가 60이고 이익률이 33.3%가 되려면 정가가 80이어야 한다. 여기서는 정가가 판매액과 같으니 판매액이 80이면 이 판매액 대비 25%는 20이 된다. 즉 이익액이 20이면 이익률은 33.3%가 되고, 전년도와 이익률 또는 판매액 대비 수익률이 같게 된다.

전년도에는 원가가 75였는데, 금년도에는 원가가 60이 되어야만 이익률 또는 판매액 대비 수익률이 전년도와 같아지는 것이다.

29

|정답| ⑤

|풀이| 원가 20,000원에 20% 이익을 남기면 정가는 24,000원이다. 40개를 계획대로 팔았다면 매출액은 960,000원이 된다. 불량품이 8개이므로 32개를 팔아 매출액을 960,000원이 되도록 해야 한다. 정가가 30,000원이 되어야 하므로 한 개당 이익액이 10,000원이 된다. 따라서 이익률은 50%이다.

30

|정답| ③

|풀이|

구분	원래	불량품 8개	
원가	20,000원	20,000원	
이익률=이익÷원가	20%	25%	
정가	24,000원	25,000원	
수량	40개	32개	
매출액	960,000원	800,000원	
총원가	800,000원	640,000원	
이익	160,000원	160,000원	$20,000 \times A \times 32 = 160,000$(원) ∴ $A = 0.25$

따라서 원가에 25%의 이익률을 더해야 한다.

31

|정답| ⑤

|풀이| 과세표준액이 150억 원일 경우 세금은 18억 4천 만 원 + 100억 원 $\times \dfrac{45}{100} = 63$억 4,000만 원이 된다.

32

|정답| ②

|풀이| 1차 경연에 통과한 사람의 남녀의 비가 3:4이므로 전체 350명에서 비례배분을 하면

남자: $350 \times \dfrac{3}{7} = 150$(명)

여자: $350 \times \dfrac{4}{7} = 200$(명)

이때, 2차를 통과한 남녀의 비는 5:7이므로 비례상수 a를 넣어서 남자는 $5a$, 여자는 $7a$명이라 하고, 떨어진 남녀의 비는 1:1이므로 비례상수 b를 넣어서 남자 b명, 여자 b명이라 하자.

$5a + b = 150$ …… ㉠

$7a + b = 200$ …… ㉡

㉠, ㉡을 연립하여 풀면 a는 25명, b는 25명으로 떨어진 사람은 50명이다.

Tip 주어진 문제는 "2차에 가서 떨어진 사람"을 묻고 있는데 2차에서 떨어진 사람들의 남녀 비는 1:1이므로 정수법 사용이 불가능하다.

33

|정답| ③

|풀이| 600명 중 40%가 합격했으므로 240명이 합격을 했다. 이때, 2차 면접 경쟁률이 4:1인데 이것은 1차 합격자 : 최종 합격자를 나타내므로 60명이 최종 합격한 인원이 되는 것이다. 지원자 대 최종 합격자의 경쟁률을 물었으므로 $600:60 = 10:1$이 된다.

34

|정답| ④

|풀이| 1주 차 업무시간(수요일~화요일)

→ A: 40시간, B: 없음

2주 차 업무시간(수요일~화요일)

→ A: 40시간, B: $40 + 10 = 50$(시간)

3주 차 업무시간 (수요일~화요일)

→ A: 40시간, B: $40 + 10 = 50$(시간)

4주 차 업무시간(수요일~금요일)

→ A: 24시간, B: 24시간

4~5주 차 업무시간(월요일~금요일)

→ A: $8 \times 1.375 \times 5 = 55$(시간), B: $8 \times 0.75 \times 5 = 30$(시간)

따라서 A와 B가 업무에 투자한 시간을 모두 합하면

$(40 + 40 + 40 + 24 + 55) + (50 + 50 + 24 + 30)$
$= 353$(시간)이다.

35

|정답| ③

|풀이| 현재의 총 소비지출을 A, 식품비를 B라고 하면 총 소비지출에 대한 식품비의 비율이 엥겔지수이므로

$\dfrac{B}{A} \times 100 = 30$

∴ $\dfrac{B}{A} = 0.3$

8년 후의 총 소비지출: $A \times (1.07)^8 = 1.7A$

8년 후의 식품비: $B \times (1.04)^8 = 1.37B$

따라서 8년 후의 엥겔지수는

$\dfrac{B \times (1.04)^8}{A \times (1.07)^8} \times 100 = 0.3 \times \dfrac{1.37}{1.7} \times 100 ≒ 24.2(\%)$이다.

36

|정답| ④

|풀이| 원가를 100원이라고 가정하고 표를 만들면 아래와 같다.

구분	A	
원가	100원	
이익	$a = 100 \times 0.25$ $= 25$원	
정가	$100 + a$	
할인율	25%	
판매가	$(100 + a) \times 0.75$	
이익	$(100 + a) \times$ $0.75 - 100 = 25$(원)	$75 + 0.75a = 125$ $0.75a = 50$ $\therefore a ≒ 66.67$ 즉 이익률은 이익 ÷ 원가 $\frac{66.67}{100} \times 100 ≒ 67$(%)

37

|정답| ②

|풀이| 불량일 확률을 a, 정상일 확률을 $(1 - a)$로 놓고 제품판매 이익의 기댓값을 계산하면

$(1 - a) \times 2,000 - 10,000 \times a = 1,400$

$\therefore a = 0.05$

따라서 공장의 불량률은 $0.05 \times 100 = 5$(%)

|다른 풀이|

몰기법으로 풀이를 해보자.

간편하게 계산하기 위하여 이익 2,000원, 손실 10,000원을 2와 10이라고 바꾼다. 만약 100개를 판매했을 때 모두 정상품이라면 2원이니 100개이면 200원의 이익이 되어야 한다. 그런데 실제로는 140원밖에 안 들어왔으니 60원은 불량품 때문에 손해를 본 것이다. 정상품 가격과 손실액의 차액은 2원과 10원의 차이인 8원이 아닌 12원이다. 정상품이라면 2원을 벌어야 했는데 10원 손실이 났으니 차액이 12원이 되는 것이다. 60원 손해이므로 12원씩 5개의 불량품이 있다는 얘기이므로 100개 중 5개가 불량품이고 불량률은 5%이다.

38

|정답| ③

|풀이| 전체 가격이 98,000원이고 결과적으로 B가 A보다 2,000원 더 지불했다고 했으므로 이것을 식으로 표현하면 아래와 같다.

$B + A = 98,000$ …… ㉠

$A + 2,000 = B$ …… ㉡

㉠, ㉡을 풀이하면 A는 48,000원이 되고 B는 50,000원이 된다. 그런데 'A는 첫 달에 비해 두 번째 달에 40% 적게 냈다'고 했으므로 첫 달 낸 금액을 L이라 했을 때 $L + 0.6L = 48,000$이므로 L은 30,000원이 된다.

39

|정답| ③

|풀이| 출장 당일 일행의 일정 취소로 열차 출발 시각 이전에 한 장의 예매를 취소했으므로 승차권 가격에서 30% 차감된 금액이 14,700원이다. 따라서 승차권 한 장의 가격은 $\frac{14,700}{0.7} = 21,000$(원)이다. 이것은 원래 가격에서 40% 할인된 가격이기 때문에, 할인 전 정가를 A라고 하면 $A \times (1 - 0.4) = 21,000$이므로 A = 35,000원이 되고 2장이므로 70,000원이 된다.

40

|정답| ④

|풀이| A의 술에는 물이 $\frac{5}{8}$ 만큼 들어있고 B의 술에는 물이 $\frac{3}{4}$ 만큼 들어 있다. A술과 B술을 $2:1$의 비율로 섞었으므로 물의 상대적인 양은 $\frac{5}{8} \times \frac{2}{3} + \frac{3}{4} \times \frac{1}{3} = \frac{2}{3}$ 가 되고 알코올은 $\frac{1}{3}$ 이 된다. 따라서 비율은 $2:1$로 물의 양은 알코올의 양의 2배이다.

|다른 풀이|

구분	A	B	B′	2A + 1B′
물	5	3	6	$2 \times 5 + 6 = 16$
알코올	3	1	2	$2 \times 3 + 2 = 8$
전체 양	8	4	8	

A술은 물과 알코올의 비가 $5:3$, B술은 그 비가 $3:1$이다. 만일 B술의 비를 $6:2$로 바꾸면(B′) A술이나 B술 모두 전체의 양이 '8'로 같아진다. 이제는 비교하려는 두 가지 술의 전체 양이 같으므로 그 비율을 그대로 더하거나 빼도 상관이 없다. A술 2, B술 1의 비율로 섞었으므로 (2A + 1B′)로 물과 알코올의 양을 계산해 본다. 물은 16, 알코올은 8이다. $16:8 = 2:1$이므로 물의 양은 알코올의 양의 2배이다.

41

|정답| ②

|풀이| A, B, C 세 비커의 용량을 a, b, c라고 하고, 새로운 비커의 크기를 Z라고 하자. Z를 a, b, c로 나타내면 $\frac{3}{5}a = \frac{2}{3}b = \frac{3}{4}c = Z$가 되고, 이를 정리하면 $b = \frac{9}{10}a$, $c = \frac{4}{5}a$가 된다. 따라서 $a:b:c = 10:9:8$이고 $10 \times \frac{3}{5} = 6$이므로 $a:b:c:Z = 10:9:8:6$이다.

비례 표를 만들면 다음과 같다.

구분	A	B	C	합계
용량	10	9	8	27
사용량	6	6	6	18
남은 양	4	3	2	9

Z 비커에 $6k$씩 담고 남은 양은 A비커 $4k$, B비커 $3k$, C비커 $2k$이고, 남은 양의 합은 $9k$이다. 세 비커의 전체 용량은 $27k$가 된다. 남은 양 $9k$의 10%가 50cc라고 했으므로 100%라면 500cc가 될 것이고 $27k$는 1,500cc가 된다.

42

|정답| ③

|풀이| 장당 무게의 비가 $3:2$ 총 무게는 같으므로 두 패널의 장수는 거꾸로 $2:3$이다. 한 패널의 총 무게를 1이라고 하고 장수를 각각 $2a$, $3a$라고 하면 장당 무게는 $\dfrac{1}{2a}$, $\dfrac{1}{3a}$이 된다.

빼낸 12장의 무게는

큰 패널: $12 \times \dfrac{1}{2a} = \dfrac{6}{a}$

작은 패널: $12 \times \dfrac{1}{3a} = \dfrac{4}{a}$

따라서 12장을 빼고 난 무게는 각각 $\left(1 - \dfrac{6}{a}\right)$, $\left(1 - \dfrac{4}{a}\right)$이고, 이 무게의 비가 $5:6$이다.

$1 - \dfrac{6}{a} : 1 - \dfrac{4}{a} = 5:6$

$5 \times \left(1 - \dfrac{4}{a}\right) = 6 \times \left(1 - \dfrac{6}{a}\right)$

$5 - \dfrac{20}{a} = 6 - \dfrac{36}{a}$

$\dfrac{16}{a} = 1$

$\therefore a = 16$

큰 패널의 장수가 $2a$, 작은 패널의 장수가 $3a$이니 합해서 $5a$이고 원래 패널의 개수는 $5a = 80$장이다.

43

|정답| ④

|풀이|

구분	A	B	C	비고
물에 잠겨 있는 높이	$60k$	$60k$	$60k$	물은 수평이므로 잠겨 있는 부분은 모두 같다.
물 위로 나와 있는 비율	$\dfrac{1}{5}$	$\dfrac{1}{3}$	$\dfrac{1}{4}$	
물 위로 나와 있는 부분의 높이	$15k$	$30k$	$20k$	A = 전체 $\times \dfrac{4}{5} = 60k$이므로 전체는 $75k$ B = 전체 $\times \dfrac{2}{3} = 60k$이므로 전체는 $90k$ C = 전체 $\times \dfrac{3}{4} = 60k$이므로 전체는 $80k$
전체 길이	$75k$	$90k$	$80k$	전체 길이 $75k + 90k + 80k$ $= 245k = 147$cm $\therefore k = 0.6$ $60k = 36$cm가 된다.

5, 3, 4의 최소공배수는 60이고 물속에 잠겨있는 기둥의 높이(물의 깊이)는 모두 같으므로 그것을 $60k$라고 놓는다. 그렇다면 A기둥이 물 위로 나와 있는 부분은 $\dfrac{1}{5}$이니 $60k$는 잠겨 있고 $15k$만큼 나와 있는 것으로 전체는 $75k$이다. B기둥은 물 위로 나와 있는 부분은 $30k$, 전체는 $90k$이고 C기둥은 $20k$가 위로 나와 있으니 전체는 $80k$이다. 세 기둥의 길이를 합해보면 $75k + 90k + 80k = 245k$이고 이것이 147cm이다. 따라서 $60k$는 36cm가 된다.

44

|정답| ④

|풀이|

구분	장남	차남	막내	비고
나이	a	b	c	
유서를 쓸 당시	?	2억 원	?	$6 \times \dfrac{b}{a+b+c} = 2$억 원 $2(a+b+c) = 6b$ $\rightarrow a+c = 2b$ N년이 지나도 이 식은 유지됨 $(a+N) + (c+N) = 2 \times (b+N)$
10년 후	$a+10$	$b+10$	$c+10$	

장남, 차남, 막내의 나이를 a, b, c라고 하면 유서를 쓸 당시의 차남의 나이가 세 사람의 나이를 더한 값의 $\dfrac{1}{3}$(6억 원 중 2억 원)이므로 $a + c = 2b$의 관계식이 성립된다. 이 관계식은 몇 년(N)이 지나도 $(a+N) + (c+N) = 2 \times (b+N)$의 관계가 유지되므로 차남의 나이는 항상 장남과 막내의 나이를 더한 값의 $\dfrac{1}{2}$이다. 즉, 차남의 나이의 비는 시간과 상관없이 삼 형제 전체 나이의 합의 $\dfrac{1}{3}$로 항상 일정하다.(예를 들어 $a=4$, $c=2$ 라면 $\dfrac{6}{2} = b = 3$ 따라서 전체 9의 $\dfrac{1}{3}$에 해당한다.) 따라서 차남이 받을 유산의 액수는 10년 전과 마찬가지로 6억 원의 $\dfrac{1}{3}$인 2억 원이다. 임의의 나이를 대입하여 표로 정리해보면 다음과 같다.

구분	장남	차남	막내	비고
나이	4	3	2	나이 가정
유서를 쓸 당시	?	2억 원	?	차남 $6 \times \dfrac{3}{(4+3+2)}$ $= 2$(억 원)
10년 후	$4+10$ $= 14$	$3+10$ $= 13$	$2+10$ $= 12$	$6 \times \dfrac{13}{(14+13+12)} =$ $6 \times \dfrac{13}{39} = 2$(억 원)이 된다.

45

|정답| ④

|풀이| 첫 번째, 두 번째, 세 번째 상점에 들어갈 때 가지고 있던 돈을 각각 a, b, c라 하자. 이때, 마지막 상점에서 사용한 돈은 $\dfrac{c}{2} - 2{,}000$이다. 이때 $c - \left(\dfrac{c}{2} - 2{,}000 \right) = \dfrac{1}{2}c + 2{,}000$원이 남은 돈이 된다.

세 번째 상점에서 처음 가지고 있던 돈은

$\dfrac{1}{2}c + 2{,}000 = 8{,}000$ ∴ $c = 12{,}000$

두 번째 상점에서 처음 가지고 있던 돈은

$\dfrac{1}{2}b + 2{,}000 = 12{,}000$ ∴ $b = 20{,}000$

첫 번째 상점에서 처음 가지고 있던 돈은

$\dfrac{1}{2}a + 2{,}000 = 20{,}000$ ∴ $a = 36{,}000$

따라서 처음에 갖고 있던 돈의 액수는 36,000원이다.

다른 풀이

갖고 있던 돈의 절반보다 2,000원 적은 돈을 썼다는 의미는 남아있는 돈에 비해 4,000원 차이가 나는 금액을 사용했다는 것이다.

마지막에 8,000원이 남았으므로 세 번째 상점에서 사용한 금액은 $8{,}000 - 4{,}000 = 4{,}000$(원)으로 세 번째 상점에 들어갔을 때는 $8{,}000 + 4{,}000 = 12{,}000$(원)이 있었다. 똑같은 방법으로 두 번째 상점에서 사용한 금액은 $12{,}000 - 4{,}000 = 8{,}000$(원)으로 두 번째 상점에 들어갔을 때 갖고 있던 금액은 20,000원이다. 마지막으로 첫 번째 상점에서 사용한 금액은 $20{,}000 - 4{,}000 = 16{,}000$(원)으로 첫 번째 상점에 들어갈 때 갖고 있던 금액은 36,000원이다.

이를 표로 나타내면 다음과 같다.

구분	사용금액	사용 전 금액
마지막		8,000
세 번째	4,000	12,000
두 번째	8,000	20,000
첫 번째	16,000	36,000

03 거리, 속력, 시간

빠른 정답 •───────────────────────────────────── • 본책 144~157p

01	①	02	③	03	①	04	①	05	④	06	③	07	③	08	②	09	⑤	10	③
11	④	12	③	13	③	14	④	15	①	16	②	17	②	18	③	19	④	20	⑤
21	②	22	①	23	②	24	④	25	④	26	④	27	④	28	③	29	④	30	③
31	①	32	③	33	②	34	②	35	③	36	②	37	①	38	②	39	③	40	③
41	⑤	42	③	43	④	44	③	45	④	46	③	47	①	48	④	49	④	50	④
51	②	52	③	53	⑤	54	④	55	④	56	①	57	②						

01

|정답| ①

|풀이| 일단 120km/h를 초속으로 바꾸어보자. 1시간은 $1\times60\times60$

$=3,600$(초)이므로 $120(km/h) = \dfrac{120,000}{3,600}(m/s) = \dfrac{100}{3}(m/s)$

이다. 기차 A의 속력은 $\dfrac{100}{3}$ m/s이므로 기차 A의 길이

를 xm라고 하면 $2,300 + x = \dfrac{100}{3}\times75 = 2,500$이다.

$\therefore x = 200$

따라서 기차 A의 길이는 200m이다.

02

|정답| ③

|풀이| 서울에서 목포, 목포에서 제주까지의 거리를 각각 x, y라 하면

$$\begin{cases} x+y = 620 & \cdots\cdots \ \text{㉠} \\ \dfrac{x}{120} + \dfrac{y}{100} = \dfrac{11}{2} & \cdots\cdots \ \text{㉡} \end{cases}$$

㉠×5 − ㉡×600을 하면 $y = 200$(km)이다.

> **Tip** 이 문제는 '속도의 비는 시간의 반비례'라는 것을 이용해서 풀이를 하면 안 된다. 즉 속도의 비가 120 : 100이니까 시간의 비는 100 : 120라고 놓고 5시간 30분을 비례배분식으로 풀이하면 안 된다는 말이다. 왜냐하면 비례식은 같은 거리를 갔을 때 사용하는 방법인데 서울에서 목포, 목포에서 제주 이렇게 다른 곳을 갔기 때문이다.

03

|정답| ①

|풀이| 시간 $= \dfrac{거리}{속력}$ 이므로 수연이가 시속 6km의 속력으로 x km

이동한 시간은 $\dfrac{x}{6}$ 시간이고 1시간은 60분이므로 휴식을

취한 시간은 $\dfrac{20}{60} = \dfrac{1}{3}$(시간)이다. 따라서 구하는 시간은

$\left(\dfrac{x}{6} + \dfrac{1}{3}\right)$시간이다.

04

|정답| ①

|풀이| A에서 P까지의 거리가 $x$km이면 P에서 B까지의 거리는 $(9-x)$km이다.

시간 $= \dfrac{거리}{속력}$이므로 A에서 P를 거쳐 B까지 가는 데 걸린

전체 소요시간은 $\dfrac{x}{3} + \dfrac{(9-x)}{4} = 2 + \dfrac{1}{2}$이다.

양변에 12를 곱하면

$4x + 3(9-x) = 24 + 6$

$4x + 27 - 3x = 30$

$4x - 3x = 30 - 27$

$\therefore x = 3$

따라서 A에서 P까지의 거리는 3km이다.

05

|정답| ④

|풀이| 서울−대구 간 거리를 a라 하면 서울−대구는 $\dfrac{a}{80}$ 시간,

대구−서울은 $\dfrac{a}{120}$ 시간이 걸린다. 여기서 $\dfrac{a}{80} - \dfrac{a}{120}$

$= \dfrac{4}{3}$이므로 a는 320km이다.

다른 풀이

> 서울 − 대구 간 거리는 일정하다. 따라서 걸린 시간과 속력은 서로 반비례 관계라는 것을 알 수 있다. 새마을호가 빠르니 걸린 시간이 적으므로 a시간이라고 놓는다. 그러면 우등 열차는 $\left(a + \dfrac{4}{3}\right)$시간이 걸린다.
>
> $a : \left(a + \dfrac{4}{3}\right) = 80 : 120 = 2 : 3$
>
> 이때 a값 $= \dfrac{8}{3}$이고 여기에 속력 120을 곱하면 거리는 320km이다.

06

|정답| ③

|풀이| 민표가 자전거를 타고 가는 속력을 시속 $x$km/h, 버스의 속력을 $y$km/h로 하면,
갈 때 $x + 2.5y = 195$, 올 때 $5.8x + 1.5y = 195$로 나타낼 수 있다. 두 식을 연립하여 풀면
$x = 15$km/h, $y = 72$km/h
버스의 속력은 자전거의 속력보다 57km/h 빠르다.

07

|정답| ③

|풀이| 두 사람은 매분 $(80 + 70)$m씩 가까워진다. 따라서 두 사람은 $3,000 \div 150 = 20$(분) 후에 만나게 된다.

08

|정답| ②

|풀이| 새마을호와 무궁화호가 만난 곳은 $3 \times 120 = 360$(km)지점이고 무궁화호는 360km 지점까지 4시간이 걸렸으므로 무궁화호의 속력은 $360 \div 4 = 90$(km/h)이다.
따라서 무궁화호가 부산에서 서울까지 가는 데 걸리는 시간은 $400 \div 90 = 4.44$(시간)이다.

09

|정답| ⑤

|풀이| P에서 B까지의 거리를 $x$km라 하면 A에서 P까지의 거리는 $(20 - x)$km이다.

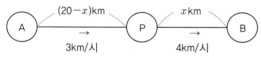

전체 소요 시간을 계산하면
$$\frac{20-x}{3} + \frac{x}{4} = 6$$
양변에 12를 곱하면
$4(20 - x) + 3x = 72$
$80 - 4x + 3x = 72$
$-x = 72 - 80$
$\therefore x = 8$
따라서 P에서 B까지의 거리는 8km이다.

10

|정답| ③

|풀이| 성현이와 상민이는 마주보고 이동하고 있으므로 둘이 가까워지는 속력은 9km/h이다. 그러므로 합쳐서 6km를 이동하기 위해서는 $\frac{6}{9}$km/h $= \frac{2}{3}$(시간)이 걸리고 $\frac{2}{3}$시간은 40분이다. 따라서 6시에서 40분이 지난 6시 40분이 성현과 상민이 만나게 되는 시각이다.

11

|정답| ④

|풀이| 이동거리가 동일할 때, 속력의 비는 2 : 5이므로 걸린 시간의 비는 5 : 2가 된다. 총 시간이 3시간 30분 즉, 3.5시간이므로 위 비율의 1은 0.5시간을 의미하게 된다. 그러므로 2km/h는 2.5시간, 5km/h로는 1시간을 이동한 것이다. 계산하기 편한 숫자로 계산해주면 A지점과 B지점 사이의 거리는 5km라는 것을 알 수 있다.

12

|정답| ③

|풀이|

A지점 ── → 갈 때 6km/h 시간: a+30분 ── B지점
        → 갈 때 8km/h 시간: a

이동거리가 동일할 때, 속력의 비의 역수는 걸린 시간의 비이다. 즉 속력의 비가 6 : 8이므로 걸린 시간의 비는 8 : 6 = 4 : 3이다. 비례 상수를 이용해서 시간을 표현하면 갈 때와 올 때 시간은 $4k$와 $3k$가 된다. 두 방법의 시간차는 30분 $= \frac{1}{2}$시간이므로 시간의 차는 $4k - 3k = k = \frac{1}{2}$이다. 6km/h로 갈 때는 걸리는 시간이 $4k = 2$(시간)이므로 A지점과 B지점 사이의 거리는 6(km/h)$\times 2$(시간) $= 12$km라는 것을 알 수 있다.

13

|정답| ③

|풀이| 이동거리가 같고 속력의 비가 10 : 9이므로 시간의 비는 9 : 10이다. 걸린 시간을 비례 상수로 나타내면 $9k$, $10k$이다. 걸린 시간의 차는 $10k - 9k = k$이고 두 사람의 시간차가 20분이라 했으므로 k는 20분이다. 이때, 100km/h를 분속으로 바꾸게 되면 $\frac{100}{60} = \frac{5}{3}$(km/min)이 된다. 따라서 회사에서 모임장소까지의 거리는 $\frac{5}{3} \times 9 \times 20 = 300$(km)이다.

14

|정답| ④

|풀이| '성현이 아버지는 항상 어머니 퇴근 시간에 맞춰 마중을 나간다'라고 했으므로 마주보고 걸어오고 있다. 두 사람의 속력을 더하면 $80 + 60 = 140$(m/min)이므로 만날 때까지 걸린 시간을 계산하면 $\frac{1,260}{140} = 9$(분)이 걸린다. 즉 1,260m 이동에 9분이 걸린다는 말이다. 이때, 아버지가 간 거리는 80(m/min)$\times 9$(분) $= 720$(m)이고 어머니가 간 거리는 $1,260 - 720 = 540$(m)가 된다. 따라서 어머니와 아버지가 만나는 지점은 집에서 720m 떨어진 지점이다.

15

|정답| ①

|풀이|

$$출발지 \xrightarrow{\begin{array}{l} \to \ 철수\ 80m/min \times 9분 = 720m \\ \to \ 어머니\ 140m/min\ 9분\ 뒤\ 출발 \end{array}} 학교$$

1분당 140 − 80 = 60m씩 좁혀짐

철수와 어머니는 같은 방향으로 달리고 있기 때문에 두 사람이 가까워지는 속도는 140 − 80 = 60(m/min)이다. 이때, 어머니가 60m/min로 달리고 철수가 멈춰있다고 해보자. 철수는 720m 지점에 멈춰있기 때문에 어머니 혼자 60m/min로 720m까지 가면 되므로 720 ÷ 60 = 12분 후 만나게 된다. 어머니가 달린 거리는 실제로 12분×140 = 1,680(m)가 된다.

16

|정답| ②

|풀이| 반대 반향으로 이동하고 있으므로 서로의 속도를 더해주어 계산을 해야 한다. 즉 4 + 6 = 10(m/s)로 둘 중 하나가 400m 달리면 되고 한쪽은 멈춰있다고 가정을 한다. 따라서 성현과 상민은 $\frac{400}{10}$=40초 후에 처음으로 만나게 된다. 이때, 성현이 간 거리는 40×4 = 160(m)이고 상민이가 간 거리는 40×6 = 240(m)이다.

17

|정답| ②

|풀이|

$$출발 \begin{array}{c} 전체\ 거리\ 25km \\ \hline 자전거\ 30km/h \quad | \quad 걸음\ 5km/h \end{array} 상민의\ 집$$

자전거로 간 거리를 a, 걸어간 거리를 25 − a라고 놓는다. 출발지에서 상민의 집까지 간 시간이 1시간 30분이므로 자전거로 간 시간 + 걸어간 시간 = 1.5(시간)이다.

구분	자전거	걸음	합계
속력	30km/h	5km/h	
거리	a	$25-a$	25
시간	$\frac{a}{30}$	$\frac{25-a}{5}$	1.5

$\frac{a}{30} + \frac{25-a}{5} = 1.5$

$5a = 25 \times 6 - 45 \ \therefore \ a = 21$

따라서 자전거를 타고 이동한 시간은 $\frac{21}{30}$ 시간으로 여기에 60을 곱해주면 $\frac{21}{30} \times 60 = 42$(분)이다.

다른 풀이

거리를 문제에서 주었으므로 가중평균법을 사용하여 문제를 풀 수 있다. 이때, 평균 속력을 계산해 보면 $\frac{25}{1.5}$km/h이다.

걸음 속력		평균		자전거 속력
5	−	$\frac{25}{1.5}$	−	30
15	−	50	−	90
속력의 차	50−15 =35	:	90−50 =40	
시간의 비	8	:	7	

전체 걸린 시간은 1.5시간이므로 걸어서 이동한 시간은 $1.5 \times \frac{8}{15} = 0.8$(시간)이고 자전거를 타고 이동한 시간은 $1.5 \times \frac{7}{15} = 0.7$(시간)이다. 따라서 자전거를 타고 이동한 시간은 0.7×60분 = 42(분)이다.

18

|정답| ③

|풀이|

$$출발지 \xrightarrow{\begin{array}{l} \to \ 성현이\ 60m/min \times 15분 = 900m \\ \to \ 상민이\ 210m/min\ 15분\ 뒤\ 출발 \end{array}} 목적지$$

1분당 210 − 60 = 150m씩 좁혀짐

성현이는 15분간 900m를 갔으므로 상민이가 210 − 60 = 150(m/min)으로 6분을 가면 900m를 따라잡을 것이다. 따라서 상민이가 출발한 지 $\frac{900}{150}$=6분 후에 성현이와 만날 수 있다. 이때, 상민이가 간 거리는 210×6 = 1,260(m)이고 성현이가 간 거리도 60×6 + 900 = 1,260(m)이다.

19

|정답| ④

|풀이| 서로를 향해 이동하였으므로 한 사람이 70 + 62 = 132(m/min)으로 3,300m를 이동한다고 가정한다. 그럼 $\frac{3,300}{132} = 25$분 후 두 사람이 만나게 된다.

20

|정답| ⑤

|풀이| 성현이가 40m/s로 7초 먼저 출발했으므로 40×7 = 280(m) 앞섰다. 상민이는 50m/s로 가므로 50 − 40 = 10(m/s)의 속력으로 28초가 지나야 따라 잡는다.

28×40 = 1,120m

7×40 = 280m

따라서 성현이가 이동한 거리는 1,120 + 280 = 1,400(m)이다.

다른 풀이

ⅰ) 상민이가 성현이를 따라잡기 위해서는 성현이가 간 거리 = 상민이가 간 거리가 되어야 한다. 상민이는 '성현이가 7초 동안 간 거리인 280m + 성현이와 상민이 함께 이동한 거리'를 이동해야 성현이와 만나게 된다. 이때, 성현이와 상민이가 함께 이동한 시간을 a로 두었을 때, 280 + 40 × a = 50 × a이 되어야

한다. 따라서 $10a = 280$, $a = 28$이다. 따라서 성현이가 이동한 거리는 $280 + 1,120 = 1,400$(m)이다.

ⅱ) 먼저 7초 동안 성현이 간 거리는 280m이고 성현이와 상민이의 속력 차 10m/s가 의미하는 바는 1초에 10m씩 거리가 좁혀진다는 것이다. 그러므로 28초 후에 280m의 거리가 줄어들어서 만날 수 있다. 따라서 성현이가 28초 동안 이동한 거리인 1,120m와 280m를 더한 값인 1,400m가 된다.

21

|정답| ②

|풀이| 평균 시속을 계산할 때 단순하게 'A에서 B까지 시속 30km로 가고, 올 때는 시속 60km이므로 $\dfrac{30+60}{2} = 45$(km/h)'라고 생각하면 안 된다. 아래와 같이 전체 거리를 시간으로 나누어야 평균속력이 나온다.

전체 시간은 $\dfrac{120}{30} + \dfrac{120}{60} = 6$(시간)이 걸리고 전체 왕복 거리는 240km이므로 평균 속력은 $\dfrac{240}{6} = 40$(km/h)가 된다.

다른풀이

시간의 비를 가중치로 두고 평균 속력을 구한다.

갈 때 시간			올 때 시간
4시간			2시간
시간의 비	2	:	1
속력의 비	1	:	2
갈 때	평균 속력		올 때
시속 30km	40km		시속 60km
	10km	20km	

갈 때 속력과 평균속력 차 : $(60-30) \times \dfrac{1}{3} = 10$(km)

올 때 속력과 평균속력 차 : $(60-30) \times \dfrac{2}{3} = 20$(km)

따라서 왕복 시간의 평균 속력은 40km가 된다.

22

|정답| ①

|풀이| 이동거리가 같고 속력의 비는 $3:1$이므로 시간의 비는 $1:3$임을 알 수 있다. 걸린 시간을 각각 k, $3k$라고 할 때 걸린 시간의 차 $2k$는 45분이므로 $1k$는 22.5분이다. 따라서 집에서 회사까지의 거리는 $\dfrac{12}{60} \times 22.5 = 4.5$(km)이다.

다른풀이

거리를 a로 두면 $\dfrac{a}{4} - \dfrac{a}{12}$ 가 $\dfrac{45}{60}$ 에 해당하는 것이다.

따라서 $\dfrac{2a}{12} = \dfrac{3}{4}$ 이므로 a는 4.5km이다.

23

|정답| ②

|풀이| 반대 방향으로 나아갔으므로 두 사람이 멀어지는 속력은 $76 + 64 = 140$(m/min)이다. 따라서 8분 후면 1,120m를 이동했을 것이므로 두 사람은 $2,100 - 1,120 = 980$(m) 떨어져 있다.

24

|정답| ④

|풀이| 두 모형 자동차를 각각 A, B라 하자.

A가 t시간 동안 달린 거리 $= 5 \times t$ …… ㉠

B가 t시간 동안 달린 거리 $= 7 \times t$ …… ㉡

㉡$-$㉠$= 7t - 5t = 2t = 400$

∴ $t = 200$

ⅰ) ㉠은 $5 \times 200 = 1,000 = 2 \times 400 + 200$ (2바퀴 돌고 200m 지점)

ⅱ) ㉡은 $7 \times 200 = 1,400 = 3 \times 400 + 200$ (3바퀴 돌고 200m 지점)

따라서 A와 B는 출발선으로부터 200m 지점에서 다시 만나게 된다.

25

|정답| ④

|풀이| 이동거리가 같으므로 속력의 비율이 $1:2$이면 시간의 비율은 $2:1$이다. 소요시간이 갈 때 4시간, 올 때 2시간임을 알 수 있다. 따라서 집에서 ○○대까지의 거리는 $50 \times 4 = 200$(km)이다.

26

|정답| ④

|풀이| 영희는 분속 60m로 20분을 갔으므로 $60 \times 20 = 1,200$(m) 갔을 것이고 둘이 같은 방향으로 걷기 때문에 속력의 차이인 $84 - 60 = 24$(m/min)의 속력으로 가까워질 것이다. 따라서 둘은 $\dfrac{1,200}{24} = 50$분 후에 만나고 순희는 $84 \times 50 = 4,200$(m)를 나아갔을 때 영희를 만난다.

27

|정답| ④

|풀이| 강을 거슬러 올라갔다고 했으므로 실제 이동 속력은 배의 속력 10km/h에서 유속 2km/h를 빼야 한다. $(10-2) \times 3$시간 $= 24$km이다.

28

|정답| ③

|풀이| 배가 거슬러 올라간 거리는 $(10-2) \times 3 = 24$(km)이고 배가 내려오는 속도는 $10 + 2 = 12$(km/s)이다.

따라서 $\dfrac{24}{12} = 2$(시간)이다.

29

|정답| ④

|풀이| 유속문제는 항상 배의 속력과 유속 두 가지를 고려해서 올라 갈 때는 (배 속력 − 유속)으로, 내려갈 때는 (배 속력 + 유속)으로 생각해야 한다. 고요한 물에서 보트의 속력을 v라고 하면, 내려가는 데 걸리는 시간은 $\dfrac{8}{(v+6)}$, 올라오는 데 걸리는 시간은 $\dfrac{8}{(v-6)}$이다. 따라서 이 두 시간을 합하면 $\dfrac{8}{(v+6)} + \dfrac{8}{(v-6)} = 1$(시간)이 된다.

이때, 양변에 $(v+6)(v-6)$을 곱하면
$8(v-6) + 8(v+6) = v^2 - 36$
$8v - 48 + 8v + 48 = v^2 - 36$
$v^2 - 16v - 36 = 0$
$(v-18)(v+2) = 0$
v는 음수가 될 수 없으므로
$\therefore v = 18$(km/h)
따라서 A씨가 하류로 가는 속력과 상류로 올라오는 속력의 비는 $(18+6):(18-6) = 2:1$이다.

30

|정답| ③

|풀이| 강의 유속을 a라고 놓고 배의 속도를 b라고 놓으면
$\dfrac{60}{a+b} = 3$, $a + b = 20$
$\dfrac{60}{b-a} = 6$, $b - a = 10$
$\therefore a = 5$, $b = 15$
따라서 호수처럼 흐르지 않는 곳에서의 배의 속도는 15km/h이다.

31

|정답| ①

|풀이| 터널과 철교를 완전히 지나가기 위해서는 기차의 길이만큼 더 이동해야 한다.

| 터널 1,300m | 기차 길이 a | …… ㉠ |

| 철교 400m | 기차 길이 a | …… ㉡ |

㉠ − ㉡ = $1,300 - 400 = 900$(m)
즉 $(1,300 + a)$ 이동에 75초가 걸리고 $(400 + a)$ 이동에 25초만큼 걸리기 때문에 두 식을 빼주게 되면 900m를 이동하는 데 50초가 걸린다는 것을 알 수 있다. 따라서 열차의 속력은 $\dfrac{900}{50} = 18$(m/s)라는 것을 알 수 있다. 400m 철교를 완전히 지나가는 데 25초가 걸렸다고 했으므로 이동거리는 $18 \times 25 = 450$(m)가 되고, 열차의 길이는 $450 - 400 = 50$(m)라는 것을 알 수 있다.

32

|정답| ③

|풀이| 터널 800m + 기차 길이를 지나는 데 23초가 걸리고 400m + 기차 길이를 지나는 데 13초가 걸린다. 그렇다면 400m를 달리는 데 10초가 걸린다는 것을 알 수 있다. 따라서 이 기차는 초속 40m로 달리므로 답은 ③이다.
그러면 기차의 길이는 얼마일까? 400m를 달리는 데 10초가 걸리고 기차 길이만큼 더 가는 데 3초가 더 걸렸으므로 기차 길이는 $3 \times 40 = 120$(m)이다.

다른 풀이
기차의 속력을 x, 기차의 길이를 y라 하면
$23x = 800 + y$
$13x = 400 + y$
연립하여 풀면
$\therefore x = 40$
따라서 이 기차의 속력은 40m/s이다.

33

|정답| ②

|풀이| 화물열차의 속력을 x, 다리의 길이를 y라고 가정할 경우
화물열차가 이동한 거리 : $60x = 300 + y$
새마을호가 이동한 거리 : $2 \times 27x = 150 + y$
$x = 25$(m/s), $y = 1200$(m)

34

|정답| ②

|풀이| 스쳐 지나갔으므로 ⅰ)에서 ⅱ)로 이동하였다.

ⅰ)

| | ←기차 a 120m |
| 기차 b 120m → | |

ⅱ)

| ←기차 a 120m | |
| | 기차 b 120m → |

기차가 이동한 전체 거리는 240m이다.
이 경우는 밀기법을 이용하여 기차 b는 가만히 있고 기차 a만 혼자 두 배의 속력으로 240m 지나가는 것을 계산하면 빠르게 계산이 된다. 길이가 같은 기차가 서로 마주보고 달려와서 서로 완전히 스치고 지나간다는 것은 기차가 움직인 거리에 해당하는 거리가 두 기차의 길이를 합한 것 $(120 + 120 = 240)$이라는 의미이다. 즉 이동거리는 240m가 되는 것이다.
시속 72km는 $\dfrac{72,000}{3,600} = 20$(m/s)이므로 두 기차가 만나서 완전히 스치고 지나갈 때까지 걸리는 시간은 $\dfrac{240}{20+20} = 6$(초)이다.

35

|정답| ③

|풀이|

호텔		만나서
오전 7시	→ A씨 45km/h 이동×4시간 =	카드 결제
	180km 이동	
오전 11시	→ 매니저 $x$km/h 이동	
도착 오후 4시	← 올 때 $x$km/h 이동	

매니저와 A씨가 만났으므로 시간이 같다고 놓고 식을 세울 수 있다. 매니저의 속력을 x(km/h), 오전 11시 이후에 A씨가 이동한 거리를 $a$km라 하면,

$$\frac{180+a}{x} = \frac{a}{45} \quad \cdots\cdots \ \unicode{x27E0}$$

또한 매니저가 A씨를 만나고 돌아온 시간이 오후 4시이므로 총 이동시간은 5시간이 된다.

$$\frac{2(180+a)}{x} = 5 \quad \cdots\cdots \ \unicode{x27E1}$$

$180+a = 2.5x$ 가 된다. 이것을 ㉠에 대입하면

$$\frac{2.5x}{x} = \frac{a}{45}$$

$$2.5 \times 45 = a$$

$$\therefore a = 112.5$$

이를 ㉡에 대입하면

$$\frac{2(180+112.5)}{x} = 5$$

$$\therefore x = 117$$

따라서 매니저는 한 시간에 117km를 이동했다.

다른 풀이

매니저의 이동속도는 일정하므로 매니저가 호텔을 출발하여 A씨를 만나고, 돌아올 때 이동한 거리와 걸린 시간은 같다. 매니저는 오전 11시에 출발하여 오후 4시에 도착했으므로 이동시간은 5시간이다. 따라서 출발한 지 2시간 30분 후인 오후 1시 30분에 A씨와 만났을 것이다.

A씨는 7시에 출발했으므로 매니저와 만날 때까지 이동한 시간은 총 6시간 30분이다. 그러므로 만날 때까지 이동한 거리는 45×6.5 = 292.5(km)가 된다.

매니저는 292.5km를 2시간 30분 만에 이동했으므로 속력은 292.5 ÷ 2.5 = 117(km/h)이다.

36

|정답| ②

|풀이| 두 기차가 스쳐 지나갔으므로 ⅰ)에서 ⅱ)로 이동하였다.

ⅰ)
	←기차 a
	시속 108km
기차 $3a$	
시속 180km →	

ⅱ)
←기차 a 시속	
108km	
	기차 $3a$ 시속
	180km →

기차가 이동한 전체 거리는 $4a$이다.

속력이 빠른 기차를 A라고 하고 그 길이를 $3a$라고 하면 속력이 느린 기차 B는 길이가 a이다. 이때, 시속 180km는 초속으로 바꾸면 50m$\left(\frac{180 \times 1,000\text{m}}{60 \times 60} = 50\text{m/s}\right)$이고 시속 108km는 초속 30m$\left(\frac{108 \times 1,000\text{m}}{60 \times 60} = 30\text{m/s}\right)$이다. 6초 동안 A가 달린 거리는 300m, B가 달린 거리는 180m이다. 6초 동안 두 기차가 달린 거리 480m가 두 기차의 길이를 더한 값 $4a$이므로 a는 120m가 되는 것이다.

즉 전체 $\frac{4a}{50\text{m/s} + 30\text{m/s}} = 6$(초), $4a = 480$(m)이 된다.

$a = 120$이므로 속력이 빠른 기차의 길이는 360m, 속력이 느린 기차의 길이는 120m가 된다.

37

|정답| ①

|풀이|

출발선	360m 기차 A	
	시속 180km = 초속 50m/s	→
	120m 기차 B	
	시속이 108km = 초속 30m/s	→

A기차 앞부분이 B기차 앞부분보다 240m 앞에 있다. A가 B에 비해 240m 앞에서 출발한 것이니 B를 완전히 추월하려면 120m만 더 빨리 달리면 된다. 따라서 1초에 20m씩 앞서 나가니 6초면 B를 완전히 추월한다. 이때, A기차는 300m를 달렸고 B기차는 180m를 달렸다.

38

|정답| ②

|풀이| 유람선의 속력을 x라 하면 하류에서 상류로 올라갈 때의 배의 속력은 $(x-2)$가 된다. 45분 만에 상류 선착장에 도착했으니 선착장 간의 거리는 $(x-2) \times \frac{3}{4}$이 된다. 하류로 내려갈 때는 유람선의 속력이 $(x+2)$가 되고 15분 내려갔다고 했으니, 이때 움직인 거리는 $(x+2) \times \frac{1}{4}$이 된다. 15분 동안 또 다른 유람선이 하류 선착장에서 출발하여 상류로 올라오고 있었으니 그 유람선이 움직인 거리는 $(x-2) \times \frac{1}{4}$이다. 두 유람선 사이의 거리가 1km라고 했으므로 두 유람선이 15분간 움직인 거리의 합에다 1km를 더해주면 이것이 두 선착장 사이의 거리가 된다.

$$(x-2) \times \frac{3}{4} = (x+2) \times \frac{1}{4} + (x-2) \times \frac{1}{4} + 1$$

$$3x - 6 = x + 2 + x - 2 + 4$$

$$\therefore x = 10$$

따라서 유람선의 속력은 10km/h가 되고 두 선착장 간의 거리는 6km가 된다.

39

|정답| ③

|풀이| 평상시 걷는 속력을 a(km/h), 걸리는 시간을 b(시간)라고 하면

$$(a+4) \times \left(\frac{b}{2} + \frac{1}{4}\right) = ab \qquad \cdots\cdots \text{㉠}$$

$$(a+4) \times \left(\frac{b}{2} + \frac{1}{4}\right) = (a-2) \times \left(b + \frac{1}{2}\right) \quad \cdots\cdots \text{㉡}$$

이것을 연립으로 풀어야 하는데 시간 안에 풀이하는 것은 거의 불가능에 가깝다. 따라서 이 문제는 비례식을 이용해서 풀이를 해야 한다. 다음과 같이 표를 만들어 본다.

구분	A	B	C
거리			
속력	a	$a+4$	$a-2$
시간	$60b$	$30b+15$	$60b+30$
	평상시	1	2

여기서 평상시 걸리는 시간을 b시간이라고 표현하는 대신 $60b$분으로 표현할 수 있다. 이때 빨리 걸을 때와 천천히 걸을 때의 시간의 비는 정확하게 $1:2$임을 알 수 있다. 거리가 같고, 시간의 비가 $1:2$이니 속력은 시간에 반비례한다. 따라서 빨리 걸을 때의 속력이 천천히 걸을 때의 2배이므로 $a+4 : a-2 = 2:1$이다. $2a-4 = a+4$를 계산하면 a는 8km/h이다. 평상시 속력이 8km/h라고 하면 빨리 걸으면 12km/h, 천천히 걸으면 6km/h가 되는 것이다. 위 ㉠식에 $a=8$을 $b=\frac{3}{2}$이므로 시간은 90분이 나온다. 따라서 구하고자 하는 답은 $8 \times \frac{3}{2} = 12$km이다.

40

|정답| ③

|풀이|

```
                ← 배 속력 24(km/h)
상류              (유속 6km)              하류
        ─────────────────────────
              전체 거리 45km
```

50분을 가고 10분을 간다. 이때, 조심할 것은 쉬고 있을 때에는 유속에 의해 배가 뒤로 밀리게 된다는 것이다.

10분은 엔진을 끄고 쉰다는 것이 이 문제의 포인트로 강 한가운데서 엔진을 끄고 멈춰있으면 강물의 흐름에 따라 밑으로 떠내려간다.

배가 강을 거슬러 올라가면 배의 속력에서 유속을 빼줘야 한다. 시간당 18km의 속도로 50분을 올라간 거리는 $18 \times \frac{50}{60} = 15$(km)이고, 10분 쉬는 동안 유속에 의해 떠내려간 거리는 $6\text{km} \times \frac{10}{60} = 1$(km)이다. 즉 시간당 14km씩 올라간 것이다. 이때, 단순하게 $\frac{45}{14} \fallingdotseq 3.2$(시간)으로 계산하면 안 된다. 일정한 속도로 가는 것이 아니기 때문에 1시간 단위로 쪼개서 생각을 해봐야 한다. 3시간이 지나면 $14 \times 3 = 42$(km) 상류로 올라가게 된다. 나머지 3km를 시속 18km의 속력으로 더 올라가야 하니 $\frac{3}{18} \times 60 = 10$(분)

이 더 걸린다. 따라서 모두 3시간 10분이 걸려서 45km 상류 지점까지 올라간다.

41

|정답| ⑤

|풀이|

구분	출발점	100km 지점	200km 지점
자동차 A연료	$4a$	$5b$	$10c$
소비한 연료		$4a-5b$	$5b-10c$
자동차 B연료	$3a$	$4b$	$9c$
소비한 연료		$3a-4b$	$4b-9c$

자동차 A와 B의 연료량은 처음에는 각각 $4a$, $3a$이다. 100km 주행 중 소비한 연료의 양은 $5b$, $4b$이므로 소비된 연료량은 각각 $4a-5b$와 $3a-4b$이다. 다음 100km 주행 중 소비한 양을 구하면 $5b-10c$, $4b-9c$이다.

$$4a-5b = 5b-10c$$
$$3a-4b = 4b-9c$$

미지수는 a, b, c 세 개인데 식은 두 개가 나왔으므로 일단 a와 b를 c로 표현해보면 $a=5c$, $b=3c$가 된다. 100km를 주행하는 데 A는 $5c$, B는 $3c$만큼의 연료가 소비된다.

이때, 연비는 주행한 거리를 소비한 연료의 양으로 나누어 준 값이므로 A차의 연비는 $100 \div 5c = \frac{20}{c}$이 되고, B차의 연비는 $100 \div 3c \fallingdotseq \frac{100}{3c}$이 된다. 자동차 A와 B의 연비의 비를 구하라고 했으므로 $3:5$가 된다.

> **Tip**
> 1. 비례식 문제는 적절한 비례상수를 이용하여 식을 세운다.
> 2. 처음 100km를 주행했을 때 소비한 연료의 양과 다음 100km를 주행했을 때 소비한 연료의 양이 같다는 것이 포인트이다.
> 3. 비례상수가 3개의 미지수이니 식은 두 개가 만들어진다. 절댓값이 아니라 비례상수를 이용하여 상대적인 비율을 구해야 한다.

42

|정답| ③

|풀이|

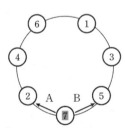

A, B 두 선수의 속도를 $4a$, $3a$라고 하고 링크의 둘레 길이를 b라고 하면, 이 두 선수가 처음 만나는 시간은 밀기법을 이용하면 $\frac{b}{4a+3a} = \frac{b}{7a}$가 된다. 그런데 사실 이건 A는 멈춰있고 B만 달린다는 가정이므로 실제로는 B는 원점으로 돌아온 것이 아니고 중간만큼만 갔을 것이다. 그러면 얼마만큼 갔을까?

A의 속력이 $4a$이므로 A가 이동한 거리는 $4a \times \dfrac{b}{7a} = \dfrac{4b}{7}$이다. 두 번째 만났을 때의 위치는 $2 \times \dfrac{4b}{7} = \dfrac{8b}{7}$, 세 번째는 $\dfrac{12b}{7}$이다. A, B가 출발점에서 다시 만난다는 것은 만나는 위치가 b의 정수배가 된다는 것이다. 따라서 일곱 번째 만날 때 총 이동거리가 $7 \times \dfrac{4b}{7} = 4b$로 링크를 네 바퀴 돌아 B와 처음 출발했던 장소에서 일곱 번째로 마주치게 된다. 즉 마주치는 횟수는 두 선수의 속도의 비를 단순하게 더해 $4 + 3 = 7$(회)가 되나, 출발점에서 마주치는 횟수를 제외하라고 했으므로 6번이다.

43

|정답| ④

|풀이|

거리	왕복거리 $2x$			
	도로	산길	산길	도로
	y	$x-y$	$x-y$	y
속력	4	3	6	4
시간	6			

왕복거리를 $2x$로 놓으면 편도 거리는 x이다. 도로의 길이를 y로 놓으면 산길은 $x-y$가 된다. 거리가 y, $x-y$, $x-y$, y이고 속력이 4, 3, 6, 4이니 거리를 속력으로 나누어 주면 각 구간의 시간을 구할 수 있다.

$\dfrac{y}{4} + \dfrac{x-y}{3} + \dfrac{x-y}{6} + \dfrac{y}{4} = 6$

$3y + 4x - 4y + 2x - 2y + 3y = 72$

$6x = 72$

$\therefore x = 12$

따라서 총 걸은 길이는 $2 \times 12 = 24$(km)가 된다.

44

|정답| ③

|풀이|

	본관−연구소 속력	연구소−별관 속력	걸린 시간
A	시속 4km	시속 4km	$15(a+b)$
B	시속 5km	시속 3km	$(12a+20b)$
B'	시속 3km	시속 5km	$(20a+12b)$

거리는 문제에서 주어진 속력인 4, 5, 3의 최소공배수 60을 사용하여 본관−연구소, 연구소−별관의 거리를 a, b 대신 $60a$, $60b$로 놓고 문제를 해결한다. A는 $60 \times (a+b)$의 거리를 시속 4km의 속력으로 걷는다 하였으므로 걸린 시간은 $15 \times (a+b)$이며, 이것이 B가 본관에서 연구소까지 시속 3km, 연구소에서 별관 건물까지 시속 5km로 걸은 시간 $20a + 12b$과 같다.

$15(a+b) = 20a + 12b$

$5a = 3b$

$\therefore a = \dfrac{3}{5}b$

$15(a+b) = 12a + 20b - \dfrac{8}{60}$ 를 계산하면

$5b - 3a = \dfrac{2}{15}$

$5b - 3 \times \dfrac{3}{5}b = \dfrac{2}{15}$

$\dfrac{16}{5}b = \dfrac{2}{15}$

$\therefore b = \dfrac{1}{24}$, $a = \dfrac{1}{40}$

따라서 $60a + 60b = 4$(km)이고 본관에서 연구소의 거리는 1.5km, 연구소에서 별관까지 거리는 2.5km이다.

45

|정답| ④

|풀이| 총 걸린 시간은 56분이고, 여기서 우체국에서 일을 본 20분의 시간을 빼면 36분 동안 걸었다는 결론을 내릴 수 있다. 이때, 사무실−우체국 간 거리를 x로 두고 시간에 대한 식을 세우면

$36 = \dfrac{x}{70} + \dfrac{x}{50}$

$120x = 36 \times 3,500$

$x = 3 \times 350 = 1,050$(m)

따라서 걸은 거리는 $1,050 \times 2 = 2,100$(m)가 된다.

46

|정답| ③

|풀이|

A	600m	B
시속 6km	개 15km/h	시속 3km

두 사람 사이를 왕복하는 개의 속력은 시속 15km로 일정하다. 개가 이동한 거리는 속력×시간인데, 일단 개의 속력은 15km/h이고 개가 달린 시간은 A와 B가 만날 때까지의 시간이다. 600m 거리를 시속 6km와 3km로 걷는다고 했으니 분속으로 바꾸면 각각 100m/min와 50m/min이다. 서로 다가오고 있으니 두 사람의 속력을 합한 150m/min로 거리 600m를 나누어 주면 $\dfrac{600}{150} = 4$(분)이다. 개가 달리는 속력을 분속으로 바꾸면 $\dfrac{15 \times 1,000}{60} = 250$(m/min)이다. 따라서 개가 뛴 거리는 $250 \times 4 = 1,000$(m)이다.

47

|정답| ③

|풀이| 다음과 같이 그림으로 표현이 가능하다.

상류 선착장	→ 배 속력 b + 유속 c 10분	중간 지점	← 배 속력 b − 유속 c 30분	하류 선착장
A	전체 거리 a		전체 거리 a	B

구분	A	B
거리	a	a
속력	$b+c$	$b-c$
시간	10	30

상하류 지점 간의 거리를 a, 배의 속도를 b, 강물의 유속을 c라고 하면 하류에서 상류로 올라갈 때의 배의 속력은 $b-c$, 내려올 때의 배의 속력은 $b+c$이다. 상하류 선착장까지의 거리가 a로 같으므로 속력의 비는 시간에 반비례한다.

$b+c : b-c = 30 : 10$

$30b - 30c = 10b + 10c$

$b = 2c$

이 값을 사용하여 거리 a를 구해보면 $a = (b+c) \times 10 = 30c$이다. A, B 두 사람이 강물이 흐르지 않는다고 가정하고 서로 노를 저어 가면 서로가 가까워지는 속력은 두 사람의 속력 b를 더한 값이므로 $b + b = 2b = 4c$이다. 따라서 상하류 간의 거리는 $30c$, 속력은 $4c$이므로 두 사람이 만날 때까지 걸리는 시간은 $\dfrac{30c}{4c} = 7.5$(분)이다.

48

정답 ④

풀이 주어진 문제를 그림으로 표현하면 다음과 같다.

A → 마주보고 올 때 5분 후 만남 ← B
속력 $7a$ 같은 방향으로 갔을 때 몇 분 후에 속력 $5a$
만나겠는가?
→ →

속력을 $7a : 5a$라고 가정하자.
둘이 반대 방향으로(마주보고 온다면) 이동한다면 속력을 $7a + 5a = 12a$가 되므로 전체거리는 $5 \times 12a = 60a$가 된다.
둘이 같은 방향으로 이동한다면 이것은 A가 B를 따라가서 만난다는 것이다. 같은 방향으로 걷게 되므로 속도는 $7a - 5a = 2a$가 된다. 따라서 시간 $= \dfrac{거리}{속력}$ 이므로

$\dfrac{5 \times 12a}{2a} = 30$분 후에 만나게 된다.

49

정답 ④

풀이

A와 버스 만남 → ← 버스 시간 9시 10분
A와 버스 만남 →
A 이때, 시간은 9시 15분
버스 버스 →
종점 버스는 9시 12분에 출발 3분 만에 도착 지하철역
→ 4,200m ←

A가 버스와 처음 마주친 시간은 9시 10분이고 그 다음에 마주친 버스는 15분간 걸은 거리를 3분 만에 따라 잡았다. 이를 통해 버스의 속력이 사람이 걷는 속력의 5배라는 것을 알 수 있다. 즉 같은 거리를 갔을 때 사람과 버스의 시간의 비가 15 : 3이라는 것이고 속도의 비는 시간의 반비례

이므로 1 : 5가 된다. 즉 사람의 속력은 a, 버스의 속력은 $5a$가 된다. 마주보고 달려와서 만난 시간이 10분이었으므로 시간에 대한 식을 세우면 $\dfrac{4,200}{5a+a} = 10$으로 a는 70이다.

즉, 버스의 속력은 $5 \times 70 = 350$(m/min)이고 A의 속력은 70m/min이다.

50

정답 ④

풀이

구분	A–B		A–C–B	
거리	$2a-20$	20	$2a-40$	40
속력	$2b$	b	$2b$	b
시간	$\dfrac{1}{b} \times (a-10)$	$\dfrac{20}{b}$	$\dfrac{1}{b} \times (a-20)$	$\dfrac{40}{b}$
	$\dfrac{1}{b} \times (a+10)$		$\dfrac{1}{b} \times (a+20)$	

A, B 두 역 사이의 거리를 $2a$, 기차의 운행속력을 b 대신 $2b$라고 하면 A역을 출발해서 10km, B역 부근에서 도착할 때까지의 10km, 도합 20km를 달릴 때의 기차의 평균 속력은 $\dfrac{b}{2}$가 아니라 b가 되어 계산이 간단해진다. A, B 중간에 C역이 생겼을 때는 속력 b로 달리는 구간의 거리가 40km가 되고 운행속력 $2b$로 달리는 거리는 $(2a - 40)$km이다.

두 경우의 시간차가 10분인데 4분간 정차한다고 했으므로 실제로 더 걸리는 시간은 10분이 아니라 6분임을 알 수 있다.

$\dfrac{1}{b} \times (a+20) - \dfrac{1}{b} \times (a+10) = \dfrac{6}{60}$

$\dfrac{10}{b} = \dfrac{1}{10}$

$\therefore b = 100$

따라서 이 기차의 운행속력은 $2b = 200$(km/h)이다.

> **Tip** 기차가 출발하기 전에는 속력이 0이다. 엔진을 시동해서 달리기 시작하면 가속이 붙어 점차 속력이 빨라지고 10km 지점에 도달하면 운행속력에 도달한다. 그때까지의 평균속력은 운행속력의 절반이다. 도착역에 접근할 때도 마찬가지이다. 10km 이전 지점에서부터 감속하여 도착역에서는 속력이 0이 된다.

51

정답 ②

풀이 사람의 속력을 a, 버스의 속력을 b라고 하면 사람이 18분을 간 거리를 버스는 6분 만에 이동했다. 이동거리가 같으므로 시간의 비가 1 : 3이고 속도의 비는 3 : 1이다. 즉 버스와 사람의 속도의 비는 $3k$와 k이다. 2,800m 거리를 마주보고 $3k$와 k의 속력으로 총 10분간 달렸으므로 $\dfrac{2,800}{4k} = 10$, $k = 70$이 된다. 따라서 버스의 속력은 $3 \times 70 = 210$(m/min)이다.

52

|정답| ③

|풀이| 속도가 빠른 차의 속력을 a, 느린 차의 속력을 b라고 해보자. 첫 번째 만날 때 속도가 빠른 자동차 a는 120km를 달렸고 속도가 느린 자동차 b는 80km를 달렸다.

a	100km		반환점
		20km	
b	80km		첫 만남

| a | 40km | | |
| b | | 60km | 두 번째 |

| a | | 60km | 세 번째 |
| b | 40km | | |

다음에 같은 시간이 다시 지났을 때, a는 240km를 달리고 b는 160km 달리게 되어 A지점으로부터 40km 떨어진 곳에서 두 번째 만나게 된다.(왜냐하면 두 사람이 달린 거리의 합이 200km일 때 만나게 되기 때문이다.) 세 번째 만나는 것은 다시 같은 시간이 지나 a는 360km를 달리고 b는 240km를 달린 후이므로 A지점으로부터 40km 떨어진 곳이다.

53

|정답| ⑤

|풀이| 무빙워크의 속도를 a라고 하면 무빙워크의 길이는 $150a$가 된다. 그런데 무빙워크에서 b의 속도로 걷는다면 그때의 실제 움직이는 속도는 $a + b$이다. 도착하는 데 100초가 걸리니 $100 \times (a + b) = 150a$이고 $a = 2b$라는 관계식이 나온다. 그런데 이제 반대 방향으로 두 배의 속도, 즉 $-2b$로 거꾸로 걷는다고 하자. $-2b$는 $-a$와 같으므로 실제 움직이는 속도는 $a - a = 0$이 된다. 즉, 한 발도 앞으로 나갈 수 없다.

54

|정답| ④

|풀이|

속력이 빠른 배 20km/h	→	← 750m 만남	속력이 느린 배 $c$km/h
	→ 이때 전체 이동 거리는 L ←		

속력이 느린 배 $c$km/h	속력이 느린 배→ 250m 만남	← 속력이 빠른 배	속력이 빠른 배 20km/h
	→ 이때 전체 이동 거리는 3L이 된다. ←		

강폭을 L, 느린 배의 속력은 c라고 해보자. 배가 맞은편에 도착한 후 10분씩 정박했다는 것은 없다고 생각해도 무방하다. 그러면 여기서 밀기법으로 생각해 보면 강폭을 L이라고 하고 느린 배는 멈춰 있다고 가정하면 빠른 배는 $20 + c$의 속력으로 이동한다. 처음 만났을 때 $20 + c$로 간 거리는 L이고 다음에 만날 때는 배가 갔다가 왔다가 다시 가면 되므로 3L만큼 이동하면 된다. 그러면 처음 만났을 때

시간은 $\frac{L}{20 + c}$ 이 되고, 다음에 만났을 때 시간은 $\frac{3L}{20 + c}$ 이 된다. 즉 시간의 비가 1 : 3이라는 것을 할 수 있다. 시간을 t_1, t_2라고 놓고 느린 배의 속력으로 식을 세우면 $\frac{750}{t_1} = \frac{L + 250}{t_2}$ 이 된다. 그런데 $t_1 : t_2 = 1 : 3$이므로 $750 : L + 250 = 1 : 3$이다.
$3 \times 750 = L + 250$
$\therefore \ L = 2,000$m
따라서 이 강의 폭은 2,000m이다.

55

|정답| ④

|풀이| A, B 사이의 거리는 알 필요가 없다. 자전거가 한 시간 동안 간 거리를 a라고 하면 A지점에서 오토바이까지의 거리는 $2a$이다. 그런데 한 시간이 더 지나면 자전거는 A지점으로부터 $2a$만큼 B쪽으로 이동하고, 오토바이는 A지점을 지나쳐 간다. 같은 거리만큼 떨어져 있다고 하니 A지점을 기준으로 오토바이는 A지점의 왼쪽으로 $2a$ 되는 곳에 있다. 자전거가 가 있는 곳이 오토바이가 한 시간 전에 있던 곳이니 한 시간 동안 오토바이는 $4a$만큼 자전거와 반대 방향으로 달리는 것이다. 따라서 오토바이의 속력은 자전거 속력의 4배이다.

56

|정답| ①

|풀이| 거리를 L이라고 할 때, $\frac{L}{v_1} + \frac{L}{v_2} = 1$이고 L에 대해 정리하면 $L = \frac{v_1 v_2}{v_1 + v_2}$이다.

57

|정답| ②

|풀이| A, B의 속도는 시간당 걸음수와 보폭의 곱과 비례한다는 것을 이해하면 좋다. 시간당 걸음 수×보폭×시간 = 거리가 된다는 개념이다. 그런데 본 문제에서는 걷는 시간은 같으므로 걸음수와 보폭의 비례식을 계산할 수 있다면 거리를 계산할 수 있다. A는 B에 비해 걸음 수는 $\frac{4}{5}$이고, 보폭은 $\frac{4}{3}$이다. 따라서 B의 속력을 1이라 하면 A의 속력은 $\frac{15}{16}$가 되므로, A, B 속도의 비는 16 : 15이다. 따라서 B가 150m를 갔다고 했으니 A는 160m를 간 셈이고 거리차는 10m가 되는 것이다.

| 빠른 정답 | ● 본책 158~167p |

01	③	02	②	03	④	04	④	05	⑤	06	①	07	④	08	①	09	④	10	①
11	④	12	③	13	②	14	④	15	③	16	①	17	③	18	⑤	19	⑤	20	①
21	⑤	22	③	23	⑤	24	⑤	25	①	26	④	27	④	28	④	29	③	30	②
31	③	32	①	33	③	34	②	35	④	36	③	37	④	38	③	39	③	40	②
41	④																		

01

|정답| ③

|풀이| 모두 섞은 설탕물의 농도를 x라고 하자.

구분	물	설탕물 1	설탕물 2	전체
설탕물	100	50	50	200
설탕	0	18	10	28
농도	0%	36%	20%	14%

$$\frac{36}{100} \times 50 + \frac{20}{100} \times 50 = \frac{x}{100} \times (100 + 50 + 50)$$

$1,800 + 1,000 = 200x$

$\therefore x = 14$

따라서 14%의 설탕물이 된다.

02

|정답| ②

|풀이|

구분	소금물 1	소금물 2	전체
소금물	120	a	$120+a$
소금	7.2	$0.03a$	$7.2+0.03a$
농도	6%	3%	4%

$(120 + a) \times 0.04 = 7.2 + 0.03a$

$4.8 + 0.04a = 7.2 + 0.03a$

$0.01a = 2.4$

$\therefore a = 240$

따라서 농도가 3%인 소금물 240ml가 필요하다.

|다른풀이|

가중평균법으로 풀이를 해보자.

소금물				소금물
3%	—	4%	—	6%
평균과의 거리차	1		2	
거리비	1	:	2	
물질의 비	2	:	1	
$x$ml				120ml

$2 : 1 = x : 120$

따라서 농도가 3%인 소금물 240ml가 필요하다.

03

|정답| ④

|풀이| 10%의 소금물 200g이 있으므로 먼저 10%의 소금물 200g에 들어있는 소금의 양을 구한다.

$$\frac{10}{100} \times 200 = 20(g)$$

소금의 양은 변하지 않고, 물의 양만 변하기 때문에 5%의 소금물을 만들기 위해 더 넣어야 할 물의 양(x)을 구하면

$$\frac{20}{(200 + x)} \times 100 = 5$$

$2,000 = 1,000 + 5x$

$5x = 1,000$

$\therefore x = 200$

따라서 200g의 물을 더 넣으면 5%의 소금물이 된다.

|다른풀이|

가중평균법으로 풀이를 해보자.

물				소금물
0%	—	5%	—	10%
평균과의 거리차	5		5	
거리비	1	:	1	
물질의 비	1	:	1	
xg				200g

$x : 200 = 1 : 1$

따라서 200g 물을 더 넣으면 5%의 소금물이 된다.

04

|정답| ④

|풀이| 먼저 10%의 소금물 200g에 들어있는 소금의 양을 구한다.

$$\frac{10}{100} \times 200 = 20(g)$$

소금의 양은 변하지 않고, 물의 양만 변하기 때문에 40%의 소금물을 만들기 위해 증발시켜야 할 물의 양(x)을 구하면

$$\frac{20}{(200 - x)} \times 100 = 40$$

$2,000 = 8,000 - 40x$

$40x = 6,000$

$\therefore x = 150$

따라서 150g의 물을 증발시키면 40% 소금물이 된다.

다른 풀이

가중평균법으로 풀이를 해보자. 거꾸로 40%의 소금물에 0%의 물을 섞어서 10%의 물을 만들었다고 생각해도 된다.

증발된 물				소금물
0%	−	10%	−	40%
평균과의 거리차	10		30	
거리비	1	:	3	
물질의 비	3	:	1	
xg		전체 200g		yg

따라서 $200 \times \dfrac{3}{4} = 150$(g)의 물을 증발시키면 40%의 소금물이 된다.

05

정답 ⑤

풀이 혼합 전과 혼합 후의 소금의 양은 똑같기 때문에 넣어야 할 6%의 소금물의 양(x)을 구하면

$\left(\dfrac{9}{100} \times 200\right) + \left(\dfrac{6}{100} \times x\right) = \dfrac{8}{100} \times (200 + x)$

$1,800 + 6x = 1,600 + 8x$

$2x = 200$

$\therefore x = 100$

따라서 6%의 소금물 100g을 넣으면 된다.

다른 풀이

가중평균법으로 풀이를 해보자.

소금물				소금물
6%	−	8%	−	9%
평균과의 거리차	2		1	
거리비	2	:	1	
물질의 비	1	:	2	
xg				200g

$1 : 2 = x : 200$

$2x = 200$

$\therefore x = 100$

따라서 6%의 소금물 100g을 넣으면 된다.

06

정답 ①

풀이 6%의 소금물의 양을 xg, 12%의 소금물의 양을 yg이라 하면

$\begin{cases} x + y = 300 \\ \dfrac{6}{100}x + \dfrac{12}{100}y = \dfrac{10}{100} \times 300 \end{cases}$

$\therefore x = 100, \ y = 200$

따라서 6%의 소금물의 양은 100g이다.

다른 풀이

가중평균법으로 풀이를 해보자.

소금물				소금물
6%	−	10%	−	12%
평균과의 거리차	4		2	
거리비	2	:	1	
물질의 비	1	:	2	
xg		전체 300g		yg

따라서 6%의 소금물의 양은 $300 \times \dfrac{1}{3} = 100$(g)이다.

07

정답 ④

풀이

소금물				소금물
8%	−	10%	−	14%
평균과의 거리차	2		4	
거리비	1	:	2	
물질의 비	2	:	1	
xg		전체 300g		yg

8%의 소금물의 양 : $300 \times \dfrac{2}{3} = 200$(g)

14%의 소금물의 양 : $300 \times \dfrac{1}{3} = 100$(g)

따라서 차이는 $200 - 100 = 100$(g)이 된다.

08

정답 ①

풀이 먼저 6% 소금물 400g에 들어있는 소금의 양을 구한다.

$\dfrac{6}{100} \times 400 = 24$(g)

물의 양은 변하지 않고, 소금의 양만 변하기 때문에 20%의 소금물을 만들기 위해 넣어야 할 소금의 양(x)을 구하면

$\dfrac{24 + x}{400 + x} \times 100 = 20$(%)

$2,400 + 100x = 8,000 + 20x$

$80x = 5,600$

$\therefore x = 70$

따라서 소금을 70g 넣으면 된다.

다른 풀이

가중평균법으로 풀이를 해보자. 소금의 농도는 100%이다.

소금물				소금
6%	−	20%	−	100%
평균과의 거리차	14		80	
거리비	7	:	40	
물질의 비	40	:	7	
400g				xg

$40 : 7 = 400 : x$

$40x = 2,800$

$\therefore x = 70$

따라서 소금을 70g 넣으면 된다.

09

|정답| ④

|풀이| 6% 소금물을 xg이라 하면 2% 소금물의 양은 $(300 - x)$g이 된다.

6%	+	2%	=	5%
xg		$(300-x)$g		300g

$$\frac{6}{100} \times x + \frac{2}{100}(300-x) = \frac{5}{100} \times 300$$

$6x + 600 - 2x = 1,500$

$4x = 900$

$\therefore x = 225$

따라서 6%의 소금물은 225g, 2%의 소금물은 $300 - 225 = 75$(g)이면 된다.

다른 풀이

가중평균법으로 풀이를 해보자.

소금물				소금물
2%	—	5%	—	6%
평균과의 거리차	3		1	
거리비	3	:	1	
물질의 비	1	:	3	
xg		300g		yg

2%의 소금물의 양: $300 \times \dfrac{1}{4} = 75$(g)

6%의 소금물의 양: $300 \times \dfrac{3}{4} = 225$(g)

10

|정답| ①

|풀이| A, B 두 소금물의 농도를 각각 x%, y%라 하면

$$\begin{cases} \dfrac{x}{100} \times 100 + \dfrac{y}{100} \times 200 = \dfrac{6}{100} \times 300 & \cdots\cdots \ \bigcirc \\ \dfrac{x}{100} \times 200 + \dfrac{y}{100} \times 100 = \dfrac{8}{100} \times 300 & \cdots\cdots \ \bigcirc \end{cases}$$

㉠에서 $x + 2y = 18$ $\cdots\cdots$ ㉢

㉡에서 $2x + y = 24$ $\cdots\cdots$ ㉣

㉢×2 - ㉣하면

$\therefore x = 10, \ y = 4$

따라서 A소금물의 농도는 10%이고, B소금물의 농도는 4%이다.

> Tip 본 문제는 Part1의 10초 풀이법에 설명을 했고, 가중평균법으로 푸는 것이 시간이 더 걸린다는 것을 알았다.

11

|정답| ④

|풀이| 처음 소금물의 농도의 식을 세우면 다음과 같다.

$$\frac{y}{x+y} \times 100 = 20$$

$$0.2(x + y) = y$$

$0.2x = 0.8y$

$\therefore x = 4y$

여기에 물 $2x$g과 소금 $3y$g을 섞은 소금물의 농도의 식은 다음과 같다.

$$(\text{농도}) = \frac{y+3y}{x+y+2x+3y}$$

$x = 4y$를 대입하면

$$\frac{4y}{4y+y+8y+3y} \times 100 = 25(\%)$$

다른 풀이

농도가 20%이므로 물 : 소금 $= 80 : 20$이 된다. 따라서 $x : y = 4 : 1$이다. 이때, '여기에 물 $2x$g과 소금 $3y$g을 섞으면'이라고 했으므로 물 : 소금 $= x + 2x : y + 3y = 12 : 4 = 3 : 1$이고 농도는 25%이다.

12

|정답| ③

|풀이| 농도가 0.8%인 바닷물 2kg에 들어 있는 소금의 양은 $\dfrac{0.8}{100} \times 2,000\text{g} = 16$(g)이므로 바닷물 2kg중 소금 16g을 제외한 나머지 1,984g은 물이다. 1분당 4g씩 증발이 되므로 $\dfrac{1,984}{4} = 496$(분)이 걸린다. 따라서 8시간 16분이 걸린다.

13

|정답| ②

|풀이|

구분	A	B	B에서 200g 제거 = B′	A+B′
소금물	ag	ag	200	$2a-200$
소금	$0.03a$	$0.05a$	$200\times0.05=10\text{g}$	$0.035(2a-200)$
농도	3%	5%	5%	3.5%

위 식을 소금으로 정리하면

$0.03a + 0.05a - 10 = 0.035(2a - 200)$

$30a + 50a - 10,000 = 35(2a - 200)$

$10a = -7000 + 10,000$

$\therefore a = 300$

따라서 3%의 소금물은 300g이다.

다른 풀이

가중평균법으로 풀이를 해보자.

소금물				소금물
3%	—	3.5%	—	5%
평균과의 거리차	0.5		1.5	
거리비	1	:	3	
물질의 비	3	:	1	
ag				$(a-200)$g

$3 : 1 = a : a-200$

$a = 3(a-200)$

$2a = 600$

$\therefore a = 300$

따라서 3% 소금물은 300g이고 5% 소금물은 100g이다.

14

|정답| ④

|풀이|

구분	A	가열 증발한 물	가열 후
소금물	300g	ag 물만 사라짐	$300-a$(g)
소금	36g		36g
농도	12%	0%	15%

$$\frac{36}{300-a} \times 100 = 15$$

$15 \times (300 - a) = 3,600$

$\therefore a = 60$

따라서 증발된 물의 양은 60g이다.

다른 풀이

• 비례식

소금물 300g에서 12%를 소금이 차지하고 있으므로 소금의 양은 $300 \times 0.12 = 36$(g)이다. 가열 후 소금물 Mg에서 소금 36g이 15%만큼 차지하기 위해서는 $15:36 = 100:$M이라는 비례식을 풀어도 된다. 따라서 M은 240g이라는 것을 알 수 있고 증발된 물의 양은 $300 - 240 = 60$(g)이다.

• 가중평균법

물을 증발시켰다는 것은 거꾸로 15%의 소금물에 0%의 물을 섞어서 12%의 물을 만들었다고 생각해도 된다.

증발된 물				소금물
0%	—	12%	—	15%
평균과의 거리차	12		3	
거리비	4	:	1	
물질의 비	1	:	4	
xg		전체 300g		yg

따라서 증발된 물의 양은 $300 \times \frac{1}{5} = 60$(g)이다.

15

|정답| ③

|풀이|

구분	A	물 첨가	첨가 후
소금물	300g	ag	$300+a$(g)
소금	15g	0g	15g
농도	5%	0%	4%

$(300 + a) \times 0.04 = 15$

$300 + a = 375$

$\therefore a = 75$

따라서 추가한 물의 양은 75g이다.

다른 풀이

• 가중평균법

물 첨가				소금물
0%	—	4%	—	5%
평균과의 거리차	4		1	
거리비	4	:	1	
물질의 비	1	:	4	
xg				300g

$1 : 4 = x : 300$

$\therefore x = 75$

따라서 추가한 물의 양은 75g이다.

• 방정식 풀이

본문제에서 결국 물 추가했다는 것을 알 수 있다. 그러므로 소금의 양은 변하지 않는다.

$$\frac{5}{100} \times 300 = \frac{4}{100} \times M$$

$\therefore M = 375$

따라서 추가한 물의 양은 $375 - 300 = 75$(g)이다.

16

|정답| ①

|풀이|

구분	A	소금첨가	첨가 후
소금물	300g	xg	$300+x$(g)
소금	21g	xg	$21+x$(g)
농도	7%	100%	10%

소금첨가 후 소금의 양을 계산하면 $(300 + x) \times 0.1 = 21 + x$가 된다.

$300 + x = 210 + 10x$

$9x = 90$

$\therefore x = 10$

따라서 첨가한 소금은 10g이다.

다른 풀이

가중평균법으로 풀이를 해보자. 소금의 농도가 100%이다.

소금물				소금
7%	—	10%	—	100%
평균과의 거리차	3		90	
거리비	1	:	30	
물질의 비	30	:	1	
300g				xg

$30 : 1 = 300 : x$

$300 = 30x$

$\therefore x = 10$

따라서 첨가된 소금은 10g이다.

17

|정답| ③

|풀이|

구분	A	증발	소금첨가	첨가 후
소금물	300g	110g	10g	$300-110+10=200$g
소금	$300a$		10g	$300a+10$
농도	a%	0%	100%	$2a$%

$$200 \times \frac{2a}{100} = 300 \times \frac{a}{100} + 10$$

$4a = 3a + 10$

$\therefore a = 10$

따라서 처음 소금물의 농도는 10%이다.

다른 풀이

• 가중평균법

최초 300g 소금물의 농도를 a라고 하고 증발된 후 소금물의 농도를 e%라고 놓는다. 이때, '소금물 300g을 가열하여 110g을 증발시킨 후' 농도를 e라고 했으므로 소금물의 양은 190g이 된다.

물				소금
110g				190g
물질의 비	110	:	190	
	11	:	19	
거리비	19	:	11	
0%	—	$\dfrac{a}{300g}$	—	e%

$a-0 : e-a = 19 : 11$

$19e - 19a = 11a$

$19e = 30a$

$\therefore e = \dfrac{30}{19}a$

이때, 소금 10g을 섞는다면

소금물				소금
190g				10g
물질의 비	190	:	10	
	19	:	1	
거리비	1	:	19	
e%	—	$2a$	—	100%
300g				xg

$2a-e : 100-2a = 1 : 19$

$(100-2a) = (2a-e)\times 19 \rightarrow e = \dfrac{30}{19}a$

$100-2a = 38a-30a$

$\therefore a = 10$

따라서 처음 소금물의 농도는 10%이다.

• 방정식 풀이

구분	처음	증발 후
소금물	300g	200g
소금	b	$b+10$
농도	a%	$2a$%

증발 후 농도는 처음 농도의 2배이므로

$\dfrac{b}{300}\times 2 = \dfrac{b+10}{200}$

$\therefore b = 30$

따라서 최초 농도는 $\dfrac{30}{300}\times 100 = 10$(%)이다.

• 대입법

300g 농도에 들어있을 수 있는 소금의 양은 보기 순서대로 넣으면 36g, 33g, 30g, 24g, 12g이다. 각각 10g을 더하게 되면 46g, 43g, 40g, 34g, 22g이다. 이때, 2배 농도의 소금물의 양 200g을 기준으로 농도로 변환하면 23%, 21.5%, 20%, 17% 11%이 된다. 따라서 농도가 두 배가 되는 것은 10%일 때이다.

18

|정답| ⑤

|풀이|

구분	A	증발	증발 후 소금물	소금 첨가	소금 첨가 후
소금물	ag	60g	$a-60$	xg	$a-60+x$g
소금	$0.2a$	0	$0.2a$	xg	$0.2a+x$
농도	20%	0%	25%	100%	40%

증발 후 소금물의 소금의 양은 $(a-60)\times 0.25 = 0.2a$

$a-60 = 0.8a$

$\therefore a = 300$

소금 첨가 후의 소금의 양은 $(300-60+x)\times 0.4 = 60 + x$가 된다.

$96 + 0.4x = 60 + x$

$0.6x = 36$

$\therefore x = 60$

따라서 추가해야 하는 소금의 양은 60g이다.

19

|정답| ⑤

|풀이|

구분	A	xg 소금물 퍼냄	물 첨가	4% 소금물	마지막 소금물
소금물	300g	$-x$g	$+x$g	$+100$g	400g
소금	24g	$-0.08x$	0	4g	$24-0.08x+4$
농도	8%	8%	0%	4%	6%

$24 - 0.08x + 4 = 24$

$0.08x = 4$

$\therefore x = 50$

따라서 퍼낸 소금물에 들어 있는 소금의 양은 $50\times 0.08 = 4$(g)이다.

다른 풀이

마지막 6%의 소금물 400g의 소금의 양은 24g이다. 또한, 동일한 양의 물을 넣었으니 4%의 소금물의 양은 100g이고, 4%의 소금물 100g에 들어있는 소금의 양은 4g이라는 것을 알 수 있다. 즉, xg의 소금물을 퍼낸 뒤 동일한 양의 물을 넣은 300g의 소금물에는 20g의 소금물이 들어 있어야 한다. 그렇기 위해서는 8%의 소금물 300g에는 24g의 소금이 들어있으니 소금물의 $\dfrac{1}{6}$ 인 50g의 소금물을 퍼내야 한다. 따라서 퍼낸 소금물에 들어 있는 소금의 양은 $50\times 0.08 = 4$(g)이다.

20

|정답| ①

|풀이|

구분	A	xg 소금 첨가	마지막 소금물
소금물	300g	xg	$300+x$
소금	12g	xg	$12+x$
농도	4%	100%	10%

$(300+x)\times 0.1 = 12 + x$

$30 + 0.1x = 12 + x$

$18 = 0.9x$

$\therefore\ x = 20$

따라서 더 넣은 소금의 양은 20g이다.

다른 풀이

소금의 농도는 100%이므로 4%와 100%를 섞어서 10%를 만들었다는 것이다. 농도 차이의 비는 $6:90$이므로 소금물의 양은 $90:6$라는 것을 알 수 있다.
따라서 더 넣은 소금의 양은 $90:6 = 300:x$, $x = 20(g)$이라는 것을 알 수 있다.

21

정답 ⑤

풀이

구분	A	xg 소금물차감	물 첨가	6% 소금물	마지막 소금물
소금물	300	$-x$	$+x$	$+150$	450g
소금	36	$-0.12x$	0	9	$36-0.12x+9$
농도	12%	12%	0%	6%	8%

마지막 소금물의 소금의 양으로 계산을 해보면

$450 \times 0.08 = 36 - 0.12x + 9$

$36 = 36 - 0.12x + 9$

$\therefore\ x = 75$

따라서 덜어 낸 소금물의 양은 75g이다.

다른 풀이

마지막 8%의 소금물 450g의 소금의 양은 36g이다. 또한, 동일한 양의 물을 넣었으니 12%의 소금물의 양은 300g이고, 6%의 소금물 150g에 들어있는 소금의 양은 9g이라는 것을 알 수 있다. 즉, xg의 소금물을 퍼낸 뒤 동일한 양의 물은 넣은 300g의 소금물에는 27g의 소금물이 들어 있어야 한다. 그러므로 퍼낸 소금물에서 9g의 소금이 빠져야 한다. 따라서 퍼낸 소금물의 양은 $300 \times \dfrac{9}{36} = 75(g)$이다.

22

정답 ③

풀이 물의 농도는 0%로 소금을 포함하고 있지 않고 10%의 소금물에는 30g의 소금이 들어있다. 이때, 6%의 소금물에 30g의 소금이 들어 있기 위해서는 몇 g이 필요한지 역산해야 한다. 따라서 6% 소금물에 30g의 소금이 들어있기 위해서는 500g의 소금물이 필요하기 때문에 200g의 소금물을 추가해주어야 한다.

23

정답 ⑤

풀이

구분	A	B	A′	B′
소금물	300	600	$300g-x$g$+x$g	$600g-x$g$+x$g
소금	18	54	$18-0.06x+0.09x$	$54-0.09x+0.06x$
농도	6%	9%	a%	a%

A′와 B′는 서로 소금물 xg을 교환한 후의 소금물의 변화이며 소금의 양은 변하지 않는다.

$3a = 18 - 0.06x + 0.09x$ ⋯⋯ ㉠

$6a = 54 - 0.09x + 0.06x$ ⋯⋯ ㉡

㉠×2 = ㉡이라고 하면

$36 + 0.06x = 54 - 0.03x$

$0.09x = 18$

$\therefore\ x = 200$

따라서 x는 200g이다.

다른 풀이

소금물을 서로 바꾸어 넣은 후 A컵에 들어 있는 소금의 양은 $\dfrac{6(300-x)}{100} + \dfrac{9x}{100}$이고 B컵에 들어 있는 소금의 양은 $\dfrac{9(600-x)}{100} + \dfrac{6x}{100}$이다. 바꾼 후 두 컵의 소금물의 농도가 같고 소금물의 양은 비가 $1:2$이므로 그 안에 들어 있는 소금의 양의 비도 $1:2$이다.

$\dfrac{6(300-x)}{100} + \dfrac{9x}{100} : \dfrac{9(600-x)}{100} + \dfrac{6x}{100} = 1:2$

$2\left\{\dfrac{6(300-x)}{100} + \dfrac{9x}{100}\right\} = \dfrac{9(600-x)}{100} + \dfrac{6x}{100}$

$12(300-x) + 18x = 5400 - 9x + 6x$

$9x = 1,800$

$\therefore\ x = 200$

따라서 x는 200g이다.

24

정답 ⑤

풀이

구분	A	B
소금	21.6	
소금물	540	a
농도	4	12

농도 4%의 소금물과 농도 12%의 소금물 속에 들어있는 소금의 양은 변화가 없다. 따라서 농도가 3배가 되려면 소금물의 양은 $\dfrac{1}{3}$이 되어야 한다. 따라서 증발시켜야 하는 물의 양은 $540 \times \left(1 - \dfrac{1}{3}\right) = 360(g)$이다.

25

정답 ①

풀이 농도가 25%라는 말은 물이 75%, 소금이 25%라는 말이다. 따라서 물:소금 $= 3:1$이므로 물의 양을 2배, 소금의 양을 4배로 늘린다면 물:소금 $= 3 \times 2 : 1 \times 4 = 6:4 = 3:2$이므로 농도는 $\dfrac{2}{5} \times 100 = 40(\%)$이다.

26

|정답| ④

|풀이|

구분	A	B	물	소금	최종 소금물
소금물	$3a$	b	$2a$	$\dfrac{2a}{8}$	1,300g
소금물′ 8을 곱해서 정리	$24a$	b	$16a$	$2a$	1,300g
소금	$0.48a$	$0.09b$	0	$2a$	91g
농도	2%	9%	0%	100%	7%

소금의 식과 소금물′의 식을 세워 본다.

소금물′의 식은

$24a + b + 16a + 2a = 1{,}300$

$42a + b = 1{,}300$ ······ ㉠

소금의 식은

$0.48a + 0.09b + 2a = 91$

$248a + 9b = 9{,}100$ ······ ㉡

㉠×9 − ㉡을 계산해 주면

$130a = 2{,}600$

$\therefore a = 20$

따라서 2%의 소금물의 양은 $24 \times 20 = 480(\text{g})$이 된다.

다른 풀이

가중평균법으로 풀이를 해보자.

물과 소금을 먼저 섞었을 때, 소금물을 T라고 해보자. 물과 소금의 비는 8:1로 물 $8k$, 소금은 k라고 놓는다.

물			소금
$8k$			k
물질의 비	8	:	1
거리비	1	:	8
0%	—	—	100%

$(100 - 0) \times \dfrac{1}{9} = \dfrac{100}{9}$ (%)가 평균농도이다.

2%의 소금물과 위에서 구한 T소금물을 다시 가중평균 해본다. 이때, 2% 소금물 : 더 넣은 물 : 더 넣은 소금 $= 24 : 16 : 2 = 12 : 8 : 1$이 된다. 따라서 2% 소금물과 T 소금물의 양은 $12k$, $9k$라는 것을 알 수 있다.

2%의 소금물			T소금물
$12k$	12	:	9	$9k$
물질의 비	4	:	3
거리비	3	:	4
2%	—	—	$\dfrac{100}{9}$ %

$\left(\dfrac{100}{9} - 2\right) \times \dfrac{3}{7} + 2 = \dfrac{124}{21}$ (%)가 평균농도가 된다.

위의 물과 다시 마지막으로 9%의 소금물을 가중평균해 본다. 이때, 물질의 비는 위의 소금물 $21k$와 9%의 소금물 $1{,}300 - 21k$가 된다.

소금물		평균		9%의 소금물
농도		7%		농도
$\dfrac{124}{21}$ %		:		9%
$\dfrac{124}{21}$ %		$\dfrac{147}{21}$ %		$\dfrac{189}{21}$ %
농도의 비	23	:	42	
물질의 비	42	:	23	
$21k$				$1{,}300 - 21k$

$42 : 23 = 21k : (1{,}300 - 21k)$

$483k = -882k + 54{,}600$

$1{,}365k = 54{,}600$

$\therefore k = 40$

따라서 2%의 소금물은 $40 \times 12 = 480(\text{g})$이다.

27

|정답| ④

|풀이|

	A		B		물		전체	
소금물	a	+	b	+	c	=	120g	$a : c = 1 : 3$
소금	$0.04a$		$0.06b$				3.6	$4a + 6b = 360$
농도	4%		6%		0%		3%	

$a : c = 1 : 3$

$\therefore c = 3a$

$a + b + c = 120$ ($3a = c$ 대입)

$4a + b = 120$ ······ ㉠

$4a + 6b = 360$ ······ ㉡

㉡ − ㉠을 해주면

$5b = 240$

$\therefore a = 18$, $b = 48$, $c = 54$

따라서 추가한 물은 54g이다.

다른 풀이

만들어진 소금물 120g의 농도가 3%이니 그 속에 들어 있는 소금의 양은 3.6g이고 순수한 물을 넣든 증발시키든 소금의 양은 변하지 않는다. 이때, 3.6g의 소금은 4%의 소금물과 6%의 소금에 들어있던 것이다.

4%의 소금물과 순수한 물의 비가 1:3이므로 임의의 비례상수 k를 써서 4%의 소금물은 $1k$, 순수한 물은 $3k$라고 생각하면 6%의 소금물은 $120 - 4k$이다.

4%의 소금물 $1k$에 들어있는 소금의 양은 $\dfrac{4k}{100}$이고 6%의 소금물 $120 - 4k$에 들어있는 소금의 양은 $\dfrac{6}{100} \times (120 - 4k)$이다.

$\dfrac{4k}{100} + \dfrac{6}{100} \times (120 - 4k) = 3.6$

$4k + 720 - 24k = 360$

$\therefore k = 18$

따라서 4%의 소금물은 18g이었고 순수한 물은 54g을 넣었으므로 6%의 소금물은 48g이다.

28

|정답| ④

|풀이| 계산을 편하게 하기 위해 덜어낸 소금물의 양을 $100a$라 하자.

구분	8%	덜어낸 후	마지막
소금	16	$16-8a$	$16-8a+50$
소금물	200	$200-100a$	250
농도	8%	8%	24%

위의 표를 계산하면 덜어낸 소금물의 양은 75g이 나오게 된다.

29

|정답| ③

|풀이|

구분	B	덜어낸 B	A	처음 A
소금	64	16	40	24
소금물	800	200	1000	800
농도	8%		4%	3%

B는 처음에는 몇 % 농도의 소금물인지 알 수 없다. 그러나 마지막에는 8% 농도의 소금물이 되므로 이 8% 소금물 200g이 농도를 알 수 없는 소금물 A 800g과 합해져서 4% 농도의 소금물 1,000g이 된 것이다. 위의 표를 보면 일반적으로 풀이가 되기는 하는데 이것을 다시 설명해 보면 8% 소금물 200g과 x% 소금물 800g을 섞으면 4% 소금물 1,000g이 된다는 아주 간단한 소금물 농도문제가 되어버렸다.

다른 풀이

가중평균법으로 풀이를 해보자.

?				B
800g				200g
물질의 비	8	:	2	
	4	:	1	
거리비	1	:	4	
x%	—	4	—	8%

$4-x : 8-4 = 1 : 4$가 된다.
$4 = 16-4x$
$\therefore x = 3$

따라서 본래 A비커에 들어 있던 소금물의 농도는 3%이다.

30

|정답| ②

|풀이| 용액의 농도가 변해가는 과정에서 원액과 물의 양을 따로 구분하여 표를 작성했다.

구분	1	2	3	4	5
원액	5,760	$5,760-24a$		$5,280-22a$	$5,280+2a$
물	240	$240-a$	$240+24a$	$220a+22a$	$220+23a$
용액	6,000	$6,000-25a$	6,000	5,500	$5,500+25a$
농도	96%	96%			68.5%

처음에 덜어낸 양을 $25a$라고 놓으면 분수식 계산을 피할 수 있다. 처음에는 물 240mL와 원액 5,760mL가 용액에 들어 있었다. 최종적으로 물의 양은 $220+23a$, 원액의 양은 $5,280+2a$로 이 둘을 더한 용액의 양이 $5,500+25a$이고 농도는 68.5%이다.

$(5,500+25a) \times 0.685 = 5,280+2a$
$3,767.5 + 17.125a = 5,280+2a$
$\therefore a = 100$

따라서 구하려는 값은 $25a = 25 \times 100 = 2,500(\text{mL})$가 된다.

31

|정답| ③

|풀이|

구분	성현	상민	성현'	상민'
소금물	200	100	$200-a+a$	$100-a+a$
소금	10	15	$10-0.05a+0.15a$	$15-0.15a+0.05a$
농도	5%	15%	$2b$%	b%

소금의 양으로 식을 세우고 연립방정식으로 풀이한다.
$200 \times 2b = 10 - 0.05a + 0.15a$
$100 \times b = 15 - 0.15a + 0.05a$
$\therefore a = 25, \ b = 0.125$

따라서 ag의 소금물은 25g이다.

다른 풀이

5% 소금물 200g에 있는 소금은 10g, 15% 소금물 100g에 있는 소금은 15g이다. 서로 같은 양의의 소금물을 퍼내서 서로의 비커에 넣었으므로 5% 소금물과 15% 소금물의 양은 변하지 않는다. 성현이 소금물의 양이 상민이 소금물의 양의 2배이므로 상민이 비커 소금물의 농도가 성현이 비커 소금물의 농도의 두 배가 되기 위해서는 소금의 양이 같아야 한다. 즉, 각각의 비커에 12.5g의 소금이 들어 있어야 한다. 100g씩 서로 넣었다고 가정하면 소금은 15%에서 5%로 10g이 이동하게 된다. 따라서 2.5g을 이동시키기 위해서는 25g씩 덜어주면 된다.

32

|정답| ①

|풀이|

구분	3%	6%	물	2%
소금물	100	200	xg	$300+x$
소금	3	12	0	15
농도	3%	6%	0%	2%

$15 = 0.02(x+300)$
$750 = x + 300$
$\therefore x = 450$

따라서 넣은 물의 양은 450g이다.

33

|정답| ③

|풀이| 10%의 소금물의 양을 Ag이라고 하면 6%의 소금물의 양은 (300 − A)g이 된다.

10% Ag	+	6% (300−A)g	+	100% 20g	=	12% 320g

$10A + 6(300 − A) + 20 \times 100 = 12 \times 320$

$10A + 1,800 − 6A + 2,000 = 3,840$

$4A = 40$

$\therefore A = 10$

따라서 10% 소금물의 양은 10g, 6% 소금물의 양은 290g이다.

다른 풀이

• 방정식 풀이

소금물 $300 + 20 = 320$(g)의 농도가 12%이므로 소금의 양은 $320 \times 0.12 = 38.4$(g)이 된다. 여기서 소금 20g을 차감하면 18.4g이 300g에 들어있던 소금의 양이다. 이때, 6%의 소금물을 x, 10%에 들어 있는 소금물의 양을 y라고 하면

$x + y = 300$

$0.06x + 0.1y = 18.4$

연립방정식을 풀면

$\therefore y = 10, \ x = 290$

따라서 10%의 소금물의 양은 10g, 6% 소금물의 양은 290g이다.

• 가중평균법

소금 20g과 10%, 6% 섞은 물 300g을 먼저 가중평균하여 농도를 구한다. 섞은 소금물의 농도를 e라고 하자.

10%, 6% 소금물				소금
300g				20g
물질의 비	300	:	20	
	15	:	1	
거리비	1	:	15	
e%	−	12	−	100%

$12 − e : 88 = 1 : 15$

$88 = 15(12 − e)$

$\therefore e = \dfrac{92}{15}$

6%와 10%의 소금물을 합친 농도가 e%가 되므로 다시 가중평균을 해준다.

6% 소금물		평균		10% 소금물
6		$\dfrac{92}{15}$		10
$\dfrac{90}{15}$		$\dfrac{92}{15}$		$\dfrac{150}{15}$
거리비	92−90=2	:	150−92=58	
물질의 비	58	:	2	

따라서 10% 소금물의 양은 $300 \times \dfrac{2}{60} = 10$(g), 6%의 소금물의 양은 $300 \times \dfrac{58}{60} = 290$(g)이다.

34

|정답| ②

|풀이|

구분	A	B	A′	B′
소금물	200	200	200	200
농도	?		15	21
소금	$4a$	$4b$	$3a+b$	$a+3b$

$\begin{cases} 3a + b = 30 \\ a + 3b = 42 \end{cases}$

$3a + 9b = 126$

$8b = 96$

$\therefore b = 12, \ a = 6$

따라서 A에서 $200 \times$농도 $= 24$(g)이 나오므로 섞기 전 A 소금물의 농도는 12%가 된다.

다른 풀이

이걸 가중평균법으로 계산하면 첫 번째 소금물 A 150g과 소금물 B 50g을 섞은 농도는 15%가 된다.

섞은 후 소금물 A			섞은 후 소금물 B
150g			50g
물질의 비	3	: 1	
농도차의 비	1	: 3	
a%		평균 15%	b%

$a = 15 − 1k$

두 번째 소금물 B 150g과 소금물 A 50g을 섞은 농도는 21%가 된다.

섞기 전 소금물 A			섞기 전 소금물 B
50g			150g
물질의 비	1	: 3	
농도차의 비	3	: 1	
a%		평균 21%	b%

$a = 21 − 3k$

$15 − 1k = 21 − 3k$

$2k = 6$

$\therefore k = 3$

따라서 a는 12%가 된다.

35

|정답| ④

|풀이|

	원래	차감	소금물	전체	
소금물	200	A	120	Bg	200−A+120 = B
소금	24	0.12A	7.2	0.08B	24−0.12A+7.2 = 0.08B
농도	12%	12%	6%	8%	

계산 표시: − A, + 120, = B

$\begin{cases} 200 − A + 120 = B \\ 24 − 0.12A + 7.2 = 0.08B \end{cases}$

$\begin{cases} A + B = 320 \\ 8B + 12A = 3,120 \end{cases}$

$8A + 8B = 2,560$

$4A = 560$

$\therefore A = 140, B = 180$

따라서 B의 값은 180g이다.

다른 풀이

가중평균법으로 풀이를 해보자.

6% 소금물				12% 소금물
120g		8%		$200 - Ag$
농도차의 비	2	:	4	
	1	:	2	
물질의 비	2	:	1	

$120 : 200 - A = 2 : 1$

$400 - 2A = 120$

$2A = 280$

$\therefore A = 140$

따라서 8% 소금물의 양은 $200 - 140 + 120 = 180(g)$이 된다.

36

정답 ③

풀이 첫 번째는 6% 식염수 50g, 두 번째는 8% 식염수 50g이 만들어진 것이다. 이 두 종류의 식염수에서 같은 양을 섞었다고 했으므로 양이 얼마가 되든지 섞어 만들어진 식염수의 농도는 7%이다. 이걸 아래와 같이 표로 나타내면 다음과 같다.

구분	AB로 3:2 섞은 것	AB로 2:3 섞은 것	AB 전체를 합친 것
소금물	50	50	100
농도	6%	8%	7%
소금	3	4	7

37

정답 ④

풀이 표로 만들면 다음과 같다.

구분	A	B	A절반 → B	B절반 → A	남은 B절반
소금물	800	800	1,200	1,000	600
농도	a%	b%	16%	24%	16%
소금	$8a$	$8b$	192	240g	96g

여기서 중요한건 마지막에 A용기에는 1,000g이 들어있다는 것이다.

소금의 양은 아무리 섞어도 변하지 않으므로

$8a + 8b = 240 + 96$

$8(a + b) = 336$

$\therefore a + b = 42$

따라서 $a + b$의 값은 42이다.

다른 풀이

가중평균법으로 풀이를 해보자.

섞은 후 소금물 B				섞은 후 소금물 A
600g				1,000g
물질의 비	3	:	5	
농도차의 비	5	:	3	
16%		평균 21%		24%

둘이 섞어서 21%가 되었으므로

섞기 전 소금물 B				섞기 전 소금물 A
800g				800g
물질의 비	1	:	1	
농도의 비	1	:	1	
b%		평균 21%		a%

$21 - b = a - 21$

$\therefore a + b = 42$

38

정답 ③

풀이

구분	A	B
물	b	$\dfrac{b}{2}$
소금	a	$2a$
소금물	$a + b$	$\dfrac{b}{2} + 2a$
농도	10%	?

$\dfrac{a}{a+b} \times 100 = 10$

$10a = a + b$

$\therefore b = 9a$

따라서 B의 농도는 $\dfrac{2a}{\dfrac{b}{2} + 2a} \times 100 = \dfrac{4a}{b + 4a} \times 100 = $

$\dfrac{4}{13} \times 100 ≒ 30.7(\%)$이다.

39

정답 ③

풀이 20%의 설탕물 100g이므로 설탕은 20g이고 여기서 Ag 퍼내면 설탕이 0.2Ag 빠진다. 물 Ag을 넣으면 설탕물은 100g이 되고 농도는 $20 - 0.2A(\%)$이 된다. 이때, 한 번 더 Ag의 물을 빼면 $\dfrac{20 - 0.2A}{100} \times Ag$의 설탕이 빠지게 되고 5%의 설탕물이 된다.

$\left\{ 20 - 0.2A - \dfrac{20 - 0.2A}{100} \times A \right\} \div 100 = 0.05$

$500 = 2,000 - 20A - 20A + 0.2A^2$

$A^2 - 200A + 7{,}500 = 0$

인수분해하면

$(A - 50)(A - 150) = 0$

$\therefore A = 50 \text{ or } 150$

그런데 A는 100을 넘을 수 없으므로 A는 50이 된다.

|다른풀이|

가중평균법으로 풀이를 해보자. 일단 마지막 물 Ag의 농도는 0%이고 마지막 단계의 설탕물 농도를 e%라고 할 경우 이 두 개를 섞으면 5%의 설탕물이 된다.

0% 물			e% 설탕물
Ag			$100 - Ag$
물질의 비	A	:	$100 - A$
농도 차의 비	$100 - A$	:	A
0%		5%	e%

$$100 - A : A = 5 : e - 5$$

다시 최초의 100g의 20%의 소금물과 물 Ag을 섞으면

0% 물			최초 20% 설탕물
A			$100 - A$
물질의 비	A	:	$100 - A$
농도 차의 비	$100 - A$	:	A
0%		e%	20%

$$100 - A : A = e : 20 - e$$
$$100 - A : A = 5 : e - 5(\text{위의 식과 같으므로})$$
$$e : 20 - e = 5 : e - 5\text{가 된다.}$$
$$e^2 - 5e = 100 - 5e$$
$$e^2 = 100$$
$$\therefore e = 10$$

$100 - A : A = 5 : e - 5$에 대입하면

$100 - A : A = 1 : 1$

$100 - A = A$

$\therefore A = 50$

따라서 A의 값은 50이다.

40

|정답| ②

|풀이|

구분	A	B	A+B	
소금물	100	150	250	
농도	a%	b%	8%	
소금	a	$1.5b$	20	$a + 1.5b = 20 \cdots$ ㉠

구분	A	B	A+B	
소금물	200	50	250	
농도	a%	b%	6%	
소금	$2a$	$0.5b$	15	$2a + 0.5b = 15 \cdots$ ㉡

㉠, ㉡을 연립하여 풀면

$\therefore a = 5,\ b = 10$

따라서 A소금물의 농도는 5%이다.

|다른풀이|

가중평균법을 이용하면 소금물 A를 더 섞을수록 농도가 더 낮아지므로

소금물 A			소금물 B
100g			150g
물질의 비	2	:	3
농도 A	3	:	2	농도 B
		평균 8%	

$8 - 3k = $ 농도 A

소금물 A			소금물 B
200g			50g
물질의 비	4	:	1
농도 A	1	:	4	농도 B
		평균 6%	

$6 - k = $ 농도 A

$8 - 3k = 6 - k$

$2k = 2$

$\therefore k = 1$

따라서 A소금물의 농도는 $8 - 3k = 5(\%)$이다.

41

|정답| ④

|풀이|

구분	A	B	물	소금	전체	
소금물	$3a$	b	$2a$	$\dfrac{2a}{8}$	1,300	$5a + \dfrac{2a}{8} + b$ $= 1{,}300$
농도	2%	9%	0%	100%	7%	
소금	$0.06a$	$0.09b$	0	$\dfrac{2a}{8}$	91g	$0.06a + 0.09b$ $+ \dfrac{2a}{8} = 91$

$5a + \dfrac{2a}{8} + b = 1{,}300$

$40a + 2a + 8b = 10{,}400$

$42a + 8b = 10{,}400 \ \cdots\cdots$ ㉠

$0.06a + 0.09b + \dfrac{2a}{8} = 91$

$6a + 9b + 25a = 9{,}100$

$31a + 9b = 9{,}100 \ \cdots\cdots$ ㉡

㉠, ㉡을 연립하여 풀면

$\therefore a = 160$

따라서 2% 소금물의 양은 $3 \times 160 = 480(g)$이 된다.

빠른 정답 ·· • 본책 168~177p

01	①	02	①	03	②	04	④	05	④	06	③	07	③	08	④	09	③	10	④
11	③	12	③	13	①	14	③	15	④	16	④	17	⑤	18	①	19	④	20	②
21	③	22	①	23	⑤	24	④	25	②	26	②	27	③	28	④	29	③	30	①
31	③	32	④	33	③	34	④	35	⑤	36	③	37	③	38	④	39	②	40	②
41	④	42	⑤	43	③														

01

|정답| ①

|풀이| 전체 일의 양을 1로 놓고 A, B가 하루에 할 수 있는 일의 양을 각각 x, y라 하면

$$\begin{cases} 4x+6y=1 \\ 2x+12y=1 \end{cases}$$

$$\therefore x=\frac{1}{6}, \ y=\frac{1}{18}$$

따라서 A가 혼자 하면 6일이 걸린다.

02

|정답| ①

|풀이| A, B가 하루 동안 할 수 있는 일의 양을 각각 a, b라 하고, 총 일의 양을 1이라 하면

$$\begin{cases} 6a+6b=1 \quad \cdots\cdots \ ⊙ \\ 2a+14b=1 \quad \cdots\cdots \ ⓛ \end{cases}$$

⊙, ⓛ를 연립하여 풀면 $18b=1$

$$\therefore a=\frac{1}{9}, \ b=\frac{1}{18}$$

따라서 A가 혼자 일을 한다면 9일이 걸린다.

03

|정답| ②

|풀이| $A=\frac{1}{3}$, $B=\frac{1}{5}$

$A\times 1 + (A+B)\times x = 1$

$\frac{1}{3}+\left(\frac{1}{3}+\frac{1}{5}\right)\times x = 1$

$x=\frac{5}{4}$

따라서 A와 B가 함께 일한 시간은 $\frac{5}{4}\times 60=75$(분)으로 1시간 15분이다.

04

|정답| ④

|풀이| A, B, C가 하루에 하는 일의 양을 각각 a, b, c라 하면

$$a+b+c=\frac{1}{6} \quad \cdots\cdots \ ⊙$$

$$a+c=\frac{1}{9} \quad \cdots\cdots \ ⓛ$$

$$b+c=\frac{1}{12} \quad \cdots\cdots \ ⓒ$$

ⓛ을 ⊙에 대입하면 $b=\frac{1}{18}$

ⓒ을 ⊙에 대입하면 $a=\frac{1}{12}$

따라서 A, B가 함께 일할 때, 하루에 하는 일의 양은 $\frac{1}{12}+\frac{1}{18}=\frac{5}{36}$이다.

> **Tip** $6(a+b+c)=1$
> $9(a+c)=1$
> $12(b+c)=1$
> 이렇게 식을 세워도 정답은 같다.

05

|정답| ④

|풀이| 물탱크를 가득 채우는 데 필요한 물의 양을 1이라고 하면 세 호스 A, B, C로 1시간 동안 넣을 수 있는 물의 양은 각각 $\frac{1}{3}$, $\frac{1}{4}$, $\frac{1}{6}$이다. 두 호스 B, C를 함께 사용한 시간을 x시간이라고 하면

$\frac{1}{3}+\frac{1}{4}x+\frac{1}{6}x=1$

양변에 12를 곱하면

$4+5x=12$

$5x=8$

$$\therefore x=\frac{8}{5}$$

따라서 구하는 시간은 $\frac{8}{5}$시간, 즉 1시간 36분이다.

06

|정답| ③

|풀이| 전체를 1이라고 하면 아래와 같이 표현할 수 있다.

$$3x + 7y = 1$$
$$6x + 6y = 1$$

이 두식을 연립하면

$$\therefore x = \frac{1}{24}$$

따라서 현제가 혼자 하면 24일이 걸린다.

07

|정답| ③

|풀이| A호스로 한 시간에 채우는 양은 $\frac{1}{3}$, B호스로 한 시간에

채우는 양은 $\frac{1}{9}$이다.

$$\left(\frac{1}{9} + \frac{1}{3}\right) \times a = 1$$

$$\therefore a = \frac{9}{4}$$

따라서 A호스와 B호스를 사용하여 동시에 물통을 채우는
데 2시간 15분이 걸린다.

> [다른 풀이]
>
> A와 B의 시간의 비는 3 : 9이다. 일률의 비는 시간에 반비
> 례이므로 9 : 3 = 3 : 1이 된다. 비례상수를 이용하여 3k와
> 1k라고 할 수 있다. 그런데 3k×3시간을 해야 일의 완성
> 이므로 9k가 일의 전체 양이다. 이때, 'A호스와 B호스를
> 사용하여 동시에 물통을 채운다면'이라고 했으므로 둘이
> 동시에 물을 채우면 1시간당 3k + 1k인 4k만큼 일을 한다.
> $$4k \times a = 9k$$
> $$\therefore a = \frac{9}{4}$$
> 따라서 A호스와 B호스를 사용하여 동시에 물통을 채
> 우는 데 2시간 15분이 걸린다.

08

|정답| ④

|풀이| 성현이가 한 시간 하는 일의 양은 $\frac{1}{24}$, 상민이가 한 시간

하는 일의 양은 $\frac{1}{12}$이다.

$$\left(\frac{1}{24} + \frac{1}{12}\right) \times 6 + \frac{1}{24} \times a = 1$$

$$\frac{3}{24} \times 6 + \frac{a}{24} = 1$$

$$18 + a = 24$$

$$\therefore a = 6$$

따라서 남은 일을 성현이 혼자 끝마치는 데 6시간이 필요하다.

> [다른 풀이]
>
> 성현이와 상민이의 일하는 시간의 비는 24 : 12이다. 이때,
> 일률은 12 : 24 = 1 : 2이다. 두 사람의 일률을 1k, 2k로

나타내면 일의 전체 양은 $1k \times 24 = 24k$이다. 둘이 같
이 6시간 일을 하면 $(1k + 2k) \times 6 = 18k$만큼 일을 했
고 일의 전체 양은 $24k$이므로 추가로 해야 하는 일의
양은 $24k - 18k = 6k$이다. 따라서 성현이는 1시간에
$1k$만큼 일을 하므로 $1k \times a = 6k$로 6시간이 걸린다.

09

|정답| ③

|풀이| 전체 일의 양을 1로 놓고 경준이가 하루에 일한 양을 a,
미나가 하루에 일한 양을 b라고 하면

$$4a + 4b = 1$$
$$8a + 2b = 1$$

이 두식을 연립하면

$$\therefore a = \frac{1}{12}$$

따라서 경준이가 혼자서 일을 하면 12일이 걸린다.

10

|정답| ④

|풀이| 전체 물통 양을 1이라고 하고 1분에 A호스가 채우는 양을 a,
B호스가 채우는 1분당 양을 b라 하면

$$5a + 5b = 1$$
$$10a + 4b = 1$$

이 두식을 연립하면

$$\therefore a = \frac{1}{30}$$

따라서 A호스로만 물통을 가득 채우는 데 30분이 걸린다.

11

|정답| ③

|풀이| 2시간은 120분이고 1시간 40분은 100분이다.

$$120A + 120B = 100 \cdots\cdots \text{㉠}$$
$$60A + 100B = 80 \cdots\cdots \text{㉡}$$

㉡×2 − ㉠을 하여 연립방정식을 풀면

$$\therefore B = \frac{60}{80} = \frac{3}{4}, \; A = \frac{10}{120} = \frac{1}{12}$$

따라서 A가 100L를 혼자 채우려면 $\frac{1}{12} \times k$분 = 100(리터)이

므로 k는 1,200분이고, 시간으로 고쳐주면 20시간이 걸린다.

> [다른 풀이]
>
> A와 B가 2시간 동안 100L를 채우므로 1시간 동안에는
> 50L를 채운다는 말이 된다. A가 1시간, B가 1시간 40분
> 에 80L를 채운다면 B는 40분 동안 30L를 채운다는 것
> 을 알 수 있다.
> 따라서 B는 1시간 동안 45L, 2시간 동안 90L를 채운다.
> A와 B가 2시간 동안 100L를 채웠는데, B가 90L를 채운
> 다면 A는 2시간 동안 10L를 채웠음을 알 수 있다.
> 따라서 A는 1시간에 5L만큼 채우고 A가 100L를 채우
> 려면 20시간이 걸린다.

12

|정답| ③

|풀이| A의 일률은 $\dfrac{1}{42}$, B의 일률은 $\dfrac{1}{14}$, C의 일률은 $\dfrac{1}{21}$ 가 된다. A, B호스로 물을 채우면서 C배수구로 물을 빼낸다면 1시간당 $\dfrac{1}{42} + \dfrac{1}{14} - \dfrac{1}{21}$ 만큼의 물이 차게 되고 전체 1을 채우는 데 걸리는 시간을 k라 하면

$$\left(\dfrac{1}{42} + \dfrac{1}{14} - \dfrac{1}{21}\right) \times k = 1$$

$\dfrac{1}{42} + \dfrac{1}{14} - \dfrac{1}{21}$ 를 42로 통분하면 $\dfrac{1}{42} + \dfrac{3}{42} - \dfrac{2}{42}$ 이므로

$$\dfrac{1}{21} \times k = 1$$

$\therefore\ k = 21$

따라서 물통이 가득 차는 데 21시간이 걸린다.

다른 풀이

A, B, C의 시간의 비가 $42 : 14 : 21$이 되고 이것의 반비례는 $\dfrac{1}{42} : \dfrac{1}{14} : \dfrac{1}{21}$ 이다. 여기에 42를 곱하면 $1 : 3 : 2$가 일률의 비이고 비례상수 k를 이용하면 $1k,\ 3k,\ 2k$가 된다. 이때, 일의 총량은 $1k \times 42 = 42k$가 된다. 이때, 'A, B호스로 물을 채우면서 C배수구로 물을 빼낸다면'이라고 했으므로 한 시간당 $1k + 3k - 2k = 2k$만큼 일을 한다. 따라서 전체 $42k$만큼 일을 해야 하는데 1시간에 $2k$만큼 일을 했으니 21시간이 걸린다.

13

|정답| ①

|풀이| 성현이가 1분당 하는 일의 양은 $\dfrac{1}{20}$, 상민이가 1분당 하는 일의 양은 $\dfrac{1}{24}$ 이다.

$$\dfrac{1}{24} \times 2 + \left(\dfrac{1}{20} + \dfrac{1}{24}\right) \times a = 1$$

$$\dfrac{11}{120} \times a = \dfrac{11}{12}$$

$$a = \dfrac{11}{12} \times \dfrac{120}{11}$$

$\therefore\ a = 10$

따라서 성현과 상민이 함께 일한 시간은 10분이다.

다른 풀이

성현이와 상민이가 일하는 시간의 비는 $20 : 24$이다. 일률의 비는 시간에 반비례하므로 $24 : 20 = 6 : 5$이다. 1분에 $6k$와 $5k$만큼 일을 한다면 일의 전체 양은 $6k \times 20 = 120k$이다. 상민이가 2분간 한 일의 양은 $5k \times 2 = 10k$이므로 남은 일은 $120k - 10k = 110k$이다. 이때, 둘이 같이 a분 동안 남은 일을 하므로 $(6k + 5k) \times a = 110k$이다. 따라서 성현과 상민이 함께 일한 시간은 10분이다.

14

|정답| ③

|풀이| 전체 일의 양을 1로 놓으면 아버지와 아들이 하루에 할 수 있는 일의 양은 각각 $\dfrac{1}{8}$, $\dfrac{1}{12}$ 이다. 아버지가 일한 날을 x일, 아들이 일한 날을 y일이라고 하면

$x + y = 10$

$\dfrac{1}{8}x + \dfrac{1}{12}y = 1 \rightarrow 3x + 2y = 24$

두 식을 연립하여 풀면

$\therefore\ x = 4,\ y = 6$

따라서 아들이 일한 날은 6일이다.

15

|정답| ④

|풀이| A관, B관으로 한 시간에 채울 수 있는 물의 양을 각각 x, y라 하자.

$3x + 4y = 53$

$4x + 3y = 52$

두 식을 연립하여 풀면

$\therefore\ x = 7,\ y = 8$

따라서 2시간 동안 채울 수 있는 물의 양은 $2 \times 7 + 2 \times 8 = 30$(L)이다.

16

|정답| ④

|풀이| 한 시간 동안 채울 수 있는 물통의 양은 A $= 2$, B $= 3$이므로

$$A \times \dfrac{1}{6} + (A + B) \times x = 1$$

$\therefore\ x = \dfrac{2}{15}$

따라서 A관과 B관을 모두 사용한 시간은 $\dfrac{2}{15} \times 60 = 8$(분)이므로 원래 10분에다가 8분을 더하면 총 18분이 걸리게 된다.

17

|정답| ⑤

|풀이| $3(A + B) = 1$

$4(B + C) = 1$

$6(C + A) = 1$

세 식을 정리하여 모두 더하면

$$2(A + B + C) = \dfrac{1}{3} + \dfrac{1}{4} + \dfrac{1}{6} = \dfrac{9}{12} = \dfrac{3}{4}$$

$$A + B + C = \dfrac{1}{2} \times \dfrac{3}{4} = \dfrac{3}{8}$$

A, B, C가 동시에 일을 하면 1시간 동안 할 수 있는 일의 양이 $\dfrac{3}{8}$ 이므로 일을 완수하는 데 걸리는 총 시간은 $\dfrac{8}{3}$(시간) $= 2$시간 40분이다.

18

|정답| ①

|풀이| 풀장의 총량을 1이라 놓으면 A관은 1분에 $\frac{1}{100}$ 을 채우고, B관은 1분에 $\frac{1}{150}$ 을 채운다. A와 B를 동시에 틀면 1분에 $\frac{1}{100} + \frac{1}{150} = \frac{1}{60}$ 만큼 채워지게 된다. 따라서 풀장에 물을 가득 채우는 데는 총 60분이 걸린다.

19

|정답| ④

|풀이| 성현이가 시간당 하는 일의 양은 $\frac{1}{4}$, 상민이가 시간당 하는 일의 양은 $\frac{1}{1}$ 이다.

$\left(\frac{1}{4} + \frac{1}{1}\right) \times 2 \times a = 1$

$\frac{5}{2} \times a = 1$

$\therefore a = \frac{2}{5}$

따라서 성현과 상민이 함께 일하면 24분이 걸린다.

다른 풀이

성현이와 상민이의 일하는 시간의 비는 $4 : 1$이고 일률은 $1 : 4$이다. 각각 한 시간에 k와 $4k$만큼 일을 한다면 전체 일의 양은 $k \times 4 = 4k$이다. 둘이 같이 일하면 200%의 효과가 나므로 한 시간에 $(k + 4k) \times 2 = 10k$ 만큼 일을 한다. 따라서 전체 $4k$의 일을 하려면 $\frac{5}{2}$시간 = 24(분)이 필요하다.

20

|정답| ②

|풀이| 전체 일의 양을 1로 놓고 A, B, C가 하루에 할 수 있는 일의 양을 각각 x, y, z 라 하자.

$5x + 5y + 5z = 1$

A, B가 같이 하면 10일에 끝내기 때문에

$10x + 10y = 1$

B, C가 같이 하면 6일에 끝내기 때문에

$6y + 6z = 1$

이를 연립해서 풀면

$\therefore x = \frac{1}{30}, y = \frac{1}{15}, z = \frac{1}{10}$

따라서 B 혼자서 일을 하면 15일이 걸린다.

21

|정답| ③

|풀이| 전체 작업량을 1로 놓으면 1시간 동안 A가 하는 일의 양은 $\frac{1}{3}$ 이 되고, B가 하는 일의 양은 $\frac{1}{6}$ 이 된다. A와 B가 함께

작업하면 1시간 동안에는 $\left(\frac{1}{3} + \frac{1}{6}\right)$ 만큼 일을 하게 된다. 이때, 둘이 함께 했을 때 걸리는 시간을 x시간이라 하면

$1 = x \times \left(\frac{1}{3} + \frac{1}{6}\right)$

$x = \dfrac{1}{\frac{1}{3} + \frac{1}{6}} = 2$

따라서 둘이 함께 일하면 2시간이 걸린다.

22

|정답| ①

|풀이|

구분	A	B	A+B	B
전체 양	90	90	75	15
일률	2	3	5	3
시간	45	30	15	5

송유관을 가득 채우는 일의 양을 45와 30의 최소공배수 90으로 하면 A의 일률은 2, B의 일률은 3이다. A, B 두 관을 동시에 틀었을 때 일률의 합은 5, 이를 15분간 틀었으므로 직업량은 $5 \times 15 = 75$이다. 남은 일의 양이 15이므로 일률이 3인 B관으로 가득 채우는 데 걸리는 시간은 $\frac{15}{3} = 5$(분)이다. 따라서 송유관을 가득 채우는데 걸린 시간은 $15 + 5 = 20$(분)이다.

23

|정답| ⑤

|풀이| 전체 일의 양을 1로 놓으면 명수가 하루에 끝내는 일의 양은 $\frac{1}{12}$ 이고, 준하가 하루에 끝내는 일의 양은 $\frac{1}{20}$ 이 된다. 처음 명수 혼자 일한 날은 4일이므로 명수 혼자 일한 양은 전체의 $\frac{1}{3}$ 이다.

준하와 같이 한 날을 x라고 하면

$\frac{1}{12} \times 4 + \left(\frac{1}{12} + \frac{1}{20}\right) \times x = 1$

$\frac{1}{3} + \frac{2}{15} \times x = 1$

$\therefore x = 5$

따라서 같이 일한 날이 5일이고, 명수는 4일 동안 혼자 일을 했으므로 명수가 일한 날은 총 9일이 된다.

24

|정답| ④

|풀이|

구분	A	B	A단독	B단독
일량	80	80	50	30
일률	5	4	5	4
시간	16	20	10	$\frac{15}{2}$

전체 일의 양을 16과 20의 최소공배수 80이라 하면, A와 B의 일률은 각각 5와 4이다. A가습기를 10분 동안 틀었을 때, 한 일의 양은 $5 \times 10 = 50$이고 남은 일의 양은 $80 - 50 = 30$이다. 따라서 남은 일의 양 30을 일률 4인 B가습기로 채우는 데 걸리는 시간은 $\dfrac{15}{2} = 7$분 30초이다.

25

|정답| ②

|풀이| 두 대를 모두 이용한다면 1분당 250쪽을 복사할 수 있다. 전체 양은 50쪽짜리 30부이므로 $50 \times 30 = 1,500$(쪽)을 복사해야 하고 1분에 250쪽을 복사하므로 $1,500 \div 250 = 6$(분)이 걸린다.

A는 1분당 100쪽을 복사하므로 6분간 복사하면 $100 \times 6 = 600$(쪽)을 복사하게 되고 1부당 50쪽이므로 $600 \div 50 = 12$(부)를 복사한다.

26

|정답| ②

|풀이| 풀어야 할 문제와 표를 보면 4개의 표 → 20개 문제 → 6개의 표 → 35문제이다. 일의 효율이 연속적이지 않기 때문에 시간을 쪼개봐야 한다.

구분	표	문제	표	문제	문제
개수	4	20	6	20	15
시간	4분	10분	6분	10분	30분
누적시간	4분	14분	20분	30분 (배 아프기 전)	60분 (배 아픈 후)

4개의 표를 해석하는 데 4분, 20문제를 푸는 데 10분, 6개의 표를 해석하는 데 6분으로 총 20분이 걸린다. 그 후 아프지 않은 10분 동안 35문제 중 20문제를 더 풀면 아픈 동안은 15문제를 풀어야 한다. 몸이 안 좋을 때 2분에 1문제를 풀게 되므로 15문제를 푸는 데 30분이 걸린다. 따라서 총 걸리는 시간은 60분이므로 50분보다 10분이 더 걸리게 된다.

27

|정답| ③

|풀이| 첫 번째 조건으로부터 A, B 두 사람의 일률이 $4k$와 $5k$라고 놓을 수 있다. 두 사람이 함께 일을 하면 일률은 $9k$가 된다.

구분	1		2	
일량	$33k$		$66k$	
	$8k$	$25k$	$12k$	$54k$
일률	$4k$	$5k$	$4k$	$9k$
시간	2	5	3	x

이때, A와 B가 일한 양이 $33k$이고 전체 일의 양은 $66k$가 되는 것이다. A 혼자 3일 일한 양이 $12k$이고, 나머지 $54k$의 일을 $9k$의 일률로 함께 하므로 $12 : 54 = 3 : x$일이 된다. 따라서 $x = 3 \times 54 \div 12 = 6$(일)이다.

28

|정답| ④

|풀이| 각자의 할당량을 n개라 할 경우 3명의 작업속도는 비례하므로 갑이 작업을 마쳤을 때, 을은 $(n-30)$개, 병은 $(n-42)$개 불었을 것이다. 즉 일률의 비는 $n : (n-30) : (n-42)$이다. 다음에 $n-30$을 불었을 때, '을이 풍선을 다 불었을 때, 병은 아직 18개 남아 있었다.'고 했으므로 을이 30개를 불었을 때 병은 $42 - 18 = 24$(개)를 불었다. 따라서 을과 병의 일률의 비는 $30 : 24 = 5 : 4$이다. 즉 $n-30 : n-42 = 5 : 4$가 된다.

$5n - 210 = 4n - 120$

$\therefore n = 90$

따라서 전체 풍선의 개수는 $90 \times 3 = 270$(개)이다.

29

|정답| ③

|풀이| A의 일률은 $\dfrac{1}{18}$, B의 일률은 $\dfrac{1}{27}$이고 두 사람의 일률을 더하면 $\dfrac{1}{18} + \dfrac{1}{27} = \dfrac{5}{54}$가 된다. 분모가 18, 27로 비교적 큰 수라서 통분하고 계산하기가 복잡하므로, 일 계산은 일률은 시간의 반비례라는 성질을 이용하는 것이 분수식을 피할 수 있어 간단하게 계산이 가능하다.

A와 B가 걸린 시간은 $18 : 27 = 2 : 3$이고 일률의 비는 $3 : 2$이다. A와 B의 일률을 $3k$와 $2k$로 놓으면 전체 일의 양은 $18 \times 3k = 54k$가 된다. t일 동안 $5k$만큼 일하고 추가로 $3k(14-t$일)만큼 일했으므로

$5kt + 3k(14-t) = 54k$

양변을 k로 나누면

$5t + 3(14-t) = 54$

$2t = 12$

$\therefore t = 6$

따라서 B가 참여하지 않은 날은 $14 - 6 = 8$(일)이 된다.

30

|정답| ①

|풀이| 각 홍보 부원을 임의로 가(30분에 21개 제작), 나(30분에 18개 제작), 다(30분에 25개 제작)라고 정하고 계산을 시작해 보면

가: 2시간 30분 동안 $21 \times 5 = 105$(개) 제작 가능

나: 2시간 30분 동안 $18 \times 5 = 90$(개) 제작 가능

다: 2시간 30분 동안 $25 \times 5 = 125$(개) 제작 가능

이때, A가 제작해야 하는 책자의 수는 $400 - (105 + 90 + 125) = 80$(개)

따라서 A가 30분 동안 제작해야 하는 책자의 수는 $80 \div 5 = 16$(개)이다.

31

|정답| ③

|풀이|

구분	3시간 수도관	5시간 수도관	물을 뺄 때
시간	3	5	2
일률 비	$5k$	$3k$	$\dfrac{15k}{2}$
전체 양	$15k$	$15k$	$15k$

이때, 배수관을 막지 않고 t시간 동안 물을 채워서 전체 수영장의 절반을 채우려고 하면

$$\left(5k+3k-\frac{15}{2}k\right)\times t=\frac{1}{2}\times 15k$$

$$(10+6-15)t=15$$

$$\therefore\ t=15$$

따라서 수영장의 절반까지 물이 차는 데 15시간이 걸린다.

32

|정답| ④

|풀이| A, B 두 명이 있는데 B가 3시간 일을 하면 A가 3시간 45분 일하는 만큼 단축된다는 것이 핵심이다. 즉 A가 3시간 45분이 걸리는 일을 B가 3시간이 걸려서 처리한다는 말이 된다. A와 B의 시간의 비는 3시간 45분 : 3시간 = 225분 : 180분 = 5 : 4가 된다. 같은 일을 한다면 시간의 비와 일률의 비는 반비례하므로 일률의 비는 A : B = 4 : 5가 된다. 비례상수 k를 이용하면 $4k$와 $5k$만큼 일을 한다는 것이 된다. A가 혼자 하면 10시간 걸린다고 했으니 A의 일률은 $4k$이고, 전체 일의 양은 $4k\times 10=40k$가 된다.

일률의 합이 $9k$인 두 사람이 2시간 반 동안 한 일의 양은 $9k\times 2.5=22.5k$이다. 전체 일의 양은 $40k$이므로 아직 못한 일의 양은 $40k-22.5k=17.5k$가 된다. 나머지는 일률이 $5k$인 B가 혼자 일을 하므로 걸린 시간은 $17.5k\div 5k$ $=3.5$, 즉 3시간 30분 동안 하면 $17.5k$만큼의 남은 일을 B 혼자 마치는 것이다. 따라서 B가 한 전체 일의 시간은 $2.5+3.5=6$(시간)이다.

33

|정답| ③

|풀이| A의 일률은 $\dfrac{1}{a+6}$, B의 일률은 $\dfrac{1}{a+15}$, c의 일률은 $\dfrac{1}{2a}$이다. 이때, 세 사람이 a일 일하면 전체가 완성되므로 $\left(\dfrac{1}{a+6}+\dfrac{1}{a+15}+\dfrac{1}{2a}\right)\times a=1$이다.

$$\frac{a}{a+6}+\frac{a}{a+15}+\frac{1}{2}=1$$

양변에 2를 곱하면

$$\frac{2a}{a+6}+\frac{2a}{a+15}+1=2$$

$$\frac{2a}{a+6}+\frac{2a}{a+15}=1$$

$(a+6)(a+15)$를 양변에 곱하면

$$2a\times(a+15)+2a\times(a+6)=(a+6)(a+15)$$

$$a^2+7a-30=0$$

$$(a+10)(a-3)=0$$

$$\therefore\ a=3$$

따라서 A가 혼자 일을 했을 때 걸리는 시간은 9일이다.

Tip	다음과 같이 표로 정리할 수 있다.

구분	ABC	A	B	C
일의 양	$2a\times(a+6)\times(a+15)$			
일률		1	$2a(a+6)$	$(a+6)(a+15)$
시간	a	$a+6$	$a+15$	$2a$

이걸 연립으로 풀이하는 것이나 그냥 식을 정리하는 것이나 시간이 많이 소요된다.

34

|정답| ④

|풀이| A가 한 시간에 하는 일의 양을 x라고 하고 B가 한 시간에 하는 양을 y라고 하면 아래와 같이 연립방정식을 세울 수 있다.

$$\begin{cases} 4x+6y=1 \\ 3y+(9-3)x=1 \end{cases}$$

$$\therefore\ x=\frac{1}{8},\ y=\frac{1}{12}$$

A와 B가 동시에 일을 하는 시간을 t라고 하면

$$\left(\frac{1}{8}+\frac{1}{12}\right)\times t=1$$

$$\therefore\ t=\frac{24}{5}$$

따라서 둘이 함께 일하는 데 걸리는 시간은 4시간 48분이다.

다른 풀이

전체 일의 양을 1이라고 하면 일률은 일의 양을 걸린 시간으로 나눈 것이기에 분수로 표현된다. 즉 일의 양을 1로 하는 대신에 문제에서 주어진 시간의 공배수로 나타내면 분수식 계산을 피할 수 있다. 일의 양을 4와 6의 최소공배수인 24로 놓고 A의 일률을 a, B의 일률을 b라고 하면 아래와 같다.

구분	A	B	A	B
일의 양	24		24	
일률	a	b	a	b
시간	4	6	6	3

처음에는 A가 4시간을 일하고 B가 교대해서 6시간 일을 해서 끝냈다고 했으므로 총 걸린 시간은 10시간이다. 순서를 바꿔 B가 3시간을 하고 A가 6시간 일을 하면 9시간 만에 일을 끝낸다.

$$4a+6b=24$$

$$6a+3b=24$$

이를 계산하면

$$\therefore\ a=3,\ b=2$$

따라서 두 사람의 일률의 합은 5이므로 둘이 동시에 함께 일을 하면 걸리는 시간은 $\dfrac{24}{5}=4.8$(시간)으로 4시간 48분이다.

35

|정답| ⑤

|풀이|

구분	A, B함께	A, B가 24분	A가 혼자
일의 양	600	480	120
일률	20	20	$\frac{2}{5}a$ (A의 일률)
시간	30	24	25

1분당 A의 일률을 a, B의 일률을 b라고 하자.
문제에서 주어진 시간은 30분, 24분, 25분이므로 최소공배수인 600을 전체 일의 양으로 놓는다.

$120 = 25 \times \frac{2}{5}a$

$\therefore a = 12$

$a + b = 20$이므로 $b = 8$이다.
일률이 8인 B조가 600의 일을 하는 데 걸리는 시간은
$\frac{600}{8} = 75$(분)이다.

다른풀이

일률을 a, b라고 하자.
$(a + b) \times 30 = 1$
$(a + b) \times 24 + a \times \frac{2}{5} \times 25 = 1$
$30a + 30b = 1 \cdots\cdots \bigcirc$
$24a + 24b + 10a = 1$
$34a + 24b = 1 \cdots\cdots \bigcirc\!\!\bigcirc$
$\bigcirc\!\!\bigcirc - \bigcirc$을 계산하면
$4a - 6b = 0$
$2a = 3b$
$(a + b) \times 30 = 1$
$(2a + 2b) \times 30 = 2$
$5b \times 30 = 2$
$\therefore b = \frac{1}{75}$
따라서 B조가 일을 완성하려면 75분이 걸린다.

36

|정답| ③

|풀이| A와 B 두 사람이 한 일의 양을 비교해서 품삯 20만 원을 일의 양에 따라 나누어 주어야 한다. 일은 채소를 심는 것과 흙을 덮는 것 두 종류가 있다. 이때, A는 1줄의 이랑에 채소를 심는 데 40분, 흙을 덮는 데 40분으로 총 80분의 시간이 걸린다. 이에 반해 B는 채소를 심는 데는 20분이 걸리지만 흙을 덮는 데에는 A의 1.5배인 60분이 걸린다. 결국 1이랑에 채소를 심고 흙을 덮는 데 A와 B는 각각 '40분 + 40분', '20분 + 60분'이 걸리게 되어 똑같이 80분이 걸린다. 결국 일률은 '80분/줄'로 둘이 같기 때문에 12이랑에 채소를 심고 흙을 덮는 일을 마칠 때까지 걸리는 시간은 480분이 될 것이고, 각자 6이랑씩 일을 마친 셈이 된다. 따라서 품삯 20만 원을 똑같이 나누어야 한다. 따라서 10만 원씩 받아야 한다.

37

|정답| ③

|풀이|

구분	1	2	3
일의 양	A+30B	A+10B	A+5B
인원수(일률)	4	8	?
시간	30	10	5

수조에 처음부터 있었던 물의 양을 A라 하고 1분 동안에 수조로 일정하게 흘러 들어오는 물의 양을 B라고 하면 4명이 퍼낼 때의 물의 양은 (A + 30B)가 되고, 8명이 퍼낼 때의 물의 양은 (A + 10B)가 된다. 즉 일의 양이 달라진다는 것이 핵심이다.
A + 30B = 120
A + 10B = 80
20B = 40
$\therefore$ B = 2, A = 60
따라서 5분 만에 퍼내려고 할 때 일의 양은 $60 + 5 \times 2 = 70$이 되고, 이걸 5분 안에 하려고 하면 $70 \div 5 = 14$(명)이 필요하다.

38

|정답| ④

|풀이|

구분	A	B	A+B	A
일의 양	XY	XY	2(X+Y)	XY−2(X+Y)
일률	Y	X	X+Y	Y
시간	X	Y	2	$\frac{XY-2(X+Y)}{Y}$

일의 양을 1이라고 놓는 대신 XY라고 정하면 일률이 분수인 $\frac{1}{X}$, $\frac{1}{Y}$가 되는 대신 Y, X로 표시된다. 두 사람의 일률의 합은 (X + Y)이고, 2일간 함께한 일의 양은 2(X + Y)이다. 전체 일의 양이 XY, 두 사람이 함께 2일간 한 일이 2(X + Y)이므로 A가 혼자서 해야 할 남은 일의 양은 XY − 2(X + Y)이다. 이때, A의 일률은 Y이고 일의 양을 일률로 나누어 시간을 구하면 $\frac{XY-2(X-Y)}{Y}$ 이다. 문제에서 전체 일이 끝난 시간을 묻고 있는 것이므로 여기에 2일을 더해주어야 한다.
따라서 $\frac{XY-2(X+Y)}{Y} + 2 = \frac{X(Y-2)}{Y}$ 이다.

39

|정답| ②

|풀이| 6m를 2m짜리 조각들로 만들려면 2번을 자르면 된다.

구분	6m	8m
자른 횟수	2	3
합판	300개	100개
총 자른 횟수	600번	300번
시간	1시간	?

600번 자르는 데 1시간이 걸렸으므로 300번 자르는 데 30분이 걸린다.

40

|정답| ②

|풀이|

구분	A	B	A+B
일의 양	6	6	6
일률	3	2	5
시간	2	3	1.2

일의 양을 3과 2의 최소공배수 6으로 놓으면 A의 일률은 3, B의 일률은 2, A와 B 두 사람이 함께 일했을 때 일률의 합은 5이다. 따라서 두 사람이 함께 보고서를 썼을 때 걸리는 시간은 $\frac{6}{5}$ = 1.2(시간)이므로 1시간 12분이다.

41

|정답| ④

|풀이| 시간의 역수가 일률, 곧 생산성이다. 20분과 25분 걸린다고 했으니 생산성이 좋은 사람은 전자이다. 일의 양을 1로 하면 분수가 되어야 하니 20과 25의 최소공배수 100을 일의 양으로 한다. 그런데 일의 양은 한 벽면에 붙이는 타일의 개수이다. 그러니 100에다 비례상수 k를 붙여서 $100k$가 일의 양이 되는 것이다. 그렇게 하니 A의 일률은 $5k$, B의 일률은 $4k$가 된다. 전체 일의 양이 $100k$, A의 일률이 $5k$이므로 시간은 20분이 되는 것이다. 두 사람의 일률은 $9k$가 아니라 $(9k+20)$이다. 이는 1분당 $(9k+20)$개의 타일을 붙인다는 의미이므로 10분 걸려서 전체 일 $100k$만큼의 타일을 붙인 것이다. 따라서 k는 20이고 전체 타일의 수는 $100k$, 즉 2,000개가 되는 것이다.

42

|정답| ⑤

|풀이| 일을 할 때 일률이 같다는 전제로 풀이를 해야 한다. 인형의 일률을 a, 자동차의 일률은 b라고 하면 다음과 같다.

구분	1	2	3
일의 양	$300a+200b$	$240a+300b$	$150a+150xb$
인원	100	60	50
일률	$3a+2b$	$2a+2.5b$	$a+xb$
시간	1	2	3

이 문제에서는 일하는 사람이 한 명이 아니라 100명, 60명, 50명으로 주어졌으므로 전체 일의 양은 일률에 시간을 곱한 값에 인원까지 곱해줘야 한다. 즉 전체 일의 양은 통상적인 한 사람 또는 한 단위가 하는 일이 아니라 전체 사람들이 한 일의 총량인 것이다. 이 문제에서 가장 주의 깊게 봐야할 부분이 바로 일률이 같다는 것이다. 100명이 한 시간에 인형 300개, 자동차 모형 200개를 만들 수 있다고 했으므로 한 명의 일률은 인형 3개와 자동차 모형 2개이다. 두 번째 경우는 60명이 인형 240개, 자동차 모형 300개를 만들었다. 그런데 시간은 한 시간이 아니라 두 시간이다. 일률은 시간으로 일의 양을 나누어줘야 한다. 그래서 일률은 $2a+2.5b$로 표현되는 것이다. 미지수가 a, b 두 개이고 일률의 값이 1과 2에서 같으므로 $2a=b$라는 값을 계산할 수 있다. 그러니까 일률은 $7a$ 또는 $\frac{7}{2}b$가 되는 것이고, 이것은 한 사람이 1시간 동안 인형을 7개 만들거나 또는 자동차 모형을 3.5개 만들 수 있다는 의미이다. 자동차 모형 만드는데 인형을 만드는 시간보다 2배가 더 걸린다. 문제에서 50명의 인원으로 세 시간 동안 150개의 인형을 만들었다고 했으므로 3시간×50×a = 150, a = 1이다. 일률은 같으므로 $3a+2b=a+xb$로 계산이 되는데 $2a=b$이므로 $b+2b=xb$이고 $x=3$이 된다.

따라서 세 시간 동안의 일률은 $a+xb=a+3b$이므로 자동차 모형은 450개를 생산하게 된다.

43

|정답| ③

|풀이| 표로 만들면 다음과 같다.

구분	A	B
일의 양	100	100
시간	4	2
일률	$2a$	$4a$
1시간당 (불량률 차감)	25개×0.8 = 20개	50개×0.9 = 45개
둘이 동시에	(20+45)×1.2(20% 상승) = 78(개)	

일단 A가 32시간을 먼저 생산했으므로 20×32 = 640(개)의 제품을 만들었다. 그 후 A와 B를 동시에 가동하여 1시간당 78개씩 생산하여 나머지를 만들어야 한다.

$(10,000 - 640) \div 78 = 120$

따라서 120시간이고, 앞서서 32시간을 가동했으므로 총 152시간이 소요된다.

06 최소공배수, 최대공약수

빠른 정답 .... ● 본책 178~185p

01	①	02	④	03	②	04	②	05	⑤	06	③	07	④	08	④	09	④	10	②
11	④	12	⑤	13	⑤	14	⑤	15	③	16	③	17	④	18	②	19	①	20	④
21	③	22	③	23	③	24	②	25	④	26	⑤								

01

|정답| ①

|풀이| 25, 15, 10의 최소공배수를 구하면 $2^1 \times 3^1 \times 5^2 = 150$이다. 따라서 25cm 6개, 15cm 10개, 10cm 15개가 있으면 되므로 총 900개이다.

02

|정답| ④

|풀이| 세 신호등이 동시에 켜진 후 다시 한 번 동시에 켜지는 것만 생각하면 된다. 1번 신호등은 한번 켜지고 꺼지는 데 28초, 2번 신호등은 42초, 3번 신호등은 70초이므로 28, 42, 70의 최소공배수를 계산하면 된다. 따라서 420초 뒤에 동시에 켜진다.

03

|정답| ②

|풀이| "6일 동안 일하고 하루 쉰다."는 의미는 7일 만에 하루를 쉰다고 해석해야 한다. 즉 아버지는 7일 만에 하루를 쉬고 어머니는 10일 만에 하루를 쉰다. 70일이 최소공배수이므로 1년 365일 중에서 5일만 같이 쉬게 된다.

04

|정답| ②

|풀이| 26에서 2를 뺀 24와 38에서 2를 뺀 36의 최대공약수를 계산하면 된다.
$24 = 2 \times 2 \times 2 \times 3$
$36 = 2 \times 2 \times 3 \times 3$
따라서 최대공약수는 $2 \times 2 \times 3 = 12$이다.

05

|정답| ⑤

|풀이| 최소공배수를 구해서 부족한 수를 빼주면 된다. 3, 5, 9의 최소공배수는 45이므로 구하는 수 x는 $45 - 1 = 44$이다.

06

|정답| ③

|풀이| 공책 50권에서 2권이 남는다고 했으니 나눠준 공책은 48권이 된다. 연필 27자루에서 3자루가 남는다고 했으니 나눠준 연필은 24자루가 된다. 지우개 35개에서 1개가 부족하다고 했으니 나눠준 지우개는 36개가 된다. 세 수의 최대공약수는 12이므로 학생들은 모두 12명이다.

07

|정답| ④

|풀이| 18cm, 16cm, 12cm의 작은 직육면체를 이용해서 정육면체를 만들기 위해 3면의 최소공배수를 구한다.
$18\text{cm} = 3^2 \times 2^1$
$16\text{cm} = 2^4$
$12\text{cm} = 3^1 \times 2^2$
최소공배수는 $3^2 \times 2^4 = 144$이다. 이때, 18cm는 8장(144 ÷ 18), 16cm는 9장(144 ÷ 16), 12cm는 12장(144 ÷ 12)이 필요하다. 따라서 총 필요한 벽돌의 수는 $8 \times 9 \times 12 = 864$(장)이다.

08

|정답| ④

|풀이| 60분과 70분의 최소공배수는 420분이므로 7시간 뒤에 다시 출발한다. 따라서 오전 6시에 출발을 했고, 7시간 뒤에 동시에 출발을 하니 오후 1시에 동시에 출발한다.

09

|정답| ④

|풀이| 1005번은 15분에 하나씩 배차가 되고($15 = 3 \times 5$) 1151번은 18분에 하나씩 배차가 되므로($18 = 2 \times 3^2$) 최소공배수는 $2 \times 3^2 \times 5 = 90$(분)이다. 따라서 오전 8시에 동시에 출발했으므로 1시간 30분 후인 오전 9시 30분에 두 버스가 동시에 도착하게 된다.

10

|정답| ②

|풀이| 4와 7의 최소공배수는 28이다. 10시부터 15시까지 총 5시간이므로 분으로 환산하면 300분이 된다. 따라서 300분 안에는 28분이 10번 들어가므로 동시에 들어온 횟수는 10회이다.

11

|정답| ④

|풀이| 매트가 정사각형이기 때문에 무작정 크게 하면 가로나 세로의 범위를 벗어나므로 가로와 세로의 최대공약수를 선택해야 한다.

$10 = 2 \times 5$

$12 = 2^2 \times 3$

이때, 최대공약수는 2이다. 따라서 2cm짜리 정사각형 매트를 깔 때 가로로 5장(10cm ÷ 2cm), 세로로 6장(12cm ÷ 2cm)이 들어가므로 매트 수는 5×6 = 30(장)이 소요된다.

12

|정답| ⑤

|풀이| $40 = 2^3 \times 5$

$100 = 2^2 \times 5^2$

$30 = 2 \times 3 \times 5$

이때, 최소공배수는 $2^3 \times 3 \times 5^2 = 600$(cm)이다. 따라서 가로로는 15개, 세로로는 6개, 높이로는 20개가 쌓이므로 총 15×6×20 = 1,800(개)의 박스를 쌓을 수가 있다.

13

|정답| ⑤

|풀이| 둘은 14와 30의 공배수마다 같이 휴가를 내게 된다. 따라서 14와 30의 최소공배수인 210일 후 처음으로 동시에 휴가를 내게 된다.

14

|정답| ⑤

|풀이| 작은 톱니바퀴는 톱니 28개마다 한 바퀴를 돌고 큰 톱니바퀴는 톱니 35개마다 한 바퀴 돌게 된다. 따라서 두 톱니가 같은 톱니에서 다시 맞물리는 것은 두 톱니 개수의 최소공배수만큼 톱니가 맞물렸을 때이다.

28과 35의 최소공배수를 계산하면

$28 = 2^2 \times 7$

$35 = 7^1 \times 5$

최소공배수 $= 5^1 \times 7^1 \times 2^2$

구하고자 하는 것은 톱니의 개수가 아니라 A톱니의 회전수이므로 최소공배수를 굳이 계산하지 않아도 된다.

따라서 두 톱니가 다시 만나는 것은 $\dfrac{5^1 \times 7^1 \times 2^2}{2^2 \times 7} = 5$ (바퀴) 회전한 후이다.

15

|정답| ③

|풀이| $28 = 2^2 \times 7$

$36 = 2^2 \times 3^2$

최소공배수 $= 2^2 \times 3^2 \times 7$

A의 회전수 $= \dfrac{2^2 \times 3^2 \times 7}{2^2 \times 7} = 3^2$

따라서 처음 위치로 돌아오는 것은 A톱니바퀴가 9바퀴 회전한 후이다.

16

|정답| ③

|풀이| 45와 54의 최소공배수는 270이다. 따라서 270 ÷ 45 = 6 (바퀴) 회전한 후 다시 같은 톱니에서 맞물린다.

17

|정답| ④

|풀이| 다시 맞물릴 때까지 돌아간 톱니의 개수는 72와 45의 최소공배수인 360개이다. B의 톱니 개수는 45개이므로 다시 같은 톱니에 맞물리려면 360 ÷ 45 = 8(바퀴) 회전해야 한다.

18

|정답| ②

|풀이| 8분, 16분, 20분의 최소공배수는 80이다. 따라서 80분은 1시간 20분이므로 다음으로 세 버스가 동시에 출발하는 시각은 7시 20분이다.

19

|정답| ①

|풀이| 75와 90의 최소공배수는 450이다. 450cm를 한 면으로 하는 정사각형을 만드는 것이므로 450 ÷ 75 = 6(개), 450 ÷ 90 = 5(개)의 타일이 필요하다. 따라서 총 6×5 = 30(개)의 타일이 필요하다.

20

|정답| ④

|풀이| 30과 45의 최소공배수는 90이다. 이때, 오전 6시부터 오후 1시까지는 7시간이므로 7시간은 420분이다. 따라서 420 ÷ 90 ≒ 4.667이므로 동시에 출발한 횟수는 4번이다.

21

|정답| ③

|풀이| 3, 2, 5의 최소공배수는 30이다. 그렇다면 가로는 3cm가 10개 있어야 30cm가 되고 세로는 2cm가 15개 있어야 30cm가 된다. 또한, 높이는 5cm가 6개 있어야 30cm가 된다. 따라서 $10 \times 15 \times 6 = 900$(개)가 필요하다.

22

|정답| ③

|풀이| 4와 5의 최소공배수는 20인데, 20분을 주기로 해서 5대가 출차되고 8대가 입차되므로 결과적으로는 3대씩 늘어나는 셈이다. 84대에서 100분 후인 14시 50분에 15대가 차게 된다. 그러면 99대가 되는데, 여기서 4분 후인 54분에 1대가 출차해서 98대가 되지만, 그로부터 1분 후인 14시 55분에 2대가 들어와서 100대가 차게 된다.

23

|정답| ③

|풀이| $15 = 3 \times 5$
$10 = 2 \times 5$
$12 = 2^2 \times 3$

최소공배수 $= 2^2 \times 3 \times 5 = 60$

따라서 60분마다 세 차가 동시에 출발하게 된다. 그렇다면 10시에 떠난 차가 동시에 떠나는 시간은 11시, 12시, 13시가 된다. 그리고 택배를 보내기 전에 전체 걸리는 시간을 종합하면 55분이 걸린다. 그러니까 현재 시간은 11시 10분이기 때문에 지금 가도 12시차는 보낼 수 없다. 그러므로 13시에 출발하는 편에 맞추려면 12시 5분에는 회사에서 떠나야 하고 지금 시간은 11시 10분이니까, 55분 후에는 출발해야 한다.

24

|정답| ②

|풀이| 각 그룹마다 2명씩 부족하게 구성된다는 의미로 3, 4, 6의 최소공배수를 구해서 공통적으로 부족한 2명을 빼주면 값이 나온다. 이때, 최소공배수는 12이고 30명 이상 40명 미만의 학생이 있다고 했으니, 12의 배수인 36명에서 부족한 2명을 빼주어 34명임을 구할 수 있다. 따라서 34명을 8명씩 나누어주면, 4그룹과 2명이 남게 된다.

25

|정답| ④

|풀이| 10번째 꽃꽂이 수업까지 총 10주이므로 70일이 걸린다. 두 사람이 같이 당직을 서는 날은 15일 간격으로 반복되므로 토요일인 내일부터 70일이 되기 전까지 15일째, 30일째, 45일째, 60일째 되는 날이 두 사람 모두 당직을 서는 날이다. 15일째 되는 날은 당직과 꽃꽂이 수업이 겹치는 날이라서 당직을 서기 때문에 두 사람이 같이 당직을 서는 횟수는 총 4번이다.

26

|정답| ⑤

|풀이| 얼핏 10일과 15일의 최소공배수를 찾는 문제 같지만, 다음 토요일이라는 조건이 있으므로 사실은 10일, 15일, 7일의 최소공배수를 찾는 문제다.
$10 = 2 \times 5$
$15 = 3 \times 5$
$7 = 1 \times 7$
최소공배수는 $2 \times 3 \times 5 \times 7 = 210$이다.
따라서 A백반집과 B분식집이 토요일에 같이 쉬게 되는 날은 지금부터 210일 후가 된다.

07 경우의 수

빠른 정답 ⋯⋯⋯⋯⋯⋯⋯⋯⋯⋯⋯⋯⋯⋯⋯⋯⋯⋯⋯⋯⋯⋯⋯⋯⋯⋯⋯⋯ • 본책 186~205p

01	④	02	⑤	03	②	04	④	05	④	06	⑤	07	④	08	④	09	③	10	①
11	③	12	③	13	④	14	⑤	15	④	16	⑤	17	④	18	②	19	①	20	②
21	②	22	⑤	23	⑤	24	④	25	④	26	⑤	27	①	28	②	29	①	30	④
31	②	32	④	33	③	34	④	35	④	36	⑤	37	④	38	②	39	④	40	②
41	①	42	⑤	43	①	44	⑤	45	④	46	②	47	①	48	④	49	②	50	④
51	①	52	④	53	④	54	③	55	④	56	①	57	③	58	②	59	①	60	③
61	⑤	62	③	63	②	64	⑤	65	④	66	②	67	③	68	①	69	④	70	③
71	⑤	72	④	73	③	74	③	75	③										

01

|정답| ④

|풀이| 뒷면이 2개 나오는 경우는 (앞면, 뒷면, 뒷면), (뒷면, 앞면, 뒷면), (뒷면, 뒷면, 앞면)의 3가지이고 모두 뒷면이 나오는 경우는 (뒷면, 뒷면, 뒷면)의 1가지이므로 뒷면이 2개 이상 나오는 경우의 수는 $3 + 1 = 4$(가지)이다.

02

|정답| ⑤

|풀이| 잡지가 4권, 소설책이 6권 꽂혀 있으므로 이 중 잡지 또는 소설책을 꺼내는 경우의 수는 덧셈의 법칙을 이용해서 $4 + 6 = 10$(가지)가 된다.

03

|정답| ②

|풀이| 동전 한 개를 던질 때 나오는 경우의 수는 2, 주사위 한 개를 던질 때 나오는 경우의 수는 6이다. 따라서 동시에 던지는 것이므로 곱셈의 법칙을 이용하여 구하는 경우의 수는 $2 \times 6 = 12$(가지)가 된다.

04

|정답| ④

|풀이| 순열에 대한 문제로 순서가 중요하다. 따라서 5명 중 3명을 뽑으므로 $_5P_3 = 5 \times 4 \times 3 = 60$(가지)이다.

05

|정답| ④

|풀이| 왕복하는 방법인데 여기서는 곱셈의 법칙을 이용해야 한다. 곱셈의 법칙은 사건이 연속 선상에 있는 경우에 사용

된다. 따라서 $4 \times 2 \times 2 \times 4 = 64$(가지)이다.

06

|정답| ⑤

|풀이| 일단 5명을 일렬로 세우는 방법은 5!이다. 그리고 이웃하지 않게 세우는 방법은 경우의 수가 너무 복잡하기 때문에 전체에서 이웃하는 경우를 빼면 이웃하지 않는 경우가 될 것이다. 즉, (전체) − (A와 D가 서로 이웃하는 경우) = (A와 D가 서로 이웃하지 않는 경우의 수)가 된다. 이때, A와 D가 서로 이웃하는 경우는 A와 D를 한 묶음으로 보고 총 4명이 있다고 가정을 한다. (A, D), B, C, E면 경우의 수는 4!이 된다. 여기에 A와 D가 서로 번갈아 가면서 설 수 있기 때문에 2!을 곱해 준다.

A, B, C, D, E를 일렬로 세우는 경우의 수는 $5! = 5 \times 4 \times 3 \times 2 \times 1 = 120$(가지)이다. 이때, A, D가 이웃하여서는 경우의 수는 $4! \times 2! = (4 \times 3 \times 2 \times 1) \times 2 = 48$(가지)이다. 따라서 구하는 경우의 수는 $120 - 48 = 72$(가지)이다.

07

|정답| ④

|풀이| A에 칠할 수 있는 색은 5가지, B에 칠할 수 있는 색은 A에 칠한 색을 제외한 4가지이다. 만약 A와 B만 있다고 한다면 $5 \times 4 = 20$(가지)가 된다. 다음으로 넘어가서 C에 칠할 수 있는 색은 A, B에 칠한 색을 제외한 3가지이고, D에 칠할 수 있는 색은 A, C에 칠한 색을 제외한 3가지이므로 구하는 경우의 수는 $5 \times 4 \times 3 \times 3 = 180$(가지)이다.

08

|정답| ④

|풀이| 1부터 25까지의 숫자 중 소수는 2, 3, 5, 7, 11, 13, 17, 19, 23의 9개이므로 구하는 경우의 수는 9가지이다.

09

|정답| ③

|풀이| 만약 아이스크림, 케이크, 음료수를 1개씩 고르는 경우의 수를 계산하라고 했다면 $3×4×2 = 24$(가지)였을 것이다. 그러나 한 가지를 택해서 먹는 경우의 수를 계산하라고 했으므로 이 중 한 가지를 택해서 먹는 경우의 수는 $3 + 4 + 2 = 9$(가지)이다.

10

|정답| ①

|풀이| A에서 C로 가는 방법은 A → C로 바로 가는 방법, A → B → C로 가는 방법이 있다.
 ⅰ) A → B → C로 가는 경우의 수: $3×2 = 6$(가지)
 ⅱ) A → C로 가는 경우의 수: 3가지
 따라서 ⅰ), ⅱ)에서 구하는 경우의 수는 $6 + 3 = 9$(가지)이다.

11

|정답| ③

|풀이| A에 칠할 수 있는 색은 4가지, B에 칠할 수 있는 색은 A에 칠한 색을 제외한 3가지, C에 칠할 수 있는 색은 A, B에 칠한 색을 제외한 2가지, D에 칠할 수 있는 색은 A, C에 칠한 색을 제외한 2가지이므로(그림을 잘 보면 D는 B와 겹치지 않는다.) 구하는 경우의 수는 $4×3×2×2 = 48$(가지)이다.

12

|정답| ③

|풀이| A지점에서 P지점까지 최단 거리로 가는 방법의 수는 2가지, P지점에서 B지점까지 최단 거리로 가는 방법의 수는 4가지이므로 A지점에서 P지점을 거쳐 B지점까지 최단 거리로 가는 방법의 수는 $2×4 = 8$(가지)가 된다.

13

|정답| ④

|풀이| 6개 중 2개를 뽑아 일렬로 세우는 경우의 수와 같으므로 $_6P_2 = 6×5 = 30$(가지)이다.

14

|정답| ⑤

|풀이| 야구부 3명을 1명으로 생각하여 3명이 일렬로 서는 경우의 수는 $3! = 3×2×1 = 6$(가지)이다. 이때, 야구부끼리 서로 자리를 바꾸는 경우의 수는 $3! = 3×2×1 = 6$(가지)이다. 따라서 구하는 경우의 수는 $6×6 = 36$(가지)이다.

15

|정답| ④

|풀이| d 또는 a를 맨 뒤에 놓고, 나머지 4장의 카드를 일렬로 나열하면 되므로 구하는 경우의 수는 ××××d 다섯 자리가 되는데 여기서 나머지 4장의 경우의 수를 계산하므로 4!이 된다. a도 마찬가지로 ××××a 다섯 자리가 되는데 여기서 나머지 4장의 경우의 수를 계산하므로 4!이 된다. 따라서 $4! + 4! = 48$(가지)라고 해도 되고, $2×(4×3×2×1) = 48$(가지)라고 해도 된다.

16

|정답| ⑤

|풀이| 사전식으로 나열을 하라고 했으니 일단 a가 가장 먼저 온다.
 ⅰ) a□□□: $3×2×1 = 6$(개)
 ⅱ) b□□□: $3×2×1 = 6$(개)
 ⅲ) c□□□: $3×2×1 = 6$(개)
 따라서 18번째 오는 문자를 찾으라고 했으므로 c로 나열된 마지막 문자인 cdba이다.

17

|정답| ④

|풀이| 백의 자리가 1인 경우는 220보다 클 수가 없다. 즉, 2가 넘어야 하는데 2가 넘는 경우는 다음과 같다.
 ⅰ) 2□□: 231, 234, 241, 243의 4개다.
 ⅱ) 3□□: $3×2 = 6$(개)
 ⅲ) 4□□: $3×2 = 6$(개)
 따라서 구하는 정수의 개수는 $4 + 6 + 6 = 16$(개)이다.

18

|정답| ②

|풀이| 순열 문제이고 5장의 사진에서 3개를 뽑는 것이므로 $_5P_3 = 5×4×3 = 60$(가지)이다.

19

|정답| ①

|풀이| 쌀을 제외한 4가지 잡곡 중 순서를 생각하지 않고 2가지를 고르는 경우의 수와 같으므로 조합의 문제이다. 따라서 $_4C_2 = \dfrac{4×3}{2} = 6$(가지)이다.

20

|정답| ②

|풀이| 5곳 중 순서를 생각하지 않고 2곳을 고르는 경우의 수와 같으므로 조합의 문제이다. 따라서 $_5C_2 = \dfrac{5×4}{2} = 10$(가지)이다.

21

|정답| ②

|풀이| 남학생 6명 중 대표 2명을 뽑는 방법의 수는 $_6C_2 = \frac{6 \times 5}{2} = 15$(가지)이고, 여학생 4명 중 대표 2명을 뽑는 방법의 수는 $_4C_2 = \frac{4 \times 3}{2} = 6$(가지)이다. 따라서 남학생 2명과 여학생 2명을 대표로 뽑는 방법의 수는 $15 \times 6 = 90$(가지)이다.

22

|정답| ⑤

|풀이| 돈을 지불할 수 있는 방법을 표로 나타내면 다음과 같으므로 방법의 수는 5가지이다.

500원	100원	50원
4	1	1
4	0	3
3	4	5
3	3	7
3	2	9

23

|정답| ⑤

|풀이| A를 맨 앞에 E를 맨 뒤에 세운 후 A, E를 제외한 4명을 일렬로 세우면 된다. 따라서 구하는 경우의 수는 $4! = 4 \times 3 \times 2 \times 1 = 24$(가지)이다.

24

|정답| ④

|풀이| 2명이 악수를 한 번 하므로 구하는 악수의 횟수는 10명 중 순서를 생각하지 않고 2명을 뽑는 경우의 수와 같다. 따라서 $_{10}C_2 = \frac{10 \times 9}{2} = 45$(회)이다.

25

|정답| ④

|풀이| 7명 중에서 2명을 뽑아 일렬로 세우는 경우의 수와 같으므로 $_7P_2 = 7 \times 6 = 42$(가지)이다.

26

|정답| ⑤

|풀이| 전체 6개의 문자 중에서 모음 2개(E, I)를 1개로 생각하여 5개를 일렬로 나열하는 경우의 수는 $5! = 5 \times 4 \times 3 \times 2 \times 1 = 120$(가지)이다. 이때, 모음끼리 서로 자리를 바꾸는 경우의 수는 $2! = 2$(가지)이므로 구하는 경우의 수는 $120 \times 2 = 240$(가지)이다.

27

|정답| ①

|풀이| 총 6개의 문자 중에서 자음 4개를 1개로 생각하여 3개를 일렬로 나열하는 경우의 수는 $3! = 3 \times 2 \times 1 = 6$(가지)이다. 이때, 자음끼리 서로 자리를 바꾸는 경우의 수는 $4! = 4 \times 3 \times 2 \times 1 = 24$(가지)이다. 따라서 구하는 경우의 수는 $6 \times 24 = 144$(가지)이다.

28

|정답| ②

|풀이| 짝수가 되려면 일의 자리에는 0, 2, 4, 6 중 하나가 와야 한다.

 i) 일의 자리의 숫자가 0인 정수
  □□0 : $6 \times 5 = 30$
 ii) 일의 자리의 숫자가 2인 정수
  □□2 : $5 \times 5 = 25$
 iii) 일의 자리의 숫자가 4인 정수
  □□4 : $5 \times 5 = 25$
 iv) 일의 자리의 숫자가 6인 정수
  □□6 : $5 \times 5 = 25$

따라서 구하는 짝수의 개수는 $30 + 25 + 25 + 25 = 105$(개)이다.

29

|정답| ①

|풀이| 3장을 뽑아 세 자리 정수를 만들어야 하므로 첫 번째 자리에는 0이 올 수 없다. 따라서 1부터 counting을 해보면 1 다음에는 5장이 그다음에는 4장이 올 수 있다.

 i) 1□□ : $5 \times 4 = 20$(개)가 된다.
 ii) 20□ : 4개
 iii) 21□ : 4개

여기까지 28장이 나왔다. 따라서 30번째에 오는 수는 230, 231, 234, …에서 231이다.

30

|정답| ④

|풀이| 1학년 학생을 한 무리라고 보면 전체를 1학년 한 무리 + 2학년 4명을 일렬로 세우는 방법은 5!이다. 따라서 1학년끼리 일렬로 세우는 방법을 계산해야 하므로 $5! \times 3! = 720$(가지)이다.

31

|정답| ②

|풀이| 8명 중에서 2명을 골라서 하는 것과 같다. 따라서 총 경기의 수는 $_8C_2 = \frac{8 \times 7}{2} = 28$(가지)이다.

32

|정답| ④

|풀이| 일단 남자 5명 중에서 2명을 뽑는 방법은 $_5C_2$이다. 여기에서 여자 6명 중 3명을 뽑는 방법은 $_6C_3$이 된다. 이렇게 뽑은 5명을 일렬로 세우면 5!이 된다. 따라서 $_5C_2 \times _6C_3 \times 5! = 24{,}000$(가지)이다.

33

|정답| ③

|풀이| 우선 3송이를 선택하는 방법을 먼저 고른다. 3송이는 순서가 없기 때문에 조합을 사용하여 $_{10}C_3$이 되고 이제 7송이가 나왔다. 7송이 중에서 3송이를 선택해야 하므로 $_7C_3$이다. 이제 남은 4송이 중에서 4송이를 선택하면 $_4C_4 = 1$이다. 이때, 7송이 중에서 4송이를 먼저 선택하고, 3송이를 선택해도 결과는 같게 된다.

그런데 3송이를 선택한 경우가 2개의 경우이다. 예를 들어, 송이 다발을 A, B, C라고 해보자. 여기서 A, B가 3송이고, C가 4송이다. 그런데 A와 B를 어떻게 선택을 해도 같은 다발 선택이 되므로 A, B를 선택하든 B, A를 선택하든 같은 선택이 된다. 따라서 3송이를 어떻게 선택해도 상관이 없기 때문에 2!로 나누어 주어야 한다. 따라서 $\dfrac{_{10}C_3 \times _7C_3}{2!} = 2{,}100$(가지)이다.

34

|정답| ④

|풀이| 11명 중 3명을 우선 고르고 8명 중 5명을 다시 고른다. 그러면 자동으로 3명은 남게 된다. 3명, 5명, 3명을 고르는 방법은 순서의 영향을 받지 않으므로 조합 C로 계산을 한다. 또한 3명의 쌍이 2개인데, 어떤 형태로 골라도 순서의 영향을 받지 않으므로 2!로 나눈다. 이렇게 되면 일단 11명의 학생을 3명, 5명, 3명의 3개의 조로 나누는 경우의 수는 계산이 되었다. 이렇게 고른 3개의 팀을 각각 과학실, 화장실, 식당 청소를 시켜야 한다. 이것은 과학실, 화장실, 식당에 3명이 줄을 세우는 경우의 수와 같다. 따라서 3!이 되고 계산식은 아래와 같다.

$$\frac{_{11}C_3 \times _8C_3}{2!} \times 3! = 27{,}720(\text{가지})$$

35

|정답| ④

|풀이| 4개의 문자열 중에 일단 a가 3개 이상이면 반드시 연속된 a가 있으므로 a는 2개 이하로 존재한다.
a가 0개 있는 경우: (b, b, b, b)
a가 1개 있는 경우: (a, b, b, b), (b, a, b, b), (b, b, a, b), (b, b, b, a)
a가 2개 있는 경우: (a, b, b, a), (b, a, b, a), (a, b, a, b)
따라서 총 8개의 경우가 있다.

36

|정답| ③

|풀이| 백의 자리에 올 수 있는 수는 2, 3, 4, 5, 6, 7, 8, 9로 8개이고 십의 자리에 올 수 있는 수는 2, 3, 5, 7로 4개, 일의 자리에 올 수 있는 수는 1, 3, 5, 7, 9로 5개이다. 따라서 총개수는 8×4×5 = 160(개)이다.

37

|정답| ④

|풀이| 남자 6명 중의 3명을 뽑고, 여자 4명 중의 2명을 뽑을 경우의 수를 곱하면 전체 경우의 수가 나온다. 따라서 $_6C_3 \times _4C_2$
$= \dfrac{6 \times 5 \times 4}{3 \times 2} \times \dfrac{4 \times 3}{2} = 120$(가지)이다.

38

|정답| ②

|풀이| 여자가 총 4명인데 여자가 4명 뽑혔다고 했으므로 여자들을 고정하고 남은 2자리 중에서 남자들을 뽑는 경우를 생각하면 된다. 따라서 $_6C_2 = \dfrac{6 \times 5}{2} = 15$(가지)이다.

39

|정답| ④

|풀이| 문제의 조건을 식으로 표시해 보면, 일단 50원짜리와 10원짜리를 모두 이용하는 방법으로 최대 300원까지 가능하다. 그리고 600원을 만들어야 하기 때문에 10원의 일부만 사용할 수 없다. 즉, 모두 사용하거나 사용하지 않거나 둘 중 하나이다. 100원은 최소 3개를 넣어야 한다. 만약 2개를 넣으면 50원과 10원을 모두 넣어도 600원을 만들 수 없다. 따라서 (3, 5, 5), (4, 3, 5), (4, 4 ,0), (5, 2, 0), (5, 1, 5) 총 5가지가 가능하다.

|다른 풀이|

$100a + 50b + 10c = 600$
$10a + 5b + c = 60$ $(a, b, c \leq 5)$
식을 변형하면 $5 \times (2a + b) = 60 - c$이다. $(60 - c)$가 5의 배수가 되어야 하므로 $c = 0$ 또는 $c = 5$가 되어야 한다. 만약 $c = 0$이라면(10원짜리를 모두 사용하지 않은 경우) 식이 $10a + 5b = 60(2a + b = 12)$이 된다. 이를 만족하는 $(a, b) = (5, 2), (4, 4)$이다. 다음으로 $c = 5(c$를 5개 사용하는 경우)는 $2a + 6 = 11$이 된다. 이를 만족하는 $(a, b) = (5, 1), (4, 3), (3, 5)$이다. 이를 종합하면, $(a, b, c) = (5, 2, 0), (4, 4, 0), (5, 1, 5), (4, 3, 5), (3, 5, 5)$의 5가지이다.

40

|정답| ②

|풀이| 부부가 총 네 쌍이므로 A, B, C, D쌍이 있다고 해보자. 그럼 4명을 부른다는 것은 두 쌍을 부른다는 얘기가 되고

A, B, C, D 중에서 두 쌍을 불러야 두 쌍의 부부가 될 것이다. 따라서 경우의 수는 (A, B), (A, C), (A, D), (B, C), (B, D), (C, D) 이렇게 6가지이다.

41

|정답| ①

|풀이| 성냥이 3개일 때 삼각형 1개를 만들 수 있다. 성냥 5개로는 삼각형 2개를, 성냥 7개로는 삼각형 3개를 만들 수 있다. 이때, 삼각형 n를 만들기 위해서 성냥은 $2n+1$개만큼 필요하다. 따라서 137개의 삼각형을 만들기 위해서는 275개의 성냥이 필요하다.

42

|정답| ⑤

|풀이| 중복 순열에 대한 문제로 12명의 회원이 모두 3가지 후보지 중에서 하나를 택할 수 있으므로 회원 전원이 투표하는 모든 경우의 수는 $_3\Pi_{12} = 3^{12}$이다.

43

|정답| ①

|풀이| 세 개의 숫자 1, 2, 3으로 중복을 허락하여 만들 수 있는 네 자리의 자연수의 개수는 $_3\Pi_4 = 3^4 = 81$(개)이다. 이 중에서 숫자 1이 하나도 포함되지 않은 자연수의 개수는 두 개의 숫자 2, 3으로 중복을 허락하여 만들 수 있는 네 자리의 자연수의 개수와 같으므로 $_2\Pi_4 = 2^4 = 16$(개)이다. 따라서 숫자 1이 적어도 하나 포함되어 있는 자연수의 개수는 $81 - 16 = 65$(개)이다.

44

|정답| ⑤

|풀이| 중복 순열에 대한 문제로 서로 다른 6병의 음료수를 서로 다른 상자 2개에 나누어 담는 경우의 수는 상자 2개 중에서 중복을 허락하여 6개를 뽑아 일렬로 나열하는 중복순열의 수와 같으므로 $a = {}_2\Pi_6 = 2^6 = 64$(가지)이다.

한편, 서로 다른 6병의 음료수를 똑같은 상자 2개에 빈 상자가 없도록 나누어 담으려면 (1개, 5개) 또는 (2개, 4개) 또는 (3개, 3개)로 나누어 담아야 한다.

i) (1개, 5개)로 나누어 담는 경우의 수는
$${}_6C_1 \times {}_5C_5 = 6 \times 1 = 6(가지)$$

ii) (2개, 4개)로 나누어 담는 경우의 수는
$${}_6C_2 \times {}_4C_4 = \frac{6 \times 5}{2 \times 1} \times 1 = 15(가지)$$

iii) (3개, 3개)로 나누어 담는 경우의 수는
$${}_6C_3 \times {}_3C_3 \times \frac{1}{2!} = \frac{6 \times 5 \times 4}{3 \times 2 \times 1} \times 1 \times \frac{1}{2} = 10(가지)$$

i) ~iii)에 의하여 $b = 6 + 15 + 10 = 31$(가지)이다.
따라서 $a - b = 64 - 31 = 33$이다.

45

|정답| ④

|풀이| 중복 조합에 대한 문제로 숫자 4가 한 개 이하인 경우는 4가 1개인 경우와 0개인 경우 2가지가 있다.

i) 숫자 4가 한 개일 경우
4를 제외한 1, 2, 3에서 중복을 허락하여 4개를 택하는 중복조합의 수와 같으므로 $_3H_4 = {}_{3+4-1}C_4 = {}_6C_4$
$= {}_6C_2 = \frac{6 \times 5}{2 \times 1} = 15$(가지)이다.

ii) 숫자 4가 0개일 경우
4를 제외한 1, 2, 3에서 중복을 허락하여 5개를 택하는 중복조합의 수와 같으므로 $_3H_5 = {}_{3+5-1}C_5 = {}_7C_5$
$= {}_7C_2 = \frac{7 \times 6}{2 \times 1} = 21$(가지)이다.

따라서 i), ii)에 의하여 구하는 경우의 수는 $15 + 21 = 36$(가지)이다.

46

|정답| ②

|풀이| i) 학생 3명에게 사탕 5개를 남김없이 나누어 주는 경우
서로 다른 3개에서 중복을 허락하여 5개를 택하는 중복조합의 수와 같으므로 $_3H_5 = {}_{3+5-1}C_5 = {}_7C_5 = {}_7C_2 = \frac{7 \times 6}{2 \times 1} = 21$(가지)이다.

ii) 학생 3명에게 초콜릿 2개를 남김없이 나누어 주는 경우
서로 다른 3개에서 중복을 허락하여 2개를 택하는 중복조합의 수와 같으므로 $_3H_2 = {}_{3+2-1}C_2 = {}_4C_2 = \frac{4 \times 3}{2 \times 1} = 6$(가지)이다.

따라서 구하는 경우의 수는 $21 \times 6 = 126$(가지)이다.

47

|정답| ①

|풀이| 중복조합에 대한 문제로 먼저 모든 상자에는 한 개 이상의 공이 들어가야 하기 때문에 크기가 서로 다른 상자 3개에 각각 공을 1개씩 넣은 다음, 남은 7개의 공을 3개의 상자에 넣으면 된다. 이때, 상자 3개에 7개의 공을 넣는 방법의 수는 3개의 상자 중에서 7개를 중복을 허락하여 넣는 방법이므로 $_3H_7 = {}_{3+7-1}C_7 = {}_9C_7 = {}_9C_2 = \frac{9 \times 8}{2 \times 1} = 36$(가지)이다.

48

|정답| ④

|풀이| 서로 악수를 하는 방법은 n명의 사람 중에서 2명을 선택해서 악수를 하는 방법이 된다. 그리고 A와 B가 악수를 한 것과 B와 A가 악수를 한 것은 같은 경우이므로 조합을 사용하여 $_nC_2$가 악수를 하는 경우의 수가 된다. 그런데 악수를 한 총 횟수가 66회라고 하였으므로 $_nC_2 = 66$이다.

이때, $\dfrac{n(n-1)}{2}=66$을 정리하면 $n^2-n-132=0$이 된다. 이를 인수분해하면 $(n-12)(n+11)=0$이 된다. 따라서 n은 12 또는 -11이고 사람 수는 $-$가 나올 수 없으므로 답은 12명이 된다.

49

|정답| ②

|풀이| 조별 우승팀을 고르는 것은 리그전이므로 리그전의 경기 수는 n개 팀 중 2개를 선택하는 방법으로 총 경기 수가 15경기이다. 따라서 조합을 이용해서 계산을 하면 ${}_nC_2=\dfrac{n\times(n-1)}{2}=15$이다. 이를 정리하면
$n\times(n-1)=30$
$n^2-n-30=0$
$(n-6)(n+5)=0$
$\therefore\ n=6,\ -5$
팀은 음수가 될 수 없으므로 전체 팀은 6개 팀이 된다. 즉 한 조에는 6개 팀이 있는 것이고, 수영이네 팀은 그들과 한 번씩 경기를 하니까 예선전에서는 5게임을 한 것이다. 따라서 4팀이 올라온 준결승에서 이기면 결승전에 진출하게 되므로 총 6게임(예선전 5경기 + 준결승전 1경기)을 진행하면 수영이네 팀은 결승에서 경기할 수 있다.

50

|정답| ④

|풀이| 토너먼트 경기 수는 무조건 n개 팀이면 경기 수는 $(n-1)$개이다. 몇 팀이 참여하든 어떤 팀도 최소 한 게임 이상을 한다. 부전승은 있어도 부전패는 없으니 한 게임도 안 하고 돌아가는 팀이 있을 리 없다. 그러니 우승한 한 팀만 빼놓고, 다른 $(n-1)$개 팀은 한 차례씩 패전을 당한다. 2패를 당하는 팀도 없다. 1패만 하면 바로 탈락이 되므로 녹아웃이라는 표현을 쓰는 것이다. 따라서 모두 34경기가 진행된다.

51

|정답| ①

|풀이| 매화 경기장의 12팀은 $11+10\cdots2+1=66$(경기)를 진행한다. 장미 경기장의 68팀은 $34+17+8+4+2+1+1=67$(경기)를 진행한다.(부전승 때문에 1경기 추가됨) 따라서 전체 경기가 먼저 끝나는 곳은 매화 경기장이고 총 경기 수는 66경기이다.

다른 풀이

리그전의 경기 수는 각 팀에서 2개의 팀을 선택하는 문제로 조합인 C를 이용해서 풀이하고 토너먼트는 각 팀 -1의 경기 수를 하게 된다. 즉, 공식으로 정리하면 총 경기 팀이 n개일 경우 리그전 경기 수$={}_nC_2$, 토너먼트 경기 수$=n-1$이 된다. 이를 대입하면 매화경기장은 12개 팀이 리그전을 했으므로 ${}_{12}C_2=\dfrac{12\times11}{2}=66$(경기)

이고, 장미 경기장에서는 68팀이 토너먼트 형식의 경기이므로 $68-1=67$(경기)를 한다. 따라서 매화경기장이 1경기가 적기 때문에 먼저 경기가 끝나게 된다.

52

|정답| ④

|풀이| ○ 남자 ○ 남자 ○ 남자 ○ 남자 ○ 남자 ○
   ↑   ↑   ↑   ↑   ↑   ↑

남자 사이의 ○로 표시된 곳에 여자가 들어가면 된다. 남자가 일렬로 서는 방법 5!이고 남자들 사이의 자리가 6개이므로 여기에서 4개를 선택해서 여자가 들어가면 되는데 여자가 설 때 순서를 구별해야 하므로 순열을 써야 한다. 따라서 ${}_6P_4$이고 $5!\times{}_6P_4=120\times360=43,200$(가지)이다.

53

|정답| ④

|풀이| 인성 교육을 연달아 하지 않으려면 다음과 같이 역량 교육 사이의 ○자리에 배치하여야 한다.(○ 역량 ○ 역량 ○ 역량 ○) 그러니까 인성 교육을 배치할 수 있는 방법은 ${}_4P_2=4\times3=12$(가지)가 되는데, 이때 역량 교육이 자리를 바꿀 수 있으므로 $3!=6$(가지)의 경우가 있을 수 있다. 따라서 $12\times6=72$(가지)의 커리큘럼이 나올 수 있다.

54

|정답| ③

|풀이| 일단 8개 팀 중에서 4팀을 우선 고르고 양쪽이 대칭이므로 2!로 나누어 준다. 여기에서 다시 4팀 중에서 2팀을 고르고 양쪽이 대칭이므로 2!로 나누어 준 후, 경기를 하는 방법이 2가지가 존재하므로 한 번 더 곱해준다. 이를 식으로 나타내면 다음과 같다.
$$\dfrac{{}_8C_2}{2!}\times\dfrac{{}_4C_2}{2!}\times\dfrac{{}_4C_2}{2!}=315(가지)$$

다른 풀이

토너먼트 방식 대진표의 경우의 수는 일단 전체 인원수를 일렬로 세우고 각 대진표상에서 접어서 겹치는 부분의 수만큼 나눠주면 된다. 이것을 "겹치기 풀이법"이라고 한다. 경기 팀을 n이라고 하고 겹치는 부분을 m이라고 하면 공식$=\dfrac{n!}{2^m}$이라고 풀이하면 된다. 이때, 전체 팀이 8개 팀이므로 일렬로 세우는 방법은 8!이다. 여기에서 접어서 겹치는 부분은 아래 그림과 같다.

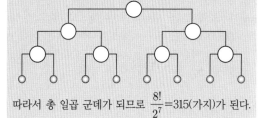

따라서 총 일곱 군데가 되므로 $\dfrac{8!}{2^7}=315$(가지)가 된다.

55

|정답| ④

|풀이| 6개 팀 중에서 3팀을 우선 고르고 이것을 다시 3팀 중에서 2팀을 고르는 방법으로 계산을 하면 다음과 같다.

$$\frac{{}_6C_3}{2!} \times {}_3C_2 \times {}_3C_2 = 90(가지)$$

다른 풀이

겹치기 풀이법으로 풀이를 하면 총 6개의 팀이고 접어서 겹치는 부분은 총 세 군데가 된다. 따라서 $\frac{6!}{2^3} = 90$ (가지)가 된다.

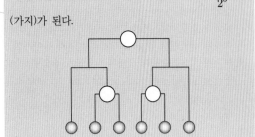

56

|정답| ①

|풀이| 겹치기 풀이법으로 풀이를 하면 총 6개의 팀이고 접어서 겹치는 부분은 총 네 군데가 된다. 따라서 $\frac{6!}{2^4} = 45$ (가지) 가 된다.

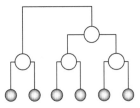

57

|정답| ③

|풀이| 은희와 미나를 제외한 4명이 원탁에 둘러앉는 경우의 수는 $(4 - 1)! = 3! = 6(가지)$이다. 이들 4명의 사이사이의 4개의 자리 중 2개의 자리를 택하여 은희와 미나가 앉는 경우의 수는 ${}_4P_2 = 4 \times 3 = 12(가지)$이다. 따라서 구하는 경우의 수는 $6 \times 12 = 72(가지)$이다.

58

|정답| ②

|풀이| 6명을 원형으로 나열하는 방법의 수는 $(6 - 1)! = 5! = 120(가지)$이다. 이때, 원형으로 나열하는 한 가지 방법에 대하여 서로 다른 경우가 2가지씩 존재하므로 구하는 방법의 수는 $120 \times 2 = 240(가지)$이다.

59

|정답| ①

|풀이| 4쌍의 부부를 정사각형의 각 변에 한 쌍씩 앉히는 방법의 수는 4개를 원형으로 나열하는 원순열의 수와 같으므로 $(4 - 1)! = 3! = 6(가지)$이다. 이때, 4쌍의 부부가 자리를 서로 바꾸어 앉는 방법의 수는 $2 \times 2 \times 2 \times 2 = 16(가지)$이다. 따라서 구하는 방법의 수는 $6 \times 16 = 96(가지)$이다.

60

|정답| ③

|풀이| 빨간색과 파란색을 서로 맞은편의 날개에 칠해야 하므로 날개 6개 중에서 하나에 빨간색을 칠해서 고정시키면 파란색을 칠해야 하는 날개는 그 맞은편으로 정해진다. 따라서 서로 다른 5개의 색을 원형으로 나열하는 원순열의 수와 같으므로 $(5 - 1)! = 4! = 24(가지)$이다.

61

|정답| ⑤

|풀이| 원순열은 인원수에서 하나를 빼어 $(6 - 1)! = 5! = 120(가지)$이다. 그런데 6명을 직사각형 모양의 테이블에 앉히는 방법의 수는 120가지가 아니다. 한 명은 여섯 자리 중 어디에 앉아도 상관없다. 그런데 앉은 위치에 따라서 모양이 달라지기 때문에 6으로 나누면 안 된다. 따라서 어디에 앉든 모양이 달라지게 되므로 경우의 수는 $6! = 720(가지)$이다.

62

|정답| ③

|풀이| 이 문제는 맞닿은 부분만 같은 색으로 칠하지 않고, 회전하였을 때 같은 색이 되는 경우는 같은 것으로 간주한다는 평범하지 않은 조건이 수반된 문제이다. 먼저 두 가지 색으로 색을 칠할 수 있는데 빨강 노랑 빨강으로 칠할 수 있는 조합은 가운데 영역에 6가지, 양옆에 올 수 있는 것은 5가지이므로 $6 \times 5 = 30(가지)$이다. 두 가지 색의 경우를 따로 고려해 주었으므로 세 가지 색인 경우는 빨강 노랑 초록 이렇게 조합이 되어 $6 \times 5 \times 4 = 120$ (가지)가 되어야 한다. 그런데 이런 조합을 180도 회전을 하였다면 빨강 노랑 초록과 초록 노랑 빨강 조합은 같은 것이 된다. 따라서 120가지를 2로 나누어 주어야 한다. 즉, 두 가지 색인 경우 30가지, 세 가지 색인 경우 60가지를 더한 90가지다.

63

|정답| ②

|풀이| A, T, (M, O, S), P, H, E, R, E에서 (M, O, S)를 하나의 문자로 묶는다. 그럼 이제 8개의 문자열이 되었다. 그런데 문제에서 "MOS을 포함하는 경우의 수"를 물었으므로 항상 (M, O, S) 형태를 유지해야 하기 때문에 (M, O, S)는 서로 섞이면 안 된다. 따라서 일단 8개의 문자의 경우의

수 8!이 된다. 또한 같은 문자열끼리는 서로 다르게 배열이 되어도 같은 경우의 수가 된다. 따라서 영문자 E가 공통으로 있으므로 2!로 나눠주어야 한다. 따라서 구해야 하는 경우의 수는 $\frac{8!}{2!}=20,160$(가지)이다.

64

|정답| ④

|풀이| 만약 야구 경기가 2회 말이 끝났을 때 점수가 $2:1$일 경우를 가정하면, 1회에 이미 $2:1$이 되었을 수도 있고, 1회에는 $0:0$이고 2회에 두 팀 모두 점수가 나서 $2:1$일 수도 있다. 즉, A팀이 2점이 되는 경우의 수는 0, 1, 2 세 가지이고, B팀은 0, 1 두 가지이다. 독립 사건이니 3과 2를 곱해 주면 6가지 경우가 된다. 따라서 결과가 $6:6$ 동점인데 그 결과에 도달하는 과정의 경우의 수를 구하라는 것이다. $0:0$, $0:1, 1:0, \cdots 5:6, 6:5, 6:6$ 등 두 팀의 점수의 합이 다를 수 있다. 야구 경기 문제는 두 팀 모두 0에서 6까지 7개의 숫자가 올 수 있다. $6:6$이라고 했기 때문에 경우의 수는 $7 \times 7 = 49$(가지)가 된다.

65

|정답| ④

|풀이| 축구 경기의 문제를 푸는 방법은 AAAAABBB 이렇게 A가 5개, B가 3개인 문자를 배열하여 서로 다른 8개의 단어를 만드는 경우의 수를 푸는 방법과 동일하다. 따라서 구하는 경우의 수는 $\frac{8!}{5! \times 3!}=56$(가지)이다.

66

|정답| ②

|풀이| 줄넘기 대회에는 단 4명만 참여했다. 그중 세 명이 줄넘기를 한다.

구분	참여 경기 수
A	8
B	6 또는 7
C	6 또는 7
D	5
전체 경기 수	13+(6, 6), (6, 7), (7, 6), (7, 7) 3의 배수인 경우는 (7, 7)

한 사람이 최대 8게임, 다른 한 사람이 최소 5게임에 참여했다. 그러면 나머지 두 사람은 6게임 또는 7게임에 참여한 것이다. 그런데 세 사람씩 경기를 하니 네 사람의 경기 수를 모두 더하면 3의 배수가 되어야 한다. 나머지 두 사람의 경기 참여 수의 경우는 (6, 6), (6, 7), (7, 6), (7, 7)이다. 경기 참여 수를 알고 있는 두 사람의 경기 수의 합은 13이니 여기에 12, 13, 14를 더해서 3의 배수가 되는 경우는 (7, 7)인 경우뿐이다. 즉, 두 사람은 7게임씩 참여해서 네 사람의 경기 수의 합은 모두 27이 되어야 한다. 세 사람이 한 경기에 참여하니 문제에서 묻는 경기 수는 27이 아니라 3으로 나누어준 값, 9가 되어야 한다. 따라서 네 명이 참가한 전체 게임의 수는 9게임이다.

67

|정답| ③

|풀이| 우유, 주스, 커피 중에서 n개를 주문하는 모든 경우의 수는 우유가 1개 있어도 되고 우유가 2개 있어도 되고 3개 있어도 된다는 말이고, 이것은 중복조합에 대한 문제이다. 우유, 주스, 커피 중에서 n개를 주문하는 경우의 수는

$_3H_n = {}_{3+n-1}C_n = {}_{n+2}C_n = {}_{n+2}C_2 = \frac{(n+2)(n+1)}{2 \times 1}$
$= 45$
$(n+2)(n+1) = 90$
$n^2 + 3n - 88 = 0$
$(n+11)(n-8) = 0$
$\therefore n = 8 \ (\because n$은 자연수)

이때, 우유, 주스, 커피를 적어도 하나씩 포함하여 8개를 주문하는 경우의 수를 물었다. 따라서 우유, 주스, 커피를 각각 1개씩 주문한 다음, 음료수 3종류 중에서 중복을 허락하여 나머지 5개를 주문하는 경우의 수와 같으므로

$_3H_5 = {}_{3+5-1}C_5 = {}_7C_5 = {}_7C_2 = \frac{7 \times 6}{2 \times 1} = 21$(가지)이다.

68

|정답| ①

|풀이| 3명의 참가자에게 기념품 8개를 나누어 주는 모든 경우의 수는 중복조합에 해당 된다. 따라서 $_3H_8 = {}_{3+8-1}C_8 = {}_{10}C_8 = {}_{10}C_2 = \frac{10 \times 9}{2 \times 1} = 45$(가지)이다.

참가자들이 기념품을 적어도 1개는 받으려면 참가자 3명에게 기념품을 1개씩 나누어 준 후, 남은 5개의 기념품을 나누어 주면 되므로 $_3H_5 = {}_{3+5-1}C_8 = {}_7C_5 = {}_7C_2 = \frac{7 \times 6}{2 \times 1} = 21$(가지)이다. 따라서 기념품을 하나도 받지 못하는 참가자가 생기는 경우의 수는 $45 - 21 = 24$(가지)이다.

69

|정답| ④

|풀이|

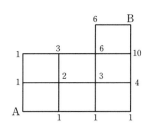

각 갈림길에서 B까지 가는 경우의 수를 하나씩 적어가면서 경우의 수를 따져야 한다. 이것을 "갈림길 계산법"이라고 한다. 그림에서 보듯이 일단 아래쪽 바닥과 왼쪽 끝에 꼭짓점이 있는 구간에 1을 기입한다. 이것은 그 지점까지 도달하는 가장 빠른 길은 한 가지라는 것이다. 그림에서 2를 보게 되면 이것은 아래쪽 바닥 꼭짓점과 왼쪽 꼭짓점의 합을 구한 것이므로 $1 + 1 = 2$(가지)이다. 마찬가지로 오른쪽 끝에 B값은 대각선 꼭짓점의 값인 6과 10을 더해야 한다. 따라서 $6 + 10 = 16$(가지)가 되는 것이다.

70

|정답| ③

|풀이|

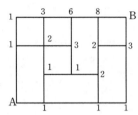

"갈림길 계산법"을 이용해서 각 갈림길에서 그곳까지 오는 경우의 수를 하나씩 적어가면서 경우의 수를 따져야 한다. 바둑판 모양의 길이라면 조합을 이용해서 풀 수 있으나 이런 유형의 문제는 왼쪽 그림과 같이 갈림길에 도달할 수 있는 방법의 수를 적어 가며 따져야 한다. 따라서 A에서 출발하여 B까지 가는 최단거리로 가는 방법의 수는 11가지다.

71

|정답| ⑤

|풀이|

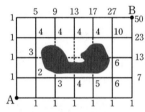

"갈림길 계산법"을 이용한다. 중앙의 호수가 있는 부분의 길은 지날 수 없으므로 먼저 제외해 놓고, 갈림길에서 세는 방법을 이용하여 B까지 도달하는 방법의 수를 구한다. 따라서 A에서 출발하여 중앙의 호수를 피해 B에 도달하는 방법의 수는 모두 50가지이다.

72

|정답| ④

|풀이| 다음과 같이 도식화 할 수 있다. 따라서 답은 9가지이다.

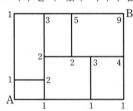

73

|정답| ③

|풀이| "갈림길 계산법"을 이용하면 다음과 같다.

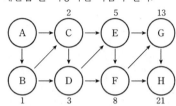

따라서 A에서 출발하여 H까지 가는 방법의 수는 21가지이다.

74

|정답| ③

|풀이|

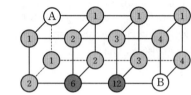

이러한 최단 거리의 방법의 수를 묻는 문제는 "갈림길 계산법"을 사용한다. 따라서 답은 $4 + 4 + 12 = 20$(가지)이다.

75

|정답| ③

|풀이| C지점을 지나치지 않는 방법의 수를 구하려면, 전체 이동 방법의 수에서 A에서 출발하여 C지점을 지나 B에 도착하는 방법의 수를 빼면 된다.

A에서 B까지 가는 전체 방법의 수는 가로로 6칸, 세로로 4칸이니, 10!을 6!과 4!로 나누면 된다.

$$\frac{10!}{6! \times 4!} = 210(가지)$$

A에서 C까지 가는 방법은 가로로 4칸, 세로로 2칸이니, 6!을 4!과 2!로 나누면 된다.

$$\frac{6!}{4! \times 2!} = 15(가지)$$

C에서 B까지 가는 방법은 4!을 2!와 2!로 나누면 된다.

$$\frac{4!}{2! \times 2!} = 6(가지)$$

따라서 A에서 C를 지나 B로 가는 방법은 $15 \times 6 = 90$(가지)이므로, C지점을 지나치지 않는 방법의 수는 $210 - 90 = 120$(가지)이다.

08 확률

● 본책 206~219p

빠른 정답

01	①	02	①	03	④	04	③	05	⑤	06	②	07	③	08	④	09	③	10	④
11	③	12	⑤	13	④	14	②	15	⑤	16	②	17	②	18	②	19	②	20	③
21	③	22	④	23	②	24	④	25	④	26	③	27	⑤	28	③	29	②	30	③
31	④	32	⑤	33	②	34	④	35	④	36	①	37	④	38	②	39	③	40	①
41	③	42	①	43	④	44	②	45	④	46	③	47	②	48	④	49	②	50	④

01

|정답| ①

|풀이| 모든 경우의 수는 5명 중에 2명을 뽑는 조합이므로 $_5C_2 = \dfrac{5 \times 4}{2} = 10$이다. 따라서 A가 뽑히고 나머지 한 명이 뽑히면 되는 경우의 수는 4가지이므로 구하는 확률은 $\dfrac{4}{10} = \dfrac{2}{5}$이다.

02

|정답| ①

|풀이| 적어도 2문제를 맞힐 확률을 계산하면 경우의 수가 많이 나오기 때문에 전체에서 모두 틀릴 확률과 1문제를 맞힐 확률을 계산해서 더해 준 후 전체에서 차감을 해준다. 이때, 모두 틀릴 확률은 $\dfrac{1}{2} \times \dfrac{1}{2} \times \dfrac{1}{2} \times \dfrac{1}{2} \times \dfrac{1}{2} = \dfrac{1}{32}$ 이고 1문제를 맞힐 확률은 1문제를 맞힐 확률이 5가지의 경우이므로 $\dfrac{1}{2} \times \dfrac{1}{2} \times \dfrac{1}{2} \times \dfrac{1}{2} \times \dfrac{1}{2} \times 5 = \dfrac{5}{32}$ 이다. 따라서 적어도 2문제를 맞힐 확률은 $1 - \left(\dfrac{1}{32} + \dfrac{5}{32} \right) = \dfrac{13}{16}$ 이다.

03

|정답| ④

|풀이| 모든 경우의 수는 20이고 4의 배수가 적힌 구슬이 나오는 경우는 4, 8, 12, 16, 20의 5가지이므로 구하는 확률은 $\dfrac{5}{20} = \dfrac{1}{4}$ 이다.

04

|정답| ③

|풀이| 인구수가 100명이므로 혈액형이 A형, B형, O형, AB형인 사람의 수는 비례배분을 한다.

A형인 사람: $100 \times \dfrac{1}{1+3+5+1} = 10$(명)

B형인 사람: $100 \times \dfrac{3}{1+3+5+1} = 30$(명)

O형인 사람: $100 \times \dfrac{5}{1+3+5+1} = 50$(명)

AB형인 사람: $100 \times \dfrac{1}{1+3+5+1} = 10$(명)

두 명의 사람을 선택했을 때, 두 사람의 혈액형이 같은 경우의 확률은 다음과 같다.

ⅰ) A형으로 같은 경우: $\dfrac{10}{100} \times \dfrac{9}{99} = \dfrac{9}{990}$ (100명 중에 1명을 뽑았으니 99명이고, 1명의 A형을 뽑았으니 9명이 남아서 $\dfrac{9}{99}$ 를 곱한 것이다.)

ⅱ) B형으로 같은 경우: $\dfrac{30}{100} \times \dfrac{29}{99} = \dfrac{87}{990}$

ⅲ) O형으로 같은 경우: $\dfrac{50}{100} \times \dfrac{49}{99} = \dfrac{245}{990}$

ⅳ) AB형으로 같은 경우: $\dfrac{10}{100} \times \dfrac{9}{99} = \dfrac{9}{990}$

따라서 구하는 확률은 $\dfrac{9}{990} + \dfrac{87}{990} + \dfrac{245}{990} + \dfrac{9}{990} = \dfrac{350}{990} = \dfrac{35}{99}$ 이다.

05

|정답| ⑤

|풀이| A만 합격할 확률은 A는 합격, B, C는 불합격을 하는 경우이다. B와 C의 불합격 확률은 전체에서 합격할 확률을 빼주면 된다. 따라서 답은 $\dfrac{3}{4} \times \left(1 - \dfrac{1}{9} \right) \times \left(1 - \dfrac{1}{3} \right) = \dfrac{4}{9}$ 이다.

06

|정답| ②

|풀이| 모든 경우의 수는 $_5P_2 = 5 \times 4 = 20$이다. 짝수가 되기 위해서는 일의 자릿수가 2 또는 4이어야 하므로 2가 일의 자

릿수이면 십의 자릿수는 4개가 올 수 있다. 마찬가지로 4가 오면 십의 자릿수는 4개가 올 수 있다. 따라서 경우의 수는 $2 \times 4 = 8$이고 구하는 확률은 $\dfrac{8}{20} = \dfrac{2}{5}$이다.

07

|정답| ③

|풀이| 모든 경우의 수는 $x+y+5$이고 검은 구슬이 나오는 경우의 수는 x이므로

$$\frac{x}{x+y+5} = \frac{1}{3} \cdots\cdots \text{㉠}$$

빨간 구슬이 나오는 경우의 수는 y이므로

$$\frac{y}{x+y+5} = \frac{1}{4} \cdots\cdots \text{㉡}$$

㉠, ㉡을 연립하여 풀면 $x=4$, $y=3$

$\therefore x+y=7$

08

|정답| ④

|풀이| 모든 경우의 수는 6명을 일렬로 세우는 방법이므로 $6! = 6 \times 5 \times 4 \times 3 \times 2 \times 1 = 720$이다. 남학생 4명이 이웃하여 서는 경우의 수는 남자 4명을 그룹으로 보고 총 3명을 일렬로 세우고 다시 남자를 일렬로 세우는 방법이 되므로 $3! \times 4! = (3 \times 2 \times 1) \times (4 \times 3 \times 2 \times 1) = 144$가 된다. 따라서 구하는 확률은 $\dfrac{144}{720} = \dfrac{1}{5}$이다.

09

|정답| ③

|풀이| 두 공이 서로 다른 색일 확률은 두 개의 주머니에서 각각 다른 색의 콩을 꺼내는 것이므로 2가지 경우가 있다.

A주머니에서 흰 공, B주머니에서 검은 공을 꺼낼 확률은 $\dfrac{2}{6} \times \dfrac{6}{10} = \dfrac{1}{5}$이다.

A주머니에서 검은 공, B주머니에서 흰 공을 꺼낼 확률은 $\dfrac{4}{6} \times \dfrac{4}{10} = \dfrac{4}{15}$이다.

따라서 구하는 확률은 $\dfrac{1}{5} + \dfrac{4}{15} = \dfrac{7}{15}$이다.

10

|정답| ④

|풀이| A와 B가 차례로 뽑기 때문에 일단 A가 당첨제비를 뽑지 않아야 하므로 $\dfrac{7}{10}$이 된다. 여기에서 일단 1장을 뽑았으니 9장이 되었고, B는 당첨제비를 뽑아야 하기 때문에 $\dfrac{3}{9}$이 되는 것이다. A는 당첨되지 않고 B는 당첨될 확률은 $\dfrac{7}{10} \times \dfrac{3}{9} = \dfrac{7}{30}$이다.

11

|정답| ③

|풀이| 8명의 후보 중에서 대표 2명을 뽑을 모든 경우의 수는 ${}_8C_2 = \dfrac{8 \times 7}{2} = 28$(가지)이다. C가 뽑히는 경우의 수는 C를 제외한 7명 중에서 1명을 뽑는 경우의 수와 같으므로 7가지이고, 그 확률은 $\dfrac{7}{28} = \dfrac{1}{4}$이다. 따라서 구하는 확률은 $1 - \dfrac{1}{4} = \dfrac{3}{4}$이다.

|다른풀이|

모든 경우의 수는 $\dfrac{8 \times 7}{2} = 28$(가지)이다. C가 뽑히지 않을 경우의 수는 C를 제외한 7명 중에서 2명을 뽑는 경우의 수와 같으므로 $\dfrac{7 \times 6}{2} = 21$(가지)이다. 따라서 구하는 확률은 $\dfrac{21}{28} = \dfrac{3}{4}$이다.

12

|정답| ⑤

|풀이| 수철이 또는 수진이가 1등을 할 확률을 물었으므로 합의 법칙을 이용해야 한다. 따라서 구하는 확률은 $\dfrac{1}{3} + \dfrac{1}{5} = \dfrac{8}{15}$이다.

13

|정답| ④

|풀이| 월요일 비가 왔으니까 '화요일에 비가 올 경우 수요일에 비가 올 확률 + 화요일에 비가 오지 않고 수요일에 비가 올 확률'을 계산하면 $\dfrac{1}{3} \times \dfrac{1}{3} + \dfrac{2}{3} \times \dfrac{1}{4}$이다. 따라서 같은 주 수요일에 비가 올 확률은 $\dfrac{1}{3} \times \dfrac{1}{3} + \dfrac{2}{3} \times \dfrac{1}{4} = \dfrac{5}{18}$이다. 다음과 같이 표를 만들어서 풀이를 해도 된다.

월요일	화요일	수요일	확률
	비 ○ $\dfrac{1}{3}$	비 ○ $\dfrac{1}{3}$	$\dfrac{1}{3} \times \dfrac{1}{3}$
		비 × $\dfrac{2}{3}$	
비 ○			$+$
	비 × $\dfrac{2}{3}$	비 ○ $\dfrac{1}{4}$	$\dfrac{2}{3} \times \dfrac{1}{4}$
		비 × $\dfrac{3}{4}$	

14

|정답| ②

|풀이| 두 사람이 만나지 못하는 경우는 아래 표에서 총 3가지가 나온다. 이때, 전체에서 둘이 만난 것을 빼주면 둘이 만나지 못하는 경우가 된다.

구분	슬기	태영	만남 형태
case 1	○	×	못 만남
case 2	×	○	못 만남
case 3	×	×	못 만남
case 4	○	○	만남

두 사람 다 약속 장소에 나올 확률, 즉 두 사람이 만날 확률은 $\frac{9}{10} \times \frac{4}{5} = \frac{18}{25}$ 이다. 따라서 구하는 확률은 $1 - \frac{18}{25}$ $= \frac{7}{25}$ 이다.

15

|정답| ⑤

|풀이| 적어도 1명이 맞힐 확률을 계산하라고 했으니 전체에서 세 사람이 모두 목표물을 못 맞힐 확률을 계산해서 차감해 주면 된다. 전체가 못 맞힐 확률을 계산하면 $\left(1 - \frac{2}{5}\right) \times \left(1 - \frac{5}{7}\right) \times \left(1 - \frac{1}{3}\right) = \frac{3}{5} \times \frac{2}{7} \times \frac{2}{3} = \frac{4}{35}$ 이다. 따라서 구하는 확률은 $1 - \frac{4}{35} = \frac{31}{35}$ 이다.

16

|정답| ②

|풀이| 공 네 개를 동시에 꺼내는 경우의 수는 $_8C_4 = 70$이다. 이때, 공의 색깔이 모두 다른 경우의 수는 각 공을 1개씩 꺼내는 것이므로 $_3C_1 \times _1C_1 \times _2C_1 \times _2C_1 = 12$이다. 따라서 공의 색깔이 모두 다를 확률은 $\frac{12}{70} = \frac{6}{35}$ 이다.

17

|정답| ②

|풀이| 불량품일 확률이 5%, 검사원이 올바르게 판정할 확률이 90%이다. 이를 표로 나타내면 다음과 같다.

공장의 제품	개수	판정	비고
100개	정상 95개	정상 판정 95×0.9 = 85.5	
		불량 판정 95×0.1 = 9.5	정상을 불량으로 판정-오류
	불량 5개	정상 판정 5×0.1 = 0.5	
		불량 판정 5×0.9 = 4.5	불량을 불량으로 판정-정확

이때, 정상품 95개 중 불량판정은 $95 \times 0.1 = 9.5$(개)이고 불량품 5개 중 불량 판정은 $5 \times 0.9 = 4.5$(개)이다. 따라서 총 불량 판정은 $9.5 + 4.5 = 14$(개)이므로 전체 불량품 중 실제로 불량품일 확률은 $\frac{4.5}{14} = \frac{9}{28}$ 이다.

18

|정답| ②

|풀이| 김 대리가 이득을 보는 경우는 모두 이기거나 5번, 4번 이기는 경우이다. 3번 이기게 되면 둘이 같은 승이 되기 때문에 이득을 봤다고는 말할 수 없다. 따라서 3가지 경우를 고려해서 확률을 계산하면 다음과 같다.
김 대리가 6번 모두 이길 경우: 1가지
김 대리가 5번 이길 경우: $_6C_5 = 6$(가지)
김 대리가 4번 이길 경우: $_6C_4 = 15$(가지)
따라서 총 64가지의 경우 중에 22가지이므로 $\frac{22}{64} = \frac{11}{32}$ 가 된다.

19

|정답| ②

|풀이| 가위바위보는 이길 확률 $\frac{1}{3}$, 비길 확률 $\frac{1}{3}$, 질 확률 $\frac{1}{3}$ 이다. 첫 번째에 비기는 경우의 수는 (가위, 가위) (바위, 바위) (보, 보)의 3가지이므로 확률은 $\frac{1}{3} \times \frac{1}{3} \times \frac{1}{3} \times 3 = \frac{3}{9} = \frac{1}{3}$ 이다. 두 번째에 A가 이기는 경우의 수는 (가위, 보) (바위, 가위) (보, 바위)의 3가지이므로 확률은 $\frac{3}{9} = \frac{1}{3}$ 이다. 세 번째에 B가 이기는 경우의 수는 (보, 가위) (가위, 바위) (바위, 보)의 3가지이므로 확률은 $\frac{3}{9} = \frac{1}{3}$ 이다. 따라서 구하는 확률은 $\frac{1}{3} \times \frac{1}{3} \times \frac{1}{3} = \frac{1}{27}$ 이다.

20

|정답| ③

|풀이| 세 번 안에 도달할 경우는 처음에 앞면이 나오거나, (뒷면, 앞면, 앞면)이 나오는 경우다. 처음에 앞면이 나올 확률은 $\frac{1}{2}$, (뒷면, 앞면, 앞면)이 나올 확률은 $\frac{1}{2} \times \frac{1}{2} \times \frac{1}{2} = \frac{1}{8}$ 이다. 따라서 합하면 $\frac{5}{8}$ 가 된다.

21

|정답| ③

|풀이| 전체 경우의 수는 $_8C_3 = \frac{8 \times 7 \times 6}{3 \times 2} = 56$(가지)이다. 이때, 남자만 뽑힐 경우는 남자 5명 중의 3명을 뽑는 것이므로 $_5C_3 = \frac{5 \times 4 \times 3}{3 \times 2 \times 1} = 10$(가지)이고, 여자만 뽑힐 경우는 여자 3명 중의 3명을 뽑는 것이므로 $_3C_3 = 1$(가지)이다. 따라서 구하고자 하는 확률은 1에서 여자만 뽑히거나 남자만 뽑히는 확률을 빼면 되므로 $1 - \left(\frac{10 + 1}{56}\right) = \frac{45}{56}$ 이다.

22

|정답| ④

|풀이| 전날 마시고 다음 날도 마실 확률은 $\frac{1}{4}$, 전날 마시고 다음 날 안 마실 확률은 $\frac{3}{4}$, 전날 안 마시고 다음 날 마실 확률은 $\frac{1}{2}$, 전날 안 마시고 다음 날 안 마실 확률은 $\frac{1}{2}$이다.

10월 3일	10월 4일		10월 5일		확률
○	○	$\frac{1}{4}$	○	$\frac{1}{4}$	$\frac{1}{16}$
○	○	$\frac{1}{4}$	×	$\frac{3}{4}$	$\frac{3}{16}$
○	×	$\frac{3}{4}$	○	$\frac{1}{2}$	$\frac{3}{8}$
○	×	$\frac{3}{4}$	×	$\frac{1}{2}$	$\frac{3}{8}$

따라서 10월 5일에도 술을 마실 확률은 $\frac{1}{16}+\frac{3}{8}=\frac{7}{16}$이다.

23

|정답| ②

|풀이| 흰 공 6개와 검은 공 8개가 들어 있는 주머니에서 3개의 공을 꺼낼 때, 모두 흰 공일 확률은 $\frac{_6C_3}{_{14}C_3}$이다. 따라서 적어도 1개는 검은 공일 확률은 전체에서 모두 흰 공일 확률을 뺀 $1-\frac{5}{91}=\frac{86}{91}$이 되므로 $a+b=177$이다.

24

|정답| ④

|풀이| 만약 가위를 내서 비겼다고 하면 민준이가 다음 판에 다르게 낸다면 바위나 보 2개를 낼 수 있다. 다음 판에 보를 내면 이기거나 비긴다. 알고 있다면 이길 확률은 $\frac{1}{2}$이 된다. 만약 모른다면 이기거나 비기거나 지기 때문에 이길 확률은 $\frac{1}{3}$이다. 따라서 이 차이는 $\frac{1}{2}-\frac{1}{3}=\frac{1}{6}$이 된다.

25

|정답| ④

|풀이| 이번 시즌에 A는 B에게 6승 12패의 전적이 있다. 즉, 총 18번을 싸워서 A가 6번을 이겼고, B가 12번을 이겼다는 것이다. 승률을 보면 A $=\frac{6}{18}$, B $=\frac{12}{18}$이다. 한 번의 경기에서 A가 이길 확률이 $\frac{6}{18}$, 그러니까 $\frac{1}{3}$이고 질 확률은 $\frac{2}{3}$이다. 현재 2승 무패이므로 A가 4승 1패로 우승하는

경우는 3번의 경기에서 (승, 패, 승) 또는 (패, 승, 승)일 때이다. 앞선 1차전과 2차전은 이미 A가 이겼기 때문에 확률에 영향을 주지 않으므로 남은 5경기가 중요하다. B가 한 번 지는 경우를 보면 아래와 같다.

1	2	3	4	5	승패	확률
A 승	A 승	승	승	패	불가능	0
		패	승	승	4승 1패	$\frac{2}{3}\times\frac{1}{3}\times\frac{1}{3}$
		승	패	승	4승 1패	$\frac{1}{3}\times\frac{2}{3}\times\frac{1}{3}$

따라서 확률은 $\frac{1}{3}\times\frac{2}{3}\times\frac{1}{3}+\frac{2}{3}\times\frac{1}{3}\times\frac{1}{3}=\frac{4}{27}$이다.

26

|정답| ③

|풀이| 7전 4선승제의 챔피언 결정전에서 2승 1패를 한 팀이 역전당해서 우승하지 못할 확률을 구하라는 문제이다. 3연패 끝에 4연승 할 확률은 $\frac{1}{16}$이 된다.

일단 내리 세 판을 다 지는 경우가 있다. 그러면 2승 4패로 지게 된다. 그 확률은 $\left(\frac{1}{2}\right)^3=\frac{1}{8}$이다. 한 번 이기고 세 판을 지는 경우는 4차전에서 이기거나 5차전에서 이기거나 6차전에서 이기는 세 가지 경우만 있다. 그러나 모두 7차전까지는 가야 한다. 이때, 그 확률은 $3\times\frac{1}{16}=\frac{3}{16}$이다.

따라서 위의 두 가지 경우를 더하면 $\frac{5}{16}$이다.

27

|정답| ⑤

|풀이| 이 경우는 7전 4선승제의 챔피언 결정전에서 2승 1패를 기록하고 있는 팀이 역전을 당해 우승하지 못할 확률(26번에서 구한 $\frac{5}{16}$)을 구해서 1에서 차감하면 된다. 즉, 여사건으로 풀이를 하면 된다. 따라서 우승할 확률은 $1-\frac{5}{16}=\frac{11}{16}$이다.

28

|정답| ③

|풀이| 이 경우 일단 전체 생산량을 1,000개로 놓고 계산을 한다.

총 생산대수 1,000대	700대 생산 (70%)	결함 없음 (70%) = 490
		결함 있음 (30%) = 210
	300대 생산 (30%)	결함 없음 (40%) = 120
		결함 있음 (60%) = 180

총 1,000대를 생산해서 210 + 180 = 390(대)의 결함이 생겼으므로 $\frac{390}{1,000} \times 100 = 39(\%)$가 된다. 확률로 계산을 해보면

A공장(결함 없음): 49%
A공장(결함 있음): 21%
B공장(결함 없음): 12%
B공장(결함 있음): 18%

결함이 있으면서 A공장에서 생산되었을 확률은 21%고, 결함이 있고 B공장에서 생산되었을 확률은 18%다. 따라서 전체적으로 결함이 있을 확률은 이것을 합한 39%다.

29

|정답| ②

|풀이| 사지선다는 답을 맞힐 확률이 $\frac{1}{4}$이고 틀릴 확률은 $\frac{3}{4}$이다. 3문제 연속으로 맞추는 경우 중 5개를 다 맞추는 경우, 4개를 맞추는 경우, 3개를 맞추는 경우를 각각 고려해야 한다. 3문제 연속으로 맞추는 것에 대한 확률은 다음과 같다.

구분	1	2	3	4	5	확률
㉮	○	○	○	○	○	$\frac{1}{4} \times \frac{1}{4} \times \frac{1}{4} \times \frac{1}{4} \times \frac{1}{4}$ $= \frac{1}{1,024}$
㉯	○	○	○	○	×	$\frac{1}{4} \times \frac{1}{4} \times \frac{1}{4} \times \frac{1}{4} \times \frac{3}{4}$ $= \frac{3}{1,024}$
㉰	○	○	○	×	○	$\frac{1}{4} \times \frac{1}{4} \times \frac{1}{4} \times \frac{1}{4} \times \frac{3}{4}$ $= \frac{3}{1,024}$
㉱	○	×	○	○	○	$\frac{1}{4} \times \frac{1}{4} \times \frac{1}{4} \times \frac{1}{4} \times \frac{3}{4}$ $= \frac{3}{1,024}$
㉲	×	○	○	○	○	$\frac{1}{4} \times \frac{1}{4} \times \frac{1}{4} \times \frac{1}{4} \times \frac{3}{4}$ $= \frac{3}{1,024}$
㉳	○	○	○	×	×	$\frac{1}{4} \times \frac{1}{4} \times \frac{1}{4} \times \frac{3}{4} \times \frac{3}{4}$ $= \frac{9}{1,024}$
㉴	×	○	○	○	×	$\frac{1}{4} \times \frac{1}{4} \times \frac{1}{4} \times \frac{3}{4} \times \frac{3}{4}$ $= \frac{9}{1,024}$
㉵	×	×	○	○	○	$\frac{1}{4} \times \frac{1}{4} \times \frac{1}{4} \times \frac{3}{4} \times \frac{3}{4}$ $= \frac{9}{1,024}$
주의	○	○	×	○	○	3문제 연속이 아님

사지선다형 5문제에서 나올 수 있는 경우의 수는 $4^5 = 1,024$이다. 5문제를 모두 맞추는 경우는 ㉮로 1이다. 4문제를 맞히되 3문제를 연속으로 맞히는 경우는 ㉯~㉲로

$4 \times (1^4 \times 3^1) = 12$이다. 3문제를 맞히되 3문제를 연속으로 맞히는 경우는 ㉳~㉵로 $3 \times (1^3 \times 3^2) = 27$이다. 따라서 구하고자 하는 확률은 $\frac{1 + 12 + 27}{1,024} = \frac{40}{1,024} = \frac{5}{128}$이다.

30

|정답| ③

|풀이| 6명이 일렬로 서는 경우의 수는 6!이므로 720가지이다. 두 명의 남직원 사이에 두 명의 여직원이 끼어서 서 있는 경우를 계산해야 한다. 일단 남자가 서 있는 사이로 2명이 들어와야 한다. 그럼 여자 4명 중의 2명을 선택하는 방법은 $_4P_2$가 된다. 그리고 여자가 들어갈 수 있는 자리는 남자를 사이에 두고 3개가 있으니 3!이 된다. 그리고 남자가 서로 자리를 바꾸는 경우 2!이 된다.

여자		여자	여자		여자
	남자			남자	

따라서 $_4P_2 \times 3! \times 2! = (4 \times 3) \times (3 \times 2 \times 1) \times (2 \times 1) = 144$(가지)로 확률은 $\frac{144}{720} = \frac{1}{5}$이다.

다른 풀이

여자	여자		여자 여자 C D		
E	F	남자		남자	
		A		B	
하나의 그룹으로 봄					

(A, B), (C, D) E, F 6명에서 남자 두 명(A, B)과 여자 두 명(C, D)을 하나로 뭉친다. 남자 둘을 양 끝에 두고, 일단 네 사람 뭉친 것을 그룹으로 보는 것이다.
ⅰ) 여자 E, F와 함께 세 명(그룹)이 있다고 생각하고, 이 세 사람을 배열하는 경우의 수 3! = 6(가지)이다.
ⅱ) 네 사람의 한 뭉치에서 A, B 남자의 위치를 바꾸는 경우 2! = 2(가지)이다.
ⅲ) 여자 네 명 중 두 명을 C, D에 놓는 방법의 수는 $_4P_2 = 4 \times 3 = 12$(가지)이다.

따라서 $12 \times 6 \times 2 = 144$(가지)로 확률은 $\frac{144}{720} = \frac{1}{5}$이다.

31

|정답| ④

|풀이| 6명이 일렬로 서는 경우의 수는 6!이므로 720가지이다. 두 명의 남직원 사이에 한 명의 여직원이 끼어서 서 있는 경우를 계산해야 한다. 일단 남자가 서 있는 사이로 1명이 들어와야 한다. 그럼 여자 4명 중의 1명을 선택하는 방법 $_4P_1 = 4$가 된다. 그리고 여자 4명이 줄을 서는 것이니 4!가 된다. 그리고 남자가 바뀌는 경우 2!가 된다.

여자		여자		여자	여자
	남자		남자		

따라서 $_4P_1 \times 4! \times 2! = 192$(가지)가 되고 확률은 $\frac{192}{720} = \frac{4}{15}$이다.

32

|정답| ⑤

|풀이| A부터 시작해서 한 단 아래로 내려오면 확률이 $\frac{1}{2}$이 되고, 그 아래로 내려가면 양쪽 끝은 $\frac{1}{2} \times \frac{1}{2} = \frac{1}{4}$, 가운데 점은 $\frac{1}{2} \times \frac{1}{2} \times 2 = \frac{1}{2}$ … 이런 식으로 풀어 가면 시간이 오래 걸린다.

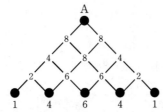

A에서 구슬을 굴렸다고 가정해보자. A에서 출발해서 4단에 걸쳐 아래로 내려오니 2의 4승, 16개의 구슬이 A로부터 아래로 내려온다고 생각한다. 그러나 2단에는 4개, 8개, 4개, 이렇게 구슬이 도달한다. 3단에는 2개, 6개, 6개, 2개로 구슬이 도달한다. 마지막 4단에는 1개, 4개, 6개, 4개, 1개가 된다. B에 4개, C에 6개의 구슬이 도달하니 합하면 10개이다. 따라서 확률은 $\frac{10}{16} = \frac{5}{8}$이다.

33

|정답| ②

|풀이| 올바른 결정에 도달한다는 것은 무죄를 무죄로 유죄를 유죄로 판단하는 것이다. 그럼 올바른 판단을 한 판사가 2명 이상으로 과반수가 되어야 하는데, 첫 번째 판사가 올바르게 판단할 확률은 $\frac{3}{4}$이고, 두 번째 판사 역시 $\frac{3}{4}$, 그리고 세 번째 판사는 $\frac{1}{2}$이다. 이 중에 두 명 이상만 올바른 판단을 하면 올바른 최종 평결에 도달하게 된다. 이때, 각각의 확률을 구하면 다음과 같다.

구분	1	2	3	확률
a	○	○	×	$\frac{3}{4} \times \frac{3}{4} \times \frac{1}{2} = \frac{9}{32}$
b	○	×	○	$\frac{3}{4} \times \frac{1}{4} \times \frac{1}{2} = \frac{3}{32}$
c	×	○	○	$\frac{1}{4} \times \frac{3}{4} \times \frac{1}{2} = \frac{3}{32}$
d	○	○	○	$\frac{3}{4} \times \frac{3}{4} \times \frac{1}{2} = \frac{9}{32}$

따라서 이를 다 합하면 $\frac{9+3+3+9}{32} = \frac{24}{32} = \frac{3}{4}$이 된다.

34

|정답| ④

|풀이| 정상적으로 풀이를 하면 다음과 같이 풀이를 해야 한다.

구분	첫 번째 날	두 번째 날	세 번째 날	확률계산
경우 1	○	○	×	$\frac{1}{4} \times \frac{1}{4} \times \frac{3}{4} = \frac{3}{64}$
경우 2	○	×	×	$\frac{1}{4} \times \frac{3}{4} \times \frac{3}{4} = \frac{9}{64}$
경우 3	×	○	×	$\frac{3}{4} \times \frac{1}{4} \times \frac{3}{4} = \frac{9}{64}$
경우 4	×	×	×	$\frac{3}{4} \times \frac{3}{4} \times \frac{3}{4} = \frac{27}{64}$
전체				$\frac{3}{64} + \frac{9}{64} + \frac{9}{64} + \frac{27}{64}$ $= \frac{48}{64} = \frac{3}{4}$

그러나 간단하게 풀이를 한다면 세 번째 날 사냥감을 잡지 못할 확률을 물어봤으니 그냥 $\frac{3}{4}$으로 계산을 해도 된다. 사냥에 성공할 확률이 $\frac{1}{4}$이니, 실패할 확률은 $\frac{3}{4}$인 것이다.

35

|정답| ④

|풀이| 조건부 확률 문제로 이런 경우는 대입을 통해서 풀이를 하는 것이 빠르다. 문제에서 주어진 확률이 $\frac{1}{2}$, $\frac{2}{3}$, $\frac{1}{6}$이므로 분모 2, 3, 6의 최소공배수 12를 전체 인원으로 해서 확률을 대신한다. 만약 12명이라고 하면 대졸 6명, 고졸 6명이 된다. 그리고 이 중에서 남자는 4명이고 여자는 8명이다.

구분	남	여	전체
대졸	1(a)	5(c)	6
고졸	3(b)	3(d)	6
전체	4	8	12

대졸 전체는 6명이고 고졸 전체도 6명인데 대졸사원을 뽑았는데 남자가 될 확률이 $\frac{1}{6}$이므로 $a = 1$이 된다. 그러면 $c = 5$가 된다. 그러면 b와 d는 자동으로 채워진다. 따라서 남자 사원을 뽑았을 때 고졸 사원일 확률은 $\frac{3}{4}$이 된다.

36

|정답| ①

|풀이| 7장의 카드가 모두 서로 다른 문자라고 하면 7!로 구해진다. 그러나 A와 O가 두 장씩이니 분모에 (2!×2!)를 써서 경우의 수를 줄여줘야 한다. 확률이라면 우선 분모에 들어갈 전체 경우의 수부터 구해야 한다. 전체 카드 배열의 수는 $\frac{7!}{2! \times 2!}$이다. 양쪽이 같은 경우는 A카드와 O카드가 오는 경우이므로 양 끝을 제외한 나머지 5장이 줄을 서는

경우의 수는 5!이다. 이때 같은 문자가 포함되므로 $\dfrac{5!}{2!}$가

되는데 이 경우가 A, O 2가지이므로 $\dfrac{5!}{2!} \times 2 = 5!$이 된다.

따라서 양쪽 끝에 같은 문자가 위치할 확률은 $\dfrac{5!}{7!} \times 2!$

$\times\, 2! = \dfrac{2}{21}$가 된다.

37

|정답| ④

|풀이| 여사건으로 풀이를 하는 것이 빠르다. 한 발도 못 맞출 확
률은 $\dfrac{1}{4} \times \dfrac{1}{4} \times \dfrac{1}{4} = \dfrac{1}{64}$이다. 따라서 이것을 전체 사건

확률인 1에서 빼면 $\dfrac{63}{64}$이 된다.

38

|정답| ④

|풀이| 각 꼭짓점마다 나올 확률을 계산하면 다음과 같다.

 ⅰ) B에 머물 확률

  B에 머물기 위해서는 두 번 던진 주사위의 눈의 합이
  1, 5, 9가 되어야 한다. 그런데 주사위를 두 번 던져 그
  합이 1이 될 수는 없다. 그러니 B에 머물려면 (1, 4),
  (2, 3), (3, 2), (4, 1)과 (3, 6), (4, 5), (5, 4), (6, 3)으로
  8가지 경우밖에 없다. 이때, 두 개의 주사위를 던져 나
  올 수 있는 경우의 수가 6×6 = 36(가지)이다. 따라서
  B에 머물 확률은 $\dfrac{8}{36} = \dfrac{2}{9}$이다.

 ⅱ) C에 머물 확률

  C에 오려면 2, 6, 10이 되어야 한다. 두 번 던진 주사위
  눈의 합이 (1, 1), (2, 4), (4, 2), (1, 5), (5, 1), (3, 3),
  (4, 6), (6, 4), (5, 5) 9가지이다. 따라서 확률은
  $\dfrac{9}{36} = \dfrac{1}{4}$이다.

 ⅲ) D에 머물 확률

  D에 오려면 3, 7, 11이 되어야 한다. 두 번 던진 주사위
  눈의 합이 (1, 2), (2, 1), (1, 6), (2, 5), (3, 4), (4, 3),
  (5, 2), (6, 1), (5, 6), (6, 5) 10가지이다. 따라서 확률은
  $\dfrac{10}{36} = \dfrac{5}{18}$이다.

 ⅳ) A에 머물 확률

  A에 머물 경우의 수는 따로 구할 이유가 없다. B에 머
  물 경우 8, C에 머물 경우 9, D에 머물 경우 10이니
  A에 머물 경우의 수는 36−8−9−10 = 9이다. 따라서
  확률은 $\dfrac{9}{36} = \dfrac{1}{4}$이다.

즉, A, B, C, D에 마지막으로 머물 확률이 $\dfrac{1}{4}$, $\dfrac{2}{9}$, $\dfrac{1}{4}$,

$\dfrac{5}{18}$가 되고, 이때 머물 확률이 가장 높은 것은 D이다.

39

|정답| ③

|풀이|

갈림길 계산법을 이용하면 일단 A에서 Q까지 가는 총 경
우의 수는 10가지이다. 이때, P점을 통과하여 간다면 A에서
P까지 가는 경우 2가지, P에서 Q까지 가는 경우 3가지를
곱해주면 총 6가지이다. 따라서 P점을 통과하게 될 확률은
'$\dfrac{6}{10}$이 된다'라고 하면 될까? 안 된다.

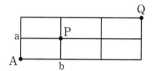

위의 그림을 바탕으로 설명을 하면 a로 갈 확률은 $\dfrac{1}{2}$이고,

b로 갈 확률도 $\dfrac{1}{2}$이다. 다시 a에서 위로 갈 확률과 P로 갈

확률은 $\dfrac{1}{2} \times \dfrac{1}{2} = \dfrac{1}{4}$이다. 마찬가지로 b에서 오른쪽으로

갈 확률과 P로 갈 확률은 $\dfrac{1}{2} \times \dfrac{1}{2} = \dfrac{1}{4}$이다. 따라서 P점을

통과하게 될 확률은 A에서 P에 갈 확률인 $\dfrac{1}{4} + \dfrac{1}{4} = \dfrac{1}{2}$이

되는 것이다.

40

|정답| ①

|풀이| $P(A\,|\,$안경$) = \dfrac{P(A\cap\text{안경})}{P(\text{안경})} = \dfrac{n(\text{안경 쓴 }A)}{n(\text{안경착용})} = \dfrac{42}{58}$

표를 만들어서 풀이하면 계산이 더 간단하다. 전체 대상을
100명으로 가정하고 다음과 같이 표를 작성한다.

구분	안경 착용	안경 미착용	계
A	42	18	60
B	16	24	40
전체	58	42	100

임의로 선택한 학생이 안경을 쓰고 있고, 집단 A에 속할

확률을 물었으므로 $\dfrac{42}{58} = \dfrac{21}{29}$이 된다.

41

|정답| ③

|풀이| 조건부 확률에 대한 문제로 노트북 컴퓨터가 분모이므로
 P(노란 공|노트북)이다. 이 경우는 공, 문, 사은품이라는
 3개의 항목이 있으므로 표를 그리기가 힘들다. 따라서 다
 음과 같은 그림으로 표현한다.

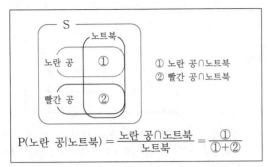

$$P(\text{노란 공}|\text{노트북}) = \frac{\text{노란 공}\cap\text{노트북}}{\text{노트북}} = \frac{①}{①+②}$$

노트북이 선택되는 경우는 2가지가 존재한다.

i) 노란 공∩노트북 = 노란 공을 선택하고 노트북을 받으려면 $\frac{4}{5}$(노란 공을 선택할 확률)$\times\frac{1}{3}$(노란 문에 노트북이 나올 확률) $= \frac{4}{15}$

ii) 빨간 공∩노트북 = 빨간 공을 선택하고 노트북을 받으려면 $\frac{1}{5}$(빨간 공을 선택할 확률)$\times\frac{1}{2}$(빨간 문에 노트북이 나올 확률) $= \frac{1}{10}$

이제 조건부 확률로 계산을 하면 다음과 같다.

$$P(\text{노란 공}\,|\,\text{노트북}) = \frac{P(\text{노란 공}\cap\text{노트북})}{P(\text{노트북})}$$
$$= \frac{n(\text{노란 공이면서 노트북을 받는 경우})}{n(\text{노트북을 받을 경우 전체})}$$
$$= \frac{\dfrac{4}{15}}{\dfrac{4}{15}+\dfrac{1}{10}}$$
$$= \frac{8}{11}$$

42

|정답| ①

|풀이|

	$x, y, z > 0$			
	$x+y+z=7$			
경우의 수	x	y	z	합
1	1	1	5	7
2	1	2	4	7
3	2	1	4	7
4	1	3	3	7
5	2	2	3	7
6	3	1	3	7
7	1	4	2	7
8	2	3	2	7
9	3	2	2	7
10	4	1	2	7
11	1	5	1	7
12	2	4	1	7
13	3	3	1	7
14	4	2	1	7
15	5	1	1	7

중복조합: 서로 다른 n개에서 중복을 허락하여 r개를 택하는 조합의 수는 $_n\mathrm{H}_r = {}_{n+r-1}\mathrm{C}_r$

세 수의 합이 7인 경우는 15개가 아니라 4개이다. (1, 1, 5)와 (1, 5, 1)은 서로 다른 경우가 아니라 같은 경우이기 때문이다. 이때, 전체의 경우의 수는 중복조합을 이용해서 5개의 공에서 중복을 허락해 세 개를 꺼낼 때의 경우의 수이므로 $_5\mathrm{H}_3 = {}_{5+3-1}\mathrm{C}_3 = {}_7\mathrm{C}_3 = \frac{7\times6\times5}{3\times2\times1} = 35$가 된다. 따라서 구하고자 하는 확률은 $\frac{4}{35}$가 된다.

43

|정답| ④

|풀이| 5명을 일렬로 나란히 세우는 경우의 수는 $5! = 5\times4\times3\times2\times1 = 120$(가지)이다. 특정한 두 사람 A, B가 3인용 소파에 앉을 수 있는 방법은 (A, B, □), (B, A, □), (□, A, B), (□, B, A), (A, □, B), (B, □, A)로 여섯 가지 경우이다. A와 B의 자리가 정해지면 나머지 세 사람은 남은 자리에 배열하면 되므로 구하려는 경우의 수는 $6\times3! = 6\times(3\times2\times1) = 36$(가지)이다. 따라서 구하고자 하는 확률은 $\frac{36}{120} = \frac{3}{10}\times100 = 30(\%)$이다.

44

|정답| ②

|풀이| 아이 두 명의 성별은 (남, 남), (남, 여), (여, 남), (여, 여) 이렇게 네 가지 경우가 있다. 한 명이 여자라고 했으므로 네 가지 경우 중 (남, 남)인 경우는 제외된다. 따라서 (남, 여), (여, 남), (여, 여) 세 가지의 경우 중 나머지 한 명이 여자일 경우는 (여, 여) 한 가지이므로 확률은 $\frac{1}{3}$이다.

45

|정답| ④

|풀이| 찍어서 맞힐 확률은 $\frac{1}{4}$이고, 3문제 중 한 문제 이상을 맞으면 합격이다. 즉, 모두 틀리는 경우만 아니라면 합격이라는 뜻이다. 따라서 전체에서 3문제 모두 틀릴 확률만 빼주면 되므로 $1 - \frac{3}{4}\times\frac{3}{4}\times\frac{3}{4} = \frac{37}{64}$이다.

46

|정답| ③

|풀이| 미국, 일본, 중국을 여행하고 싶어하는 직장인의 비율은 2 : 5 : 3이다. 비율은 각국을 여행하고 싶어하는 직장인의 특정한 숫자가 아니다. 즉, 어떤 사람을 선택했을 때 그 사람이 각국을 여행하고 싶어하는 사람일 확률이 $\frac{2}{10}$, $\frac{5}{10}$,

$\frac{3}{10}$이라는 의미이지 그 한 사람을 뽑았으니 전체 직장인 중에서 각국을 여행하고 싶어 하는 사람의 수가 한 사람 줄어드는 것이 아니라는 것이다. 두 명이 모두 미국, 일본, 중국을 여행하고 싶어 할 확률은 각각 $\frac{4}{100}$, $\frac{25}{100}$, $\frac{9}{100}$가 된다. 구하고자 하는 확률은 전체 확률에서 두 사람이 각기 같은 국가 여행을 원하는 확률을 빼주면 된다. 따라서 $1 - \frac{4+25+9}{100} = \frac{31}{50}$이다.

47

|정답| ②

|풀이| 10명의 유권자들이 4명의 임원을 뽑는다고 해보자. 4명을 포함해서 5번째 차점자까지 생각해 본다. 이들이 똑같이 2 표씩 받는다고 하면 어느 누구도 당선이 확실하지 않다. 그런데 3표를 획득하면 그 사람은 반드시 당선이 확정이다. 다른 사람 3명이 두 표씩 얻으면, 한 명은 1표가 되어 탈락이다. 그러니 뽑는 인원수에 한 명을 더해서 그 인원수로 유권자 수를 나눈 후, 1을 더한 득표수가 당선 확정 득표수가 된다.

$$\frac{\text{유권자 수}}{\text{뽑은 인원수}+1} + 1 = \text{확정 득표수}$$

즉, 10명이 4명의 인원을 뽑을 때는 $\frac{10}{4+1} + 1 = 3$(표)가 된다. 그런데 본 문제는 예상 투표율이 90%라는 조건이 붙어 있으므로 $50,000 \times 0.9 = 45,000$(명)이다. 9명을 뽑는 선거이니 차점자로 낙선자 하나 포함해서 10명을 생각한다. 따라서 당선이 확실한 최소한의 표수는 $\frac{45,000}{10} + 1 = 4,501$(표)이다.

48

|정답| ④

|풀이| 두 번째는 무조건 파란색 새이어야 하지만 첫 번째 꺼낸 새는 노란색일 수도 있고, 파란색일 수도 있다. 이 두 가지 경우에 해당하는 확률을 구해 더해주면 된다.

첫 번째로 새가 노란색일 확률은 $\frac{3}{5}$이다. 일단 새를 밖으로 꺼냈는데 문제에 분명하게 제시되지 않았다고 해서 이 새를 다시 새장 안에 집어넣었을 수도 있지 않느냐고 할 수 있으나, 문제에서 "꺼낸 새는 다시 새장 안에 집어넣지 않는다."라는 것이 없다면 새를 하나씩 두 마리 꺼낸다고 생각한다. 새장 안에는 노란색 새 두 마리와 파란색 새 두 마리가 남았으니 두 번째 새가 파란색 새일 확률은 $\frac{1}{2}$이다. 따라서 첫 번째 새가 노란색, 두 번째 새가 파란색일 확률은 $\frac{3}{5} \times \frac{1}{2} = \frac{3}{10}$이다.

두 번째로 첫 번째 새도 파란색, 두 번째 새도 파란색인 경우는 $\frac{2}{5} \times \frac{1}{4} = \frac{1}{10}$이 된다.

즉, 두 번째 꺼낸 새가 파란색일 확률은 두 경우의 확률을

더해줘서 $\frac{3}{10} + \frac{1}{10} = \frac{4}{10} = \frac{2}{5}$가 되는 것이다. 공교롭게도 다섯 마리의 새 중 한 마리를 골랐을 때 그것이 파란색인 확률과 같다. 이때, 두 번째 꺼낸 새가 파란색일 경우의 확률이 $\frac{2}{5}$인데, 이 중에서 첫 번째 꺼낸 새가 노란색이었을 확률을 구하라고 했으므로 위에서 따졌던 첫 번째 경우에 해당한다. 따라서 이 확률은 $\frac{3}{10}$이었으므로

$$\frac{\frac{3}{10}}{\frac{2}{5}} = \frac{3}{4}$$이 되는 것이다.

49

|정답| ②

|풀이| 첫 번째 질문은 자녀가 둘일 때 아들과 딸의 조합은 (아들, 아들), (아들, 딸), (딸, 아들), (딸, 딸) 이렇게 네 가지 경우이다. 그런데 한 명이 아들이라고 했으니 (딸, 딸)의 경우는 제외된다. 모두 세 가지 경우가 남았는데, 나머지 한 명도 아들일 확률이라고 했으니 세 가지 경우 중 (아들, 아들)의 경우는 하나밖에 없으니 확률은 $\frac{1}{3}$이 된다.

두 번째 질문에서는 첫째가 아들이라고 했으니, 위 네 가지 경우 중 (딸, 딸)과 (딸, 아들)의 경우는 제외된다. 이제 남은 것은 (아들, 아들), (아들, 딸) 두 가지 경우이니 나머지 한 명도 아들일 확률은 $\frac{1}{2}$이다.

> Tip 얼핏 보고 들어서는 두 가지 경우가 같은 것 같지만 실제는 같지 않다. 조건이 어떻게 주어지느냐에 따라서 확률이 달라지는 경우를 '조건부 확률'이라고 한다. 위 문제의 두 가지 경우는 조건이 다르므로 그 확률이 각각 $\frac{1}{3}$, $\frac{1}{2}$로 다르게 나오는 것이다.

50

|정답| ④

|풀이| 두 개의 구슬로 15만 원이려면 결국 파란 구슬 하나, 노란 구슬 하나를 뽑아야 한다. 그렇다면 확률은 다음과 같다.

$$\frac{_{10}C_1 \times _2C_1}{_{112}C_2} = \frac{10 \times 2}{\frac{112 \times 111}{2}} = \frac{10 \times 2}{56 \times 111} = \frac{5}{14 \times 111}$$
$$= \frac{5}{1,554}$$

09 부등식

01	⑤	02	⑤	03	③	04	③	05	④	06	②	07	③	08	①	09	③	10	③
11	②	12	③	13	②	14	④	15	④	16	②	17	③	18	②	19	②	20	③
21	①	22	③	23	④	24	②	25	③	26	④	27	②	28	④	29	④	30	④
31	④	32	②	33	③																

01

|정답| ⑤

|풀이| $-2a+3 < -2b+3$

$-2a < -2b$

$\therefore a > b$

① $-a < -b$ $\therefore 3-a < 3-b$

② $8a > 8b$ $\therefore 2+8a > 2+8b$

③ $5a > 5b$ $\therefore 5a-2 > 5b-2$

④ $\dfrac{a}{4} > \dfrac{b}{4}$ $\therefore \dfrac{a}{4}-1 > \dfrac{b}{4}-1$

⑤ $-\dfrac{a}{2} < -\dfrac{b}{2}$ $\therefore -6-\dfrac{a}{2} < -6-\dfrac{b}{2}$

02

|정답| ⑤

|풀이| $-4 \le x < 2$에서 $-1 < \dfrac{1}{2}x \le 2$

$\therefore 6 < -\dfrac{1}{2}x+7 \le 9$

따라서 $a=6$, $b=9$이므로 $a+b=15$이다.

03

|정답| ③

|풀이| 문제의 조건을 식으로 나타내면

$\begin{cases} \dfrac{x}{3}+2 > 0 \\ 2x+4 < 0 \end{cases}$

$\therefore -6 < x < -2$

따라서 정수 x로 가능한 것은 -5, -4, -3의 3개이다.

04

|정답| ③

|풀이| 연필을 x개 산다고 하면 볼펜은 $(20-x)$개 살 수 있으므로

$\begin{cases} 20-x > x \\ 600x+1,000(20-x) \le 18,000 \end{cases}$

$\therefore 5 \le x < 10$

따라서 $a=5$, $b=9$이므로 $b-a=4$이다.

05

|정답| ④

|풀이| x분 주차한다고 하면 $2,000+500(x-30) \le 20,000$

$\therefore x \le 66$

따라서 최대 66분 동안 주차할 수 있다.

06

|정답| ②

|풀이| 볼펜을 x개 산다고 하면, 형광펜은 $(10-x)$개를 사게 되므로 $5,000x+2,500(10-x) \le 41,000$이다.

$x > (10-x)$이면서 자연수이어야 하므로, $x=6$이 된다.

07

|정답| ③

|풀이| 500원짜리 초콜릿은 x개, 300원짜리 사탕은 $(7-x)$개 구매하고 봉투는 100원이라 했으므로

$500x+300(7-x) \le 3,000-100$

$200x \le 800$, $x \le 4$

따라서 최대 4개까지 구매할 수 있다.

다른 풀이

몰기법으로 풀이를 해보자. 비닐봉투 가격을 제외하면 2,900원 이내로 초콜릿과 사탕을 구매해야 한다. 초콜릿으로 7개를 다 사면 3,500원이 되고, 초콜릿을 하나 안사고 사탕을 하나 살 때마다 200원씩 줄어드니까, 3,500원과 2,900원의 차액인 600원을 맞추려면 200×3이다. 즉 초콜릿을 3개 덜 사야 2,900원에 맞출 수 있는 것이다. 따라서 초콜릿은 4개, 사탕은 3개 사는 것이 최댓값이 된다.

08

|정답| ①

|풀이| 컵라면이 편의점에서는 800원이고 할인마트에서는 600원으로, 차이는 200원(= 800 − 600)이므로 5개를 사야 1,000원의 버스비를 번다. 따라서 6개부터 이득이 된다.

> **다른 풀이**
>
> 몰기법으로 풀이를 해보자. 편의점과 할인마트의 가격차는 200원으로 버스요금 1,000원을 충족하고 그 이상을 사야 더 이익이므로 6개 이상 사야 한다.

09

|정답| ③

|풀이| 의자의 수를 x라고 하면 학생의 수는 $3x + 5$이다. 4명씩 앉을 때 의자 4개가 남는다는 것은, 의자 4개를 빼고는 모두 앉았다는 말이 되므로 $4(x − 4)$가 학생 수가 된다.

$3x + 5 = 4(x − 4)$

$\therefore x = 21$

> **다른 풀이**
>
> 이런 경우는 대입법을 이용한다.
> ① 의자가 18개라면 학생이 5명이 남으니 학생 수는 $18×3 + 5 = 59$(명)이다. $\frac{59}{4} = 14.×\times$이므로 의자는 15개 사용되고 3개가 남는다. 따라서 정답이 아니다.
> ② 의자가 19개라면 5명이 남으니 학생 수는 $19×3 + 5 = 62$(명)이다. $\frac{62}{4} = 15.×\times$이므로 의자는 16개 사용되고 3개가 남는다. 따라서 정답이 아니다.
> ③ 의자가 21개라면 5명이 남으니 학생 수는 $21×3 + 5 = 68$(명)이다. $\frac{68}{4} = 17$이므로 의자는 16개 사용되고 4개가 남는다. 따라서 옳은 것은 ③이다.

10

|정답| ③

|풀이| 의자의 수를 x로 두자. 학생의 수는 $4x + 10$이 되고, 6명씩 앉을 때 의자 4개가 남는다는 것은 의자 4개를 빼고는 모두 앉았다는 말이므로 $6(x − 4)$가 학생 수가 된다.

$4x + 10 = 6(x − 4)$

$\therefore x = 17$

따라서 17개가 된다. 그런데 마지막 의자에 6명 모두 앉지 않았을 경우가 있으므로 학생 수 $4x + 10$보다 $6(x − 4)$가 적을 수도 있으니 부등호를 $\geq$로 두고 풀면 최소 17개가 된다.

> **다른 풀이**
>
> 이런 경우는 대입법을 이용한다. 최소 의자 수를 물어봤으니 ①부터 넣어본다.
> ① 의자가 15개라면 학생이 10명이 남으니 학생 수는 $15×4 + 10 = 70$(명)이다. $\frac{70}{6} = 11.×\times$이므로 의자는 12개 사용되고 3개가 남는다. 따라서 정답이 아니다.
> ② 의자가 16개라면 10명이 남으니 학생 수는 $16×4 + 10$

$= 74$(명)이다. $\frac{74}{6} = 12.×\times$이므로 의자는 13개 사용되고 3개가 남는다. 따라서 정답이 아니다.
③ 의자가 17개라면 10명이 남으니 학생 수는 $17×4 + 10 = 78$(명)이다. $\frac{78}{6} = 13$이므로 13개 사용되고 4개가 남는다. 따라서 옳은 것은 ③이다.

11

|정답| ②

|풀이| 전체 문제는 15개이다. 만약 맞춘 문제를 x개라고 하면 틀린 문제는 $(15 − x)$개가 된다.

$10x − 8(15 − x) \geq 100$

$10x + 8x \geq 100 + 120$

$18x \geq 220$

$\therefore x \geq 12.22\cdots\cdots$

따라서 x가 13 이상이어야 하는데 x는 정답의 개수이므로 오답은 2개가 최대가 된다.

> **다른 풀이**
>
> 전체를 모두 맞힌 경우는 10점×15개 = 150(점)이 된다. 그런데 1문제를 틀릴 때마다 8점씩 감소가 된다고 했으니 −8점을 해준다고 가정을 하고 100점 이상을 받으려 할 때, 6개를 틀리면 −8점×6 = 48(점)이고 총점은 150 − 48 = 102(점)이다. '최대 6개 틀리고 9개를 맞힌다'로 풀이를 하면 될까? 안 된다. 왜냐하면 1문제를 틀린 경우 −8점을 하면 안 되고 기존 10점도 받지 못하고 −8점까지 받기 때문에 −18점을 해주어야 한다. 따라서 18×3 = −54(점)이므로 오답은 2개까지만 허용된다.

12

|정답| ③

|풀이| 정가를 x라고 한다면 정가의 10% 할인한 할인가는 $0.9x$가 된다. 따라서 아래 식을 세울 수 있다.

$0.9x − 4{,}500 \geq 4{,}500 × 0.3$

$0.9x \geq 1.3 × 4{,}500$

$x \geq 6{,}500$

정가를 물었기 때문에 정가는 6,500원 이상이어야 한다.

13

|정답| ②

|풀이| 학생 수를 x명이라 하면 공책은 $(3x + 10)$권이므로

$4(x − 1) + 1 \leq 3x + 10 \leq 4(x − 1) + 3$이다.

$11 \leq x \leq 13$

따라서 최소 학생 수는 11명이므로 공책의 최소 권수는 $3×11 + 10 = 43$(권)이다.

> **다른 풀이**
>
> 대입법으로 풀이해보자. 공책이 최소 몇 권인가를 물었기 때문에 ①부터 넣어 본다.
> ① 41권이라고 가정하고 3권씩 나눠주면 10권이 남을 수 없다.

② (43 − 10) = 33(권)으로 3권씩 나눠주면 11명이 학생 수가 되고 11×4권 = 44(권)이다. 마지막 학생에게는 1권이 부족하게 된다. 따라서 옳은 것은 ②이다. 선지에서 10권을 빼서 3으로 나눠지는 것은 ②밖에 없다.

14

|정답| ④

|풀이| 저금을 x일 동안 한다고 하면 성현이가 저축한 금액은 $4{,}000x + 30{,}000$이고, 상민이가 저축한 금액은 $3{,}000x + 60{,}000$이다. 식을 세우면 다음과 같다.

$4{,}000x + 30{,}000 > 3{,}000x + 60{,}000$

$1{,}000x > 30{,}000$

$\therefore x > 30$

따라서 성현이는 31일 이후 상민이보다 돈이 많아진다.

다른 풀이

성현이와 상민이의 저금통 금액 차이는 30,000원이다. 저축액은 성현이는 4,000원/일, 상민이는 3,000원/일이므로 둘의 차이는 1,000원/일이다. 따라서 30일 후에 30,000원의 차이를 극복하고 31일부터 성현이가 앞선다.

15

|정답| ④

|풀이| 입장하는 사람 수를 x라고 놓으면 개인으로 가는 경우의 총 비용은 $600x$가 된다. 단체의 경우 한 사람당 450원이다. 그런데 50명 이상이어야 단체 입장권이 적용되므로 단체 입장권 비용은 $450×50$이 된다.

$600x \geq 450×50$ (개인 입장권이 비싸지는 구간을 계산하면 된다.)

$\therefore x \geq 37.5$

사람 수는 자연수이므로 38명 이상일 때 단체 입장권을 사는 것이 유리하다.

16

|정답| ②

|풀이| 네 번째 수학 시험에서 x점을 받는다고 하면

$\dfrac{91 + 82 + 95 + x}{4} \geq 90$

$91 + 82 + 95 + x \geq 360$

$\therefore x \geq 92$

다른 풀이

가평균을 이용한다.
평균이 90점이므로 각 점수와 90점과의 차이를 계산한다.

점수	평균	차이
91점	90	+1
82점	90	−8
95점	90	+5
합계		−2점이 된다.

따라서 나머지 한 과목이 점수는 92점 이상이 되어야 가평균의 합이 0이 된다.

17

|정답| ③

|풀이| 세제를 x개 산다고 하면 집 앞 가게에서 사면 정가를 모두 주어야 하므로 $7{,}000x$원이 된다. 그런데 인터넷 쇼핑몰에서 구입하게 되면 $(700×0.9×x)$원이고, 배송비가 추가되므로 아래와 같은 식을 세울 수 있다.

$7{,}000×0.9×x + 2{,}500 < 7{,}000x$

$x > \dfrac{25}{7}$, $x > 3.×××$이므로 4개 이상 사야 유리하다.

18

|정답| ②

|풀이| 영화 관람인원을 a라고 할 경우 일반권으로 구매하는 경우 $8{,}000a$가 된다. 그런데 20명을 묶어서 구매하면 20% 할인이 되기 때문에 비용은 $8000×0.8×20$이 된다.

$8{,}000a > 8{,}000×0.8×20$

$\therefore a > 16$

따라서 17명 이상일 때부터 20명의 영화관람권을 구매하는 것이 유리하다.

다른 풀이

20명의 영화관람권을 구매하면 20% 할인해준다는 말은 20명 중 80%인 16명은 돈을 내고 20%인 4명은 돈을 내지 않는다는 말이다. 따라서 16명 이상인 17명부터는 20명 분의 영화관람권을 구매하는 것이 이익임을 알 수 있다.

19

|정답| ②

|풀이| 전체 일의 양을 1이라 하면 어른 1명이 하루에 할 수 있는 일의 양은 $\dfrac{1}{8}$이고, 어린이 1명이 하루에 할 수 있는 양은 $\dfrac{1}{12}$이다. 이때, 어른이 a명이라고 하면 어린이는 $(10 − a)$명이다.

$\dfrac{1}{8}×a + \dfrac{1}{12}×(10 - a) \geq 1$

$\therefore a \geq 4$

어른이 4명 이상 필요하다.

20

|정답| ③

|풀이| 서로 다른 방향으로 달리기 때문에 밀기법으로 서로의 속력을 더해주어야 한다. 따라서 매분 소영이와 수정이가 달리는 거리를 더해서 매분 200m + 매분 160m = 360m씩 이동한다. 따라서 x분 후에 1.8km 이상 떨어진다고 하면

$200x + 160x \geq 1{,}800$

$\therefore x \geq 5$

5분 이상 경과해야 한다.

21

|정답| ①

|풀이| NCS 평가 점수를 x점이라 하고 4과목의 평균을 계산하면 아래와 같다.

$$\frac{88+89+87+x}{4} \geq 90$$

$$\therefore x \geq 96$$

|다른 풀이|

88, 89, 87점을 받고 평균 90점을 기준으로 생각해 보면, 평균과의 차이가 -2, -1, -3이다. 마지막 과목에서 총 6점을 추가로 더 받아야 평균이 90점이 되기 때문에 90점에서 6점을 더 받아야 한다. 따라서 $90 + 6 = 96$(점) 이상을 받아야 한다.

22

|정답| ③

|풀이| 학생 수를 x명이라 하면 사탕 수는 $(3x + 8)$개이다. 4개씩 나누어 주어서 마지막 사람이 3개 이하를 받았다는 것은 마지막 사람이 1개 또는 2개 또는 3개를 받는 경우이다. 여기서 사탕을 4개씩 나누어 주어서 마지막 사람이 받는 것을 구할 때 $4(x-1)$라고 표현을 해야 한다. 전체 학생 중 마지막 1명이 적게 받아서 그 받은 나머지가 1개~3개가 된다는 뜻이다. 이를 식으로 나타내면 아래와 같다.

$$4(x-1) + 1 \leq 3x + 8 \leq 4(x-1) + 3$$

$$9 \leq x \leq 11$$

따라서 학생수는 최소 9명이다.

|다른 풀이|

• 무슨 계산법인가요?

3개씩 주는 것과 4개씩 주는 것은 1명당 1개씩의 차이가 발생한다. 이때, 3개씩 주면 8개가 남고 4개씩 주면 마지막 학생은 1개 이상 3개 이하로 차이가 나는 것이므로 최소 $8 + 1 = 9$(개) 차이가 발생하고 최대 $8 + 3 = 11$(개) 차이(3개 이하이므로 3개를 더해준다)가 발생하는 것이다. 따라서 1명당 1개씩 차이가 나는데 9개 차이나는 것이 최소이므로 최소 학생 수가 9명이 되는 것이다.

• 대입법

최솟값을 구해야 하므로 ①부터 넣어본다.

① 7명의 사탕 수는 $7 \times 3 + 8 = 29$(개)이다. 7명×4개씩 주면 마지막 사람은 4개를 갖고, 사탕은 1개가 남는다. 따라서 옳지 않다.

② 8명의 사탕 수는 $8 \times 3 + 8 = 32$(개)이다. 8명×4개씩 주면 마지막 사람은 4개를 갖는다. 따라서 옳지 않다.

③ 9명의 사탕 수는 $9 \times 3 + 8 = 35$(개)이다. 9명×4개씩 주면 총 36개가 필요하고, 8명에게 4개를 주고 마지막 사람에게 3개를 주어야 한다. 따라서 옳은 것은 ③이다.

23

|정답| ④

|풀이| 학생 수를 x명이라고 할 때 펜의 숫자는 $(4x + 13)$개이다.

6개씩 나누어줄 때 마지막에 1개부터 6개 미만까지 받는다고 했으므로 마지막 사람이 1개~5개 받는 경우이다. 따라서 식은 아래와 같다.

$$6(x-1) + 1 \leq 4x + 13 \leq 6(x-1) + 5$$

연립부등식을 풀면 $7 \leq x \leq 9$이다.

따라서 최소 학생 수는 7명이다.

|다른 풀이|

4개씩 주는 것과 6개씩 주는 것은 1명당 2개씩의 차이가 발생한다. 이때, 4개씩 주면 13개가 남고 6개씩 주면 마지막 학생은 1개 이상 6개 미만으로 차이가 나는 것이므로 최소 $13 + 1 = 14$(개)의 차이가 발생하고 최대 $13 + 5 = 18$(개)의 차이(6개 미만이므로 5를 더해준다)가 발생하는 것이다. 따라서 1명당 2개씩 차이가 나는데 14개 차이 나는 것이 최소이므로 최소 학생 수는 $\frac{14}{2} = 7$(명)이 되는 것이다.

24

|정답| ②

|풀이| $\frac{\text{소금}}{\text{소금}+\text{물}} \times 100 = $ 농도가 된다. 그런데 물을 xg 증발시킨다고 하면 분모의 물이 감소하게 되고, xg의 소금을 넣게 되므로 농도는 높아지게 된다. 그리고 물을 xg 증발시키고, xg의 소금을 넣게 되므로 소금물의 양에는 변화가 없다. 또한 16%의 소금물 400g에는 소금이 64g이 들어있다. 따라서 식을 세워보면 다음과 같다.

$$\frac{64+x}{400} \times 100 \geq 40$$

$$64 + x \geq 160$$

$$\therefore x \geq 96$$

따라서 물을 96g 이상 증발시켜야 한다.

25

|정답| ③

|풀이| 단체 구성원 수를 x라고 가정한다. 목표금액에서 80,000원이 부족한 금액을 모금을 했다면 목표금액 = 모금액 + 80,000원이 된다. 만약 목표금액에서 50,000원이 남는다고 한다면 목표금액 = 모금액 − 50,000원이 된다. 목표금액을 중심으로 계산식을 표현하면

$$40,000x + 80,000 = 50,000x - 50,000$$

$$\therefore x = 13$$

따라서 이 단체의 구성원은 총 13명이다.

26

|정답| ④

|풀이| 원가 A라고 하면 정가는 1.4A이다.

할인된 값은 1.4A×0.8이 된다.

$$1.4A \times 0.8 - A \geq 7,200$$

$$A \geq 60,000$$

따라서 이 운동화의 원가의 최솟값은 60,000원이다.

27

|정답| ②

|풀이| 마지막 부서에 4명보다 적게 배치되니까 1명, 2명, 3명이 배치되는 경우를 생각할 수 있다. 부서가 x개 있다고 가정해보자.

ⅰ) 1명이 배치되는 경우: $5x + 3 = 6(x-1) + 1 = 6x - 5$
ⅱ) 2명이 배치되는 경우: $5x + 3 = 6(x-1) + 2 = 6x - 4$
ⅲ) 3명이 배치되는 경우: $5x + 3 = 6(x-1) + 3 = 6x - 3$

각각의 경우 x는 8, 7, 6이다. 따라서 부서는 최소 6개이다.

다른 풀이

대입법으로 풀이를 해보자. 최소 부서 개수를 구하는 것이므로 ①부터 대입해본다.
① 부서가 2개라면 $2 \times 5 + 3 = 13$(명)이다. $2 \times 6 = 12$(명)으로 1명이 남고 마지막 부서에는 6명이 배치된다. 따라서 옳지 않다.
② 부서가 6개라면 $6 \times 5 + 3 = 33$(명)이다. $6 \times 6 = 36$(명)으로 5개 부서에는 6명 나머지 1개의 부서에는 3명이 배치된다. 따라서 옳은 것은 ②이다.

28

|정답| ④

|풀이| 장날은 5일, 일요일은 7일마다 있으므로 5와 7의 최소공배수인 35마다 일요일에 장이 선다. 그런데 3월은 31일, 4월은 30일, 5월은 31일, 6월은 30일까지 있으므로 구하는 날을 3월 8일 이후 n일째라고 하면 $23 + 30 + 31 \le n < 23 + 30 + 31 + 30$이다. 즉 n은 35의 배수이고 $84 \le n < 114$이므로 $n = 105$이다. 따라서 구하는 날은 3월 8일에서 105일 후인 6월 21일이다.

29

|정답| ④

|풀이|

구분	개수	가격	구매 금액(원)
열쇠고리	a개	1,400원	$1,400a$
펜	$(20-a)$개	1,700원	$1,700(20-a)$
Total	20개		30,000 초과 31,000 미만

$30{,}000 < 1{,}700(20-a) + 1400a < 31{,}000$
$-4{,}000 < -300a < -3{,}000$
$10 < a < 13.333\cdots$

따라서 살 수 있는 열쇠고리는 최대 13개이다.

다른 풀이

밀기법으로 풀이를 해보자. 열쇠고리만 20개를 사면 28,000원으로 30,000원보다 적기 때문에 문제의 조건에 어긋난다. 만일 열쇠고리 한 개를 제외하고 펜을 한 개 산다면 28,300원, 두 개면 28,600원, 세 개면 28,900원이다. 이렇게 따져보면 7개가 되면 30,100원이 되어 문제의 조건 범위에 들어간다. 열쇠고리를 최대한 많이 사는 것이므로, 열쇠고리는 13개, 펜은 7개를 사야 한다. 만일 열쇠고리 대신에 펜을 최대한 많이 산다고 문제를 바꾼다면 어떻게 될까? 펜을 20개 사게 되면 34,000원이다. 31,000원보다 적어야 하므로 3,000원 차이가 난다.

그렇다면 열쇠고리를 10개 사게 되면 펜도 10개가 되고 금액이 딱 31,000원이 된다. 그러나 31,000원보다 적은 돈이라고 했으므로 열쇠고리를 11개 사서 총액이 30,700원이 되어야 한다. 이 경우 최대로 살 수 있는 펜의 개수는 9개이다. 30,000원보다 많고 31,000원보다 적다는 수학적 의미를 파악해야 한다.

30

|정답| ④

|풀이|

구분	무게	서적 수	비용	총 묶음 수
서울	800g	1	4,000원	a
지방	2.4kg	3	6,000원	b

$$4{,}000a + 6{,}000b = 60{,}000$$
$$0.8a + 2.4b \le 16$$

$4{,}000a + 6{,}000b = 60{,}000$ ······ ㉠
$0.8a + 2.4b \le 16$ ······ ㉡
㉠을 정리하면 $a = 15 - 1.5b$
㉡을 정리하면 $a + 3b \le 20$
㉠을 ㉡에 대입하면 $15 - 1.5b + 3b \le 20$
$1.5b \le 5$
∴ $b \le 3.333\cdots$

b는 3묶음, 2묶음, 1묶음 이렇게 가능하다.

$b = 3$을 ㉠에 대입하면 $a = \dfrac{42}{4}$ 이다.

$b = 2$를 ㉠에 대입하면 $a = \dfrac{48}{4} = 12$(권)이 된다.

$b = 1$을 ㉠에 대입하면 $a = \dfrac{54}{4}$ 이다.

따라서 $12 + 2 \times 3 = 18$(권)이 된다.

31

|정답| ④

|풀이|

구분	개수	점수	점수를 틀렸을 경우 감점 폭	A	B
정답	a	4		20	15
오답	$25-a$	-2	-6	5	10
총합	25			70	40

만일 25문항을 다 맞혔다면 100점이 되어야 한다. 그런데 A의 점수는 70점으로 30점의 차이가 난다. 틀린 문제가 있기에 30점의 차이가 나는 것이다. 한 문제를 맞혔다면 4점을 얻는데 틀리면 2점이 감점된다. 그러니 맞혔을 때와 틀렸을 때의 점수 차이가 6점이 되는 것이다. 만일 한 문제를 틀렸다면 24문제를 맞힌 것이므로 $4 \times 24 = 96$점인데, 한 문제를 틀렸기에 2점이 감점되어 94점이 되는 것이다. 즉 한 문제를 틀리면 6점씩 점수가 감소한다.
30점을 소인수분해하면 5×6이 되고 70점이라는 것은 한 문제에 6점씩 감점이니 5문제가 틀린 것이다. 마찬가지로 B의 경우 60점 감점이므로 6×10이 되므로 10개를 틀린 것이다.

두 사람이 동시에 맞힌 문제수를 물었다. 15개 맞힌 사람이 맞힌 문제를 20개 맞힌 사람이 동시에 맞혔다면 그것이 최대수이다. 따라서 15개가 되는 것이다.

$\therefore 12.666\cdots < a$

따라서 최소 인원이 13명 이상일 때 개별 신청이 더 유리하다.

32

|정답| ②

|풀이|

종류	재료 1	재료 2
A	2kg	8kg
B	4kg	3kg
총 재료량	40kg	50kg
두 개의 부등식	2A+4B < 40	8A+3B < 50
풀이한 결과	$A < \dfrac{40}{13}$, $B < \dfrac{110}{13}$ A < 3.07, B < 8.46 따라서 A상품은 최대 3개, B상품을 최대 8개를 만들 수 있다.	
최대 이익	15×3+13×8 = 45+104 = 149(만 원)	

다른풀이

재료 2의 필요양이 8 : 3으로 그 차가 크다. A를 많이 만들면 전체적인 개수, 즉 A와 B상품의 개수를 더한 값이 클 수가 없다. 판매이익의 차가 작으므로 가급적 A, B 두 상품을 더한 개수가 많아야 한다. 따라서 상품 A가 아니라 상품 B의 개수를 우선적으로 고려해야 한다. B를 10개 만든다고 하면, 물론 A는 한 개도 못 만든다. 재료 1은 소진되어도 재료 2는 20kg이나 남는다. B는 10개보다 더 클 수 없다. 만일 B를 한 개 줄여서 9개라고 하면, 남은 재료 1 4kg으로 상품 A를 2개 만들 수 있다. 재료 1은 소진되고, 재료 2는 15kg이 남는다. 개수는 합해서 11개이다. 판매이익이 좀 늘어난다. 재료 2가 너무 많이 남았다. B를 하나 더 줄여본다. 8개이다. 재료 1만 봐서는 A를 4개 만들 수 있지만 재료 2의 경우를 생각하면 50kg이 넘어서기에 4개까지는 안되고 3개가 한계이다. 즉 B상품 8개, A상품 3개이다. 따라서 최대 판매이익은 45 + 104 = 149(만 원)이 된다.

33

|정답| ③

|풀이|

구분	최초	개별 취소 시	단체 신청 시	단체 신청 취소 시
신청 인원	38	취소 인원 a	38	취소 인원 a
비용	500,000원	500,000원	400,000원	200,000원
총액	19,000,000원	$(38-a)\times$ 500,000	15,200,000원	$(38-a)\times$ 400,000+ $a\times200,000$

$(38 - a)\times500,000 < (38 - a)\times400,000 + a\times200,000$
(단체 신청이 비싼 경우이므로)
100,000단위를 모두 정리하여 계산하면
$190 - 5a < 152 - 4a + 2a$
$38 < 3a$

빠른 정답 •⎯⎯⎯⎯⎯⎯⎯⎯⎯⎯⎯⎯⎯⎯⎯⎯⎯⎯⎯⎯⎯⎯ • 본책 228~231p

01	①	02	③	03	④	04	④	05	②	06	③	07	⑤	08	②	09	③	10	③
11	②	12	④	13	④	14	④	15	③										

01

|정답| ①

|풀이| 5m 간격으로 심은 나무수가 21그루이다. 나무는 최초 시작점부터 심기 때문에 나무 사이 간격은 $21 - 1 = 20$(개)가 된다. 따라서 전체 길의 길이는 $5 \times 20 = 100$(m)이다.

이것을 10m 간격으로 바꾸면 간격이 $\dfrac{100}{10} = 10$(개)가 된다. 최초 시작점부터 나무를 심기 때문에 $10 + 1 = 11$(그루)를 심을 수 있다. 공식으로 도출하게 되면 다음과 같다.

$(21 - 1) \times 5 = (x - 1) \times 10$

$\therefore x = 11$

02

|정답| ③

|풀이| 연못 주위의 둘레 246m에 3m 간격으로 나무를 심으면 $\dfrac{246}{3} = 82$(그루)이다. (원형태이기 때문에 +1을 해주지 않는다.) 연못 주위의 둘레 246m에 2m 간격으로 나무를 심으면 $\dfrac{246}{2} = 123$(그루)이다. 3과 2의 최소공배수는 6이므로 6m 사이마다 3m 간격과 2m 간격의 나무가 중복으로 있다는 말이고 6m 간격에 있는 나무는 옮기지 않아도 되므로 $\dfrac{246}{6} = 41$(그루)이다. 여기서 조심할 것은 원의 둘레이기 때문에 6m 간격의 첫 번째 나무는 counting이 되지 않기 때문에 +1을 하면 안 된다는 것이다.

만약 이것이 직선이었다면 어떻게 될까?

예를 들어서 총 길이가 6m였다고 가정을 하고 나무를 3m 간격으로 심으면 $\dfrac{6}{3} = 2$이므로 $2 + 1 = 3$(그루)이다. 길이 6m에 2m 간격으로 나무를 심으면 $\dfrac{6}{2} = 3$이므로 $3 + 1 = 4$(그루)이다. 최소공배수 6으로 나누면 $\dfrac{6}{6} = 1$이고 $1 + 1 = 2$(그루)를 옮기지 않아도 된다.

나무		나무		나무
	3m		3m	

나무		나무		나무		나무
	2m		2m		2m	

이렇게 되어 있다면 처음 나무와 마지막 나무 총 2그루를 옮기지 않아도 된다.

03

|정답| ④

|풀이| 은지가 이긴 횟수를 x회, 진 횟수를 y회라 하면 민수가 이긴 횟수는 y회, 진 횟수는 x회이므로

$\begin{cases} 3x - 2y = 20 \\ 3y - 2x = 5 \end{cases}$

$\therefore x = 14,\ y = 11$

따라서 민수가 이긴 횟수는 11회이다.

04

|정답| ④

|풀이| 일직선에 나무를 심을 경우 양 끝에도 나무를 심어야 하므로 심어야 하는 나무 수는 간격 수보다 1개가 더 많다. 길 한쪽의 나무 수는 $180 \div 12 = 15$, $15 + 1 = 16$(그루)이고, 양쪽에 심어야 하므로 $16 \times 2 = 32$(그루)이다.

05

|정답| ②

|풀이| A, B 사이의 거리를 xm라고 하자.

10m 간격으로 심을 때 나무의 수 $= \dfrac{x}{10} + 1 (\because$ A, B지점에도 심기 때문에 1을 더한다.)

5m 간격으로 심을 때 나무의 수 $= \dfrac{x}{5} + 1$

전체 나무의 수는 같기 때문에 (10m 간격으로 심은 나무 + 10) = (5m 간격으로 심은 나무 − 5)가 된다.

$\left(\dfrac{x}{10} + 1 \right) + 10 = \left(\dfrac{x}{5} + 1 \right) - 5$

$\therefore x = 150$

따라서 150m이다.

06

|정답| ③

|풀이| 경한이가 이기고 진 횟수를 x, y라 하면 미림이가 이기고 진 횟수는 각각 y, x이다.

$\begin{cases} 3x - 2y = 10 & \cdots\cdots ㉠ \\ 3y - 2x = 5 & \cdots\cdots ㉡ \end{cases}$

㉠, ㉡을 연립하여 풀면 $x = 8$, $y = 7$

따라서 경한이가 이긴 횟수는 8회이다.

07

|정답| ⑤

|풀이| 직사각형에 나무를 일정한 간격으로 심게 된다. 가능한 간격을 벌려 나무를 심는다고 했으므로 42와 30의 최대공약수의 거리만큼 나무를 심어야 일정한 간격으로 가장 큰 간격으로 나무를 심을 수 있다.

$42 = 2 \times 3 \times 7$

$30 = 5 \times 6$

42와 30의 최대공약수는 6이 되므로 가로 42m에는 $\dfrac{42}{6} = 7 + 1 = 8$(그루)를 심고, 세로 30m에는 $\dfrac{30}{6} = 5 + 1 = 6$ (그루)를 심는다. 양변이 있으므로 $(8 + 6) \times 2 = 28$(그루)가 된다. 그런데 각 모서리는 중복이 되므로 4그루를 빼주어야 한다. 따라서 $28 - 4 = 24$(그루)이다.

|다른 풀이|

단순하게 계산해서 양변이 $42 \times 2 + 30 \times 2 = 144$이다. 이를 6으로 나누면 총 24그루라고 계산을 해도 된다.

08

|정답| ②

|풀이| 말뚝의 수를 최소한으로 하려면 말뚝 사이의 간격은 75, 90의 최대공약수인 15m로 해야 한다. $75 \div 15 = 5$, $90 \div 15 = 6$이므로 필요한 말뚝의 개수는 $(5 + 1) \times 2 + (6 + 1) \times 2 - 4 = 22$(개)이다.

09

|정답| ③

|풀이| 현영이가 이긴 횟수를 a, 진 횟수를 b라 하면 건하가 이긴 횟수는 b, 진 횟수는 a가 된다. 이때, 아래와 같은 계산식이 만들어진다.

$3a - 2b = 19$

$3b - 2a = 9$

$\therefore a = 15$

따라서 현영이가 이긴 횟수는 15회가 된다.

10

|정답| ③

|풀이| 1층에서 4층까지 가는 데 걸리는 시간이 36초이다. 1층에서 4층까지는 총 3개 층을 올라간다. 한 층을 오르는 데 $\dfrac{36}{3} = 12$(초) 걸린다. 따라서 1층에서 9층까지 가려면 8층을 더 올라가야 하고 시간은 $12 \times 8 = 96$(초)가 걸린다.

11

|정답| ②

|풀이| 1분에 15명이 표를 끊고 10명이 새로 줄을 선다고 했으므로, 1분에 5명씩 줄어드는 꼴이다. 따라서 대기자가 0이 되는 데 걸리는 시간은 10분($50 \div 5 = 10$)이다.

12

|정답| ④

|풀이| 10번째 꽃꽂이 수업까지 총 10주이므로 70일이다. 두 사람이 같이 당직을 서는 날은 15일 간격으로 반복되므로 토요일인 내일부터 70일이 되기 전까지 15일째, 30일째, 45일째, 60일째 되는 날이 두 사람 모두 당직을 서는 날이다. 15일째 되는 날은 당직과 꽃꽂이 수업이 겹치지만, 2개가 겹치는 날에도 당직을 서기 때문에 두 사람이 같이 당직을 서는 횟수는 총 4번이다.

13

|정답| ④

|풀이| '6명의 남자는 남자와 짝으로 앉아 있고'라는 것을 6개의 책상에 12명의 남자가 짝으로 앉아 있다고 생각하면 안 된다. 남자끼리 앉아 있는 책상 수는 3개이다. 그래야 6명의 남자가 남자와 짝으로 앉아 있는 것이다. 8명의 여자는 책상 4개에 서로 짝으로 앉아 있는 것이다. 그러니 나머지 16명은 남자와 여자가 짝으로 해서 8개의 책상을 채우는 것이다. 따라서 남자의 숫자는 $6 + 8 = 14$명이 된다.

14

|정답| ④

|풀이| 길이를 A라고 놓고 풀이하는 방법은 다음과 같다.

2m마다 심으면 전체 길이를 A라고 하면 $\dfrac{A}{2} - 5$(5그루가 부족하다고 했으므로)이다. 원형 정원이기 때문에 1그루를 더하지 않는다.

3m마다 심으면 $\dfrac{A}{3} + 4$

$\dfrac{A}{2} - 5 = \dfrac{A}{3} + 4$ (양변에 6을 곱한다.)

$3A - 30 = 2A + 24$

$\therefore A = 54$

|다른 풀이|

둘레를 미지수로 놓고 풀이하는 방법은 다음과 같다. 둘레를 x라고 하고 문제를 풀기보다는 나무 수를 x라고 하고 식을 세워 본다.

2m마다 심으면 5그루가 부족하므로 $2 \times (x + 5)$가 되어야 한다. 5그루가 부족하니 10m가 남는다. 3m마다 심으면 4그루가 남는다고 했는데 $3 \times (x - 4)$로 12m가 부족한 것이다.

두 개의 식은 모두 정원의 둘레를 나타낸다.

$2 \times (x + 5) = 3 \times (x - 4)$

$10 + 12 = x$

x는 둘레가 아니라 나무 수이다. 따라서 나무는 22그루가 되고 $2 \times (x + 5)$에 대입하면 정원 둘레는 54m가 나온다.

15

|정답| ③

|풀이|

구분	1일차	2일차	…	7일차
시작 날 x개	$x+3$	$x+6$	…	$x+21$

구하려는 값을 x라고 하고 다음 날은 $(x+3)$, 그 다음날은 $(x+6)$이다. 이렇게 해서 $(x+21)$까지 모두 더하면 $(7x+84) = 224$이므로 $x = 20$(번)임을 구했다면 정상적인 풀이이다.

그런데 이 방법으로 풀이를 하지 않으면 x와 같은 미지수는 필요 없다. 3, 6, 9, … 21이 일주일 동안 매일 더해진 횟수이다. 얼른 84라고 암산을 해서 224에서 빼버리면 된다. 그러면 140이 나오고 이것이 횟수를 더하기 전날 행한 팔굽혀펴기 횟수의 평균치가 된다.

빠른 정답 •본책 232~233p

01	④	02	②	03	④	04	④	05	④	06	③	07	⑤	08	④	09	③	10	②

01

|정답| ④

|풀이| 현재 아버지의 나이를 x살, 아들의 나이를 y살이라 하면

$$\begin{cases} x+y=55 \\ x+10=2(y+10) \end{cases}$$

$\therefore x=40,\ y=15$

따라서 현재 아들의 나이는 15살이다.

다른 풀이

$$공식 = \frac{OLD - YOUNG}{n배 - 1} = YOUNG\ 달성되는\ 나이$$

아버지 나이를 a, 아들 나이를 b라고 하면 $a+b=55$이다.

$$\frac{55-b-b}{2-1} = b+10$$

$$55-2b = b+10$$

$\therefore b=15$

02

|정답| ②

|풀이| 성현이 나이가 아들 나이의 4배가 된다는 것은 둘의 나이 차가 3배, 10년 후 아들 나이가 성현이 나이의 $\frac{1}{4}$이 된다는 것이다. 10년 후 성현이는 56살이니 아들은 $\frac{56}{4}=14$(살)이 된다.

다른 풀이

$$공식 = \frac{OLD - YOUNG}{n배 - 1} = YOUNG\ 달성되는\ 나이$$

현재 아들의 나이를 x라 하면

$$\frac{46-x}{4-1} = x+10$$

$$3x+30 = 46-x$$

$$4x=16$$

$\therefore x=4$

따라서 10년 후 아들은 14살이 된다.

03

|정답| ④

|풀이| 성현이 나이가 상민이 나이의 2배가 되기 위해서는 나이 차가 상민이 나이의 1배만큼 나야 한다. 나이 차이는 31살이기에 상민이가 31살이므로 16년 후에 성현이 나이가 2배가 된다.

다른 풀이

$$공식 = \frac{OLD - YOUNG}{n배 - 1} = YOUNG\ 달성되는\ 나이$$

$$공식 = \frac{46-15}{2-1} = 31$$

따라서 상민이가 31살이 되는 16년 후가 된다.

04

|정답| ④

|풀이| x년 후 아들의 나이의 3배가 성현이 나이이므로

$$30+x = 3(2+x)$$

$\therefore x=12$

따라서 x년 후 성현이의 나이는 $30+12=42$(살)이다.

다른 풀이

$$공식 = \frac{30-2}{3-1} = 14(년)$$

아들이 14살이 될 때 3배가 되므로 12년 후이다. 따라서 성현이의 나이는 42살이 된다.

05

|정답| ④

|풀이| $\frac{40-4}{2-1} = 36$(살)

따라서 아들이 36살이 될 때이므로 32년 후이다.

06

|정답| ③

|풀이| 성현이 나이가 아들 나이의 3배가 된다는 것은 둘의 나이 차이가 2배가 된다는 것이다. 둘의 나이 차는 $34-6=28$(살)이고, 나이 차가 2배가 된다고 했으므로 그때의 아들 나이는 $\frac{28}{2}=14$(살)이다. 따라서 아들이 14살이 될 때는 8년 후이다.

다른 풀이

$$공식 = \frac{34-6}{3-1} = 14(살)$$

아들이 14살이 될 때이므로 8년 뒤이다.

07

|정답| ⑤

|풀이| $\frac{48}{2} = 24$이고 앞과 뒤로 $+3$과 -3을 해주면 27과 21이 나온다. 성현이의 나이가 더 많으므로 27살이다.

> **다른 풀이**
>
> 성현이의 나이를 $x + 6$으로 설정하고 상민이의 나이는 x로 설정한다. 둘의 나이 합은 48살이므로
> $x + 6 + x = 48$
> $\therefore x = 21$
> 따라서 성현이의 나이는 $21 + 6 = 27$(살)이다.

> **다른 풀이**
>
> 올해 형의 나이를 x라고 하면 동생의 나이는 $32 - x$가 되고, 형과 동생의 나이 차이는 $x - 32 + x = 2x - 32$가 된다. 그러니까 형의 나이가 동생의 나이였을 때, 즉 $32 - x$였을 때, 동생의 나이는 $32 - x - 2x + 32 = 64 - 3x$가 된다. 그때 형과 동생의 나이의 비가 $7:5$이니 $7:5 = 32 - x : 64 - 3x$이다. 이를 계산하면 $x = 18$로 올해 형의 나이가 18살, 동생의 나이는 $32 - 18 = 14$(살)이 된다.
> 따라서 형이 동생 나이였을 때 둘의 나이 합은 $14 + 10 = 24$이다.

08

|정답| ④

|풀이| 올해 B공단의 연혁을 x라 하자. 이때, 아래와 같은 계산식을 만들 수 있다.
$\frac{3}{4}x + 6 - \frac{1}{3}(x + 6) = 24$
$\therefore x = 48$
따라서 올해 B공단의 연혁은 48년이다.

09

|정답| ③

|풀이| 10년 전 아버지의 나이를 x라고 놓고 그때의 아들 나이를 y라고 놓으면 $x = 7y$이다. 10년이 지난 지금에서 다시 15년이 지나면 25년 후가 되는데, 이때 아버지 나이가 아들 나이의 2배라고 하면 $25 + x = (25 + y) \times 2$이다.
연립방정식을 풀면, $x = 35$, $y = 5$가 된다.
따라서 현재 아들의 나이는 $5 + 10 = 15$살이 된다.

10

|정답| ②

|풀이| 형의 나이를 x라고 하면 동생의 나이가 $(32 - x)$가 되고 형의 나이가 동생의 나이였을 때 형의 나이가 $(32 - x)$이다. 올해 동생의 나이는 16살보다 적어야 한다. 만약 16살보다 많다면 동생이 형보다 나이가 많아지기 때문이다. 형의 나이가 동생의 나이였을 때 동생의 나이가 형 나이의 $\frac{5}{7}$라고 했으니 일단 형 나이가 7로 나누어져야 한다. 7로 나누어지는 것은 7살, 14살, 21살인데, 이때 동생의 나이는 각각 5살, 10살, 15살이 된다. 15살이 되는 경우는 두 형제의 나이의 합이 32살을 초과하니 제외해야 하고, 동생이 5살, 형이 7살일 때는 두 형제의 당시 나이의 합이 12살이니 선택 지문에 없다. 그래서 동생이 나이는 10살, 형의 나이는 14살이 되어 나이의 합은 24이다.

• 본책 234~235p

빠른 정답

01	③	02	③	03	②	04	②	05	②									

01

|정답| ③

|풀이| 분침은 15분이 90°이므로 1분당 6°가 된다. 시침은 1시간 (60분)에 30도를 이동하므로 분당 0.5°가 간다.

두 시각의 차이는 17분이므로 시침 사이 각 크기는 $17 \times 0.5 = 8.5°$이다.

02

|정답| ③

|풀이| 시침은 1분에 0.5°, 1시간에 30°, 분침은 1분에 6°, 1시간에 360° 움직인다. 9시 정각에 시침은 $30° \times 9 = 270°$에 위치하고 분침은 0°에 위치한다. 시침과 분침 사이 간격은 1분에 5.5°씩 좁혀지므로, 겹쳐지는 시각은 정각에서 $30 \times \dfrac{9}{5.5} = \dfrac{270}{5.5}$ 분 후인 9시 $\dfrac{54}{1.1}$ 분이다. 따라서 9시 49.09분 정도이다.

03

|정답| ②

|풀이| 5시 x분에 분침과 시침이 일치한다고 하면 (분침이 움직인 각도) $= 6x°$, (시침이 움직인 각도) $= (150 + 0.5x)°$ 이므로

$6x = 150 + 0.5x$

$5.5x = 150$

$\therefore x = \dfrac{150}{5.5} = \dfrac{300}{11}$ (분)

따라서 구하는 시간은 5시 $\dfrac{300}{11}$ 분이다.

04

|정답| ②

|풀이| 인천이 뉴욕에 비해 14시간이 빠르다. 비행시간이 15시간이므로 시차 14시간을 빼면 실제 시간 차이는 $15 - 14 = 1$ (시간)이다. 즉 인천에서 출발하고 한 시간 후인 8월 8일 오후 6시에 뉴욕에 도착하게 된다.

Tip) 시차

영국 런던을 기준으로 하여 동쪽으로 가면 (+), 서쪽으로 가면 (−)로, 서울은 런던보다 9시간 빠르다. 항공 시간표에 인천(서울)은 'GMT+9'라고 표시되어 있는데, 이는 기준이 되는 영국의 그리니치표준시보다 인천(서울)이 9시간 빠르다는 의미이다. 뉴욕은 'GMT−5'이며 런던에 비해 5시간 늦다. 이로 인해 인천과 뉴욕의 시차는 9 − (−5) = 14(시간)이 되는 것이다. 미국은 3월 두 번째 일요일부터 소위 서머타임(DST : Daylight Saving Time)을 적용하므로 뉴욕은 GMT−4가 된다. 이때, 인천과 뉴욕의 시차는 14시간이 아니라 13시간이 된다.

05

|정답| ②

|풀이| 시침과 분침이 만나는 시각은 시침이 가리키는 수$\times \dfrac{30}{5.5}$ (분)이다.

1시일 때는 $\dfrac{30}{5.5} = 5.45$(분)

2시일 때는 $\dfrac{60}{5.5} = 10.09$(분)

이렇게 만나고 지나간다. 따라서 11시까지는 매시간 분침이 시침을 앞지르는 순간이 한 번씩 있다. 11시에서 12시 사이에는 앞지르지 못하고 12시에 만나게 된다. 그래서 11시에는 만나는 경우가 없기 때문에 분침이 시침을 앞지르는 경우는 총 10번이다.

13 날짜

● 본책 236~237p

빠른 정답																	
01	①	02	③	03	③	04	⑤	05	②	06	④	07	①	08	⑤	09	⑤

01

|정답| ①

|풀이| 날짜는 7로 나눈 나머지만큼을 이동한다고 했는데 1년 단위는 365일이므로 7로 나누면 1이 나머지가 된다. 즉 1년마다 1개의 요일만큼 이동이 된다는 것을 의미한다. 그런데 윤년은 366일이기 때문에 나머지가 2가 된다. 즉 2일 이동이 된다. 1년은 365일(윤년의 경우 366일), 요일은 7로 나눈 나머지만 생각한다.

2020년 1월 2일 목요일 → 2023년 1월 2일

3년이 지났으므로 일단 3을 더해준다. 그런데 2020년은 윤년이다. 따라서 1을 더해주므로 3 + 1만큼 이동이 된다.

2023년 1월 2일 목요일 → 금 → 토 → 일 → 월

따라서 월요일이 된다.

02

|정답| ③

|풀이| 2020년 6월 5일 : 5월 5일 ~ 6월 5일 사이 간격이 31일이고, 31을 7로 나눈 나머지 3

2020년 7월 5일 : 간격 30일을 7로 나눈 나머지 2

2020년 8월 5일 : 간격 31일을 7로 나눈 나머지 3

2020년 8월 25일 : 8월 5일 ~ 25일 사이 간격 20일을 7로 나눈 나머지 6

총 합산 $\frac{3+2+3+6}{7}$ = 2이고, 나머지는 0이다.

따라서 화요일이다.

03

|정답| ③

|풀이| 본 문제의 질문은 최대 금액을 찾는 것이다. 따라서 영업일수를 가장 크게 잡아야 음원이용료가 가장 클 것이다. 그렇다면 12월 25일과 백화점 휴점일을 같게 해야 정상 영업을 하므로 금액이 가장 클 것이다. 그런데 휴점일이 매월 네 번째 수요일이기 때문에 두 가지를 고려해야 한다.

i) 크리스마스를 네 번째 수요일로 하고 날짜를 거슬러 올라가서 11월 네 번째 목요일 이후 돌아오는 월요일을 찾아서 시작점으로 할 것인지, ii) 11월 네 번째 목요일 이후 돌아오는 월요일의 가장 빠른 날짜를 찾은 다음에 12월 25일까지를 계산할 것인지를 고려해야 한다.

i) 12월 25일을 네 번째 수요일이라 가정한다. 12월 25일, 18일, 11일, 4일이 수요일이고 12월 1일은 일요일, 11월 30일은 토요일이고 11월 28일은 목요일이다. 11월 21일,

14일, 7일이 목요일이므로 11월 7일이 11월의 첫 번째 목요일이 되어 11월 28일은 11월 네 번째 목요일이 된다. 이 경우 12월 2일이 그 다음 주 월요일로 이때부터 캐롤을 튼다. 따라서 12월 2일~12월 25일은 총 24일로 캐롤 음원이용료는 2만 원×24일 = 48(만 원)이다.

ii) 11월 첫 번째 목요일을 1일로 정해서 네 번째 목요일을 최대한 앞당겨본다. 11월 8일, 15일, 22일이 목요일로, 11월 22일이 네 번째 목요일이 되고 그 다음 주 월요일은 11월 26일이 되고 이때부터 캐롤을 틀기 시작한다. 11월 28일은 11월 네 번째 수요일로 휴점일이다. 12월 1일은 토요일, 12월 첫 번째 수요일은 12월 5일이고 12일, 19일, 26일이 수요일로, 12월 네 번째 수요일은 12월 26일이다. 따라서 12월에는 크리스마스 이전에 휴점일이 없다.

따라서 11월에는 4일간, 12월에는 25일간 캐롤을 틀게 되므로 29일×2만 원 = 58(만 원)이 되어 i)의 경우보다 커지고 이것이 정답이 된다.

04

|정답| ⑤

|풀이| 어떤 날을 x라고 두면 일주일 후 같은 요일에 해당하는 날은 $(x+7)$, 2주일 후는 $(x+14)$이다. 월초인 1일, 2일, 3일이 해당하는 요일은 31일까지 있는 달인 경우에 모두 다섯 번이 있게 된다. 30일까지 있는 달은 1일, 2일에 해당하는 요일만 다섯 번이 있고, 평년 2월은 28일까지만 있으므로 각 요일은 딱 네 번씩만 있다.

목요일에 있는 두 날짜라고 했으니 목요일이 네 번 있을지 아니면 다섯 번 있을지 알 수 없다. 그리고 두 날짜가 바로 인접한 목요일인지 아니면 서로 떨어져 있는 목요일인지도 모른다. 일단 첫 번째 목요일을 x라고 해본다. 그 다음주 목요일은 $(x+7)$이다. 이 두 날짜를 더한 값이 $(2x+7)$인데 홀수이다. 그러나 이 합은 42가 되어야 한다. 인접한 주에 있는 두 목요일이 아니라는 이야기이다. 그러면 x와 2주 후 목요일 $(x+14)$를 더해봐야 한다. $2x+14 = 42$가 되니 $x = 14$(일)이다. 14일과 28일이므로 그 합이 42가 된다. 답은 나왔지만 찜찜한 것 하나 더 확인해야 한다. 만일 x가 첫째 주 목요일이면 다섯 번째 목요일이 있을 경우 $(x+28)$이 된다. 두 날짜를 더한 값이 $(2x+28)$이 되고 이 두 값이 합이 42가 되려면, x는 7이 되어야 한다. 첫 번째 목요일이 7일이면 두 번째 목요일이 14일, 세 번째 목요일이 21일, 네 번째 목요일이 28일이다. 첫째 목요일이 1~3일이 아니고 7일이므로 목요일은 네 번 있다.

28일이 목요일이고 8월은 31일까지 있는 달이니 말일, 즉 31일은 일요일이 된다.

05

|정답| ②

|풀이| 일단 문제에서 주어진 조건에 따라 A, B, C 상품의 진열순서가 어떻게 달라지는지 구해봐야 한다.

1일: A−B−C
2일: A−C−B
3일: B−A−C
4일: B−C−A
5일: A−B−C

A−B−C 순서가 반복되는 것을 발견했다. 1일−5일−9일 … 이런 식으로 4일을 주기로 상품의 배열이 반복된다. 11월 30일이라고 했으니 30 = 4×7 + 2이다. 즉, 2일과 배열이 같게 되어, A−C−B가 된다.

> Tip) 30 = 2(DIV 4)라고 표현할 수 있다. 즉 30은 4로 나누어서 나머지가 2가 된다는 뜻이다. ('DIV'는 division의 약자이다. 이 DIV는 달력 계산에 많이 이용된다.)

06

|정답| ④

|풀이|

요일	일	월	화	수	목	금	토
번호	4	5	6	0	1	2	3

1월 1일의 요일인 목요일을 1로 놓고 요일을 1번부터 7(= 0)번까지 번호로 생각해 보자. 이때 특정 날짜가 금요일이려면, 1월 1일부터 센 날짜 수를 7로 나눈 나머지가 2여야 한다. 1월 13일은 13을 7로 나눈 나머지가 6이므로 화요일이라는 것을 알 수 있다. 다른 달의 13일은 몇 번째 날인지, 그 일수를 7로 나눈 나머지는 무엇인지 구하기 위하여 각 달의 일수를 7로 나눈 나머지를 구하여 표로 나타내었다.

월	1	2	3	4	5	6	7	8	9	10	11	12
일수	31	28	31	30	31	30	31	31	30	31	30	31
각 달의 일수를 7로 나눈 나머지	3	0	3	2	3	2	3	3	2	3	2	3
13일의 번호	6	6+3 =9 (=2)	0+2 =2	5	0	3	5	1	4	6	2	4
13일의 요일	화	금	금	월	수	토	월	목	일	화	금	일

2월 13일을 예로 들어 보면, 2월 13일은 1월 13일에서 31일을 더한 날이다. 따라서 6번 화요일에서 31을 7로 나눈 나머지인 3일만큼 요일이 뒤로 밀렸으므로 2번 금요일에 해당한다. 같은 방법으로 각 달의 13일의 번호를 구해보면 2월, 3월, 11월에 13일이 금요일인 날이 있다는 것을 알 수 있다.

> Tip) 모듈로 연산식, 또는 가우스의 합동식은 다음과 같이 표시된다.
> $a = b(DIV\ c)$
> a를 c로 나눈 나머지 값이 b이다. 나누기 연산식에서는 몫은 고려하지 않고 b값이 중요하다.

07

|정답| ①

|풀이| 처음 만난 날이 1일째이므로 100일째 되는 날은 실제로는 처음 만난 날로부터 99일 후이다. 100일째 되는 날은 처음 만난 날로부터 14주 후의 날에 하루를 더한 날이다(99 = 7×14 + 1). 따라서 100일째 되는 날이 화요일이면 처음 만난 날은 월요일이 된다.

08

|정답| ⑤

|풀이| 한 달이 30일 또는 31일인 달을 기준으로 매달 숫자 2가 들어가는 날을 따져본다. 일의 자리에 2가 들어가는 날은 2일, 12일, 22일의 3일이며 십의 자릿수가 2인 날은 22일을 제외하고 20~29일까지 9일, 이렇게 해서 모두 12일이다. 12개월이므로 12×12 = 144이다. 다음에는 더 더해주어야 할 경우와 빼줘야 할 경우를 따져야 한다. 달력 표지에 연도(2016)를 한 번 적는다고 하였으므로 2가 한 번 쓰이므로 +1이다. 매달 그 달의 월 표시(2월, 12월)를 따로 한다고 했으므로 +2이다. 2016년은 윤년이므로 2월이 29일까지 있다. 따라서 이를 다 계산하면 144 + 1 + 2 = 147(번)이다.

09

|정답| ⑤

|풀이| 윤년이 없는 해의 1년은 365일이고 365를 7로 나눈 나머지는 1이므로 특정 년도 특정 날짜의 요일은 1년 전 같은 날짜의 요일보다 하루가 늦어진다. 또한 윤년이 있는 해는 이틀이 늦어진다는 것을 알 수 있다.

윤년은 4년마다 한 번 있으므로 2000년 4월 30일부터 2017년 4월 30일까지 윤년은 2004년, 2008년, 2012년, 2016년으로 총 4번이 있다. 따라서 2000년 4월 30일은 2017년 4월 30일과 비교하여 평년 13번 + 윤년 4번 = 13×1 + 2×4 = 21일만큼 요일이 차이나게 된다. 21을 7로 나눈 나머지는 0이므로 2000년 4월 30일의 요일은 2017년 4월 30일의 요일과 같다.

응용
수리
끝.

정답 및 풀이

초판인쇄 │ 2024. 6. 11. **초판발행** │ 2024. 6. 14.

편저자 │ 박성현 **발행인** │ 박 용 **발행처** │ (주)박문각출판

등록 │ 2015년 4월 29일 제2019-000137호

주소 │ 06654 서울시 서초구 효령로 283 서경 B/D 4층

팩스 │ (02)584-2927 **전화** │ 교재 주문·내용 문의 (02)6466-7202

이 책의 무단 전재 또는 복제 행위를 금합니다.

ISBN 979-11-7262-036-3

저자와의
협의하에
인지생략

NCS
필수교재

이론부터 문제까지, 응용수리의 끝을 보다

응용
수리
끝.

2023 고객선호브랜드지수 1위
교육서비스 부문

2022 한국 브랜드 만족지수 1위
교육(교육서비스)부문 1위

2021 대한민국 소비자 선호도 1위
교육부문 1위 선정

2020 한국 산업의 1등
브랜드 대상 수상

2019 한국 우수브랜드평가대상
교육브랜드 부문 수상

브랜드스탁 BSTI
브랜드 가치평가 1위

박문각

www.pmg.co.kr
교재관련 문의 02-6466-7202
온라인강의 문의 02-6466-7201

13320

9 791172 620363
ISBN 979-11-7262-036-3

이론부터 문제까지, 응용수리의 끝을 보다

응용수리 끝